Original illisible

NF Z 43-120-10

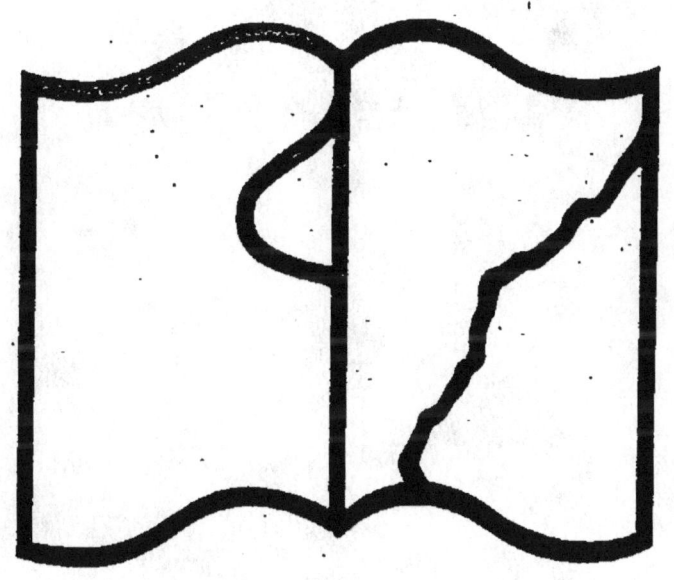

Texte détérioré — reliure défectueuse

NF Z 43-120-11

"VALABLE POUR TOUT OU PARTIE DU DOCUMENT REPRODUIT".

Commandant TOUTÉE

Dahomé
Niger
Touareg

Notes et Récits de Voyage

Paris, 5, rue de Mézières
Armand Colin & Cⁱᵉ, Éditeurs
Libraires de la Société des Gens de Lettres

Dahomé

Niger

Touareg

*A consulter sur le même sujet
et du même auteur*

Notes politiques sur l'Hinterland Dahoméen et le Niger moyen. — État de la question en 1895 : traités, conquête, occupation, intérêts, état politique et ethnographique des régions parcourues. — 1 mémoire. — Archives du Ministère des Colonies.

Régime de navigation du Niger, considéré comme fleuve international, conséquence de l' « acte de Berlin ». — 1 mémoire. — *Ibid.*

Note sur la situation dans l'Hinterland Dahoméen en juin 1896. — 1 mémoire. — *Ibid.*

Dahomé, Niger, Touareg. Récit de voyage. — Politique, mœurs, produits, commerce, industrie. — *En préparation.*

Principaux résultats géographiques de la mission Toutée. — *Annales de Géographie,* mars 1896.

Droits de traduction et de reproduction réservés pour tous les pays,
y compris la Hollande, la Suède et la Norvège.

Coulommiers. — Imp. Paul BRODARD. — 922-96.

COMMANDANT TOUTÉE

Dahomé
Niger
Touareg

Récit de voyage

PARIS

ARMAND COLIN ET Cie, ÉDITEURS

Libraires de la Société des Gens de lettres

5, RUE DE MÉZIÈRES, 5

1897

Tous droits réservés.

INTRODUCTION

Objet de la mission. — Programme et instructions reçus par son chef. — Incertitude des opinions admises en 1894 sur le tracé du moyen Niger et sur les territoires voisins. — Hinterland dahoméen.

Avant de demander au lecteur de me suivre dans les diverses phases du voyage qui vient de s'achever, il est utile d'exposer les motifs qui l'ont fait entreprendre. Sans doute, il fut un temps où l'on n'eût point réclamé de pareilles raisons. On quittait alors son pays par esprit d'aventure. L'attrait de la nouveauté, l'espoir de rencontrer des difficultés, de courir des dangers, l'ambition de surmonter les unes, de braver les autres, le prétexte de recherches scientifiques à effectuer suffisaient pour motiver une semblable entreprise, qui était généralement considérée comme un sport de haut goût.

L'esprit utilitaire qui caractérise nos contemporains, assigne aux déplacements de grande envergure en pays nouveaux un objet plus positif, et si l'attrait reste le même pour le voyageur, on veut aujourd'hui que ses efforts aient un but précis, soit dans le domaine politique, soit plus généralement dans le domaine économique. On lui demande de travailler, suivant une formule aujourd'hui consacrée et qui a eu des fortunes diverses, « à l'expansion coloniale de son pays ».

Il s'est même établi depuis une quinzaine d'années un courant d'opinion qui tend à exagérer d'une façon singulière les résultats possibles d'une exploration. La soif de conquêtes qui a poussé les nations européennes à la curée de l'Afrique, la disproportion existant entre leurs ambitions et les moyens mis au service de ces ambitions, l'abus de mots grâce auxquels les explorateurs à leur retour laissent grossir les conséquences de leurs moindres actes, l'ignorance réelle ou complaisante avec laquelle les chancelleries prennent acte et tirent conséquence de ces exagérations, tout a contribué à instituer une sorte de formulaire de la procédure d'expropriation employée contre les États nègres qui ont commis l'imprudence de donner l'hospitalité à un voyageur blanc. Voici cette procédure, qu'on peut qualifier de sommaire.

L'homme blanc prend généralement la peine avant son départ de recevoir, en même temps que les subsides de son gouvernement, l'autorisation de traiter en son nom. Disons tout de suite que s'il a négligé la deuxième partie de cette formalité[1], les actes d'exploration diplomatique qu'il rapportera ne seront pas moins reçus avec faveur et revêtus de l'autorité de son souverain. Lorsque ce souverain a délégué ses droits

---

1. Car il néglige bien rarement la première.

à une compagnie à charte, ces maisons de commerce organisent généralement l'industrie de l'explorateur comme une machine à traiter à petits frais et à grand rendement. L'agence remet à son envoyé des liasses de traités tout imprimés, il n'aura qu'à signer pour son compte, et si la haute partie contractante adverse ne sait pas signer, à signer pour elle. Comme, en pays nègre, ce dernier cas se présente neuf fois sur dix, la signature d'un traité ne donne lieu à aucune lenteur, à aucune hésitation, et pratiquement, au retour, le voyageur rapporte des traités conclus avec tous les chefs des villages où il s'est arrêté. Il a poussé le plus souvent la condescendance ou l'effort jusqu'à entrer en conversation avec ces malheureux, et même à leur demander leur nom. Mais s'il a omis ce dernier détail, c'est un vice de forme qu'on serait mal venu de critiquer.

Le texte de ces traités varie peu, sauf toutefois dans le préambule. Ainsi on fait ressortir que la convention est passée, tantôt au nom de Dieu tout-puissant, tantôt au nom de la Sainte Trinité, ou au nom de la Reine, ou plus simplement : « afin d'améliorer la condition d'un peuple bien-aimé ». Quant au corps du traité, il est toujours le même : le roi nègre donne tout ce dont il dispose et même davantage, en revanche la Compagnie le prend sous sa protection, et lui garantit le reste — s'il est bien sage, et si d'ailleurs l'éloignement des protégés permet à la protection de s'effectuer efficacement et avantageusement pour le protecteur.

a.

De l'ensemble de ces traités il résulte que le territoire traversé par l'envoyé, sur une largeur variant à droite et à gauche de son itinéraire entre 100 et 500 kilomètres — suivant l'échelle de la carte employée par les négociateurs, — se trouve privé de tous ses droits politiques naturels. Si le voyageur est au service d'un État européen, sa patrie a acquis ainsi des droits politiques; s'il est au service d'une compagnie, celle-ci va être pourvue d'une série de titres de propriété sur les hommes et sur les choses du pays exploré.

La règle qui s'est établie entre les cabinets européens est que ces droits sont presque absolus quand le voyageur est seul à avoir traité.

La question devient moins simple, lorsque deux ou plusieurs traités différents ou contraires sont apportés en conférence par les plénipotentiaires intéressés.

Ou bien il faut respecter la fiction d'un traité librement consenti par les deux parties, et alors c'est le dernier en date qui, suivant la logique et la règle générale, doit prévaloir; ou bien on oubliera cette fiction et on en créera une autre : c'est que traité vaut occupation, et que les droits étant au premier occupant, ils doivent être en vertu du même principe, au premier traitant.

Enfin on a vu, à la suite de voyages exécutés par des Européens de nationalités diverses dans des pays très rapprochés, rapporter des traités concernant des territoires qui s'enchevêtrent. C'est encore à la diplomatie à débrouiller l'écheveau des droits qui peuvent en résulter.

Dans tous les cas les conséquences que les États européens tirent du passage d'un de leurs nationaux dans des territoires disponibles, exagérées ou non, sont jusqu'ici prises en considération par leurs concurrents eux-mêmes. Elles fournissent un nouveau mode d'acquisition de territoires qui a, pour le moment, une certaine valeur pratique et dont il convient de tenir compte.

C'est qu'en effet le besoin d'essaimer au dehors est une des nécessités des nations qui se développent. On n'a pas besoin d'approfondir l'histoire de l'Europe dans les trois derniers siècles pour s'apercevoir que les peuples entrent en état d'expansion coloniale aussitôt que leurs frontières, momentanément fixées à la suite d'une guerre européenne ou pour toute autre cause, ne leur permettent plus de chercher à s'agrandir aux dépens de leurs voisins. Après les traités de 1815, c'est la France qui s'épanche en Algérie, tandis que les autres peuples sont en proie au travail de leur nationalité naissante. A peine ces nationalités sont-elles constituées, que l'Italie, l'Allemagne elle-même cherchent au delà des mers des territoires nouveaux. Nous aussi, depuis qu'une trêve nous oblige à respecter pour un temps, à l'égal d'une frontière naturelle, la ligne de poteaux qui traverse le nord-est de notre pays, nous avons satisfait à cette loi générale, en prenant possession de nos superbes domaines de l'Indo-Chine et des immenses territoires du Soudan.

Mais c'est l'Angleterre, qui a ses frontières européennes définies depuis le plus long temps et de la manière la moins discutable, c'est l'Angleterre qui précède et distance toutes les autres nations dans cette voie de l'expansion extra-européenne. L'Amérique du Nord, l'Australie, l'Afrique du Sud et de l'Est sont devenues successivement sa proie. Nous nous trouvons aujourd'hui en compétition avec elle dans l'Afrique occidentale.

C'est le souci des compétitions internationales et aussi la recherche des voies d'accès conduisant à notre grande possession du Soudan français, qui déterminèrent, vers le milieu de l'année 1894, le ministre des colonies d'alors, l'honorable M. Delcassé, à me confier ma mission et à en définir le programme qu'on trouvera plus loin. Ce programme est aussi précis que le comportait l'ignorance profonde où l'on était alors du pays où il devait se développer.

Si, en effet, on répugne à l'idée d'envoyer aujourd'hui en Afrique un voyageur quelconque sans but ni instructions bien définis, cette nécessité d'avoir un objectif sérieux s'impose encore davantage quand on s'adresse à un officier. Il sera tenu, partout où il passera, de faire respecter son drapeau, il ne pourra s'exposer à un échec sans que le prestige de sa patrie en souffre, il engage sur ces deux points son honneur militaire ; il reçoit en revanche un matériel excellent, un personnel de choix dont tous les efforts vont converger au but assigné ; les ressorts les plus puissants de l'esprit de devoir et de la discipline sont à sa disposition pour lui permettre de tirer parti de ce personnel sur lequel, dès qu'il a quitté la côte, son pouvoir devient absolu.

On ne met pas de pareils moyens en œuvre pour une partie de plaisir, fût-elle du sport le plus dangereux.

L'objet de la mission du moyen Niger fut donc défini par des considérations de deux ordres différents.

On sait que nous avons acquis, au cours des quinze dernières années, dans l'Hinterland de notre colonie du Sénégal, une immense possession qui, sous le nom de Soudan français, a ses provinces les plus importantes dans le bassin du haut Niger [1].

Beaucoup plus développée que la colonie qui lui a donné naissance, cette possession a jusqu'ici pour unique voie d'accès le cours du Sénégal, navigable environ quatre mois par an, et qui conduit, à 900 kilomètres de la côte, à *Kayes*. Cette ville, considérée comme la limite de la navigation pratique sur le fleuve, est le point de départ d'une voie ferrée, encore et depuis longtemps inachevée, qui doit conduire jusqu'au Niger, à Toulimandio, au-dessous de Bamakou. Le quart de la distance à franchir est à l'heure actuelle couvert par les rails. — Prolongée par une voie de terre à peine ébauchée et difficile à améliorer, cette ligne de pénétration ne présente aux transports qu'un faible et coûteux rendement. On a prononcé le chiffre de 1000 francs la tonne pour le prix du transport à Bamakou. Rien n'est plus difficile à évaluer exactement que la quantité dont cette

---

[1]. Voir la carte annexée au volume.

estimation doit être majorée : encore faut-il ajouter que, même à ce prix, on ne peut faire transporter autant de matériel que l'on voudrait.

De plus, notre empire du Soudan, qui avait atteint le Niger à Bamakou avec le colonel Borgnis-Desbordes, s'est étendu progressivement vers l'aval, d'abord jusqu'à Segou, enlevée à Ahmadou par le colonel Archinard (1889), puis au Macina où le même commandant supérieur s'emparait de Dienné en 1893. Enfin, au commencement de 1894, le lieutenant-colonel Bonnier arrivait à Tombouctou. Depuis lors, notre influence est encore descendue en aval de cette ville. La loi de notre développement paraît ainsi s'affirmer d'une manière inéluctable, et il n'est pas nécessaire d'être grand prophète pour prévoir qu'avant peu nous arriverons à Saye.

Dans ces conditions, au fur et à mesure que nous nous éloignions ainsi de notre point de départ, de notre tête de ligne de ravitaillement, au fur et à mesure que nous descendions le cours du fleuve, se posait plus distinctement la question suivante : « Pourquoi abordons-nous le bassin du Niger par ses sources, et non par son embouchure? Le Nil, le Congo, le Gange, le fleuve Rouge et en général tous les grands fleuves, ont été successivement reconnus, puis utilisés comme la voie naturelle de pénétration dans leur bassin en partant de la mer et non de la source. Pourquoi faisons-nous autrement dans le bassin du Niger? »

Il y a pour cela deux raisons.

La première, qui est une raison historique, c'est

que nous possédons depuis longtemps le Sénégal, que nous y avons envoyé successivement plusieurs hommes remarquables, dont le premier — le seul qui ne soit plus vivant — a été Faidherbe, et que ces hommes ont agrandi le domaine de la France dans le champ qui se trouvait à portée de leur activité, c'est-à-dire dans le prolongement du haut Sénégal vers le haut Niger.

La deuxième raison tient à la croyance dans laquelle on était, depuis le commencement du siècle, que le Niger était absolument innavigable au-dessus de Rabba, point situé à environ 700 kilomètres de son embouchure.

L'exposé de cette erreur géographique se trouve revêtu du caractère auguste et solennel que la diplomatie sait donner aux procès-verbaux de ses grandes assises et se résume dans la conclusion du mémoire déposé par sir Edward Malet, ambassadeur d'Angleterre à la conférence de Berlin.

En voici le texte : « De sorte qu'on peut dire sans « porter atteinte à la vérité, que depuis Rabba, au « pied des chutes de Boussa, jusqu'à Borroum, il « existe 1850 kilomètres du fleuve impropres à la « navigation. »

Comme je viens justement de naviguer pendant plus de cent jours sur ce parcours réputé innavigable, et que je ne suis ni sorcier, ni même marin, on m'accuserait certainement en faisant ce rapprochement d'oublier le respect que je professe pour les agents de Sa Majesté Britannique, si je n'ajoutais que les plénipotentiaires, ses collègues, témoignaient eux-mêmes à l'égard de son affirmation d'un certain scepticisme. On ne comprendrait guère en effet, que tant de personnages sérieux et même illustres aient passé dans la capitale de l'Allemagne plusieurs semaines d'un hiver rigoureux pour y discuter le régime de navigation qui convenait à un fleuve, s'ils avaient cru, suivant le rapport du plus autorisé d'entre eux, qu'au beau milieu de ce cours d'eau se trouvaient 1850 kilomètres tout à fait impropres à ladite navigation.

Mais il est un autre rapprochement qui s'impose. Justement l'année même où se tenait la conférence, une compagnie anglaise avait acheté aux maisons françaises de la côte d'Afrique ceux de leurs comptoirs qui étaient établis dans le bas Niger. Grâce à l'ingénieux artifice de l'octroi d'une charte, cette compagnie allait émettre la prétention, commune à toutes les Chartered, de sous-déléguer ses droits souverains à tous ses agents, même indigènes, et de faire ainsi de tout acte de commerce, un acte de prise de possession politique. Rien n'était plus difficile que de procéder au nom de tels principes et par de tels moyens à l'annexion de territoires aussi grands que l'Europe centrale, si le grand fleuve qui sert d'artère à toute la région était soumis au régime libéral en vigueur pour les fleuves internationaux. Ce caractère international disparaissait immédiatement si l'on admettait avec sir Edward Malet que le Niger se trouvait former deux tronçons, l'un à la France en haut, l'autre à l'Angleterre en bas, séparés par une zone immense et infranchissable. Il n'y avait plus lieu dès lors de chercher à établir de régime commun le long d'un pareil cours d'eau.

De sorte qu'on ne saurait dire, au sujet de l'innavigabilité du moyen Niger affirmée par l'honorable plénipotentiaire, s'il y croyait plus sûrement, ou s'il la désirait plus ardemment.

Ses collègues, qui ne la désiraient nullement, n'y crurent pas absolument, et ils établirent en conséquence, d'accord avec lui, d'ailleurs, l'acte final de la conférence, stipulant la liberté de navigation sur le Niger, avec la charge pour chacune des deux nations riveraines de faire un règlement pour assurer cette liberté dans les limites de leurs territoires respectifs.

Est-ce le doute sur la réalité de l'obstacle? est-ce le désir d'utiliser une faculté qui ne devait pas rester lettre morte? est-ce l'embarras croissant des communications entre la côte sénégalienne et le Soudan français, progressivement prolongé vers l'aval du fleuve? sont-ce ces trois raisons réunies qui déterminèrent le ministre des colonies à faire examiner la question sur les lieux? Toujours est-il que je reçus l'ordre de l'étudier et d'établir, le cas échéant, un programme de reconnaissance du fleuve.

L'étude ne fut pas longue. Le mémoire déjà mentionné ayant pris soin de citer ses autorités, je m'y reportai. Tout d'abord on y rappelait les voyages et la mort de Mungo Park. Or justement la fin tragique du grand voyageur écossais était placée par sir Edward lui-même dans les chutes de Boussa, c'est-à-dire tout près de l'extrémité inférieure du prétendu bief innavigable déjà mentionné, et il fallait vraiment beaucoup de bonne volonté pour trouver dans ce naufrage la preuve que depuis 1800 kilomètres Mungo Park avait cessé de naviguer.

M. Malet cite encore Barth parmi les auteurs qui ont contribué à éclairer sa religion. Or le docteur, le seul blanc qui jusqu'alors eût vu le Niger au-dessous de Tombouctou, n'a fait que le traverser à Gao-Garo et à Saye. Il était à peu près aussi bien qualifié pour parler de la navigabilité du fleuve entre ces deux points, que le serait un voyageur après un trajet en chemin de fer de Pont-sur-Seine au Havre, pour parler du tirant d'eau de la Seine. Toutefois ce qu'il savait de la batellerie du fleuve l'autorisait à dire au roi de Saye « qu'il espérait qu'avec l'aide de Dieu, un bateau à vapeur viendrait bientôt apporter jusque dans sa capitale tous les produits de l'Europe ».

Enfin on ne saurait résister au plaisir de rappeler que le document soumis à la conférence invoque comme un titre pour l'Angleterre à la souveraineté sur les bords du Niger, la mort de Vogel, explorateur allemand, « qui périt dans le voisinage de ce fleuve ». Assassiné dans le Wadaï, qui est plus loin du Niger que le Portugal ne l'est de la Vistule, Vogel serait assurément bien surpris de cet hommage inattendu.

En dehors des assertions du mémoire, d'autres indications m'étaient fournies par les connaissances qu'on possédait sur le haut et le bas Niger. Sans doute le moyen Niger était mal connu entre Gao-Garo et Saye, et absolument inconnu entre Saye et Gomba, mais on savait que l'altitude de Tombouctou était de 220 mètres, et que celle de Lokodja était de 70 mètres. Dès lors, étant donné le développement (2500 k.) du fleuve entre ces deux points, la pente moyenne était

$$\frac{150}{2.500.000} = \frac{15}{250.000} = \frac{0.6}{10.000} = 0,000,06,$$

soit de six centièmes de millimètre par mètre ; elle ne pouvait donc faire prévoir que le Niger, entre ces deux points, eût ou bien des chutes verticales très importantes, ou bien des rapides très étendus, ou bien un courant général très vif. Je répondis donc à M. Delcassé que la reconnaissance du fleuve en bateau me paraissait possible — sauf à prévoir des portages rares et peu étendus — et que dans ces conditions je m'en chargeais.

Je demandais pour cela deux Français, un officier et un sous-officier, seize matelots et deux charpentiers noirs à prendre au Sénégal. Ils me furent accordés et je commençai immédiatement la fabrication des engins de batellerie qui m'étaient nécessaires.

Ces préparatifs, commencés vers la fin de septembre, après les grandes manœuvres, étaient terminés vers le 1er novembre. Le 10, je faisais partir pour Dakar M. le lieutenant d'artillerie Targe, qui m'avait été adjoint.

Il devait recruter dans ce port les marins noirs ainsi que les cuisinier et domestiques noirs dont la mission allait avoir besoin.

A peine était-il parti qu'à la suite des négociations entre le département des colonies et celui de la marine, j'obtenais de M. Félix Faure, alors ministre de la marine, que mon personnel de laptots fût prélevé sur l'équipage même de l'*Héroïne*, de la station navale du Sénégal. Dès lors il n'y avait plus à faire à proprement parler d'opérations de recrutement, mais simplement à choisir dans un personnel déjà enrôlé, sinon instruit et discipliné.

Le département de la marine me donnait en outre un canot démontable en toile (Berthon), celui de la guerre y ajoutait les armes (mousquetons modèle 92), les munitions, pourvues d'un emballage spécial, plus quarante fusils de traite, quelques caisses de poudre de chasse et les instruments de topographie. Enfin le ministère de l'instruction publique me chargeait également d'une mission d'ordre scientifique. Le programme pour la partie géographique en était établi par le service géographique de l'armée.

L'achat de la pacotille et la confection des caisses étaient à peu près terminés lorsque des difficultés d'ordre diplomatique vinrent empêcher M. Hanotaux de nous autoriser à emprunter la voie du bas Niger. En même temps on apprenait que nos efforts pour la pénétration dans le haut Dahomé subissaient un certain retard.

En conséquence mon itinéraire et mes instructions étaient changés comme il suit.

Renonçant à utiliser la voie fluviale dans le bassin du bas Niger, la mission devait prendre côte au

Dahomé, et de là gagner par terre le cours moyen du fleuve dans la région de Boussa. L'itinéraire devait tenir compte de la ligne provisoire de démarcation des zones d'influences française et anglaise, qui va en suivant le méridien d'Adjarra, jusqu'au neuvième parallèle.

Au nord de ce parallèle, aucune attribution du territoire n'avait encore été faite à des puissances européennes, de sorte qu'une fois parvenue à l'extrémité nord du couloir formé par les deux méridiens qui bordent le Dahomé, la mission avait liberté de manœuvre pour gagner le fleuve en se tenant le plus près possible du neuvième parallèle.

Tout le long de cet itinéraire, elle devait chercher à nouer des relations avec les chefs des pays traversés, afin d'assurer une ligne continue de territoires soumis à notre autorité depuis la côte jusqu'au point du fleuve où nous arriverions. — Des postes devaient être établis là où ils seraient nécessaires pour consolider ou affirmer notre influence.

Ce nouvel itinéraire rendait très problématique le succès de la mission en tant qu'exploration hydrographique du Niger. Le pays qu'elle devait parcourir pour arriver au fleuve était absolument inexploré. On savait seulement lors de notre départ qu'au nord des Dahoméens existait une confédération importante de noirs appelés les Mahis, et qu'au nord de ceux-ci, les Baribas étaient maîtres du Borgou. Les dernières nouvelles (17 novembre 1894), reçues avant le départ de la mission, annonçaient que les chefs de ce dernier pays refusaient de livrer passage au commandant Decœur, accompagné pourtant d'une escorte imposante. — Le pays était réputé dévasté par les guerres continuelles que se faisaient ces peuplades. On ne pouvait compter que sur les vivres que l'on emporterait, et au surplus le climat passait pour le plus malsain du monde.

Dans ces conditions, on ne pouvait guère espérer que, parvenue par le plus grand des bonheurs à travers les sentiers de ces différents pays, à plus de 600 kilomètres de son point de départ, affaiblie dans ses organes de direction par la maladie des blancs, dans son effectif par les détachements de noirs laissés dans des postes, privée de la totalité ou de la plus grande partie de ses vivres et de ses moyens matériels, la mission fût encore en état d'entreprendre une navigation de quelque étendue sur le fleuve. Néanmoins toutes chances heureuses étant escomptées, les instructions données à son chef lui permettaient « de profiter, s'il se produisait, d'un concours exceptionnel de circonstances favorables pour reconnaître le cours du fleuve dans le voisinage du point où il l'atteindrait ». La région dite des *chutes de Boussa* lui était en outre signalée comme particulièrement intéressante et non encore étudiée.

Enfin le ministre estimant — et très justement — que les Anglais, opposés à me laisser utiliser le bas Niger pour le remonter, ne feraient pas de difficultés pour me le laisser descendre, m'autorisait à employer la partie aval du fleuve pour rapatrier ma mission.

Je devais trouver des moyens de transport et d'escorte dans la colonie du Dahomé, dont le gouverneur recevrait les instructions nécessaires pour me les fournir.

Enfin, j'avais à me conformer pendant la traversée de cette colonie aux ordres de l'autorité locale concernant aussi bien mon itinéraire que mes rapports avec les populations.

Le 17 novembre au soir, mes instructions étant signées, je prenais congé du ministre, et, le 18, je partais en compagnie du lieutenant de réserve de Pas pour Marseille, où nous devions nous embarquer le 20.

J'y retrouvais le 19 tout le matériel, campement, objets d'échange, armes, vivres, agrès de batellerie que j'avais fait diriger sur ce port, tant par mes moyens propres que par ceux des administrations très diverses qui avaient concouru à me le fournir.

En ce port vinrent aussi se joindre à nous l'adjudant Doux, du 58ᵉ d'infanterie, mon ancien chef d'escorte en Annam (1886), et le caporal Ben Sedira du 1ᵉʳ tirailleurs, mis à ma disposition par M. le général Hervé, en qualité d'interprète arabe.

Ces messieurs portaient à cinq, en comptant M. le lieutenant Targe que nous devions prendre à Dakar, tout l'effectif *blanc* de la mission.

Le matériel, embarqué avec nous sur l'*Isly*, de la compagnie mixte, constituait un chargement d'environ 10 tonnes.

Avril 1896.

DAHOMÉ
NIGER, TOUAREG

CHAPITRE I

De Marseille à Cotonou sur l' « Isly ».

Dakar. — Le débarquement. — Présentation du personnel noir de la mission. — Suleyman et Diadéba. — Konakry. — Sierra Leone. — Libéria. — Biribi et les Croumanes. — Grand-Bassam et l'expédition de Kong. — La barre.

La discrétion, non moins que la rapidité, important au résultat de ma mission j'avais choisi, pour m'embarquer, un petit vapeur, l'*Isly*, de la Compagnie de navigation mixte [1], qui partait de Port-de-Bouc. Ce bâtiment ne devait pas provoquer à son départ l'inévitable cohue d'indiscrets et de reporters qui se rend toujours à l'embarcadère des grands courriers.

Je ne trouvai à bord qu'un passager, M. Borelli, de la maison Mante frères et Borelli de Marseille, qui se rendait en tournée d'inspection dans les factoreries de sa maison établies sur la côte. Il avait le même intérêt que nous à n'être pas annoncé.

---

1. Cette compagnie n'avait point encore inauguré son service régulier de paquebots.

En sa compagnie nous fîmes cette traversée de vingt-huit jours, qui ne présente, d'ailleurs, que des agréments.

Je fais grâce au lecteur des correspondances que j'adressai en route, soit au sujet de la côte d'Espagne, de celle du Maroc, cette banlieue de l'Europe, plus fermée aux Européens que la Patagonie ou le Tibet, soit au sujet de Gibraltar et de la décadence de cette place forte, soit encore au sujet des Iles Fortunées ou des pêches miraculeuses du banc d'Arguin. C'est à Dakar que nous trouvons les premiers noirs, c'est là que nous commençons le récit de notre mission.

A Dakar, port principal d'une colonie qui est française depuis plus de cent ans, chef-lieu aujourd'hui du gouvernement général de l'Afrique occidentale, l'accueil des choses est charmant, celui des hommes est plutôt sévère. Tout d'abord, l'œil est séduit par la verdure des collines et le gracieux étalage des maisons du port. Nous en avons fini avec les côtes sèches, avec les roucas blancs de Provence, d'Algérie et d'Espagne, c'est l'Afrique humide que nous touchons, c'est l'Afrique des baobabs, c'est la végétation luxuriante et verdoyante qui rafraîchit l'œil, la tiédeur tropicale qui détend la peau.

Mais comment gagner cette terre? Ce n'est pas, assurément, dans ces embarcations grossières, taillées à coups de hache et tellement sales qu'elles ne peuvent servir qu'à faire du charbon? — Pourtant, il n'y en a pas d'autres. — On se risque. On ne descend pas, on tombe dedans, car personne de ceux qui se disputent à grands cris votre clientèle ne songe à vous tendre une main secourable. Parvenu au fond de ce véhicule nautique — cela s'appelle un cotre — vous cherchez votre équilibre en vous étayant sur les parois de la carcasse, et écartez les jambes pour éviter les oscillations du liquide noirâtre qui circule à travers vos bagages. Si le cœur vous manque, vous avez le choix, pour vous asseoir, vous, madame, qui avez mis votre robe fraîche pour débarquer sur la première terre française; ou vous, mon colonel, qui faites en grande tenue votre visite officielle au commandant d'armes, entre ce rouleau de cordages tout gras de goudron, de poussière de charbon et d'huile d'arachides, et ce tas de poissons, qui baillottent leur agonie au soleil et dont les convulsions dernières vont se faire sur vos bottines vernies.

Enfin on démarre : grosse affaire. Il semble que ce soit difficile ou imprévu! Faites attention à tout, car du haut du mât, voici que se détache une vergue, une vraie poutre qui va s'allonger horizontalement. Si elle ne vous est pas tout d'abord tombée sur la tête, elle va rafler impitoyablement tout ce qui dépassera le plat bord. Intéressez-vous plus à la manœuvre qu'au paysage, car chaque fois qu'on virera de bord, la grosse vergue passera en donnant son coup de râteau de bâbord à tribord ou inversement, et si vous n'êtes pas décapité, vous serez sûrement décoiffé.

Mais vous êtes né sous une bonne étoile; votre cotre a su doubler l'arrière du paquebot sans engager son grand mât sous l'étambot, il ne s'est embarrassé dans aucun cordage, n'a abordé aucune chaloupe à vapeur : vous n'avez reçu que quelques embruns qui ont rafraîchi vos vêtements. Vous êtes maintenant dans le port en eau tranquille et vous voyez le môle imposant avec ses escaliers de pierre où vous allez aborder. Un dernier choc, aussi brutal que vous pouvez le rêver, et vous êtes accosté à ce môle. Il n'y a plus qu'à descendre : — Descendre, vous voulez rire? l'escalier est à 100 mètres, nous sommes au pied d'un môle qui a 1 m. 80 de haut! — Eh oui, mais, en grimpant sur ce plat bord, en faisant, sur le rebord du môle, un tout petit rétablissement, vous y arriverez! — Et c'est ainsi qu'on prend terre à Dakar.

On pourrait croire que je force la note. Je l'atténue,

et j'en appelle à tous ceux qui, n'étant pas marins de l'État, ont dû recourir aux moyens *indigènes* de débarquement : au mois de décembre 1894, les cotres dont je parle étaient les seuls moyens de communication entre le navire et le quai. Ces côtres étaient patentés, enrôlés et tarifés. Dans cet unique port du Sénégal où passent tous les fonctionnaires et officiers supérieurs de la colonie et des autres possessions françaises de l'Afrique, où s'embarquent tant de malades, et même de ces convalescents plus malades, malgré leur convalescence, que les plus grands malades de nos hôpitaux de France, les embarcations ne comportent ni siège, ni abri contre le soleil, ni moyen de se tenir debout, ni isolateur contre la saumure du fond, et neuf fois sur dix les mariniers accostent au môle en dehors des escaliers.

En un quart d'heure le voyageur qui a gardé le souvenir d'un débarquement à Haïphong au milieu de sampans coquets, propres et confortables peut mesurer d'un coup d'œil la différence qui existe entre l'Indo-Chine et l'Afrique. Là-bas, la politesse et l'attention prévenante poussées jusqu'à l'extrême raffinement; ici, la grossièreté insouciante et ignorante. Là-bas un annamite, ici un noir, j'allais dire un nègre, mais ce terme injurieux ne viendra plus jamais sous ma plume.

Toute l'Afrique se devine au cours de ce débarquement pénible, et du coup, l'étranger jeté dans cette foule noire, nécessairement livré à la merci de l'indigène, mesure toute la rudesse, toutes les duretés de l'existence que présage un tel état d'esprit chez ses compagnons de tous les jours.

Hâtons-nous d'ajouter que cette impression est plutôt plus mauvaise qu'il ne conviendrait et que nous trouverons ailleurs qu'à Dakar, des indigènes depuis moins longtemps en contact avec la civilisation, mais néanmoins plus adroits, plus attentifs, plus intelligents, plus hospitaliers, plus laborieux. Disons aussi à la décharge des Sénégalais, que nous n'en trouverons pas de plus braves, et, quoi qu'on en dise souvent, cette particularité n'est point un détail négligeable pour un militaire.

Sur le môle, nous attendait M. Targe, qui avait accompli, à sa grande satisfaction et grâce à une complaisance générale de toutes les autorités de la colonie, les différentes opérations d'enrôlement dont je l'avais chargé. Le commandant de la marine au Sénégal, M. le commandant Allis, lui avait d'abord donné les seize laptots que j'avais demandés, puis sachant qu'il avait à recruter trois noirs pour servir d'ordonnances aux trois officiers de la mission, il l'avait autorisé également à les prendre dans l'équipage de l'*Héroïne*. Deux charpentiers, Pierre Gaye et Goréas, et un infirmier, Diadéba, avaient été également fournis par la marine. Enfin, ayant le choix entre un quartier-maître et un second-maître, le commandant me donnait libéralement un second-maître, choisissant un gradé qui avait fait avec le général Dodds la campagne du Dahomé et y avait été décoré de la médaille militaire après une blessure très honorable. Suleyman, c'est le nom de ce second-maître, avait été chargé par M. Targe de choisir, car seul il pouvait le faire en connaissance de cause, parmi les noirs de l'équipage, ceux qui devaient nous accompagner.

La soirée et une partie de la journée du lendemain se passèrent en formalités administratives. J'achetai des étuis-musettes, dont je n'avais pas cru devoir faire l'emplette à Paris, tant que nous devions nous borner à naviguer sur le fleuve, mais qui devenaient nécessaires pour fournir une longue marche à pied. Quelques outils de charpentier, spéciaux pour les noirs, des clous de bordage en cuivre, de la toile à voile, un jeu de poulies et d'avirons, nous furent vendus par la Société française de l'Afrique occidentale.

Je payai à tous les Sénégalais deux mois de solde

d'avance ; ainsi le veut la coutume : ces hommes étant ou chefs de famille, ou esclaves en puissance de maître, ont besoin d'assurer, avant leur départ, ou les besoins de l'une, ou le consentement de l'autre.

Bien que ces usages puissent surprendre au premier abord, on se rendra compte cependant que dans un pays où l'état civil n'existe pas, l'administration ne peut guère se livrer à une enquête individuelle sur chaque noir pour connaître la nature des liens qui l'attachent à son entourage. Dès qu'il n'y a ni sévices exercés, ni contrainte apparente, elle ne trouve pas l'occasion d'intervenir. Pour tout agent de recrutement le problème est d'ailleurs très simple : Si on paie d'avance, on trouve des volontaires ; si on ne paie pas, on n'en trouve pas. Dans ces conditions on les paie, sans s'inquiéter de savoir si c'est pour leur maître ou pour leur famille qu'ils ont besoin d'argent.

La grande chaloupe de l'*Héroïne* amena vers trois heures tout ce personnel à bord de l'*Isly*, et dès qu'ils eurent tant soit peu mis en ordre leur petit bagage, je dis à Suleyman de me les présenter. J'avais hâte de voir de près ces hommes qui allaient prendre part à mon entreprise, de la vigueur, de l'audace et de la discipline desquels il allait dépendre dans une si grande mesure que je courusse à un succès, ou, ce qui est presque un déshonneur pour un militaire, à un échec. Je désirais au plus vite me former, sur ce que je pouvais attendre d'eux, une première opinion.

Hélas ! pourquoi le cacher ? Elle fut déplorable ! Aujourd'hui qu'en repassant mes notes journalières, je suis sous la récente et agréable impression d'un retour fêté, avec la conscience d'un succès complet obtenu sans sacrifice inhumain ou irréparable, que je goûte le souvenir des privations et des fatigues subies, des dangers encourus en commun avec ces mêmes hommes ; aujourd'hui que je sais qu'ils ont subi ces épreuves péniblement, mais, au total, victorieusement, j'aurais quelque tentation de passer l'éponge sur les heures cruelles du début, je voudrais me donner en outre des airs de physionomiste profond, d'augure impeccable, d'autant plus impeccable qu'il s'agirait en somme de pronostiquer le passé. Mais il faut être vrai ! ne serait-ce que pour mettre en garde ceux qui commettant la même erreur que moi, seraient tentés de désespérer. De tout ce personnel noir déguisé sous l'uniforme glorieux de nos marins français, je n'augurai rien de bon.

Groupés tant bien que mal vers l'avant, où Suleyman essayait, sans y parvenir, de les aligner, les bras ballants, les jambes écartées, le regard irrésolu, la tête inquiète, le corps bâti à coups de serpe, le crâne déformé par le prognatisme de leur race qui me parut exagéré, ils avaient la mine à la fois effarée et indiscrète propre à l'homme qui, n'ayant jamais servi, n'a ni confiance, ni respect. Comme marins, ils savaient à grand' peine ramer ; comme fusiliers, la moyenne devait manquer — et manquait effectivement — un bœuf à trois pas ; comme marcheurs, ils me parurent malingres et malbâtis.

— Et le moral ? Dès le premier soir, ils me firent parvenir une réclamation contre la qualité du pain que le bord leur avait distribué. — Où allions-nous ? et moi qui comptais si bien ne leur donner, pendant un an, ni pain, ni biscuit !

Deux hommes émergeaient pourtant de ce milieu si inférieur. L'un, Diadéba, l'infirmier, jouissait de la double supériorité de la race — il était Toucouleur ou Peuhl, — et d'une « instruction étendue » ; il savait un peu de français et, bien que bègue, était beau parleur. Il nous enjôla si bien que nous le prîmes tout de suite au sérieux. Disons dès maintenant, pour ne plus revenir sur le compte de ce malheureux, que son savoir professionnel n'allait pas jusqu'à distinguer le laudanum de la teinture d'iode ; il n'avait conservé de son passage dans une ambulance qu'un désir insatiable de voir découper la peau de ses semblables. Quant à sa connaissance de notre langue, elle ne lui servit jamais qu'à mentir. Syphilitique à fond, anéanti par le moindre effort, privé du plus petit ressort moral, il est le seul de tous ses camarades duquel je n'aie absolument rien pu tirer, et que j'aie dû laisser en route pendant la partie la plus pénible du voyage.

L'autre était Suleyman, deuxième maître-pilote, excellent homme, très dévoué et qui m'apparut tout de suite comme doué d'une immense bonne volonté. Il poussait même cette qualité à un degré inquiétant. Sa foi ne connaissait pas d'obstacles, et du moment que son chef lui demandait quelque chose, il croyait de son devoir d'affirmer que le difficile et l'impossible étaient également aisés. — Cet état d'esprit chez un pilote pouvait — notamment dans les reconnaissances de rapides — nous causer quelques déboires, mais les gens de cette trempe — blancs ou noirs — sont si rares, qu'il faut toujours se féliciter quand on en rencontre un. Absolument ignorant et illettré, tout à fait inhabile à exercer la moindre autorité sur sa petite troupe, Suleyman n'en est pas moins, grâce aux qualités morales que je viens de rappeler, un serviteur de premier ordre. Tant il est vrai que, dans l'action, le caractère prime l'intelligence, prime le savoir, prime tout.

A partir de Dakar nous en avons fini avec les longues traversées loin de la terre; nous longeons la côte. C'est là ce que les commerçants français appellent la « côte occidentale » tout court. Nous allons atteindre à Konakry le 10°, puis nous tenir entre ce point et le 4° de latitude Nord. C'est donc l'Afrique équatoriale que nous avons à bâbord. Nous ne cesserons plus, jusqu'au débarquement, d'apercevoir ses palmiers et à l'horizon la ligne noire de la grande forêt.

L'*Isly* va montrer le pavillon de la France, et aussi

celui de sa Compagnie, dans les différents ports de la côte. Nous en profiterons pour les visiter, faire connaissance avec le monde noir sous les différents aspects qu'il y présente et peu à peu entrer dans notre sujet.

Nous nous arrêtons d'abord à Konakry, île charmante, résidence du gouverneur de la Guinée française. Bien que le navire se trouve au large de la côte, on voit que l'accès du débarcadère est facile : les lames se brisent sur la ceinture des rochers qui bordent l'île, et les embarcations peuvent trouver à l'abri de ces roches un atterrissage facile. Nous profitons des deux ou trois heures de délai que les opérations sanitaires nous imposent avant d'aller à terre, pour admirer de loin les arbres superbes et la belle végétation qui couvre la côte ; quelques distractions nous viennent aussi des requins, que nous ne retrouverons nulle part ailleurs aussi nombreux et aussi gros.

Enfin une barque arrive nous apporter le permis de débarquer. En même temps je reçois une lettre de M. le docteur Ballay, gouverneur de la Guinée, qui m'invite à dîner. Vite je profite et de l'invitation et de la chaloupe gouvernementales. Une heure de nage à l'aviron, et les douze rameurs du gouverneur, noirs superbes et propres, m'amènent à l'appontement. Tout près est une factorerie appartenant à une maison de Marseille. A l'ombre d'un arbre gigantesque, une table et des sièges confortables attendent les visiteurs, et j'y retrouverai tout à l'heure mes camarades trinquant avec le directeur de l'établissement.

Quelques pas dans une avenue gazonnée et bien tracée, et j'arrive à la résidence du gouverneur. Il a justement fait atteler une petite charrette anglaise et gracieusement m'invite à faire avec lui dans l'île le tour du propriétaire. On imagine difficilement un séjour plus calme, plus gracieux et plus verdoyant. Konakry a été longtemps considéré comme le sanatorium de toute la côte occidentale. Pourtant la fièvre bilieuse hématurique, le fléau de l'Afrique tropicale, vient d'y faire son apparition et n'a pas pardonné ici plus qu'ailleurs. La forêt sous laquelle nous cheminons au joli trot de la mule du gouverneur, est presque exclusivement composée de palmiers à huile. J'admire d'abord ce bel arbre aux nuances un peu trop sombres. Je viens de lire un livre où l'on recommande comme un moyen infaillible de faire fortune, la plantation de palmiers à huile sur la côte occidentale, et je félicite le gouverneur sur la richesse de cette contrée. M. Ballay, qui en a vu bien d'autres, m'explique alors que nulle part les richesses naturelles ne se livrent à tout venant; que celles que l'on nomme ainsi, exigent toujours pour être exploitées le travail et l'intelligence de l'homme, et que là où l'un de ces deux éléments fait défaut, les richesses naturelles ne sont que des nu-propriétés indéfiniment dénuées de valeur. C'est le cas de cette immense forêt de palmiers. L'arbre porte un régime énorme, il n'y a qu'à le ramasser et à le faire bouillir pour en tirer l'huile. Encore faut-il trouver des hommes qui le ramassent et le fassent bouillir.

L'indigène sousou qui peuple Konakry et les environs ne se livre pas à cette exploitation : et tandis que les Dahoméens tirent par an 20 millions de francs d'huile d'une côte trois fois moins étendue que celle de Guinée, l'apathie ou l'inintelligence des Sousous laisse toute cette richesse tomber en pourriture. D'ailleurs le commerce de Konakry a d'autres aliments, et à défaut des Sousous, incapables de tirer parti de ce qu'ils ont sous la main, les indigènes de l'intérieur apportent au port des produits assez riches, comme les peaux et le caoutchouc. Le commerce des bœufs amenés du Fouta-Djallon et destinés à l'alimentation des colonies de la côte, paraît également en voie de prospérité.

Une route de pénétration qu'on est en train de construire donnera prochainement à tout le commerce une nouvelle activité.

Une bonne soirée chez le gouverneur, et nous reprenons la mer pour ne plus atterrir qu'à Sierra-Leone.

Freetown est une ville déjà ancienne, régulière et bien bâtie. Le port, bien protégé par de hautes collines, permet d'amener les vaisseaux tout près de terre. Nous en profitons pour débarquer. J'y achète une réserve de quinine, seul article de pharmacie que les lenteurs administratives ne m'aient pas permis d'emporter avant mon départ : M. Targe y fait remettre un verre à l'un de nos deux chronomètres. Il a eu l'imprudence de descendre à terre à Dakar avec cette montre dans son gousset ; elle a failli périr au milieu des manœuvres de force dont j'ai parlé plus haut, aussi préjudiciables aux instruments de précision qu'à la fraîcheur des pantalons.

Ce qui nous a frappés le plus à Freetown, ce n'est pas la masse imposante des maisons, ni le marché couvert, ni l'aspect tranquille de la population, ni la prestance superbe et la tenue impeccable des officiers anglais, là, comme à Londres, gentlemen entre les gentlemen et semblant envoyés par l'Angleterre à travers le monde afin de montrer comme les serviteurs de Sa Majesté sont bien élevés, bien habillés, bien nourris, bien logés et supérieurement payés. — Non, ce qui nous a surpris davantage c'est d'entendre tous les petits enfants noirs parler anglais, *en parlant entre eux*. Quand je constate que Koli Soumaré, l'ordonnance de de Pas, choisi comme un des plus instruits de nos laptots, ne sait pas répondre « présent » à l'appel de son nom, je ne peux m'empêcher de penser que la diffusion de la langue concourt de puissante façon, avec la prestance des officiers de la reine déjà nommés, à l'établissement et à la propagation de l'influence anglaise. L'instruction des noirs est très développée ici. Nous verrons que c'est par ses commis sierra-leonais que la Compagnie

Royale du Niger prétend exercer, dans presque tout le bassin inférieur et dans le bassin moyen du grand fleuve, les droits de souveraineté qui lui sont si libéralement délégués.

Sans doute les Sénagalais ont le tempérament guerrier et ils aiment mieux tenir un fusil qu'une plume, mais je veux espérer qu'on trouvera parmi nos sujets noirs une race susceptible de fournir des auxiliaires pour nos commerçants. C'est là une des conditions qui me paraissent indispensables au développement de notre négoce en pays noir, et je me permets de signaler ce besoin aux chefs de nos grandes maisons de commerce, desquels il peut dépendre dans une certaine mesure d'obtenir à bref délai des élèves-commis indigènes extrêmement précieux.

Quittons Sierra-Leone, qui, malgré sa belle apparence et le riant paysage des environs, est la fournaise la plus malsaine de la côte, peut-être du globe, et passons rapidement devant la côte de Libéria. Cette malheureuse république, qui paraît une caricature de celle de Saint-Domingue, semble avoir été laissée libre par les puissances européennes, désireuses de la garder comme un spécimen rare, comme un bibelot d'étagère, destiné à montrer au monde ce que devient un état nègre abandonné à lui-même. Toutes les traversées sont égayées, quand un des passagers a mis le pied à Monrovia, par le récit des actes étonnants de ce simili-gouvernement.

Il ne faudrait pourtant pas abuser de l'injustice : si l'on veut voir ce que deviennent les états noirs livrés à eux-mêmes, on n'a qu'à aller dans l'intérieur, dans les pays où l'on ne connaît pas les blancs, et l'on trouvera des organismes sociaux assurément rudimentaires, mais nullement ridicules comme ceux de Monrovia. Ce ne sont pas des noirs ordinaires qui peuplent ce pays. Ce sont d'anciens esclaves, et non pas des esclaves de noirs, raisonnables et heureux dans leur médiocrité, mais des esclaves de plantation, des captifs de blanc, comme disent les Sénégalais, qui considèrent avec raison cette situation sociale comme la plus avilissante, la plus démoralisante, la pire de toutes.

A ne considérer que les vices que nous donnons aux noirs employés par nous, on peut se rendre compte de ceux qui devaient résulter de l'esclavage exercé par les blancs, et il faudrait s'étonner de trouver chez ces émigrés en retour des Antilles et de la Louisiane un aréopage de Lycurgues et de Solons noirs.

Le territoire soumis à cette fantaisiste expérience s'arrête au Cavally, et là commence notre colonie de la Côte d'Ivoire.

C'est dans la région de Biribi voisine de l'embouchure du San Pedro que les commerçants de la côte recrutent le personnel de manœuvres nécessaire à leurs factoreries. Ces hommes, indigènes de la côte de Crou (Croumanes ou Crouboys), servent tout le long de la côte, comme les Auvergnats et les Marchois qui viennent passer une saison de travail à Paris. Ils s'embarquent sur les bateaux qui passent devant leur rivage pour se faire un petit pécule en travaillant soit à bord, soit dans les maisons européennes de la côte. Les gens d'un même village se groupent par fractions d'une vingtaine environ, sous le commandement d'un chef de *compagne*. Le navire stoppe en sifflant en vue du village et l'on voit bientôt se détacher sur les flots des pirogues en bois rouge, légères, bien faites et supérieurement nagées, contenant des Croumanes qui viennent faire leurs offres. Le bâtiment est généralement pris d'assaut, et les chefs de compagne traitent pour leurs hommes, soit avec le capitaine, soit avec les agents recruteurs des maisons de la côte. Le prix varie entre 15 et 25 francs par mois, plus 5 francs de nourriture. — Pendant que leurs chefs s'offrent les rasades multipliées qui dans tous les pays du monde paraissent l'accompagnement obligatoire d'un marché, les simples compagnons circulent un peu partout dans le bâtiment, récoltant une pipe par-ci, une tête de tabac par-là, un verre de tafia un peu partout. Lorsque le marché est conclu et que l'allégresse est devenue générale, le navire siffle et bat de l'hélice, tous les non-engagés piquent une tête — et parfois quelques engagés aussi — et les pirogues reprennent le chemin du village, chargées des commissions des émigrants. Telle est la préparation morale qui résulte d'un long et avantageux usage, que les noirs, généralement si lents à se déterminer, contractent cette sorte d'engagement avec une étonnante rapidité. Il n'est pas rare de voir un navire siffler au départ moins de trois heures après avoir stoppé et sifflé aux Croumanes. Il a suffi de ce court espace de temps pour rassembler les compagnes, procéder aux adieux et préparatifs nécessaires, gagner au large en pirogue 4 à 6 kilomètres de pleine mer, s'embarquer, se griser, s'engager.

La plupart d'entre eux partant pour un an, ce processus d'enrôlement laisse loin derrière lui en simplicité expéditive nos opérations de recrutement échelonnées sur neuf mois entre la publication des listes de recencement et l'appel, en passant par le tirage au sort et la revision.

Une centaine de ces braves gens furent ainsi embarqués à bord de l'*Isly*, tant pour le service du bâtiment que pour le compte des factoreries de Cotonou et de Ouida. Le roi du village vint en personne présider aux opérations : il avait pour cela endossé une redingote noire et un non moins noir gibus. Dans ce costume qui lui laissait cuisses et jambes nues, il s'assit sur un rouleau de cordages, pour procéder à l'ouverture de la fête. Après avoir demandé à boire et voyant tous ses compagnons le verre en main, il prit la bouteille de rhum que M. Borelli avait approchée de son verre, et s'en versa lui-même, coup sur coup, quatre rasades, puis rendant la bouteille vide au sommelier ébahi, fit comprendre qu'il n'y avait qu'à continuer ainsi, tant pour lui-même que pour ses fidèles sujets. — Après cette entrée en matière — et beaucoup de nos maires de canton seraient incapables d'en faire autant, — il eut encore la force d'exposer que Cotonou était une triste garnison, qu'il y avait beaucoup de requins, que la vie était chère et qu'il fallait en conséquence au moins une livre par mois. Et quand tout fut terminé, il avait encore conservé assez d'équilibre pour se tenir debout dans sa pirogue, ce que, même à jeun, beaucoup de nos compatriotes ne sauraient faire aussi gaillardement.

Au moment où nous passons devant la Côte d'Ivoire, cette possession est assez agitée par l'expédition qui se dirige vers Kong. Grand-Lahou est le port point de départ de cette expédition.

Avant de s'engager dans l'intérieur, le colonel Monteil a dû mettre à la raison un petit roi des bords de la lagune qui était entré en révolte contre l'autorité du gouverneur Binger. L'affaire a été, paraît-il, assez chaude, l'ennemi ayant su, une fois entre mille, se servir des parapets de terre battue qui forment l'enceinte de la bourgade et ayant jeté par terre dès le début plus du tiers des assaillants. Il a fallu se servir de l'artillerie, dont l'effet moral a suffi d'ailleurs pour obtenir pleine soumission.

Du large, où nous passons, on voit des lignes continues de palissades ou d'enclos en terre battue. Un pavillon tricolore, beaucoup de mouvement autour des factoreries, sont autant de symptômes des opérations de toute sorte qui doivent se passer à Grand-Lahou. Mais nous avons hâte d'arriver à Grand-Bassam, où nous devons atterrir, pour avoir des nouvelles.

Le lendemain, vers midi, nous jetions l'ancre en vue de la capitale de notre colonie de la Côte d'Ivoire.

Une baleinière, nagée par douze pagayeurs, consentit à nous prendre en même temps que la correspondance. Ladite correspondance prenait place, pour plus de sécurité, dans un tonneau dont on avait enlevé, puis replacé le fond. — « On fait toujours ainsi, dit le pilote, parce que si la chaloupe chavire dans la barre, le courrier surnage. » — Très bien.

Ce renseignement, peu rassurant pour quiconque n'est pas dans un tonneau, appelle une explication.

Tout le long de la côte de Guinée règne, à une cinquantaine de mètres du rivage, un cordon de hautes lames brisantes qu'on appelle improprement *la barre*.

Chacun connaît le phénomène géologique qui porte ce nom. C'est le dépôt formé à l'embouchure des fleuves par le limon qu'ils charrient et qui, lorsqu'il cesse d'être entraîné par le courant, s'amasse au point de former au-dessus du fond un exhaussement continu et considérable. Cet exhaussement, qui interdit souvent aux navires de mer l'entrée dans les grands fleuves, forme ainsi pour eux un barrage, *une barre*.

Le plus souvent la sonde seule permet d'apprécier la diminution du fond qui constitue cette barre. Mais lorsque le dépôt est assez puissant pour atteindre presque le niveau de la mer, les vagues qui viennent du large, rencontrant cet obstacle sous-marin, se gonflent et se brisent en formant un bourrelet écumeux analogue à celui que tous les baigneurs connaissent sur la plupart des plages à grandes marées.

Dans ce cas, pour le navigateur qui vient de la haute mer, la barre du fleuve se manifeste par une ligne d'écume blanche.

Les nombreux cours d'eau qui se jettent dans le golfe de Guinée donnent lieu à ce phénomène. Ils ont presque tous des barres écumeuses, des barres à brisants.

Mais le brisant de la lame n'est pas toujours dû exclusivement à des dépôts de rivière; tout relèvement du fond peut lui donner naissance. Ainsi le plus souvent, en dehors de nos ports, la marée s'établit non pas par un exhaussement progressif du niveau de l'eau, mais par l'arrivée successive de vagues moutonneuses qui se brisent à quelques mètres du rivage.

C'est ce qui se produit tout le long de la côte de Guinée, qui est très droite, dépourvue de ports, et dont le profil sous-marin se prête particulièrement au gonflement de la lame d'atterrissage.

Il en résulte que le marin voit une ligne d'écume blanche au-dessus des dépôts formant barre à l'embouchure des fleuves, et qu'il voit encore cette ligne d'écume se continuer tout le long de la côte, même loin de toute embouchure. Il a baptisé du nom de barre le brisant d'embouchure, il continue d'appeler barre, encore plus improprement, le brisant de la lame d'atterrissage qui, pour lui, ressemble au précédent.

Ces barres se ressemblent vraiment de fâcheuse façon, car si l'une interdit aux navires l'accès de l'intérieur des fleuves, l'autre interdit le plus souvent aux embarcations l'accès de la terre ferme. L'atterrissage est rarement facile en dehors des ports; il est difficile tout le long de la côte de Guinée, où il n'y a pas de port du tout. Partout il faut « franchir la barre ».

Nous allons donc franchir la barre en compagnie de nos correspondances enfermées dans leur providentiel tonneau, et nous « poussons du bord ». Tantôt enfoncés comme dans une vallée entre deux crêtes de grande houle, nous pouvons nous croire en pleine mer, tantôt parvenus à l'une de ces crêtes nous dominons le paysage, apercevons l'*Isly* de plus en plus loin, la terre de plus en plus près. Enfin nos pagayeurs s'arrêtent; nous arrivons à la barre, ils veulent choisir leur moment et leur place. Ils choisissent admirablement l'un et l'autre. Tandis que tout déferle devant nous et que nos yeux ahuris ne voient qu'un mur d'écume, ils interrogent le large; entre cette grande lame qui sera lente à se retirer, et celle-ci plus petite qui sera lente à atterrir, on pourra passer sans grands dégâts, et ils s'engagent à grands cris et à grands coups de pagaie, à toute vitesse. Nous ne courons aucun risque de nous jeter dans le brisant de la lame d'avant qui va plus vite que nous, mais il faut fuir à tout prix la lame d'arrière... Celle-ci s'avance aussi plus vite que notre embarcation, elle nous gagne, elle est sur nous, va nous écraser. Mais elle n'écrase rien qu'elle-même, ce n'est plus qu'un poudroiement de poussière blanche, un nuage d'embruns qui nous couvre d'eau et pousse la baleinière sans la noyer : nous sommes à terre, n'ayant plus qu'à nous secouer comme chiens mouillés.

Le village européen s'aligne en une longue avenue plantée de cocotiers ou de palmiers naissants, qui donnera peut-être plus tard à cette voie de la future capitale le cachet de la promenade des Anglais à Nice.

Nous arrivons tout de suite chez le gouverneur. M. Binger, que je connais depuis huit ans, est un ami pour tous ceux que tente l'Afrique. Il nous confirme au sujet de la colonne Monteil les nouvelles que j'ai données plus haut et, après avoir vidé une coupe de champagne au succès de notre mission, nous emmène.

Nous partons ensemble en promenade au village noir, puis à la lagune. C'est la première fois que je mets le pied sur le bord d'une de ces lignes d'eau qui règnent tout le long de la côte de Guinée et éveillent des idées inséparables de marécages et de fièvre paludéenne. Cette mauvaise réputation n'empêche pas les lagunes, généralement alimentées par des fleuves qui en renouvellent l'eau, d'être autrement limpides, de présenter un aspect autrement riant que la plupart de nos étangs de France. Celle de Grand-Bassam, avec ses eaux profondes, ses rives bordées d'arbres élancés et magnifiques, a beaucoup de cachet. Plusieurs embarcations à vapeur, appartenant à des indigènes, assurent le trafic le long de cette remarquable voie de communication et sont, au moment où nous passons là, accostées à de petits appontements.

Un orage qui menace de rendre la barre impraticable nous oblige à écourter cette visite intéressante et nous regagnons le bord au plus vite, après avoir franchi la barre une deuxième fois en partant du rivage, suivant les mêmes principes que tout à l'heure et par des moyens inverses. On ne court d'ailleurs pas plus de danger au retour qu'à l'aller.

A partir de Grand-Bassam la côte ne change plus d'aspect. Qu'on longe la Côte d'Or anglaise, le Togo allemand, ou les colonies françaises, c'est toujours la même ligne sableuse et plate bordée de palmiers et animée par places par quelque village nègre, ou par une factorerie européenne. Seules les grosses villes d'Accra, de Christianbourg, et de Cape Coast Castle donnent, vues du large, l'impression de puissantes, confortables et définitives installations. Enfin apparaît la côte du Dahomé français avec Grand-Popo où le mât de pavillon se montre devant les deux établissements si longtemps rivaux des deux grandes maisons de Marseille, Régis et Cyprien Fabre, la première, la maison-homme, la deuxième, la maison-femme [1], comme disent les Dahoméens en deux mots qui résument assez fidèlement la querelle de famille, origine de cette rivalité. — Même aspect à Ouida, où nous stoppons, comme à Grand-Popo, quelques heures pour échanger les correspondances, et nous arrivons devant Cotonou.

1. M. Fabre est le neveu de *Madame* Régis.

CHAPITRE II

Arrivée à Cotonou.
Préparatifs pour la marche dans l'intérieur.

Cotonou. — Le warf. — Débarquement. — Voyage à Porto-Novo. — Le gouverneur Ballot. — Recrutement des porteurs. — Première connaissance avec la lagune, les pirogues et les moustiques. — L'*Ardent.* — Enrôlement des porteurs. — Les interprètes, les tirailleurs. — Revue et simulacre de départ. — Incohérence du personnel. — Insuffisance des moyens de transport et des cadres. — Disparition des pirogues. — Le commissaire de police et les galériens de Cotonou. — Le pays des folies moricaudes. — Désarroi de Togodo. — Comment vivre sur le pays?

Cotonou, qui a remplacé pour l'importance des échanges Ouida, l'ancien port du Dahomé, doit tout son développement à sa position sur la lagune de Porto-Novo d'une part, et de l'autre à la construction du *warf*. Nous avons vu plus haut que les vagues, en s'écroulant sur le rivage, produisaient une barre souvent difficile et parfois dangereuse pour l'atterrissage des embarcations. Mais les brisants ne se produisent guère que de 30 à 50 mètres de la terre. Plus au large, les vagues, étayées l'une par l'autre, ne donnent plus qu'une houle habituellement clémente aux bateaux de gabarage. Si donc on construit un appontement qui s'avance dans la mer au delà de la barre, on pourra débarquer le long de cette construction, dans des conditions relativement avantageuses. C'est ce qu'on a réalisé à Cotonou au moyen d'un plancher sur pieux en fer, qui s'avance de 300 mètres vers la haute mer et se termine par une plate-forme pourvue de grues de déchargement. C'est le *warf*.

Grâce à cet ouvrage, on embarque à Cotonou sans aucune des tribulations qui accompagnent le passage de la barre. Moelleusement installé dans un fauteuil, le passager est enlevé par la grue soit du bâtiment, soit du warf, puis viré au-dessus des flots et descendu presque sans cahot, dans une baleinière ou pirogue de barre. — Il est remonté de la même façon. Quant aux marchandises on les met dans un filet de cordages qui les enlève et les descend presque sans avarie. Le même filet sert pour les embarquements d'indigènes qui s'y installent tout joyeux en énormes grappes humaines.

Cotonou aligne le long de la plage ses maisons européennes presque toutes construites sur le même modèle. Un corps de bâtiment sur sous-sol librement ouvert, entouré d'une véranda. Le tout recouvert d'un toit de zinc. En arrière des habitations qui se sont presque toutes réservé une vue sur la mer, se trouvent les magasins, les ateliers de l'État, et le blockhaus, imposante et solide construction militaire, à deux étages, qui a un passé glorieux dans l'histoire de la conquête du Dahomé. Au rez-de-chaussée règne derrière les meurtrières un couloir circulaire garni de lits de camp entourant les magasins qui sont au centre. Au premier étage une véranda et des chambres. C'est là qu'on nous donne l'hospitalité jusqu'à notre départ pour l'intérieur.

La marche est assez pénible à Cotonou où l'on enfonce dans le sable jusqu'à la cheville. Tous les transports se font sur des wagonnets Decauville, en utilisant une petite voie ferrée qui se ramifie dans toutes les directions et va notamment du warf à l'appontement d'embarquement sur la lagune. — Ce sont ces wagonnets que nous utilisons pour le débarquement de notre matériel.

L'opération s'amorce dans la journée du 17 où nous avons pris terre ; le lendemain je laisse à M. Targe le soin de la continuer et je me rends à Porto-Novo pour voir le gouverneur. — Il n'y a pas de service régulier entre Cotonou et Porto-Novo, chef-lieu du gouvernement. Les simples particuliers qui ont besoin d'aller du port à la ville font comme ils peuvent. Suivant une formule d'une application assez générale : ils se débrouillent. — La manière dont je me suis débrouillé pour cette fois a été de profiter du voyage que M. Borelli faisait lui-même à bord du *Toffa*, de la maison Régis. La traversée de la lagune ne présente rien de particulier, si ce n'est que cette nappe d'eau est vraiment bien peu profonde et se réduit presque à un immense marais. Les bords en sont couverts de papyrus, grands joncs à couronne élégante, et habités par de nombreux caïmans. Quelques-uns de ces sauriens dorment la bouche ouverte et ne se réveillent même pas au passage du *Toffa*, d'où l'on pourrait les tirer à quelques mètres. — Quelques négociants sont avec nous, parlant des difficultés de cette petite navigation. Le peu de profondeur de l'eau exige des bateaux à fond plat calant au plus 40 centimètres. Encore faut-il de bons pilotes. Celui du *Toffa* est un nommé Coco, gros noir à face de bourgeois cossu et sérieux qu'on dit avoir été bourreau de Behanzin. Je le considère avec l'intérêt que mérite son ancienne profession : mais, si la légende est vraie, Behanzin a dû avoir beaucoup de serviteurs chargés de cet office, ce qui diminue notablement le caractère attractif de la physionomie de Coco.

L'arrivée à Porto-Novo, que l'on aperçoit de loin, dès qu'on débouche dans la grande lagune, donne bien l'impression de la grosse agglomération d'êtres humains que l'on va rencontrer. Les maisons européennes, auxquelles leurs vérandas donnent toujours un aspect élégant, bordent la lagune en s'étageant à mi-hauteur des dunes rouges qui s'élèvent à une quinzaine de mètres au-dessus des eaux. Cette disposition agrandit encore les façades du côté de la pente et augmente l'effet produit. Les arbres, cocotiers ou palmiers à huile, forment un fouillis de verdure au travers duquel les constructions apparaissent comme d'agréables et spacieux cottages. Un gigantesque fromager, deux fois plus haut et trois fois plus gros que les plus beaux platanes de nos places publiques, indique la place où est élevée la résidence du gouverneur.

La crête de cette dune qui descend d'abord du nord au sud et se retourne ensuite vers l'est, dans la direction de Lagos, appelle la création d'un boulevard qui formera certainement plus tard une des plus belles promenades tropicales qu'on puisse demander.

Le gouverneur, auquel j'avais télégraphié la veille, dès mon arrivée à terre, me retient à déjeuner et m'expose la situation que je vais trouver dans le haut Dahomé. Ce pays est parcouru depuis trois mois par des colonnes nombreuses et on n'y trouve plus rien à manger.

De plus les porteurs nécessaires pour assurer la subsistance de ces colonnes ont épuisé les ressources le long de la route. Enfin, les villages du bas Dahomé qui ont fourni des convois de 600, de 800 porteurs, pourront difficilement en fournir d'autres.

Il m'en faut 300, rien que pour mon matériel, et M. Ballot estime que je dois emporter en outre 100 charges de riz pour assurer la subsistance de tout ce personnel dans les pays ruinés que nous allons parcourir.

L'escorte, fournie par la colonie du Dahomé, qui encadrera ce convoi, doit se composer de 25 tirailleurs, moitié Haoussas, moitié Sénégalais.

Comme nous avons avec nous 23 marins noirs et

5 blancs, j'aurai un total de 53 hommes armés. Enfin il faut compter une trentaine de hamacaires de Ouida, destinés au transport des malades et des éclopés.

Un cuisinier, deux interprètes et leurs inévitables boys portaient à 490 l'effectif régulier de la colonne que des volontaires d'aptitudes et de persévérance très inégales maintinrent toujours au delà de 500.

Nous devions commencer par remonter en bateau l'Ouémé jusqu'au poste de Sagon, où des porteurs allaient être réunis à notre intention. — Sagon est à environ 90 milles de la côte.

Le gouverneur m'annonçait qu'il n'était pas éloigné d'entreprendre lui-même une tournée dans la direction du nord. Un grand nombre de caisses toutes préparées et étiquetées que j'avais vues sous la véranda, indiquaient d'ailleurs que ce départ était déjà l'objet d'une préparation plus que morale et témoignaient aussi de la prudence avec laquelle il convient de parler de pareils projets tant qu'on n'a pas encore passé à leur exécution.

J'avais été prévenu des difficultés que tout explorateur devait s'attendre à éprouver de la part des gouverneurs des colonies servant de point de départ. J'étais d'avance résolu à ne pas m'en indigner. Il est bien naturel de rencontrer un peu de mauvaise humeur chez un fonctionnaire qui voit arriver tout d'abord dans le pays qu'il administre un personnel envoyé par le ministre et correspondant directement avec lui, soustrait par conséquent à l'autorité presque souveraine qu'exerce un gouverneur de colonie. Si nous ajoutons que ce personnel va demander à ladite colonie des porteurs et des vivres, que, dans le cas présent, toute cette dépense était mise à sa charge, on conviendra qu'une semblable mission est pour l'autorité locale une occasion de trouble et de gêne et qu'il faut une hauteur d'esprit assez rare pour estimer comme une compensation suffisante de tant d'ennuis le bien que le pays peut en attendre.

Je comptais donc être très mal reçu par M. Ballot, et fus aussi surpris que charmé d'être par lui traité, non pas comme le trouble-fête que je me sentais être pour tout administrateur à esprit étroit et bureaucratique, mais en auxiliaire gaiement accepté pour une œuvre qu'il faisait sienne et à laquelle j'apportais un concours inattendu. — Il ne me restait qu'à laisser s'effectuer le recrutement des porteurs demandés. Après le déjeuner, je repartais immédiatement pour Cotonou, où j'arrivais le soir sans encombre; le travail avait continué régulièrement.

Les jours suivants se passèrent en préparatifs de toute nature, achat de vivres, achat de tabac pour les échanges, reconfection de celles des caisses dont le volume ou le poids rendait difficile d'en faire le chargement d'un seul homme.

Il faut admettre que la tête d'un porteur, qui est déjà chargé d'un petit bagage personnel indispensable pour un long trajet, ne peut pas recevoir une caisse pesant plus de 25 kilogrammes, ni d'un volume supérieur à un cube de 50 centimètres de côté.

Tout le monde s'employa à cette reconfection des chargements qui, faute de balances, demandait un certain coup d'œil. Les deux charpentiers que nous avions amenés montrèrent comme emballeurs une inaptitude inquiétante. Ils ne savaient ni scier une planche, ni planter un clou. Suleyman, toujours prompt à l'espérance, et d'ailleurs convaincu de la supériorité de Gaye et de Goreas en leur double qualité de Sénégalais et de marins, m'expliqua qu'ils étaient spécialistes en charpente et en charpente de batellerie. Dans leur spécialité, ils étaient — ils devaient être — des maîtres, et la preuve, c'est qu'ils étaient brevetés!

Entre temps, deux séances par jour étaient consacrées à l'instruction à pied des laptots. M. Targe, Doux et Sédira s'y employaient de tout leur cœur, mais quoi qu'ils fissent, c'était toujours Suleyman l'unique canal d'écoulement de leur zèle. Or, lui-même ne pouvait, malgré toute sa bonne volonté, parler qu'une seule langue à la fois, et après avoir reçu de ces messieurs leurs instructions en français, devait les répéter d'abord en saracolet, puis en yolof. Nos hommes ne comprenaient en effet que l'un ou l'autre de ces deux langages.

D'ailleurs Suleyman avait pour la première fois entre les mains le mousqueton modèle 92 et n'avait sur le reste de l'instruction que des notions assez imparfaites.

Dans ces conditions, on comprendra que si nous avions eu affaire à des hommes de recrue très intelligents, leurs progrès auraient dû être lents.

Ils furent très lents.

Enfin le cinquième jour au matin, un télégramme du gouverneur m'annonçait que les porteurs étaient attendus pour le soir. Cette matinée-là fut en conséquence employée à une séance de tir à la cible, destinée à apprendre tout au moins aux laptots à ne pas s'effrayer de la détonation de leur arme. Cette séance se passa assez bien; non pas qu'aucun tireur ait atteint la cible, si rapprochée que fût la distance de tir, mais au moins aucun d'eux ne s'estropia, ni n'estropia ses voisins.

Pendant le reste de la journée, on s'occupa des sabres-baïonnettes qui devaient servir de sabres d'abatis pour les travaux du camp de chaque jour et avaient besoin d'être aiguisés. L'État les délivre avec un tranchant d'un millimètre d'épaisseur environ; et pour en faire une lame coupante, nous ne pouvions utiliser que les meules des ouvriers de Cotonou.

Les cent sabres destinés tant aux laptots qu'aux porteurs, exigèrent un travail de plus de dix heures.

Comme les hommes de la marine trouvent sur leur bâtiment tout ce qui leur est nécessaire pour coucher et pour manger, les nôtres n'avaient ni couvertures de campement, ni marmites, ni gamelles, ni bidons.

Je pus me procurer tous ces accessoires dans la soirée.

Les tirailleurs sénégalais devant former l'escorte étaient annoncés venant de Ouida.

Le lendemain, 25, supposé dernier jour avant le départ, devait être employé à une revue destinée à compléter les manquants et. éliminer tous les objets inutiles que le personnel est toujours tenté de prendre en surcharge. Je prescrivis de s'y préparer et je partis pour Porto-Novo, où je voulais prendre les instructions du gouverneur, acheter des hamacs, et, le cas échéant, prendre livraison de mes porteurs.

Le *Toffa* partant à trois heures, je pouvais compter arriver à Porto-Novo vers six heures et profiter par conséquent de la soirée pour ce que j'avais à faire.

Mais j'avais compté sans les embarras de la route : le *Toffa* remorquait à bâbord et à tribord deux grosses pirogues en assez mauvais état, qui retardaient beaucoup sa marche. Nous étions arrivés à peu près à moitié chemin lorsque l'une d'elles s'enfonça tout à fait et, formant corps mort, obligea le malheureux *Toffa* à tourner autour d'elle. On se mit à la vider, puis à repartir; mais elle aussi se mit à se remplir, et plus vite qu'auparavant. Il fallait l'abandonner ou passer la nuit là.

J'expliquais au mécanicien que je ne pouvais perdre ainsi ma journée, lorsque Coco eut une idée de génie. Hélas! c'était aussi une idée de bourreau! Avisant deux piroguiers qui rentraient de la pêche, il leur persuada, moyennant un dollar, de me conduire à Porto-Novo. Ceux-ci accostèrent et, sans plus tarder, je m'introduisis dans leur embarcation.

C'était une toute petite pirogue, à peine aussi large que moi et qui supportait déjà difficilement le poids de ses deux pagayeurs. A peine eus-je touché cet étrange bateau que l'eau entra par-dessus bord. Les deux noirs se mirent à pousser des cris et me firent asseoir, le derrière dans l'eau du fond, les jambes recroquevillées, les genoux dans le menton, les bras croisés sur les tibias. Je fus invité à ne pas tenter un mouvement sous peine de chavirer.

Placé ainsi comme un pigeon en crapaudine, je commençais au bout d'une demi-heure à avoir des crampes dans tous les membres, lorsque je m'aperçus qu'un autre et plus insupportable supplice m'attendait.

La nuit tombait, et avec elle arrivaient d'innombrables moustiques de marécage, qui profitaient de mon immobilité forcée pour se livrer sur ma personne à une véritable orgie. Lorsqu'ils étaient repus et que j'avais un moment d'accalmie, la pirogue, manœuvrée tout près du bord pour éviter le courant, secouait les roseaux humides d'où sortaient de nouvelles hordes affamées. En même temps les papyrus, au travers desquels nous passions, laissaient tomber sur moi la vase suspendue à leurs panaches. Deux heures et demie sans changer de position, je supportai tête baissée tous ces outrages marécageux. Enfin vers huit heures trois quarts nous débouchions dans la grande lagune et apercevant une embarcation bien éclairée, je me faisais diriger dessus.

C'était la canonnière de rivière l'*Onyx*, commandée par un de mes camarades, le lieutenant de vaisseau Marx. J'y grimpai aussitôt et trouvai ces messieurs prenant le café sur la plate-forme supérieure.

Tout en dînant à la hâte d'un paquet de quinine, d'une omelette et d'une tasse de thé, je faisais connaissance d'un hôte de l'*Onyx*, l'enseigne de vaisseau Guigues, de l'aviso l'*Ardent*.

Ce bâtiment ayant pénétré dans le Niger, était momentanément obligé de demeurer dans un des biefs du Delta, en attendant que la hausse des eaux lui permît de franchir une des barres de sable qui s'étaient formées derrière lui. Le lieutenant de vaisseau d'Agoult, commandant l'*Ardent*, avait envoyé M. Guigues pour organiser des moyens de ravitaillement permettant à son bâtiment d'attendre l'époque des crues. M. Guigues devait s'adresser à Lagos ou à Porto-Novo, car la Compagnie royale du Niger avait pris à l'égard des nôtres une attitude qui ne permettait guère de lui demander des services.

Je passai ainsi un quart d'heure fort intéressant à entendre raconter la vie de bord dans ce morceau de rivière et tous les petits agissements de la compagnie. Je notai avec plaisir que ce jeune officier ne laissait pas échapper un mot de mauvaise humeur contre le commandant qui avait ainsi condamné tout son monde à un emprisonnement de plusieurs mois. Il paraissait avoir entièrement épousé la détermination de son chef, restant intransigeant dans ses revendications contre la Royal Niger C°, et tenait en conséquence pour négligeable l'ennui d'une croisière obligatoire dans ces peu enviables parages.

Mais je ne pouvais m'attarder à cette conversation si honorable qu'elle fût pour celui qui la tenait et pour celui qui en était l'objet, et je demandai à Marx un canot pour gagner la terre.

Vingt minutes après je gravissais le chemin de terre rouge qui monte à la résidence, lorsque je rencontrai le gouverneur qui se promenait avec le capitaine Mounier.

Les nouvelles étaient mauvaises. Le commandant Decœur était, paraît-il, rétrogradé jusqu'à Carnotville [1]. De plus l'eau avait subitement et prématurément baissé dans l'Ouémé. Il ne fallait plus compter remonter en bateau jusqu'à Sagon.

Nous passerions donc par Abomé, puis par Savalou

---

1. Ce qui ne l'empêcha pas d'aller à Saye.

et Carnotville et de là... Niki, le Niger si on pouvait. — D'ailleurs le gouverneur partait lui-même pour Abomé — « et peut-être plus au nord ».

Enfin les porteurs attendus n'étaient pas arrivés ! On les avait demandés à Abomé-Calavi, à Allada, et ils devaient arriver par la lagune. Ne les auriez-vous pas rencontrés ?... — Si ; ces grosses pirogues croulant de monde que j'ai dépassées dans l'obscurité devaient être eux [1].

M. Ballot me dit ensuite que le roi de Niki avait offert à Decœur de le conduire à Boussa, qui dépendait de ses états, qu'il n'y avait que quinze jours de Niki à Say [2], et que le haut pays paraissait, en somme, bien plus pénétrable qu'on ne le pensait en France et en Allemagne. Sur ces consolantes paroles nous nous séparâmes pour aller nous coucher.

Le lendemain de bonne heure, je fis les achats pour lesquels j'étais venu, et je rentrai à Cotonou sur l'*Onyx* qui menait au port d'embarquement, pour le courrier du 25, tous les rapatriables.

Parmi eux se trouvaient M. le colonel Nény et M. Mounier, résident de Savalou. J'obtins d'eux des renseignements fort utiles pour la préparation de ma marche sur Savalou. Ils ne furent d'ailleurs pas plus optimistes, au sujet de l'état des ressources locales, que ne l'avait été le gouverneur. « Vous ne trouverez plus là-haut, ni un poulet, ni un épi de maïs. »

En débarquant à l'appontement, je trouvai M. Targe qui m'annonça que les tirailleurs de Ouida n'étaient pas arrivés, non plus que les Haoussas de Porto-Novo. Les laptots se préparaient de leur mieux à leur revue de

---

[1]. Erreur : ils ne devaient venir que deux jours plus tard.
[2]. C'était là pure forfanterie de roi nègre. Nous verrons plus tard qu'aucun de ces monarques ne peut entendre parler d'une ville sans dire qu'elle lui appartient.

départ qui, dès lors, ne pouvait plus avoir lieu que le lendemain.

Enfin dans la journée arrivèrent un par un, d'abord un porteur chargé d'effets des tirailleurs de Ouida, puis un deuxième porteur, puis un tirailleur sénégalais, puis d'autres. De Porto-Novo, les Haoussas, au nombre de douze, arrivaient en pirogue, tous ensemble sous le commandement de leur sergent.

Dès le soir les militaires destinés à m'accompagner étant tous arrivés, je les examinai au point de vue sanitaire. Le sergent qui devait commander le détachement avait un ver de Guinée, un tirailleur sénégalais était phtisique : je télégraphiai immédiatement à Porto-Novo pour demander un remplaçant du premier; et quant au deuxième, je trouvai sur place un homme de bonne volonté, dans la personne d'Amadi So, ordonnance du colonel Nény, qui, séparé de son chef, ne demandait qu'à faire campagne avec moi.

Amadi So, d'origine peuhl, était un peu plus intelligent que ses camarades. Rengagé pour la campagne de 1892, il avait auparavant servi au Soudan et avait les défauts et les qualités du vieux soldat. Un peu grincheux, comme tous ceux que l'expérience a désabusés, il avait autant d'insouciance du danger que de souci de ses petites aises personnelles; à force de rouler, il avait amassé quelques talents de première utilité; c'est ainsi qu'il savait très bien sonner du clairon, traire une chèvre, fabriquer de la bière, parlait le peuhl et le yolof, ânonnait quelques mots de français et possédait juste assez de djège (dahoméen) et de nago, pour, avec un bâton et un fusil, faire marcher une troupe de porteurs,

C'était, comme on le voit, un homme précieux, car sur bien des points que je viens d'énumérer, il jouissait d'une incontestable supériorité sur la plupart de ceux qui allaient devenir ses chefs.

Enfin, dans la soirée, on me remettait un télégramme

de Porto-Novo m'annonçant l'arrivée, pour le lendemain matin, d'un premier convoi d'environ deux cents porteurs et de deux interprètes, Odonou et Acrobassi. — Un nommé Ato était désigné comme chef de ces porteurs. — M. Ballot me recommandait de les bien traiter, ce à quoi j'étais d'ailleurs le plus intéressé, car si les bons traitements n'assurent pas toujours la fidélité des porteurs, les mauvais la détruisent certainement et les désertions qui en résultent produisent toujours dans une colonne le pire des désarrois.

J'allai au-devant d'eux à l'appontement et, accompagné de tout mon monde, je leur désignai d'abord l'emplacement, protégé par des auvents, où ils devaient se tenir; puis je me mis en mesure de les encadrer, en constituant des groupes d'une cinquantaine de têtes. Et du premier coup, je m'aperçus que j'avais affaire à un troupeau d'hommes qui serait toujours un troupeau, très difficilement divisible en fractions susceptibles d'être commandées séparément. Ato, leur prétendu chef, ne connaissait aucun de ses prétendus subordonnés, et ceux-ci, consultés pour la désignation de leurs sous-chefs, n'aboutissaient à rien. Quand, de guerre lasse, j'en eus désigné quatre, sur leur seule mine, ceux-ci, à leur tour, se déclarèrent incapables de commander à n'importe qui, et il fallut d'office leur imposer leur grade, leur disant qu'après tout, leur fonction principale consisterait à répartir les vivres entre leurs camarades.

Puis, ayant fait apporter du riz et du poisson sec, je voulus procéder moi-même à la première distribution et profiter de la circonstance pour leur adresser quelques paroles relativement à leur conduite en route et dans nos futurs gîtes d'étape.

Ayant donné un clairon à Amadi So, je les fis tous grouper en cercle et ordonnai à l'interprète Odonou de répéter mon petit discours. Après leur avoir dit que je leur défendais de s'écarter de la route et leur avoir expliqué que pour permettre à chacun de souffler un peu, je ferais sonner « halte! » toutes les heures, puis sonner « en avant! » dix minutes plus tard, je dis à Amadi So de donner ces deux sonneries, puis à Odonou de leur demander s'ils comprenaient : aussitôt tout autour de moi, éclatèrent des oh! oh! J'exprimai mon étonnement de cette manifestation, que l'*Officiel* annonce habituellement dans les comptes rendus parlementaires sous la rubrique : rumeurs, exclamations, mais qu'on n'a pas coutume d'entendre dans les corps de troupe. Odonou m'expliqua alors que c'était leur manière de dire oui. Je continuai donc pendant près de trois quarts d'heure mon instruction, leur rappelant qu'il était interdit de maltraiter les habitants des villages, et par contre de trop bien traiter leurs femmes, de piller, de voler, de s'enfuir avec son fardeau et même sans son fardeau, et je récoltai pendant le même laps de temps une série de oh! oh! bien nourris.

Mais ce qui rend cette scène épique et vaut qu'on la raconte, c'est que nous nous aperçûmes plus tard qu'Odonou n'avait pas compris un traître mot de ce que j'avais dit, et que d'ailleurs il parlait lui-même une langue inconnue à la plupart de nos porteurs. Élevé par des jésuites portugais, le brave garçon, naturellement pauvre d'esprit, balbutiait bien quelques mots de notre langue, mais ils étaient pour lui vides de sens; de plus, étant toujours demeuré à l'école à surveiller les tout petits, il ignorait absolument les choses les plus élémentaires de la vie pratique. En ce qui concerne la culture du sol, il ne savait pas distinguer si le maïs était en herbe ou en épis, et ayant à approvisionner d'akassa (pâte de maïs) plus de quatre cents hommes, croyait que ces boules se trouvaient toutes pétries dans les champs. Il s'émerveillait avec candeur de tout ce qu'il voyait pousser en forêt. Chez moi, les paysans se gaussent de certains Parisiens en leur montrant du seigle pour du blé de deux ans, en leur faisant voir des laboureurs qui sèment du son, ou des moissonneurs qui fauchent du macaroni; mais ces Parisiens sont des agronomes au prix de ce qu'était Odonou.

Bien des fois, au cours de notre voyage, quand il nous eut donné toute sa mesure, nous nous sommes demandé avec stupeur, en pensant à cette première conférence, ce qu'il avait bien pu dire aux infortunés qui étaient censés m'entendre par son intermédiaire, et surtout sur quels points pouvaient porter leurs marques d'assentiment si solennellement exprimées.

Pour en finir avec les interprètes, disons tout de suite qu'Acrobassi, l'autre interprète qui m'était annoncé, et qui était, on le croira sans peine, beaucoup plus intelligent qu'Odonou, avait été éliminé dès le début. Il avait fort bien répondu à son examen de français, mais on s'était aperçu à temps qu'il ne savait ni le djège ni le nago, et qu'il ne parlait que le mina. Comme nous n'avions aucun Mina avec nous et que nous ne devions pas rencontrer de Minas en route, Acrobassi ne pouvait nous donner que des leçons de français, ce qui pour le moment fut jugé inutile.

Nous avions un autre interprète dans la personne de Mahmadou. Ce dernier était réservé pour un autre genre de travail, car il devait traduire de bariba ou haoussa en nago. Ne sachant pas un mot de français, il n'avait pas à exercer sa fonction avant que nous eussions franchi le 9e degré, mais comme c'était un très brave homme, plein d'entrain et point poltron, il nous rendit de bons services en route.

Le soir je passai la revue de départ du personnel armé et fis du même coup connaissance avec les éléments assez disparates dont il se composait.

C'étaient d'abord 12 tirailleurs sénégalais, commandés par un caporal : venus au Dahomé dès avant la conquête, ces hommes n'avaient plus dans leur équipement que quelques rares débris de ce qui avait été autrefois leur tenue réglementaire. Leur pantalon était remplacé par un pagne roulé à la ceinture et sous lequel disparaissait le haut de superbes guêtres blanches. Le bas de ces guêtres était maintenu par un sous-pied qui, faute d'une chaussure absente, les appliquait sur la peau toujours noire du sujet. De havresacs, point ! En avaient-ils jamais eu ? Pour le moment, et pour la revue seulement, ils avaient roulé leurs effets dans une toile de tente qui leur passait sur les deux épaules.

Évidemment, cet accoutrement tout de parade ne devait pas subir l'épreuve d'une étape, et ces hommes n'avaient jamais porté, ne devaient jamais porter autre chose que leur fusil et leurs cartouches. Je constatais ainsi une fois de plus que les règlements militaires, pas plus que les lois générales que nous tenons pour fondamentales, ne peuvent prévaloir contre les mœurs. En vain avons-nous supprimé l'esclavage au Sénégal, il n'en reste pas moins dans l'esprit de chacun que tout guerrier porte ses armes et rien que ses armes, et donne son bagage à porter à un esclave. En vain avons-nous enrôlé des esclaves même parmi nos tirailleurs, nous n'avons pu leur faire comprendre que devenus guerriers, ils devaient néanmoins porter leurs bagages. Peu leur chaut l'idée que nous nous faisons nous-mêmes du port du sac, ni l'exemple de nos sous-officiers, ni la mémoire des grenadiers de l'empire qui, bons guerriers pourtant, ne se croyaient pas déshonorés par le poids de leur fourniment. Tout cela ne compte pas pour eux. Un guerrier porte ses armes et c'est tout, c'est à prendre ou à laisser. — Leur engagement n'est pas comme chez nous un acte de dévouement à la patrie, à laquelle le soldat français se livre pieds et poings liés pour qu'elle le traite bien ou mal à sa fantaisie et le paie de même. Le Sénégalais en s'engageant signe un marché : on le paiera tant, on le nourrira et on le nourrira de telle façon, il aura sa femme avec lui et ne portera rien — moyennant quoi, il marchera et se battra. Si la ration manque, le mercenaire est bon prince, et se rend compte du cas de force majeure, il vivra de privations, mais il faudra le rembourser en argent du montant de ces privations. Il ferait beau de voir, en France, le soldat noter sur son calepin les jours où la distribution n'est pas complète et présenter ensuite sa facture à l'intendance. On lui répondrait suivant la formule « l'homme a vécu » : « Vous n'êtes pas mort, qu'avez-vous à dire? » Le mercenaire n'entend pas de cette oreille. Vous ne m'avez pas nourri et vous le deviez, payez-moi en conséquence. Aussi va-t-il sans cesse le marché à la main ; à toute infraction qu'il constate ou soupçonne, il réclame d'abord, il déserte ensuite.

Ainsi se renversent chez l'officier transplanté à la tête d'une troupe indigène toutes les notions acquises pour lui du juste et de l'injuste, du défendu et du permis, de ce qu'il faut ou non demander à ses hommes. Le devoir militaire que nous tenons pour illimité dans son essence, s'appliquant à tous les renoncements, à tous les sacrifices, se trouve borné ici au respect des articles d'un contrat.

Combien de fois, au cours de notre marche en pays noir, j'ai soupiré au souvenir de mes canonniers alpins portant gaiement les 24 kilogrammes de leur chargement et contents de leur pain dur, de l'eau claire et de leur sou par jour! J'aurais eu sans doute beaucoup de satisfaction à commander ces petits soldats français, si gais, si intelligents, si disciplinés, seulement — il y a un seulement — je ne les aurais pas commandés longtemps, car au métier que m'ont fourni les noirs, ils seraient tous morts, et vite morts.

En somme, tels qu'ils étaient, ces 12 Sénégalais étaient de superbes soldats de métier. Persuadés par une expérience déjà longue que rien ne leur résistait tant qu'ils marchaient à notre service, ils avaient en eux-mêmes, en nous et dans leurs armes, une confiance illimitée qui se traduisait dans leur attitude et dans leurs moindres actions.

A côté d'eux, 12 Haoussas — ainsi nommés alors qu'aucun d'eux n'était Haoussa — alignaient leurs petites têtes rondes de bons garçons un peu ahuris. Très propres, d'une tenue soignée, d'une belle discipline, non gâtés par le contact des brisquards, ils étaient et devaient toujours être contents de tout, prêts à toutes les corvées, s'accommodant de toutes les nourritures, s'essayant à tout ouvrage qu'on leur enseignait [1]. Mais on sentait encore chez eux la jeune troupe. Les Sénégalais les accusaient d'avoir peur de leur fusil, de fermer les yeux avant de lâcher leur coup ; les porteurs eux-mêmes déclaraient ne pas vouloir leur obéir parce que c'étaient des gens de leur village, tout comme eux, — tandis que les Sénégalais !... « Qu'un Sénégalais nous malmène, c'est bien, mais qu'un Haoussa nous mène, non ! »

Enfin venaient mes 20 laptots, tout de neuf habillés et déjà débraillés, chargés comme des bêtes de somme, l'air en goguette comme il convient à tout marin débarqué. Ils avaient chaussé leurs souliers pour la circonstance, et poussés par la manie propre au noir qui envie toujours le bien de son voisin, avaient procédé depuis trois ou quatre jours à d'interminables échanges de chaussures. Le résultat de ces échanges était d'attribuer aux petits pieds les grands souliers, ce qui est gênant pour la marche — et aux grands pieds les petites pointures, ce qui l'est encore davantage. Chacun d'eux avait dans son sac et portait sur le dos, roulés dans une

---

[1]. Quatre d'entre eux apprirent plus tard avec moi le métier de scieur de long.

couverture, les objets les plus lourds et les plus inutiles : trois ou quatre pantalons de drap par homme, des pains de sucre, des jeux de marque, des bouteilles, des paquets de bougie. L'objectif paraissait être d'emporter le plus d'objets possible, dût-on les porter sur le dos pour une revue, sauf à trouver, en cours de route, un porteur qui voulût bien, de gré ou de force, s'en laisser surcharger. C'est justement ce que je ne voulais pas et je fis organiser immédiatement un dépôt pour recevoir cet inutile bazar. Chaque homme fut limité à un pantalon et à une blouse de rechange. Le reste fut emmagasiné au rez-de-chaussée du blockhaus pour y être repris au retour, si retour il y avait.

Immédiatement après la revue, je prenais les 320 porteurs déjà rassemblés et nous faisions sortir du magasin les différents colis dont allait se composer notre convoi. Redoutant la mise en marche de ce troupeau humain sans un essai préalable, j'organisai une espèce de procession en file indienne, dans laquelle les différents éléments de l'escorte et du convoi étaient disposés dans l'ordre où la marche devait s'exécuter le lendemain. Nous fîmes ensuite quelques simulacres de halte et de reprise de marche à la sonnerie. Et après une heure et demie d'efforts pour arriver à faire comprendre à tout ce monde que chacun devait garder sa place et son allure, je constatai que cette exigence était au-dessus de ce qu'on pouvait demander à l'intelligence de mon personnel. Marchant en cercle autour de nous, sur cet espèce de terrain de manœuvre, bien vus et bien surveillés par les cadres et par l'escorte qui leur donnaient cette instruction, les porteurs épouvantés se bousculaient sans arriver à rester régulièrement en file les uns derrière les autres. Ils dépassaient sans vergogne ceux qui marchaient devant eux et même les soldats chargés de les retenir, lesquels, exaspérés de ne pouvoir se faire comprendre, en venaient tout de suite aux coups.

Si les choses allaient ainsi, dans ces conditions de surveillance aisée et de fatigue nulle, qu'allions-nous devenir en pleine forêt, où personne de nous ne pourrait plus voir qu'à un mètre devant soi et où la circulation le long de la colonne et, par suite, toute surveillance se trouveraient interdites par l'étroitesse du sentier?

Toutes ces difficultés n'avaient pourtant rien d'imprévu. On sait en France que la marche est, après le combat, l'épreuve la plus difficile qu'on puisse demander à une troupe. Un capitaine qui encadre une centaine d'hommes, dont cinquante nouveaux, par une quinzaine de gradés, ne les soumet à cette épreuve qu'après plusieurs mois de service qui les ont habitués à la connaissance de leurs chefs et aux formes sous lesquelles s'exerce leur autorité. Ils sont d'ailleurs uniformément et très confortablement équipés. Enfin ils parlent tous la même langue et depuis leur enfance ont été habitués par tous les détails de leur éducation au sacrifice momentané de leur liberté qui leur est demandé par le pays. Après tant de préparations morales et matérielles, le chef de ces hommes ne se risque à leur demander une marche que sur quelques kilomètres de belle route.

Comme nous étions loin de ce luxe de précautions!

Au lieu de 15 gradés pour 100 hommes, j'en avais à peine un, encore ne parlait-il pas leur langue et n'avait-il pas d'interprète pour leur communiquer sa volonté.

Comme préparation et comme instruction, au lieu de plusieurs mois, j'avais une heure et demie. Arrivées la veille, mes recrues devaient être en marche le lendemain.

Enfin, comme dispositions morales, au lieu du désir de servir qui est au fond du cœur de nos petits troupiers, mes porteurs étaient tous des vaincus d'hier et n'avaient qu'une seule préoccupation, « s'esquiver ». C'était ce qui pouvait m'arriver de plus fâcheux, et aussi ce qu'il m'était matériellement le plus impossible d'éviter. Sans doute tous ces hommes étaient venus volontairement : on l'affirmait. Interrogés ils le confirmaient. Mais qui saura jamais ce qui se passe dans l'âme d'un noir au moment où on lui demande de partir comme porteur d'une colonne à destination lointaine ! Cède-t-il à la menace de son chef de village qui partagera plus tard une partie de son salaire ? est-ce le goût des aventures qui le décide ? est-ce l'ennui de sa situation présente ? est-ce simplement le désir de gagner quelques sous, avec l'arrière-pensée qu'après avoir touché la solde de ses cinq premiers jours, il prendra avec son écu de cent sous — une fortune pour lui — la poudre d'escampette ?

Est-ce un mélange confus de toutes ces considérations, ou bien n'est-ce aucune considération du tout, c'est-à-dire une pure lubie ? toujours est-il qu'il se livre avec défiance, car à l'administrateur qui lui demande son nom, il en donne un autre afin de ne pouvoir être ultérieurement recherché.

Nous nous en sommes aperçus dès le premier soir en essayant de mettre un peu de discipline dans cette masse. La première chose à faire pour y arriver était de pouvoir faire un appel nominal. Je pris donc les listes d'enrôlement communiquées par l'administration et me mis en devoir d'appeler ces hommes par leur nom. Mais tous ceux qui avaient donné de faux noms ne se reconnaissaient plus ou avaient peur de se compromettre publiquement en les acceptant devant leurs camarades, de sorte que, ignorant les noms authentiques, je ne pouvais pas même me servir des sobriquets figurant sur les listes d'enrôlement, mes singuliers engagés volontaires ayant caché le premier et persistant à oublier ou à répudier le second.

Ainsi le 26 au soir, veille de mon départ, tout le personnel rassemblé était dans l'état d'inorganisation morale qui résulte de ce que je viens de dire. Je fis néanmoins dresser les tentes, afin que pour le départ du lendemain chacun se trouvât dans des conditions identiques à celles qui devaient se présenter chaque matin en cours de marche. Tous ces préparatifs terminés, je me retirai pour expédier mon courrier et chercher un peu de repos, passablement soucieux, on l'imagine sans peine.

C'est que l'incohérence de mon personnel était loin d'être l'unique objet de ce souci.

Deux autres sujets de préoccupation, également graves, m'étaient causés par le manque de porteurs pour transporter des vivres et le manque de hamacaires attendus en vain de Ouida.

M. Ballot, après m'avoir prévenu de la disette qui régnait dans le haut pays, m'avait obligeamment envoyé pour y pourvoir — en partie — cent charges de riz de 25 kilos chacune, mais il avait ajouté qu'il ne pouvait me donner pour en assurer le transport d'autres porteurs que ceux que j'avais déjà reçus. Or ceux-ci étaient déjà insuffisants pour mon matériel.

Résolu à pourvoir à ce transport par mes propres moyens, je décidai de faire d'abord placer ce riz, déjà réduit par la dîme du roi d'Avonsouri, dans des pirogues et à le faire transporter par eau jusqu'à Abomé-Calavi. J'écrivais en même temps à M. Aubenas, le gérant de la factorerie Cyprien Fabre dans cette place, de me rechercher dans le village des porteurs de bonne volonté pour continuer le transport au delà.

Rien n'était moins certain que le recrutement de ce renfort et je me trouvais ainsi dès avant le départ, avant toute désertion, avant toute maladie, en déficit de quatre-vingts porteurs dans mon convoi, avec une seule chose vraiment tenue pour certaine, c'est que mes charges ne se transporteraient pas toutes seules.

Quant aux hamacaires, j'en attendais vingt-cinq de Ouida. Les gens de cette ville sont depuis longtemps accoutumés aux mœurs des blancs; et comme pour aller du village à la plage il y a à franchir une assez grande distance, quelque peu coupée de marigots, il s'est établi entre Ouida-ville et Ouida-plage une véritable industrie de transport d'Européens à dos d'homme, ou plutôt à tête d'homme. C'est à ces hamacaires qu'on fait appel pour le transport en colonne des blancs, des malades et des blessés.

Notre première étape devait se faire en grande partie le long de la côte et je savais par l'expérience de Cotonou combien la marche est pénible dans ces sables brûlants où l'on enfonce jusqu'à la cheville. Elle devait être encore rendue plus douloureuse pour les blancs qui m'accompagnaient et qui, condamnés à une inaction débilitante pendant plus d'un mois, à bord du paquebot, n'étaient point du tout entraînés. Enfin c'était vouloir tuer des blancs que de les astreindre sous cette latitude et sur un sol pareil, à faire une étape à la vitesse moyenne de 6 kilomètres à l'heure. Les noirs, qui sont chargés sur la tête, prennent en effet pour éviter le retentissement des chocs provoqués par la marche ordinaire, une allure cadencée assez rapprochée du pas gymnastique et sensiblement plus rapide que notre allure militaire. J'attendais donc des hamacaires, et l'administrateur de Ouida avait écrit à son collègue de Cotonou qu'ils étaient en route, mais la nuit était arrivée sans qu'ils eussent encore paru.

Absence de hamacaires, excès de vivres à transporter, troupeau incoercible de porteurs effarés, tels étaient les trois sujets d'inquiétude entre lesquels je me débattis vainement pendant la courte nuit qui précédait notre mise en route.

Enfin le jour parut : il pleuvait, et nos tentes étaient si difficiles à plier qu'il s'écoula plus d'une heure et demie entre le moment du réveil et celui où tous les paquets furent faits. Mais quand il s'agit de les charger, une autre difficulté se produisit. Tous les porteurs avaient bien reçu l'ordre de conserver leur charge de la veille, mais, dans le courant de la nuit, les plus rusés s'étaient emparés des plus petites charges, d'autres, encore plus retors, avaient subdivisé certaines charges et s'étaient ainsi procuré des fardeaux plus légers, tous se les placèrent immédiatement sur la tête se considérant ainsi comme protégés contre l'imposition d'une nouvelle surcharge. Comme le résultat de toutes ces manœuvres était de laisser du chargement par terre, il fallut encore une demi-heure et les plus énergiques exhortations pour faire charger ces épaves sur la tête des moins obérés.

Pendant tous ces préparatifs, j'avais couru à la recherche des hamacaires de Ouida. Un planton de l'administrateur disait les avoir vus arriver pendant la nuit et en présentait la liste, que l'un d'eux lui avait remise. Il les avait envoyés au commissaire de police.

Dès lors, nous tenions la piste : le commissaire les avait mis en prison. Il n'y avait qu'à le trouver pour les en faire sortir; mais le pauvre homme était presque introuvable, étant tellement gris, malgré l'heure matinale, qu'il s'était terré dans un coin pour y laisser dissiper en paix les fumées de l'alcool. Enfin, on finit par le découvrir et, par lui, devant nous, les gens de Ouida, qui depuis la veille naviguaient dans un océan de surprises, furent rendus à la liberté et à notre sollicitude. Le commissaire, vertement admonesté par l'administrateur, parut recouvrer quelques lueurs de bon sens; il s'offrit même à garder mes pirogues chargées de riz pendant que j'irais à mon camp mener les hamacaires et faire partir tout le monde.

Bien que médiocrement rassuré sur le sort de mes pirogues par les protestations du bon fonctionnaire noir, je me rendis au camp, et quelques minutes après tout le monde était mis en route.

Resté seul, je perdis quelque temps à des formalités comme la remise du matériel restant, la signature de la feuille de route de mon détachement et je retournai à la lagune.

Mes pirogues étaient parties! Parties sans moi! Le commissaire de police disparu. Nouvelle course à sa recherche : il arrive tombant à chaque pas, sa pauvre tête crépue toute saupoudrée de sable, et essaie vainement de comprendre ce qui s'est passé. Mais il va me donner une pirogue, et une bonne celle-là, celle de la police, et armée de bons pagayeurs qui me feraient rattraper les autres, des hommes de confiance; il les envoie chercher par un de ses séides : ils arrivent. Ce sont encore des prisonniers! Enfin, je peux prendre place dans cette pirogue et nous partons.

Tristes galériens qui ne savaient pas ramer, ces malheureux me mènent en zigzags au travers de la lagune et bientôt nous débouchons dans le lac Denham. Mais ici, nouvel embarras : aucun de mes forçats improvisés piroguiers ne connaissait Abomé-Calavi, ni le chenal qui y conduit. Moi non plus, naturellement. Mais l'un d'eux explique qu'il n'a pas mangé la veille, et veut nous diriger sur Avonsouri. Il me faut me gendarmer de crainte de voir mon singulier équipage s'échapper en touchant la terre ferme et me laisser ainsi en panne, complice aussi involontaire qu'infortuné d'une évasion de forçats. Enfin, nous piquons sur un haut fromager qui passe pour signaler Abomé-Calavi, et vers midi... nous nous échouons en plein milieu du lac Denham, sur un banc de vase, à 4 kilomètres de tout rivage.

Et pendant trois heures, je mâchonnai, en guise de déjeuner, le ridicule de ma situation. Explorateur à grandes ambitions, parti pour traverser le Dahomé et le Mahis, et même le Borgou, échouant au départ, avant son départ même, perdant sa colonne ou perdu par elle, mort de faim ou d'insolation dans un cloaque avant d'avoir fait un kilomètre.

Enfin, après bien des efforts infructueux, ayant fait mettre tout le monde à l'eau pour décharger l'embarcation, nous parvenions à nous déhaler, et vers quatre heures, j'arrivais gaiement à la factorerie Fabre. M. Aubenas venait au-devant de moi et m'introduisait dans un intérieur charmant enfoui sous la verdure de cocotiers gigantesques et pourtant rafraîchi par la brise et égayé par une vue étendue.

Je craindrais d'abuser de ces détails burlesques et insignifiants du début de mon voyage, si cette couleur locale de l'incohérence n'était pas celle qui convient exactement au monde noir de la côte.

Pendant des centaines et des milliers de kilomètres nous rencontrerons dans l'intérieur des nègres de toutes races. Ils nous recevront plus ou moins amicalement, plus ou moins agréablement ; nous trouverons des gens plus ou moins intelligents, plus ou moins irrésolus ou barbares, mais à 50 kilomètres de la mer, nous perdrons de vue l'état social, anormal et monstrueux qui règne à la côte. Pendant tant de jours désormais, nous vivrons dans un monde si raisonnable, qu'on nous reprocherait de quitter, sans en signaler quelques traits, le pays des folies moricaudes que nous ont décrit tous les auteurs de notre jeunesse. Tous leurs récits venaient de capitaines anglais — négriers pour la plupart — qui n'avaient jamais quitté leur bateau. Ces navigateurs nous ont donné des noirs l'idée qu'ils en avaient et qui était exacte pour ceux de la côte. Leurs mémoires nous montrent des rois nègres vêtus d'une chemise sans pantalon, coiffés d'un chapeau d'amiral, ivres du matin au soir, livrant leur femme pour un verre de gin, buvant de l'eau-de-vie dans des clysopompes, venus à bord pour jouer à leur premier ministre la bonne farce de le vendre comme esclave, coffrés eux-mêmes et emmenés au Brésil par une farce encore meilleure du joyeux capitaine. On a, en les lisant, la sensation de toucher un monde étrange, crapuleux, dévergondé et véritablement fou. Ce monde existe, et ce qu'il y a de plus vrai encore c'est que c'est nous-mêmes qui sommes les auteurs de cette folie régionale. C'est vraiment un type nègre d'opéra-comique que ce commissaire qui emprisonne vingt-cinq hommes après les avoir envoyé chercher comme personnes de confiance, qui les oublie en prison, les relâche avec menaces, fait fuir des piroguiers qu'il doit garder et donne à un officier des forçats pour escorte, des bateliers qui n'ont jamais navigué et un guide qui demande à tout venant le chemin du village le plus rapproché.

Eh bien, ce commissaire (il est mort) était un excellent noir, très actif, très laborieux, très dévoué et très brave, qui a rendu à notre corps expéditionnaire des services signalés. On l'a récompensé en lui donnant cette petite place qui était bien à sa portée, mais le mal d'incohérence de la côte l'a gagné et il a succombé à la folie générale.

Les noirs qui viennent à la côte y voient dans nos factoreries des approvisionnements énormes de marchandises dont la millième partie représente pour eux une fortune. Les gérants de ces factoreries, les Anglais surtout, ne regardent pas à l'argent de leurs patrons et plutôt que de subir les lenteurs de l'adaptation des noirs à leurs exigences, les décident au travail ou au négoce en les grisant littéralement d'argent et d'alcool. Ils ont à cela quelque excuse : le noir est timide, irrésolu, défiant, si on a besoin de ses services, la crainte qu'il a des blancs le porte à se dérober ou à tergiverser. Il faut pourtant décharger ou charger le navire qui attend, rentrer en magasin des marchandises exposées aux avaries : alors, confiant dans nos lois connues de l'offre et de la demande, le négociant enfle son offre hors de toute proportion avec le régime des salaires du pays. Les autres blancs, les administrations, l'armée font comme eux. L'appât de grosses sommes décide seulement les éléments les plus mauvais de la population, qui en profitent non comme d'un salaire, mais comme d'une orgie, comme du bénéfice scabreux qui résulterait du sac d'une ville ou du pillage d'un navire.

Il est ainsi admis à Lagos, par exemple, qu'un noir employé par un blanc reçoit un shilling par jour. Comme le prix de la nourriture qui suffit au nègre atteint dans le même pays environ un sou par jour, il en résulte qu'une journée de travail — (et quel travail?) rapporte au noir vingt-cinq fois son entretien. Si on se reporte non plus au prix des vivres indigènes, mais à celui des marchandises débitées par les factoreries, on trouve que l'eau-de-vie importée revient à quatre sous la bouteille, et qu'ainsi un manœuvre gagne journellement l'équivalent de six bouteilles d'eau-de-vie.

De même un pagne d'étoffe de 4 mètres carrés revient à 2 francs et l'indigène se trouve avoir acquis en une journée et demie de travail l'équivalent d'un vêtement qui coûte trente jours de peine à un tisserand du pays. De quelque côté qu'on se retourne, on voit que le blanc paie l'aide du noir vingt fois ce qu'elle vaut dans le pays. Ni l'ébéniste parisien, ni le puddleur anglais, ces princes de la main-d'œuvre, ni même bien des princes de la pensée, bien des membres de l'Institut ne connaissent ces payes à 50 francs par jour, ces jetons de présence à cinq louis.

Pour trouver un pareil dévergondage économique, il faut aller sur les placers au moment de l'ouverture d'un chantier, sur un gisement d'or particulièrement riche. Là aussi cette disproportion monstrueuse entre la valeur de l'effort et le taux de la rémunération produit toutes les aberrations, tous les crimes dont l'espèce humaine est capable. Les pires éléments de toutes les races y donnent librement carrière à leurs tempéraments : l'Irlandais à son ivrognerie, l'Anglais à sa rapacité méthodique et gourmée, le Latin à sa frénésie du jeu avec accessoires sanguinaires.

Le noir, lui, n'a pas la puissance de ces rapaces de haut vol. A partir du moment où le blanc lui impose son contact, il entre dans un rêve, où rien ne subsiste des notions qu'il a acquises sur la valeur des personnes et des choses. Il voit ses chefs de villages bafoués et méritant de l'être; il sait que sa propre valeur vénale oscille entre 50 et 60 francs, et il voit des camarades gagner cette somme en deux mois; les cauris dont une poignée suffit pendant trois jours à faire le marché de sa ménagère, sont amenés en vrac à bord des navires, déchargés et brassés à la pelle comme des pierres ou de la terre; un blanc, qui lui semble un sorcier (et porte d'ailleurs le même nom), lui donne pour le moindre effort, parfois pour rien du tout, par caprice, plus d'argent qu'il n'en a jamais vu.

A partir de ce moment, il ne sait plus ni ce qu'il doit respecter, ni ce qu'il doit craindre, ni ce qu'il doit désirer, il est grisé; il ne lui reste plus qu'à boire un litre d'eau-de-vie à son lever — et il le peut facilement — pour être gris au propre comme au figuré. Si une superstition ou une religion l'empêche de toucher aux liqueurs il fait de son argent un emploi moins dangereux, mais tout aussi déraisonnable, achetant des bretelles sans porter de pantalon, des jarretières sans avoir de bas, des souliers qu'il ne mettra jamais, et qui sont d'ailleurs ou moitié trop grands ou moitié trop petits, le tout en quantité assez sérieuse pour que les articles que je viens de nommer soient l'objet de *commerce de gros*.

Sans doute, il est d'honorables exceptions qui résistent à cette aberration, mais le corps social des riverains de la côte, pris dans son ensemble, est affligé du mal dont je viens de parler, et comme sur 100 voyageurs, il y en a 99 qui n'ont pas pénétré plus de 25 kilomètres dans l'intérieur, la déplorable impression qu'ils ont rapportée s'est appliquée dans l'esprit public européen à l'ensemble des populations noires. J'ai vu à mon retour des personnes stupéfaites d'apprendre que j'aie été pendant un an en rapport avec des indigènes aussi éloignés que possible des anthropophages, des ivrognes, des hallucinés et des mange-tout-cru dont leur imagination, faussée par des récits toujours les mêmes, peuple le centre de l'Afrique.

Les nègres vus chez eux sont gens fort sensés, vus chez nous, sur l'étroite bande de terre où nous broyons leurs pauvres idées dans l'engrenage de notre appareil civilisé, ils ont perdu le sens : j'ai constaté comme tout le monde ce phénomène psychologique, et accidentel — il fallait le reconnaître et le noter au passage.

Tout de suite M. Aubenas me rassure au sujet du transport de mon riz. Il n'a pas pu trouver de porteurs : car il n'est pas d'usage dans le pays que les hommes portent des fardeaux et il a été bien surpris que l'administration ait pu recruter ceux qu'elle m'a fournis. Mais tous les transports sont faits ici par des femmes, il en a trouvé soixante qui partiront avec moi et transporteront tout ce qui reste de riz. Il me vend un certain nombre de sacs destinés à former double enveloppe et à empêcher les pertes de riz qui se produisent au moindre accroc d'un sac unique. Je m'arrange avec lui pour la nourriture de tout le personnel qui va arriver, et Sedira, qui a déjà pris contact avec ses soixante amazones de renfort, les emploie à transvaser et à constituer en charges régulières le grain que nos piroguiers avaient apporté.

Ainsi tranquillisé sur mes transports ultérieurs, sur la subsistance de mon monde pendant la journée du lendemain, je priai M. Aubenas, qui nous avait invités à dîner pour le soir, de nous faire dîner de très bonne heure, car ma tasse de café du matin me paraissait fort loin, et je me mis sur la route de Cotonou pour aller au-devant de Targe et du reste de la colonne.

Je n'avais pas fait 2 kilomètres que je recevais un billet de mon lieutenant m'informant que les moyens de transport sur le marigot de Godomé étaient insuffisants pour assurer dans la journée le passage de tout le personnel de la mission et de celui du gouverneur Ballot arrivé en même temps que lui sur la rive. De plus les porteurs, insuffisamment encadrés, commençaient à se disperser. Bref M. Targe jugeait prudent de passer la nuit à Togodo, au bord du marigot. Il n'y avait pas autre chose à faire.

Je rebroussai chemin immédiatement pour prévenir M. Aubenas de garder ses vivres pour le lendemain, prendre chez lui mon petit bagage personnel et les quelques hommes que j'y avais amenés, pour me rendre avec eux à Togodo et y passer la nuit.

J'arrivais à peine à la factorerie que j'entendis un grand bruit de voix. C'étaient les hamacaires et les interprètes du gouverneur qui arrivaient. L'instant d'après je voyais M. Ballot avec Mounier. Ils avaient laissé au bord du marigot tout leur personnel, un peu plus de deux cents hommes, aux soins de l'administrateur Deville, qui les rejoindrait le lendemain à la factorerie Fabre. Ils me tranquillisèrent sur le sort de ma colonne qui se trouvait retardée, mais non embarrassée. Je ne pourrais y arriver qu'à la nuit, quand on ne ferait plus rien. « Le mieux est encore de dîner avec nous, sauf à aller à Togodo après, si vous y tenez tant. »

Au cours de ce dîner officiel — car au Dahomé il y a, même en les improvisant, des dîners officiels, — je dis à M. Ballot combien j'avais peu de confiance dans l'interprète Odonou, et, comme il m'en avait tout d'abord destiné deux, j'espérais qu'il pourrait m'en trouver un deuxième plus intelligent. Il me dit qu'il allait s'en occuper. Au surplus les incidents de la journée prouvaient assez combien nous risquions de nous encombrer et de nous gêner mutuellement si nous nous astreignions à marcher de conserve. Il est déjà difficile de faire marcher sur un étroit sentier et de faire vivre dans de minuscules villages une troupe de cinq cents hommes. Il l'était encore bien davantage d'en faire marcher et vivre huit cents. De plus l'itinéraire Abomé — Savalou — Carnotville que suivait le gouverneur n'était pas absolument celui qui m'était prescrit. Il se tenait sur l'axe central du Dahomé, tandis que j'avais l'ordre d'en longer la frontière orientale.

Pour toutes ces raisons M. Ballot, dont l'escorte, n'ayant que des vivres à porter, marchait d'ailleurs à une allure bien plus rapide que la mienne, était ébranlé dans sa résolution de voyager avec moi. — Toutefois, en partant d'Abomé-Calavi, nous ne pourrions marcher tout d'abord que sur Abomé-capitale et le gouverneur devant s'y arrêter deux jours, remettait à ce moment l'examen de ces différentes questions : interprète et itinéraires.

A neuf heures et demie je prenais le sentier qui devait me conduire à Togodo, emportant avec moi pour le lendemain matin un succulent déjeuner placé par M. Aubenas dans un panier, et je ramenais Samba, notre cuisinier, qui, affolé par la présence des hommes du gouverneur, avait suivi ceux-ci, avec son matériel culinaire, tout d'une traite, jusqu'à Abomé-Calavi. Je n'étais pas sans quelque inquiétude sur le désarroi dans lequel cette désertion momentanée et l'absence des talents gastronomiques de Samba avaient dû laisser l'estomac de mes compagnons.

Vers onze heures du soir, après une promenade d'une heure et demie dans la forêt dont les ombres rendaient la nuit noire comme encre, j'arrivais à Togodo où je trouvais la paix, le sommeil et le silence régnant sur mon camp. M. Targe qui dormait à la porte d'une petite cabane m'accueillit joyeusement et, après un compte rendu sommaire des incidents de la journée, je m'endormais sous le même chaume, à peine troublé par les insomnies d'un coq que tant d'intrus avaient dérangé et qui toute la nuit se promena sur moi et environs.

Le lendemain au jour, les opérations du passage du marigot reprirent avec activité. Nous y employions une vieille pirogue de barre de la maison Fabre, et notre canot Berthon. Je traversai dans cette dernière embarcation et trouvai sur l'autre rive le reste de nos hommes qui avaient passé la nuit là avec Suleyman, tous rongés par les moustiques, puis M. Deville qui préparait le passage des siens.

Vers neuf heures tout était terminé, nous déjeunions, les tirailleurs et nous; une halte d'une heure était prévue à Abomé-Calavi pour incorporer les femmes dans le convoi et prendre pour les porteurs les vivres préparés par M. Aubenas.

Il faut dire pour l'intelligence de ce qui va suivre que le pain est inconnu ou peu connu au Dahomé. La nourriture des gens du pays est l'akassa, pâte gélatineuse de maïs pilé, que chaque ménagère pétrit pour les siens. Il en résulte que l'on ne peut improviser la nourriture d'un personnel nombreux. Les noirs sont gros mangeurs. Il faut huit boules d'akassa, du volume d'un tiers de litre environ, chacune, entourées d'une feuille de bananier, pour alimenter un porteur. Il faut donc prévenir au moins vingt-quatre heures d'avance le village où l'on doit s'arrêter. Si l'autorité est diligente et les femmes actives, les hommes peuvent trouver à manger en arrivant. Faute de cette prévoyance et du concours de la population, la colonne doit vivre sur les vivres qu'elle porte en faisant bouillir du riz. C'est facile, rapide, mais coûteux, et de plus, au bout de huit jours de ce régime alimentaire, on a consommé tout le riz que l'on portait. Il faut alors s'arrêter, renvoyer des porteurs en arrière pour chercher des vivres, et constituer un magasin. On progresse ainsi par magasins successifs et postes échelonnés de 100 en 100 kilomètres. Le procédé est sûr, ne donne place ni à des tâtonnements ni à des incertitudes pour le commandement. Mais il occasionne un va-et-vient de porteurs horriblement coûteux, vexatoire pour les populations, les vivres s'avarient et subissent des déchets de route très importants. Enfin la nourriture, parfaitement réglementaire d'ailleurs, est nécessairement uniforme, et les hommes qui y sont soumis perdent promptement l'appétit d'abord, la santé ensuite, et la vie 50 fois sur 100.

Pour économiser l'argent, les hommes et le temps, il faut donc chercher à vivre de la nourriture que l'on trouve dans le pays.

Comme il n'y a nulle part de marché susceptible de fournir en quelques heures la subsistance nécessaire à cinq cents hommes, il faut envoyer au moins un jour d'avance des courtiers, des commissionnaires pour provoquer des offres et faire en sorte que les provisions n'arrivent point lorsque la troupe est déjà partie.

Du reste, même en France, où les ressources locales sont autrement abondantes, le mouvement d'une troupe, même d'un faible effectif comme celle-là, provoque de la part de l'intendance l'exécution de marchés passés longtemps à l'avance pour que le pain soit fait ou apporté dans les gîtes d'étape, au jour prévu pour le passage. De plus le règlement prescrit qu'un officier « devançant la colonne » complète ces préparatifs administratifs par l'intervention du corps intéressé. Enfin l'avant-garde vient mettre la dernière main à cette besogne compliquée en disposant tout pour que la colonne soit servie à son arrivée.

Serait-ce faire preuve d'un esprit chagrin que de constater qu'une si belle organisation n'arrive pas toujours à donner à chacun à heure fixe la ration prescrite?

Or je n'avais ni intendance, ni officier devançant la colonne, ni avant-garde, ni fournisseurs à la ration, et cependant, sous toutes les latitudes, l'homme, qui selon l'Écriture ne vit pas seulement de ce qu'il mange, a néanmoins besoin de manger un peu pour vivre. Force m'était donc de m'ingénier chaque jour pour faire arriver les vivres en temps utile.

M. Aubenas m'avait aidé à résoudre la question pour le premier jour. Pour le deuxième, comme nous comptions, d'après l'itinéraire qui m'avait été prescrit, atteindre Allada, j'avais envoyé un courrier à M. Lamy qui s'y trouvait alors comme résident, et j'avais ainsi devant moi deux jours assurés.

CHAPITRE III

Traversée du Dahomé.

Premier campement en pleine forêt. — Manque d'eau. — Torricada. — Les premiers malades. — Allada. — Ousso. — Le jour de l'an dans les marais de l'Alama. — Le premier musulman. — Cana, la ville sainte. — Abomé. — L'interprète Abul. — Le roi Abogliagbo. — Les fêtes de Glèglé. — Propreté dahoméenne. — Odyssée des Nagos. — Amadi So, chef de détachement. — La végétation équatoriale. — Zaganato, diminution de mes moyens de batellerie. — Échauffourée de Banamé. — Paouignan, entrée dans le pays de Cocagne. — Les Mahis, les monts Zoglobo, traversée de l'Ouémé. — Savé, le roi Achémou. — Mon intendance. — Audiences et conférences. — Le roi boit. — Mahmadou trouve les cochons trop laids pour en manger. — Suite d'ovations.

Vers dix heures et demie nous arrivions à Abomé-Calavi et je faisais entrer tout le monde dans la Gore, sorte d'enclos bordé d'auvents qui servait autrefois au roi de Dahomé pour y parquer ses convois d'esclaves.

Les paniers pleins d'akassa y étaient rangés pour la distribution et, de plus, la ration des ouvriers noirs employés à Abomé-Calavi comportant un verre de tafia, j'en avais fait venir un tonneau.

Cette prodigalité faillit me coûter cher. Un grand nombre de nos porteurs venaient de quelque distance dans l'intérieur et n'étaient pas habitués à l'eau-de-vie, D'autres ne l'aimaient pas et donnèrent leur part à leurs camarades. Si bien qu'avec une ration moyenne pour l'ensemble, il y eut ripaille pour plusieurs.

A une heure nous repartions, retardés par la difficulté qu'il y avait à répartir tant de boules d'akassa et de petits poissons entre tant d'hommes qui, depuis la veille, n'avaient pu encore être réunis en groupes de distribution et qui ne parvenaient pas à comprendre le mécanisme de cette opération.

Mais vers trois heures, la chaleur aidant, le tafia de M. Aubenas avait fait son effet : un grand nombre de mes porteurs titubaient ou s'arrêtaient inertes, assis sur leurs caisses. D'autres, qui n'avaient rien bu du tout, profitaient de leur passage près de leur village pour se rapatrier à toutes jambes à travers la forêt. Il était tout à fait inutile de courir après, car à un mètre du sentier, on ne voyait plus rien.

L'adjudant Doux, qui marchait en queue du convoi avec les laptots et les hamacaires, ramassait les ballots ainsi laissés en souffrance sur le bord du chemin, et quand il n'avait plus personne disponible, il faisait d'une vingtaine de colis un petit tas qu'il confiait à la garde d'un tirailleur.

Tout ce travail de mise en ordre ne se faisait pas sans une grande fatigue pour ceux d'entre nous qui marchaient les derniers et je dus à plusieurs reprises faire ralentir la marche pour ne pas les perdre en route.

Aussi étions-nous loin d'arriver, non seulement à Allada, mais à Torricada, situé à deux lieues en deçà, lorsque la nuit tomba tout à coup.

Prévoyant cette circonstance, j'avais gagné la tête de la colonne, qui avait bien 1500 mètres de long, afin de rechercher avant la nuit un emplacement convenable pour camper, un emplacement surtout où l'on pût trouver de l'eau, car pendant tout le temps que j'avais mis à doubler la colonne les porteurs en m'apercevant m'avaient accueilli au passage avec des gestes suppliants et des cris : « De l'eau ! de l'eau ! » Ce sont les deux premiers mots de français qu'un noir confié à un blanc cherche à apprendre. Nous nous faisons en effet difficilement idée de la quantité d'eau qui est nécessaire à un nègre. S'il supporte la chaleur mieux que nous, c'est qu'il fonctionne comme un véritable alcarazas, la peau toujours recouverte d'une abondante transpiration, dont l'évaporation à l'air libre lui procure une fraîcheur relative. Mais pour qu'il puisse transpirer, il faut qu'il boive et beaucoup et souvent. J'avais été prévenu des désastres que cette particularité physiologique avait causés dans des colonnes précédentes privées d'eau pendant seulement quelques heures.

J'avais mis en tête de marche un homme natif de Torricada et je me lançai dans une course folle pour le rattraper, l'interroger et savoir de lui si dans le voisinage ne se trouverait pas un village ou un point d'eau.

Enfin j'atteins le guide et je vais me renseigner. — Je me retourne : Odonou ne m'a pas suivi ! Impossible de me faire comprendre. Dans cette occurrence, je relève M. de Pas de son poste en tête de colonne et le charge de me ramener Odonou. Il court, mais la marche continue et nous fait dépasser une bifurcation du sentier que je soupçonne conduire vers la droite à un village. Comment le savoir ? Nous passons outre et chaque minute augmente, je le sens, le nombre de mes traînards, de mes malades et de mes déserteurs.

Odonou arrive pourtant poussé par M. de Pas. Du plus loin qu'il me voit, il crie qu'il a chaud, soif et fatigue. Mais je ne l'ai pas envoyé chercher pour le plaindre. De la voix, du pied, de la canne, je lui fais comprendre qu'il a eu tort, lui explique que la situation mérite sa très sérieuse attention et je l'engage encore plus sérieusement à traduire ce que je vais demander au guide.

La fraîcheur de l'accueil le ranime et le pauvre garçon paraît oublier ses fatigues. Il me rapporte que nous avons dépassé il y a dix minutes le seul village qu'on rencontre avant Torricada !

Retourner pour prendre l'embranchement dont je viens de parler, il n'y faut pas songer, ce n'est pas une troupe que j'ai derrière moi, c'est un troupeau d'enragés qui cherche de l'eau et la cherche en avant. Essayer de faire faire demi-tour, en pleine nuit, dans ce sentier, c'est vouloir faire rebrousser chemin à un torrent. Marchons donc.

« Eh bien, s'il n'y a pas de village avant Torricada, n'y a-t-il pas d'eau sur la route? — Non, il n'y a pas d'eau sur la route. — Mais s'il n'y en a pas sur la route, il y en a peut-être à quelque distance à droite ou à gauche? — Non. — Demande au guide s'il a soif. — Oui, il a beaucoup soif. — Eh bien, qu'il aille boire au plus près! — Lui bien content. — Alors l'eau est près d'ici? —. Tout près, mais c'est pas eau pour blanc, c'est marigot bon pour noir. » Et justement les arbres s'écartent, une clairière de grandes herbes paraît dans la nuit à notre gauche, on va pouvoir rassembler tout le convoi sur ce point. J'arrête la tête et dis à M. de Pas de grouper tout ce qui arrive. Je pars avec le guide à la recherche de ce « marigot bon pour noir ». Après 200 mètres dans de hautes herbes coupantes, je me sens enfoncer dans la vase; quelques pas encore et au-dessus de la vase, je sens un peu d'eau. — Un quart d'heure après, tout ce qui avait un bidon ou une calebasse barbotait dans le marécage.

Les hygiénistes prétendent — non sans raison — que le soin de boire de bonne eau doit être le premier souci du voyageur en Afrique : mais rester sans boire fait peut-être en certaines circonstances courir plus de danger que de boire de l'eau malsaine. Celle-là était de la pire espèce, mais nous avions ce qu'il fallait pour la faire bouillir et nous en bûmes tous sans éprouver par la suite aucun malaise.

Derrière nous, le gouverneur arrivait, aussi gêné que nous par l'obscurité et le manque d'eau. Empêché de poursuivre plus loin par l'amas d'hommes qui se trouvait devant lui, il organisait son bivouac à quelques mètres derrière le nôtre.

Manquait encore M. Targe, que les fatigues de la veille et celles de la journée avaient accablé et obligé de s'arrêter. Dès l'arrivée, j'avais envoyé à sa recherche mon ordonnance Boubakar Mody et quatre hommes : ils l'avaient trouvé ranimé par la fraîcheur de la nuit et le rapportaient vers neuf heures, déjà ragaillardi, à notre bivouac.

Une nuit passée dans un bon hamac le remettait tout à fait et le lendemain matin il se levait gaiement dans la rosée des grandes herbes, sa fatigue passée et déjà oubliée.

Nous laissions filer le gouverneur qui me donnait de nouveau rendez-vous à Abomé, pour régler toutes les questions en suspens, et nous nous mettions en route pour gagner Torricada.

Vers huit heures, nous entrions dans le petit village où nous ne trouvions pas âme qui vive. Mais quelques toits nous fournissaient un abri à nous et à nos hommes et nous pouvions y reposer une partie de notre monde, pendant que le reste retournerait en arrière pour rapporter les bagages laissés en route et ramener les gardiens de tous ces petits dépôts.

La journée se passa à remettre ainsi tout en ordre en ce qui concerne le matériel. Quant au personnel, j'inaugurai mon rôle de médecin de la colonne en passant deux heures dans nos cantines de pharmacie, occupé à panser tous mes ivrognes qui avaient trouvé moyen de se blesser en choquant tous les arbres du chemin, en buttant contre tout ce qu'ils portaient, eux et leurs voisins.

Vers une heure, Sedira, qui s'était reposé tranquillement après le déjeuner, fut pris subitement d'un violent accès de fièvre qui lui fit perdre connaissance jusqu'au soir. Le brave garçon n'était pas au bout de ses misères. Condamné dès ce jour à la quinine à haute dose, il devait continuer à traîner son martyre, grelottant ou en délire, pendant deux cent vingt-deux jours au travers du continent africain, au hasard des marches sans eau et des stations dans les marécages.

Le lendemain dès l'aube, je partais en fourrier vers Allada, situé à 8 kilomètres, pour faire préparer des vivres aux arrivants et recruter des porteurs destinés à remplacer nos déserteurs.

J'arrivai vers huit heures chez M. Lamy, qui se mit très obligeamment à ma disposition et me mena chez le roi d'Allada, auprès duquel il représente le gouvernement de la République. Un chemin superbe conduit de la citadelle dahoméenne, où se tient notre résident, au groupe de cases habité par le roi [1]. Sa Majesté nous envoya immédiatement une cinquantaine d'hommes que je fis parvenir à l'adjudant Doux, laissé à Torricada. Ce faible renfort diminua d'autant le va-et-vient que nous étions obligés d'établir pour amener tout notre matériel à Allada.

Un nouveau supplément nous fut promis et Doux ayant amené le lendemain 31 au matin tout ce qui était resté à Torricada, je pus espérer que nous repartirions d'Allada avec tout le personnel nécessaire pour emporter sans rien laisser en arrière notre matériel complet.

Sur cette bonne assurance, je pris mes dispositions pour gagner de ma personne en un jour et deux nuits

---

1. On descend dans une vallée ombragée d'arbres magnifiques au pied desquels coule la source d'Allada. C'est dans cette vallée qu'un de nos compatriotes, M. Saudemont, a reçu une concession à l'effet d'installer comme colons agriculteurs un certain nombre d'Alsaciens-Lorrains.

Abomé-capitale, où je tenais à avoir un dernier entretien avec le gouverneur.

Je partis donc le 31 décembre à sept heures du soir, avec quatre hamacaires et un boy, le nommé Ousso, qui devait me servir d'interprète.

Cet Ousso était un gamin d'une douzaine d'années qui avait la physionomie la plus vicieuse qu'on puisse imaginer et était encore plus vicieux que sa physionomie. Comme ces mauvais chiens qui suivent le premier passant venu, il avait suivi une compagnie du corps expéditionnaire, vivant des restes de nos soldats, rançonnant et pillant en leur nom les habitants des villages ; il était de ce gibier de potence qui parcourt les champs de bataille en coupant les doigts des blessés pour leur enlever leurs bagues ou en les égorgeant pour prendre leur montre. Il avait assez fréquenté nos soldats pour savoir jurer en demi-français ou en alsacien, il savait demander de l'eau, du feu, un porteur, une case, de l'akassa, un poulet — encore était-il plus disposé à prendre ce dernier article qu'à le demander.

Il s'était présenté à M. Targe à Togodo, affublé d'un morceau de pantalon rouge, et malgré nos répugnances, nous lui avions permis de nous accompagner, tant nous étions malheureux de n'avoir que le seul Odonou pour demander les choses les plus nécessaires à la vie.

J'étais encore bien heureux de disposer de ce personnage pour filer sur Abomé en laissant Odonou à M. Targe.

La route d'Allada à Abomé est d'abord superbe, carrossable quoique gazonnée, ombragée d'arbres magnifiques, et c'était un véritable plaisir, dans la demi-fraîcheur de la nuit, de cheminer sur cette allée de parc, si régulière et si douce aux pieds.

Vers onze heures et demie nous nous arrêtâmes près

de Ouagbo, où je vis au clair de la lune un petit apatam fort propret, très convenable pour nous reposer [1].

Le lendemain au jour, n'étant point harcelé par les multiples préoccupations qui m'assaillaient habituellement au lever du camp, je fus amené, par le silence de la nature et des quatre hommes qui glissaient pieds nus derrière moi, à des réflexions amollissantes. Ce matin de 1er janvier et à cette heure précise je voyais très distinctement le réveil de mes enfants, toujours joyeux comme chaque premier jour de l'an, et aussi j'étais certain qu'en ce moment même leur mère leur parlait du père absent. La peine de tous ces êtres aimés que je ressentais en concordance si parfaite avec eux me troublait le cœur au point que je ne pus prendre aucune nourriture.

Je cheminai donc assez tristement dans ce beau paysage ombragé où rien ne venait me distraire, et vers huit heures, après avoir dépassé Ekpé, j'entrais dans les marais de l'Alama.

A 300 mètres d'Ekpé on descend une sorte de berge de 7 à 8 mètres de haut et on a tout de suite la sensation qu'on est dans le lit d'un lac ou d'un grand fleuve desséché. La terre change d'aspect. Ce n'est plus la belle argile rouge et ferrugineuse que nous foulons depuis trois jours, c'est une vase très compacte desséchée et extrêmement dure sur laquelle sont imprimées depuis des semaines les traces des premiers êtres qui l'ont foulée après le retrait des eaux. La piste est hérissée, par ces arêtes de vase pétrifiée, d'une foule d'aspérités qui rendent la marche extrêmement pénible.

[1]. On donne le nom d'apatam à un hangar sur poteaux recouvert d'herbes sèches, où se tiennent les réunions pour affaires publiques, et où les voyageurs peuvent s'abriter. On y est mieux que dans les cases dahoméennes, où, malgré la plus minutieuse propreté, nous nous trouvons mal à l'aise, faute d'air.

Le soleil était déjà haut, et la végétation, rabougrie par l'effet du marécage, ne nous abritait plus de ses rayons. L'obligation de regarder sans cesse le sol fissuré, luisant et âpre, pour éviter de trébucher, nous causait des étourdissements. Vers neuf heures, je fis une halte.

Ousso commençait à devenir insupportable. Déjà la veille, il nous avait, sans me consulter, engagés sur un sentier conduisant au village d'Ato, sous prétexte qu'après huit heures du soir, il était malsain de voyager.

Invité à ne plus recommencer de pareilles plaisanteries, il maugréait, manifestant sans vergogne ses prétentions à être écouté en tout, comme il convient à un personnage qui se sait indispensable.

Il nous rejoignit lentement, étant resté d'une centaine de mètres en arrière. Je lui dis alors que dorénavant il marcherait devant nous. — Obéissant d'abord, il s'arrangea de manière à nous ralentir en nous barrant la route. Furieux d'être à la merci d'un pareil drôle, je me mis à marcher moi-même le premier derrière lui, l'effrayant de mes gros souliers qui menaçaient ses pieds nus, le poussant à chaque pas.

Mais ce manège était horriblement fatigant et quand, à dix heures et demie, je fis une nouvelle halte, j'étais exténué.

C'est le moment que choisit Ousso pour me dire que nous ne pouvions achever de traverser le marais avant la nuit, que c'était encore bien plus dur plus loin, et qu'il valait mieux retourner à Ekpé pour déjeuner. Impatienté, je me levai pour continuer la marche. Aussitôt Ousso bondit hors du sentier pour se sauver.

Mais mes hamacaires avaient compris que le gamin se jouait d'eux et de moi et allait nous laisser tous dans l'embarras. L'un d'eux, Assogba, qui avait des jambes de cerf, l'attrapa en deux minutes et le ramena tout déconfit. Instituant alors Assogba gardien d'Ousso, je remis au premier une houssine d'une main et mon fusil de l'autre. — La marche reprit aussitôt. Ousso comprenant qu'il n'avait rien à attendre d'Assogba se résigna enfin et éclata en sanglots. Ses hurlements retentissaient dans la solitude, entrecoupés à chaque minute par une phrase toujours la même. « Ah! glon gue guieu! c'est moi qu'a été bête quand j'ai venu avec toi! ah! glon gue guieu.. heu... heu... » Et nous marchions ainsi péniblement sur le sol durci, à travers l'air embrasé, précédés de ce sinistre gnome toujours hurlant et jurant, n'ayant pour lui répondre que l'aboiement d'un singe égaré, un seul singe qui, lui aussi, paraissait désolé.

Quant à moi, débarrassé de mon arme et du souci de conduire Ousso, je cheminais plus librement, mais mon estomac, vide depuis la veille, battait la chamade.

Étourdi par la chaleur, ébloui par le soleil, titubant sur les aspérités du sol, attristé par la funèbre procession que nous formions derrière ce chantre en haillons, j'étais envahi par des réflexions, non plus tristes comme celles du matin, mais amères, très amères. « Quelle « tarentule t'a donc piqué? Tu ne connais rien de « l'Afrique. Voilà quatre jours que nous sommes partis « et tout va de mal en pis. Nous sommes encore en « pleine colonie française et tout ton monde est débandé. « Quel fiasco! Quel besoin avais-tu de quitter ton pays? « Carrière assurée et tranquille, bon chef, situation « enviée, joies de la famille, rien ne te manquait, et te « voilà perdu, butaillant et trébuchant entre quatre « nègres dans le pays le plus malsain du monde. » — Et scandant toutes ces réflexions, le petit monstre hurlait toujours : « Glon gue guieu! c'est moi qu'a été... » A quoi je pensais en matière de répons : « Et moi donc, « que diable suis-je venu faire en cette galère? »

Enfin vers midi nous dépassons Evedji; à une heure nous sommes à Agrimé : deux œufs, une tourterelle, pour me restaurer, une noix de coco pour me rafraîchir et aussitôt voilà le cours de mes idées complètement changé : le Dahomé est un pays charmant, très propre, plein de gens obligeants, la route est belle, le capitaine Toutée est un heureux mortel chargé tout de même d'une tâche point banale, et en avant! gai comme pinson, sur la belle terre rouge, au travers des champs de haricots jusqu'à sept heures du soir, où nous arrivons à Cana.

Cana est la ville sainte des rois de Dahomé. — Il paraît que les rois de Dahomé ont besoin d'une ville sainte. Ou bien serait-ce nous qui éprouvons le besoin de voir des villes saintes partout? Une colonie n'a rien d'intéressant, si elle n'a sa petite ville sainte. Kairouan que nous avons pris en 1881 était une ville sainte dont la chute devait avoir un grand retentissement dans l'Islam. Nous sommes entrés dedans, seuls à nous prendre nous-mêmes pour des sacrilèges. — L'Islam a-t-il retenti?.....

Tombouctou aussi était une ville sainte! Cela c'était un dogme : et quand nous y arrivons, que trouvons-nous? rien que des mercantis. Dans une autre ville sainte, il y a 1900 ans, les marchands encombraient le temple : dans celle-ci il n'y a plus de temples, il ne reste plus que les marchands.

Quant à Cana, il n'y a ni temple, ni marchands, ni ville sainte, ni ville du tout. Trois ou quatre groupes de cases, un carrefour de routes dont la plus grande, droite et gazonnée, conduit à Abomé. Voilà Cana, où j'ai passé, sous le délicieux petit apatam du carrefour, la nuit sans moustiques et sans rêve du voyageur fatigué.

Le 2 janvier nous nous levons en même temps qu'un pèlerin musulman venu en notre compagnie d'Agrimé. Quand il a terminé son salam au soleil levant, nous causons de ses affaires. Il vend des grigris : c'est dire qu'il appartient à la très nombreuse et très répandue corporation des gens qui exploitent la crédulité de leurs

4.

semblables. Celui-ci écrit quelques mots arabes sur un carré de papier, roule ce papier dans une petite gaine de cuir et le remet à son client qui suspend ce talisman à son cou. Il y a des grigris pour garantir de la morsure des serpents ou des balles de l'ennemi ; d'autres sont à plusieurs fins ; c'est une affaire d'argent. Celui qui coûte le plus cher est le plus efficace, c'est logique.

Ainsi les populations fétichistes ont beau accueillir la loi du Prophète, elles n'en restent pas moins croyantes à leurs fétiches, et le plus piquant, c'est que ce sont les apôtres eux-mêmes de la foi nouvelle qui procèdent à la fabrication des fétiches et qui en tirent profit.

La route de Cana à Abomé est la plus belle du Dahomé. C'est vraiment une avenue qui a grand air : de vieux et beaux arbres en jalonnent les deux côtés : de temps en temps des groupes de cases et un petit marché où les femmes vendent des boules d'akassa, des épis de maïs, des crevettes fumées, du sel, du tabac, de l'huile de palme, des allumettes, du savon et des beignets de haricots pilés.

Tous ces marchés se ressemblent par un caractère commun que nous retrouverons depuis la côte jusqu'au Sahara inclusivement. Le marchand n'expose en vente que juste la quantité de marchandise qu'il croit pouvoir vendre dans sa journée. Il craindrait en en montrant davantage d'exciter la cupidité des voleurs, peut-être même celle, plus dangereuse encore, des hommes en place.

Le prix des denrées portées au marché d'Abomé m'a paru établi au plus juste et de manière à laisser au débitant un très petit bénéfice. Inutile de dire que le tabac, les allumettes et le grain y sont moins chers qu'en France. Quant aux étoffes, elles étaient débitées à un prix inférieur à celui auquel j'avais acheté à Paris des étoffes similaires. Évidemment la concurrence s'est établie sur les marchés de la côte, régulateurs de ceux-ci, de telle façon que les grosses et habiles maisons peuvent seules continuer leurs affaires.

J'arrivai à la citadelle d'Abomé vers huit heures, et, peu après, j'y rencontrais le capitaine Lemaire, résident d'Abomé, M. Alby, administrateur principal, qui revenait de Niki et s'apprêtait à repartir pour Ouagadougou, et le capitaine Mounier, qui me menait chez M. Ballot.

En quelques minutes tout fut réglé. Le gouverneur me laissa libre de prendre, à partir de Tchaourou, l'itinéraire le plus oriental possible pour me diriger vers le coude de Rabba. Mahmadou, mon interprète haoussa, m'était signalé comme susceptible de me conduire dans cette région qu'il avait habitée autrefois. M. Ballot m'indiquait les villages qui jalonnaient ma route d'Abomé à Tchaourou. Je devais, de là, me diriger soit par Tchaki, soit par le nord de cette ville, suivant ce que j'apprendrais en route de sa position et de ses relations avec d'autres puissances européennes.

En raison de l'insuffisance d'Odonou, le gouverneur se privait d'un des quatre interprètes qui l'accompagnaient et me donnait Abul, grand et solide gaillard qui devait me rendre de vrais services.

Abul, ancien agent de la maison Régis, devenu plus tard douanier, avait été extrait de prison pour partir en colonne.

Comme cette circonstance éveillait quelques soupçons qu'on trouvera peut-être légitimes à l'égard d'un homme qui, étant mon seul interprète, allait devenir mon homme de confiance, j'entrepris de me faire raconter par lui pour quel motif il avait été incarcéré. Ce n'était pas difficile, car Abul était intarissable sur ce chapitre; mais il y avait une histoire de mandat sur la poste, touché par Abul au nom d'un de ses amis qui lui en avait donné commission pour sa femme, histoire si effroyablement embrouillée que je n'ai jamais pu savoir si l'excellent douanier avait été condamné pour avoir touché le mandat ou touché à la femme, ou touché les deux. Il est possible après tout qu'il n'y ait eu dans cette affaire dite d'abus de confiance qu'un de ces cas intéressants où les subtilités de la loi et de ses représentants semblent s'attacher surtout à distinguer le maladroit qui mérite le bagne de l'habile fripon qui obtient profit et considération.

Toujours est-il qu'Abul, pendant tout le temps que je l'ai eu avec moi, ne m'a pas volé, ou que du moins je ne m'en suis pas aperçu.

Il inaugura ses fonctions d'interprète en venant avec moi rendre visite à S. M. Abogliagbo. J'avais un intérêt majeur à connaître ce potentat, car pour voyager dans les pays noirs, il est d'usage qu'on soit accompagné d'un « récadère » du roi, sorte d'introducteur qui vous « présente » aux autorités locales des pays traversés. Tout inconnu qui entre dans un village sans y être annoncé par le roi ou sans être accompagné par un récadère du roi, est par cela même suspect. Il est tout d'abord et justement suspect de n'avoir pas fait de cadeaux au roi : or ces cadeaux représentent tout simplement nos droits de douanes. A de rares exceptions près, les rois n'entretiennent pas de douaniers aux frontières de leurs États; la perception de leurs maigres droits serait trop onéreuse. Ils prescrivent simplement que quiconque se présente pour entrer vienne les voir ou en demande tout d'abord la permission. Le cadeau reçu directement, sans aucun grapillage d'intermédiaire, entrera tout entier dans le trésor royal, ce qui n'est pas le cas de tous les impôts dans des pays plus civilisés [1].

Le voyageur qui s'est vu, suivant la formule consacrée, *ouvrir les routes* de la frontière à la capitale, se les voit fermer s'il veut continuer sa route sans que le roi

---

[1]. Je veux parler de la Chine et de la Turquie.

ait reçu un cadeau suffisant, et dès lors, sans qu'on se livre sur lui à de coupables violences, il est simplement boycotté partout où il va, et ne trouve nulle part personne qui veuille entrer en relations avec lui, même à prix d'or, même pour lui donner un épi de maïs ou un verre d'eau. C'est la condamnation à mort par oubliette en plein air ou par prétérition.

Quand le roi ne se contente pas d'« ouvrir les chemins » au voyageur, mais qu'il veut l'honorer particulièrement, il remet au récadère chargé de l'introduire auprès de ses sujets, un bâton royal. C'est une baguette de 50 centimètres de long avec bec de cane argenté.

Ce bâton est un symbole représentant le roi lui-même, et sa personne est censée être présente là où est présent son bâton. C'est là un usage général dans les pays dahoméens, mahis ou nagos et, à Allada notamment, le roi envoyait chaque matin son bâton se présenter au résident à l'heure du rapport.

Sans avoir été positivement boycotté en vivres et en autres prestations, j'estimais que la présence d'un récadère, surtout d'un récadère avec bâton, me serait fort avantageuse pour poursuivre ma route et je priai M. Ballot de me faire voir le roi pour le lui demander.

Vers deux heures, je me rendis donc au palais d'Abogliagbo, précédé de mes cadeaux qui consistaient en balles d'étoffes de coton, de soie et de velours et d'une caisse en fer contenant des pièces de cent sous, sorte de pacotille qui me parut avoir grand succès dans le pays.

Le tout fut admirablement reçu et moi aussi. Une foule énorme s'agitait sur la place devant la maison du roi, facilement reconnaissable à ce qu'elle était surélevée d'un étage. La cause de cette affluence était la fête des funérailles de Gléglé, prédécesseur de Behanzin. Cette fête, qui se donne longtemps après la mort du défunt, n'avait pu être célébrée par Behanzin, vu le malheur des temps, et Gléglé étant mort le 1ᵉʳ janvier 1892, nous nous trouvions au premier anniversaire qui permît de s'en donner à cœur joie.

On ne paraissait pas s'en priver, et vraiment Gléglé devait être content. Son deuxième successeur était assis sur un trône derrière lequel s'alignait une série d'étagères garnies de bouteilles multicolores, et devant cet étalage de bar, étaient disposées de petites tables garnies de verres qui, suivant la vieille chanson bourguignonne, ne restaient jamais ni vides ni pleins. J'aurais dû copier quelques-uns des titres sous lesquels ces liquides étaient vendus, car la plupart étaient trop extraordinaires et trop peu connus de moi pour que j'aie pu les retenir. La Vermillonne et la Bigarrée sont les seules liqueurs dont j'aie gardé le nom sans pouvoir les identifier à un type connu. Mais les marques classiques s'y trouvaient toutes et le sacré s'y mélangeait au profane. La cléricale Chartreuse avec ses satellites, la Bénédictine et la Chanoinesse, y coudoyaient le radical Raspail.

Invité à choisir, j'avisai une étiquette de la veuve Cliquot, qui me parut plus digne que toute autre de s'associer à la douleur assez bourgeoise causée chez moi par le souvenir funèbre de Gléglé.

L'empereur d'Annam m'ayant autrefois empoisonné par un horrible mélange où, sous l'égide de cette étiquette respectable, dominait l'acide sulfurique, ce n'est pas sans défiance que j'approchais la coupe de mes lèvres, cependant que le reste de la bouteille disparaissait sous la vaste poitrine du roi. Mais cette fois j'en fus pour ma peur, c'était du vrai cliquot, excellent, parfait de tous points.

Après cette entrée en matière, les affaires sérieuses furent vite traitées. Abogliagbo fit venir un des assistants et lui donna l'ordre de me servir de récadère jusqu'à Zaganato. Puis il me promit que je trouverais dans cette ville des porteurs de rechange ou de supplément et me dit même que je pouvais en envoyer chercher tout de suite cent quatre-vingts. Séance tenante, un courrier partit pour les querir.

Voyant la hâte que Sa Majesté apportait à me satisfaire, je compris qu'Elle désirait continuer de s'amuser en paix, et m'empressai de prendre congé.

Comme il se levait pour me reconduire, j'admirai sa corpulence et son royal embonpoint par lesquels ses sujets pouvaient apprécier que leur autocrate était un homme puissant et riche, mangeant et buvant plus qu'aucun d'eux.

Il me prit par la main, et, comme au quadrille, nous fîmes ainsi un long *en avant deux* au travers de la cour.

Cette manifestation de la faveur royale provoqua dans l'assistance des hurlements dont je demeurai assourdi. En même temps tous ces personnages, semblant comme affolés, saisissaient tout ce qui leur tombait sous la main, qui un bonnet, qui un foulard, qui un pagne, et se mettaient à en balayer le sol comme avec des plumeaux. Pour le coup, je m'arrêtai stupéfait et demandai des explications. L'interprète de Lemaire, qui, flairant une aubaine ou un coup à boire, m'avait accompagné, m'expliqua alors que le roi n'ayant pas prévenu de son intention de marcher, tout le monde était en désarroi et qu'on balayait ainsi le sol pour éviter qu'il vînt à mettre le pied sur un fétu de paille ou sur un brin d'herbe, auquel cas les plus grands malheurs étaient à redouter.

Voilà bien une crainte chimérique et superflue ! Les villages dahoméens sont si propres et si bien tenus que le roi peut les parcourir tous sans avoir à redouter pareille occurrence.

Déjà en entrant à Abomé, le jour de la prise de cette capitale, nos camarades avaient admiré l'extrême propreté de la voirie. S'il en était ainsi dans les jours désastreux où la monarchie croulait et où chacun fuyait la capitale envahie, qu'on juge ce qu'il devait en être de la cour du roi en ce jour de fête !

Combien il serait à souhaiter que les maires de certains de nos villages — voire de nos villes importantes — pussent s'inspirer des principes de propreté édilitaire en vigueur dans l'ancien royaume de Behanzin ! Dans ce malheureux pays, ruiné par la guerre et par les mesures de dévastation systématique que le vaincu, avec une admirable ténacité, opposait pied à pied à l'invasion, on aperçoit partout des ruines, mais pas un immondice.

L'histoire ne dit pas que Rostopchine ait passé une revue des maisons de Moscou, et ait fait cirer tous les parquets avant d'ordonner l'incendie, tandis qu'il semble qu'avant de mettre le feu à sa case chaque femme dahoméenne ait eu soin de « faire le ménage à fond ». Maintes fois je suis entré en France dans des maisons villageoises et, arrivant le matin, j'y ai trouvé les enfants ébouriffés et chassieux, le lit défait, les hardes en tas dans la chambre, le balai en mouvement ou en suspens. La meilleure ménagère a de ces moments dont elle s'excuse et dont on l'excuse : je n'ai jamais surpris un intérieur dahoméen dans ce désarroi passager.

Nous nous sommes longtemps laissé représenter les sujets de Gléglé et de Behanzin comme d'affreux cannibales indignes de toute estime. Il eût mieux valu reconnaître que pour fournir contre des troupes européennes à peine inférieures en nombre la défense que l'on sait, et faire tête pendant cinquante jours de combat presque ininterrompu en obligeant l'ennemi à autant de jours d'efforts pour atteindre une capitale située à quatre pauvres jours de marche de la côte — il fallait à ce petit peuple des qualités militaires peu ordinaires. Ce n'est pas le seul courage individuel du guerrier qui permet d'obtenir de tels résultats; il faut en outre une instruction et une organisation qui soient susceptibles d'en tirer parti, il faut que l'esprit de solidarité, de discipline et de dévouement au roi ou au pays soit développé à un point que les institutions sociales et militaires réputées les plus solides et les plus perfectionnées ne sont pas sûres de procurer aux États les plus civilisés.

Des gens qui défendent leur pays d'une pareille façon, quel que soit le principe au nom duquel ils le défendent, quel que soit le succès final, ont droit à la considération de tous ceux qui, un jour, peuvent être appelés à en faire autant.

Après avoir quitté Abogliagbo, je rentrai à la citadelle pour rendre compte à M. Ballot de l'accueil du roi.

Vers quatre heures, nous serrions la main à M. Alby qui partait pour Ouagadougou et, après le dîner, je repartais moi-même pour Cana au-devant des miens.

Ousso, qui avait trouvé sans doute à grappiller quelque chose auprès des soldats de la garnison, était resté à Abomé. Mais j'avais Abul qui me permettait aisément de me passer de son assistance.

Le 3 janvier je repassais les marais de l'Alama en sens inverse du premier jour et dans des dispositions d'esprit bien meilleures qu'à mon premier passage.

Entre Agrimé et Ekpé, je relevais des bananiers, des toits de cases effondrés, derniers vestiges des villages d'Aoundonou et d'Evedgi. Après explications, j'apprenais que ces restes ne sont pas les ruines de villages dahoméens, mais de villages de Nagos que l'autorité française avait voulu établir en ces points pour remplacer les Dahoméens dispersés. Depuis leur installation nous avons fait la paix avec Abomé, redonné à Abogliagbo le royaume de Behanzin, et les Nagos ont dû évacuer leurs cases à peine bâties pour rendre la place à des Dahoméens.

Abul, qui connaît ses compatriotes, m'explique en

effet que des Dahoméens n'auraient jamais construit leurs maisons si près de la grande route d'Abomé à Ouida.

Le fait est, qu'à part les murs d'Allada, qui sont une construction royale, on pourrait faire ces 100 kilomètres sans apercevoir une habitation. « La route est trop fréquentée par les grands chefs », dit Abul.

Ainsi, tandis que chez nous, plus une route est fréquentée, plus elle est garnie d'auberges ou d'hôtels à l'usage des voyageurs, et tandis que ceux-ci font la richesse du pays, le Dahoméen prudent n'établit jamais son toit sur une artère importante. Il craint que des gens trop puissants s'invitent à sa table en passant et oublient trop souvent de payer leur note. Sans doute, il est toujours prêt à fournir ce que le roi ordonne, mais s'il s'y résigne, il n'y tient pas expressément. Il juge sagement qu'il ne faut pas tenter son seigneur, et au lieu de tenir porte ouverte sur le grand chemin, il forme son village à quelque 100 mètres de là, enfoui sous la verdure et dans l'ombre discrète des grands arbres.

Mais le voyageur altéré sait trouver ces retraites paisibles, et à mon retour, je renouvelle connaissance avec les chefs de Cana, de Zobodomé, d'Agrimé; je les préviens qu'un grand nombre d'hommes dont je suis le père, passeront à hauteur de leur village demain, après-demain. Qu'ils disent donc à leurs femmes de préparer de l'akassa, qu'ils recherchent, soit chez eux, soit dans les villages voisins, des chèvres et des poulets, on paiera tout un peu plus cher qu'ils n'ont l'habitude de vendre toutes ces denrées. On me fait des promesses, on me reconduit avec des souhaits : je suis déjà une personne de connaissance.

Enfin dans la soirée, j'arrivais à Ekpé, et je trouvais cantonné dans la gore dahoméenne, tout mon personnel. Il n'y a guère que 25 kilomètres entre ce village et

Allada, mais le nombre de porteurs continuant à être inférieur à celui des charges, il faut continuer ainsi le système de navette qui consiste, une fois arrivé à l'étape, à retourner en arrière pour rapporter le matériel laissé en dépôt. Aussi avait-on dû employer deux jours pour venir d'Allada à Ekpé. Le 4, je repassais pour la troisième fois les marais, et pour la première fois je m'expliquais pourquoi certaines cartes les désignent sous le nom de marais de Co. Ce mot de Co signifie desséché, durci. Or les indigènes n'ont pas plutôt mis leur pied nu sur cette argile pétrifiée, qu'ils se plaignent amèrement de la dureté du sol (Co). Lorsqu'ils en parlent ce mot de Co leur revient sans cesse à la bouche, et c'est ainsi que le premier voyageur qui a signalé ce marais a pu croire qu'il s'appelait marais de Co. Cette méprise est d'autant plus amusante que ledit marais est tout ce qu'il y a de moins desséché, et que seule la chaussée argileuse qui le traverse est praticable [1].

Cette station d'Agrimé fut la première franchement agréable de notre voyage. Tous mes compagnons se portaient bien et commençaient à s'entraîner. Les gens du village nous apportaient force provisions à des prix raisonnables, j'avais un bon interprète, liberté de manœuvre dans une direction déterminée et si j'éprouvais encore l'ennui de renvoyer du monde d'Agrimé à Ekpé pour les charges en souffrance, je prévoyais que ce pénible mode de transport allait s'améliorer. Dès mon arrivée à Ekpé, j'avais en effet envoyé Amadi So en avant avec ordre d'aller à Cana y attendre les cent quatre-vingts porteurs venant de Zaganato. J'avais écrit la veille au sous-lieutenant Domont qui commandait en ce poste, de diriger ce convoi également sur Cana. Cette rencontre se fit à point nommé au carrefour indiqué.

1. A rapprocher des djebel Manarf d'Algérie, des villages de Kongbirk de l'Indo-Chine (Manarf et Kongbirk signifient : Je ne sais pas).

Amadi So, qui avait fait 40 kilomètres le matin, prit livraison des porteurs qui venaient d'en faire 60, et tous réunis, sans un éclopé, sans un traînard, ils arrivaient à Agrimé le 5 au matin, pour nous prêter main-forte. On voit qu'Amadi So n'avait pas trompé ma confiance. D'une instruction très inférieure à celle du plus borné de nos soldats de deuxième classe, il n'en avait pas moins reçu et conduit en bon ordre et en bonne condition ce détachement important, tout aussi bien qu'aurait pu le faire un « cadre de conduite » savamment composé.

Le 5, arrivée à Cana sans encombre : le capitaine Lemaire est venu d'Abomé avec le docteur pour partager notre déjeuner. Il nous met au courant des ressources du pays entre Cana et Zaganato, et nous conseille les étapes de Fauri et de Cowé. Puis il nous raconte les ripailles dahoméennes qui ont continué depuis mon passage et le peu de dispositions que montre le roi pour le recrutement du bataillon destiné à Madagascar. Il va repartir pour la France, il est tout joyeux, nous aussi, car décidément il nous semble que nous sommes en bon chemin.

De Cana à Fauri (6 janvier), nous ne sommes plus sur une grande route, mais nous suivons, comme nous le ferons toujours désormais, les sentiers qui vont de village à village. Aussi le paysage est-il absolument différent de celui que nous avons trouvé en venant de la côte à Cana-Abomé. Cette route royale, conduisant de la capitale à son port de mer, semble tracée dans une forêt vierge et seule la nature de la futaie varie, comportant de moins en moins de palmiers à mesure qu'on monte vers le nord. On ne fait que soupçonner la présence de villages et de cultures à quelque distance de cette route. Au contraire, notre itinéraire nouveau nous fait passer par une série presque ininterrompue de villages ou de plantations. Cette différence, qui ne réjouirait pas un paysagiste, nous charma au contraire vivement. On comprendra en effet combien je devais être plus sensible à la certitude de pouvoir faire vivre les cinq cents personnes qui me suivaient, qu'à la majesté des ombrages tropicaux — et déserts — des environs d'Allada.

Ainsi que je l'ai dit tout à l'heure, il est possibe que si, pour venir de la côte à Abomé, au lieu de suivre la route royale, nous avions cheminé le long des sentiers, nous eussions vu plus de champs de maïs et de maisons, mais je crois que'en outre le pays lui-même est moins habité que celui qui s'étend d'Abomé à Zaganato. La guerre s'est passée tout entière au sud de cette dernière ligne, et ne serait-ce que pour cette raison, le pays doit être plus prospère. Nous froissons dans le brouillard du matin, le long de l'étroit sentier, les hautes tiges rameuses des haricots arborescents qui couvrent ici de grandes surfaces. Plantés en alignements réguliers sur le sommet de petits remblais parfaitement débarrassés de mauvaises herbes, ces végétaux donnent l'idée d'un état agricole, peut-être pas très avancé, mais en tout cas fructueux, d'une main-d'œuvre abondante et expérimentée. L'igname aussi est cultivé dans la région avec le maïs, la patate, le coton et le mil. Au milieu des champs, les villages se distinguent, comme cela a lieu souvent en France et au Tonkin, par les frondaisons des vergers ou des arbres d'agrément conservés ou plantés pour l'ombrage. Les citronniers, les papayers, les manguiers, les cocotiers, les bananiers, les baobabs forment la majeure partie de ces arbres de village. Les orangers y atteignent des dimensions plus considérables qu'au Tonkin, et je n'ai guère souvenance d'en avoir vu d'aussi gros qu'au pied du Col des Nuages, entre Hué et Tourane. Ils donnent souvent des fruits qui sont mûrs dans une enveloppe encore verte, mais parfois aussi les plus grands sont couverts d'oranges d'un rouge éclatant qui, au milieu du vert foncé de leur feuillage, produisent un effet d'une richesse incomparable. Les pauvres plantes de grande serre qui représentent l'espèce entre Cannes et Monaco, ne donnent qu'une piètre idée de cette végétation luxuriante. Il faut dire pour l'expliquer que nous sommes dans la saison sèche et que, cependant, à cette faible distance de la mer, il pleut tous les deux ou trois jours : les plantes se développent donc dans un bain de vapeur permanent. Comme le sol, fécondé par l'accumulation de tant de détritus végétaux, est recouvert d'une épaisse couche d'humus, on doit comprendre qu'un semblable pays soit le paradis des plantes. Pourtant le coton — mais je ne parle ici qu'au point de vue du tisserand — craint l'humidité pour ses bourres soyeuses que la pluie tache ou fait pourrir : les métiers à tisser étant très nombreux dans le pays, il faut croire que la maturation des gousses se fait pendant les quelques semaines où le temps est au beau fixe.

A Fauri s'arrêtent nos communications directes avec Abomé qui se traduisent ce jour-là par la réception d'un beau morceau de bœuf prélevé par M. Lemaire sur sa part des festins funéraires, et d'un non moins agréable pain blanc. Huit jours sans bœuf ni pain ne sont pas encore une privation sérieuse, mais ils font trouver le cadeau plus savoureux, surtout quand on pense que c'est sans doute la dernière fois qu'on voit du pain. Le messager de mon camarade remporte notre courrier pour la France. C'est aussi la dernière relation que nous ayons avec l'administration des postes. Dorénavant, il faudra que nous détachions un exprès, prélevé sur notre escorte pour l'envoyer à la côte, ou que nous confiions nos lettres à un chef des pays traversés, au hasard de ses bonnes intentions.

C'est à Fauri que je fus le mieux fixé sur les appétits sanguinaires de notre infirmier Diadeba. Il avait remarqué qu'un de nos hamacaires, le petit Ougno, sans être tout à fait aussi bègue que lui, balbutiait quelque peu quand il était en colère. Il me l'amena : « Voilà un petit hamacaire qui fait comme moi : ba, ba, ba, c'est parce qu'il a un petit os dans la langue. Tu vas le lui couper, et si ça le guérit, tu me traiteras de même. » Je renonce à employer ici les trois pages de circonlocutions et de bredouillements employés par lui pour me formuler cette stupéfiante proposition, inspirée pourtant du plus pur esprit d'investigation expérimentale.

Entre Fauri et Cowé coule le Zou, grosse rivière momentanément guéable : l'eau ne monte pas plus haut que la ceinture. Ce cours d'eau forme en ce point une sorte de frontière entre les gens de race djège ou Dahoméens purs, et ceux de Zaganato-Agoni, qui sont de race nagote. Les Dahoméens régnaient en maîtres à Agoni, mais leur autorité, extrêmement redoutée, était très péniblement supportée par les habitants. Aussi ces derniers nous fournirent-ils avec ardeur, lorsque nous fûmes en guerre avec Abomé, tous les secours en vivres et en porteurs dont leur pays pouvait disposer. La paix faite, nous avons réinstallé à Abomé un Dahoméen à qui nous avons remis une forte partie du royaume de ses pères et en particulier le territoire d'Agoni. Naturellement Abogliagbo traita les Nagos de ce pays avec une certaine dureté, et ils se révoltèrent à l'automne dernier (1894). On vient de les mettre à la raison, mais s'ils sont battus, ils ne sont guère contents, et cela se conçoit, s'étant unis à nous contre nos ennemis, d'être par nous livrés à ces derniers. Peut-être leur fera-t-on justice tôt ou tard [1], mais moi qui ne suis ni Dahoméen, ni responsable de leur déconvenue, je n'en suis pas moins très mal traité, ou mieux, pas traité du tout, par les gens de Cowé. Campés au milieu du village

1. C'est fait, aujourd'hui Agoni est détaché du royaume d'Abomé et mis sous l'autorité de l'administrateur de Kétou (juillet 1896).

et d'un village considérable, nous étions aussi isolés qu'en pleine forêt, et nos interprètes ne trouvaient personne à qui parler. Le récadère d'Abogliagbo, jugeant que son ministère ne me serait d'aucune utilité dans un pays tout fraîchement révolté contre son propre souverain, avait trouvé plus prudent de s'esquiver. Il avait préféré, me dit un homme envoyé par lui, gagner Zaganato pour y préparer notre réception du lendemain. Il n'est pas téméraire de penser que la présence dans ce poste de Zaganato, d'un sous-lieutenant français avec cinquante tirailleurs haoussas, contribuait à donner à cet excellent récadère la confiance qu'il avait dans le succès de sa mission auprès des autorités locales, et justifiait son empressement à se rendre à une destination si pleine de sécurité.

Malgré son absence, ou peut-être à cause de son absence, notre quarantaine ne dura que quelques heures, au bout desquelles nous obtînmes ce qui nous était nécessaire pour vivre jusqu'au lendemain.

Enfin le 8, nous arrivions vers dix heures du matin à Zaganato. Il nous avait fallu douze jours de marche ininterrompue et d'efforts pénibles pour atteindre ce poste qui, situé sur l'Ouémé, peut être relié en vingt-quatre heures à Porto-Novo par une chaloupe à vapeur. Telle était la conséquence pour nous de la baisse prématurée des eaux du fleuve que M. Ballot m'avait signalée et qui nous avait obligés à passer par terre. Dix jours de retard, quelque fatigue et nombre d'ennuis, étaient le résultat de ce contre-temps. Mais en revanche nous avions la très rare bonne fortune d'être tous bien portants, d'avoir fait dans une région bien soumise l'apprentissage du mode de marche que nous allions poursuivre pendant quarante jours, et d'avoir fait cet apprentissage dans des conditions telles que nous ne devions plus jamais en rencontrer d'aussi difficiles.

La soirée se passa à incorporer de nouveaux porteurs, à

payer et à licencier celles des femmes d'Abomé-Calavi qui désiraient retourner chez elles et en même temps un certain nombre de porteurs éclopés et fatigués. Je recrutai pour les remplacer un certain nombre de gens d'Agoni, et enfin j'achevai de me mettre à l'aise pour mes transports en laissant au poste, à la garde de M. Domont, soixante-dix-huit charges de toute nature que l'expérience m'avait démontré être inutiles. Le paiement des vivres s'étant jusqu'ici effectué en argent avait laissé intactes mes provisions de matières d'échange, et je pouvais y renoncer sans inconvénient. En revanche je déplorais d'être obligé d'abandonner une partie du matériel de batellerie que j'avais fait fabriquer en France alors que ma mission était encore purement nautique et qu'il n'était pas question de marche à pied pour l'accomplir. J'en rendais compte au ministre, qui lors de mon départ ne pouvait pas connaître les progrès des missions Decœur et Ballot. Ces progrès allaient avoir pour résultat de toucher le Niger au nord et à l'ouest du point où je l'atteindrais moi-même. Étant placé à la droite de ce front de marche des trois missions françaises, c'était naturellement vers l'est que se précisait mon champ d'action. « J'estime et vous avez jugé, Monsieur le Ministre, disais-je dans ma lettre du 15 janvier, que l'intérêt de ma mission est d'atteindre le Niger en un point de son cours qui soit relié avec la mer par un bief parfaitement et régulièrement navigable. Ce point doit donc être franchement au-dessous de Boussa, où sont signalés des rapides, et est marqué jusqu'à plus ample informé à l'embouchure de la Moursa, au coude que fait le Niger entre Boussa et Rabba.

« Les difficultés d'ordre diplomatique qui m'ont empêché d'arriver rapidement et bien outillé par le cours inférieur du Niger jusqu'à Boussa vous ont d'ailleurs fait considérer comme impossible, du moins pour cette année, mon voyage de Boussa à Tombouctou et

5.

limiter en principe à Boussa mes efforts pour remonter le Niger.

« Il convenait donc de réduire mes projets en raison de cette réduction de mon programme nautique, et aussi de diminuer mon matériel de batellerie en proportion de cette réduction.

« D'ailleurs, quoique je sois quelque peu désemparé en moyens de navigation, je compte encore aborder le Niger avec un personnel et un matériel suffisants pour faire du fleuve une reconnaissance qui sera, non plus prestigieuse, mais honorable et vous renseigner à mon retour sur la partie de son cours en amont et en aval du point où j'aboutirai.

« Jusqu'où j'irai du côté amont, il me paraît imprudent de le prévoir dès maintenant, non pas que je considère le passage de Boussa comme infranchissable. J'ai eu au contraire l'honneur de vous signaler dès le mois de juillet dernier les raisons d'ordre topographique qui rendent impossible l'existence de difficultés insurmontables pour la navigation. Mais l'époque tardive où j'arriverai m'expose à avoir contre moi des crues [1] subites qui vous ont fait limiter assez près de la Moursa la partie réalisable de mes ambitions. Cette réserve s'impose encore plus à l'heure actuelle, où je viens de laisser presque tout mon matériel de navigation à Zaganato.

« Du côté aval, vous avez toujours admis que je pouvais revenir à la mer par les bouches du Niger. En naviguant dans ce sens, j'aurai le courant pour moi; je ne craindrai donc pas les crues, et un accident, d'ailleurs toujours possible, sur un fleuve débordé et dans

---

1. Telle était alors l'idée fausse qu'on se faisait du régime hydrologique du Niger. Ce n'est pas la crue qui m'a gêné dans ma reconnaissance du Niger, mais au contraire la baisse des eaux. La crue n'arrive guère à Rabba que le 1er août.

une embarcation fragile, pourrait seul m'empêcher de remplir cette partie de mon programme. »

Ainsi allégé et revenu à un peu moins de quatre cents charges pour quatre cents porteurs, j'allais pouvoir marcher franchement et sans jamais avoir à retourner en arrière.

Le lendemain 9 janvier à deux heures du soir, nous partions pour Banamé. Au sortir des cultures d'Agoni, nous faisions nos adieux à M. Domont qui nous avait fait la conduite. C'était le dernier blanc que nous dussions voir avant notre retour.

Nous avions, je viens de le dire, quelques porteurs haut le pied : cela ne devait pas durer longtemps. Les porteurs originaires d'Agoni avaient été recrutés — comme de bonne règle — par les autorités locales. Or celles-ci étaient dahoméennes. Ce qu'on sait de la révolte qui venait d'être réprimée fait comprendre que ce recrutement était considéré par les enrôlés comme une vexation de plus. Aussi à peine étions-nous en vue de Banamé après quatre heures d'une marche nullement fatigante, qu'une trentaine des Agonais jetèrent là leur fardeau et se sauvèrent dans la brousse. Au même moment les tirailleurs haoussas qui, quelques semaines auparavant, étaient venus faire le coup de feu contre ces mêmes Agonais et qui à certains signes, perceptibles seulement pour des noirs, avaient pressenti cette désertion, se jetaient sous bois à leur poursuite, tirant des coups de feu dans toutes les directions. Parvenu avec la tête de colonne au village, j'étais en conversation avec les notables pour la fourniture des vivres lorsque tout ce tapage éclata derrière moi dans la forêt. Instantanément mes interlocuteurs épouvantés tournèrent les talons et disparurent. M. Targe, qui marchait un peu en arrière pour faire le levé topographique de notre itinéraire, entendant ces détonations, crut qu'on m'attaquait à l'entrée du village et accourut avec les laptots et les

Sénégalais qui étaient en queue de colonne. Ces derniers, entendant courir sous bois, au milieu de l'obscurité naissante mais rendue complète par l'ombre de la forêt, se mirent à tirer à leur tour.

Enfin M. Targe arriva dans la clairière où je me trouvais, rassemblant au passage tous ceux que je pouvais sauver de cette échauffourée. Le peu de clarté qui y régnait encore permettait de s'y reconnaître et de tranquilliser tout ce monde. Le plus gros rassemblement formant boule de neige, petit à petit tous les dispersés vinrent s'y rallier. La forêt s'apaisa en quelques minutes. On a vu ainsi parfois toutes les troupes d'un camp se fusiller de pied ferme par suite de l'hallucination d'un factionnaire et ces méprises coûtent souvent la vie à bon nombre des assistants. Ici on put croire qu'il n'y avait pas de balles dans les cartouches, car personne ne fut atteint. Les Sénégalais durent reconnaître que les Haoussas n'étaient pas seuls à fermer les yeux en pressant la détente. D'ailleurs, œil fermé, œil ouvert se valaient pour la circonstance, car il faisait noir comme poix et je n'ai jamais compris sur quoi ils avaient bien pu tirer.

Il fallut employer la première partie de la nuit à parcourir les environs du village pour tranquilliser les gens de Banamé et leur faire comprendre que ces Sénégalais et Haoussas, les mêmes qui étaient venus un mois auparavant pour les combattre, arrivaient cette fois en bons amis. — La bonne harmonie finit par s'établir entre eux et nous, et même ils remplacèrent volontiers ceux de nos porteurs d'Agoni qui venaient de s'esquiver.

Les deux journées qui suivirent furent peut-être les plus rudes étapes de la campagne. Il faisait un vent d'harmattan chaud et sec, et nous traversions un pays désert, sorte de marche frontière entre les Dahoméens et les Mahis de Paouignan. Il paraît d'ailleurs, d'après ce que j'ai vu moi-même et entendu dans toute la boucle du Niger, que les pays habités par des peuples de race différente sont séparés par des espaces relativement inhabités. Je l'avais constaté entre Fauri (Dahoméen) et Cowé (Nago). Je le constatais avant d'entrer dans le royaume de Paouignan ; il en sera de même plus tard pour sortir du pays nago par Tchaourou, du pays bariba par Gobo, etc., etc.

Notre première étape nous amena vers trois heures du soir près d'une flaque d'eau boueuse, que notre guide nomma Apome et que nous desséchâmes jusqu'à la dernière goutte. Ce jour-là deux noirs du convoi furent frappés d'insolation en installant le camp et nous eûmes toutes les peines du monde, faute d'eau, à les faire revenir à eux.

Journée encore plus dure le lendemain où de six heures du matin à six heures du soir nous marchions dans un maquis brûlant sans autre moyen de nous désaltérer vers midi qu'une flaque d'eau dormante oubliée dans une anfractuosité de granite. Deux hommes arrivaient épuisés à Paouignan et étaient encore trop faibles le surlendemain matin pour pouvoir nous suivre.

D'ailleurs ils étaient là en bon pays, car Paouignan était le premier gros centre où nous fussions reçus en amis puissants et honorés. Il y a très peu de villages de France où la population montre autour de nos troupiers autant de joyeux et secourable empressement. La curiosité empêchait d'abord les femmes de nous apporter de l'eau. Elles ne voulaient pas, pour aller à la fontaine, quitter la grande place où était le spectacle et l'intérêt de notre arrivée. Mais quand j'eus fait comprendre aux autorités que vraiment tous mes hommes étaient mourants de soif, chacun se rendit compte de nos besoins, et le branle une fois donné, la population tout entière se mit à notre service. L'usage de la monnaie étant inconnu ou très peu connu, je dus rechercher dans la pacotille avec quoi nous pourrions bien payer les mille rations qui allaient être nécessaires. Après quelques essais, le tabac, les perles et les miroirs furent reconnus comme les meilleurs moyens d'échange, tarifés et mis en vente pour obtenir des vivres. Ce moyen est un peu laborieux, car les femmes apportent toujours l'équivalent de une, deux, trois rations au plus à la fois, et il faut faire trois ou quatre cents marchés pour obtenir mille rations. Mais en se partageant la besogne on arrive à pourvoir très largement et très économiquement aux besoins d'une troupe même relativement nombreuse comme était la nôtre.

Il faut dire que notre accueil à Paouignan, s'il fut sympathique, avait été très heureusement préparé. N'ayant rien à faire de Mahmadou, qui en sa qualité d'interprète pouvait difficilement servir de porteur, et qui, ne trouvant pas de Baribas sur la route, ne fonctionnait pas davantage comme interprète, je l'avais détaché en avant de la colonne et l'avais fait partir de Zaganato directement pour Paouignan. Il portait une petite caisse de présents pour le roi, et un petit assortiment des marchandises d'échange que nous transportions. Il devait à son arrivée à Paouignan remettre au roi les cadeaux qui lui étaient destinés, annoncer notre arrivée, faire connaître nos besoins en vivres et surtout en eau, prévenir les habitants que tout ce qu'ils apporteraient leur serait payé et les informer de la manière dont ce paiement aurait lieu, soit qu'ils acceptassent la monnaie, soit qu'il fallût recourir aux échanges. Dans ce dernier cas Mahmadou leur montrait ce que nous tenions à leur disposition. Ce qui était peut-être le plus important dans la mission dudit Mahmadou, c'est que les Mahis allaient avoir vingt-quatre heures de réflexion et d'initiation entre son arrivée et la nôtre. J'avais déjà constaté plus d'une fois à nos dépens la lenteur que les noirs apportent dans tous leurs rapports avec nous. Un fonds de crainte et de défiance, justifiée ou non, leur apathie naturelle, font que la glace n'est rompue entre le voyageur et eux que six ou huit heures après son arrivée. De sorte que c'était juste au moment de notre repos ou de notre départ que les habitants commençaient à nous être utiles.

Pendant toute la journée que Mahmadou passa à Paouignan avant nous, il avait été assailli de questions — et j'y avais bien compté — sur notre nombre, notre âge, nos habitudes notre caractère, le but de notre voyage. Tous savaient ainsi que nous n'arrivions pas dans le pays pour y faire des razzias d'esclaves, que nous payerions bien tout ce que nous prendrions, que nous étions des frères de ceux qui avaient détruit le royaume dahoméen, objet de leur terreur. — Aussi notre entrée en communion d'idées et d'intérêts fut-elle remarquablement prompte à Paouignan et nous y fîmes un séjour très agréable.

Pendant que sur la place les femmes apportaient des jarres d'eau et qu'on abreuvait nos gens, le roi m'entraînait chez lui pour me montrer les cadeaux qu'il avait fait préparer en réponse aux miens. C'étaient deux chèvres, quelques poulets et des paniers d'ignames. Il s'excusa sur sa pauvreté, disant que les Dahoméens avaient depuis quelques années réduit son royaume à la plus extrême misère. « C'est à peine, dit-il, si tu verras parmi nous autant de femmes et d'enfants que d'hommes faits. Tout ce qui était assez fort pour tenir la campagne se battait courageusement, mais pendant ce temps-là, les hommes d'Abomé enlevaient tout ce qui restait au village. » Je vis en effet que ces braves Mahis, gens débonnaires, lents à comprendre, à obéir et à marcher, n'étaient pas de taille à tenir tête aux Dahoméens soumis à une discipline si exacte et capables d'une obéissance passive — et active — toute militaire. « Autrefois, me dit le roi, tous les champs que tu as parcourus pour arriver ici étaient couverts de cultures. Tout a été détruit; c'est seulement depuis quelques mois que nous avons pu de nouveau cultiver en paix et c'est grâce à tes frères et à toi « qui avez bombardé Dahomé », Dis-nous donc pourquoi tu es venu prendre Behanzin. Est-il captif chez ton père et à quoi l'emploie-t-on? » Mis ainsi en demeure de faire un cours d'histoire franco-africaine, je m'en tirai dans les termes que je traduis ci-après, afin de montrer par un exemple quel genre d'adaptation j'étais obligé de faire subir aux faits pour être compris de ces petits chefs africains. « Un jour mon roi ayant appris que le roi de Dahomé était très méchant, il lui envoya dire qu'il ne fallait pas capturer des esclaves chez ses voisins et qu'il lui défendait de les faire souffrir. Mais Gléglé ne voulut rien entendre, et, devant l'envoyé de mon roi, il fit couper le cou à beaucoup de captifs. Quand mon roi apprit ce qui s'était passé, il entra dans une grande colère et punit sévèrement son envoyé. Puis il fit venir ses trois cents fils qui s'appellent des colonels. — Chacun d'eux commande autant de guerriers qu'il en faut pour abattre un royaume comme celui d'Abomé. Tous voulaient partir, mais il choisit le plus vieux et lui dit : « Prends tes « soldats et frappe dans le Dahomé tant que tu trou- « veras un homme qui me désobéisse. »

« Aussitôt Gléglé mourut. Behanzin, son fils, essaya de résister au fils de mon roi, mais celui-ci tua tous ses guerriers et le captura lui-même. Mon père lui a fait grâce de la vie, mais il l'a fait transporter dans une île, et à présent Behanzin, qui aurait préféré autrefois mourir que de voir la mer [1], voit de l'eau salée tout autour de lui. C'est sa punition. Puis mon roi m'a appelé et m'a dit : « Tu vas partir avec tes enfants et tu

---

1. On sait que les lois du royaume interdisaient au roi de se rendre à la côte.

« iras chez tous ceux du pays où Behanzin faisait ses méchancetés, et tu leur diras que c'est fini, qu'ils peuvent travailler tranquillement, qu'on ne les prendra plus, que tes frères leur porteront des pagnes en échange d'huile de palme ou de coco. Va et ne crains rien. S'il t'arrive malheur, je prendrai soin de ta femme et de tes enfants et je punirai ceux qui t'auraient fait du mal. » Alors je suis venu et j'ai fait tant de chemin qu'il faudrait faire marcher un de tes enfants pendant un an pour atteindre mon village. Et malgré cela j'ai un fil de fer qui me permet de causer avec mon roi et de lui dire tout ce qui m'arrive. »

Mahmadou avait en effet parlé aux Mahis du télégraphe électrique et il m'avait prévenu que cela piquait leur curiosité. Ce qui contribuait à les tranquilliser, c'est qu'ils savaient qu'étant déjà pourvu je ne venais pas chercher femme chez eux. Comme ils ne se mettent guère en campagne que pour conquérir des épouses, ils comprenaient difficilement que je fusse venu pour autre chose. Mahmadou leur avait déjà dit que non seulement j'en avais une, mais que je voyageais avec son portrait et qu'au moyen du fil je lui parlais tous les soirs. — Comme ils m'en parlaient à leur tour, je leur montrai les photographies que je portais sur moi et ils échangèrent longtemps leurs impressions. « Est-il vrai que tu n'aies qu'une femme? — Oui... — C'est sans doute que les femmes blanches coûtent très cher, plus cher que les nôtres? — Oh, oui! — Ça se comprend, elles sont bien plus jolies. Et le tout petit, pourquoi n'est-il pas sur le même papier que les autres[1]? — C'est sa mère qui a voulu. — Alors, c'est comme chez nous, vous aimez mieux le dernier venu. — Oui, tant qu'il est tout petit. — C'est comme chez nous. » J'eus ensuite avec eux une longue

---

1. Mes trois aînés étaient photographiés en groupe, mon dernier-né était seul sur une carte.

conversation sur les choses agricoles; ils apprirent avec intérêt que j'avais deux cents moutons et que lors de mon départ un grand nombre d'entre eux étaient malades parce qu'il avait plu dessus. — Tout cet échange d'idées insignifiantes avait pour but et eut en grande partie pour résultat de me faire considérer par eux comme un être humain semblable à eux et accessible à toutes idées de sens commun, et non comme un sorcier vivant de maléfices et de son commerce avec les loups-garous, ce qui — chacun le sait — est le propre des blancs. En revanche la séquestration de Behanzin ne fut pas bien comprise. Non seulement les Mahis n'ont jamais vu la mer, mais ils n'ont pas la notion de ce que c'est qu'une île, et Abul, pour le leur expliquer, ayant fait avec le doigt un petit cercle autour duquel il étendit les bras pour figurer l'immensité des flots, ils crurent que Behanzin se tenait toujours debout sur un espace aussi étroit que celui qu'Abul avait dessiné. L'infortuné leur apparut comme une sorte de saint Jean le Stylite malgré lui, et le supplice qui lui était infligé leur sembla empreint d'une malice véritablement diabolique.

C'est le lendemain, dans les conversations sans fin qui revenaient au sujet du déporté de la Martinique, que j'appris la fausse notion qu'ils s'étaient faite de sa situation et j'ai noté le fait pour montrer par un exemple combien les notions qui nous paraissent les plus simples — un prisonnier dans une île — exigent en réalité de connaissances acquises étrangères à des hommes relativement intelligents et civilisés.

Les souffrances que nous avions endurées dans notre marche de Zaganato à Paouignan m'avaient démontré l'utilité d'alléger les charges de mes porteurs. Je demandai donc au roi s'il pouvait me donner du renfort et il fut convenu, après un petit marché, qu'il m'enverrait quarante hommes pour porter des bagages jusqu'à Savé (trois jours de marche). Il se portait garant de leur fidélité. Je jugeai que je pouvais me fier à lui et laisser partir ce convoi sans surveillance. Ces quarante hommes vinrent le soir prendre les quarante plus lourdes charges qu'on put trouver, et partirent séance tenante. Je ne les revis plus qu'à Savé où il ne manquait pas une aiguille de tout ce qui leur avait été confié. Comme je n'avais eu à m'inquiéter pendant ces quatre jours ni de leur nourriture, ni de leur discipline dans les villages, ni de leurs souffrances en route, je trouvai ce mode de transport auxiliaire bien agréable et j'y fis appel de plus en plus dans la suite de mon voyage. Les mœurs sont telles en effet dans cet arrière-pays du Dahomé que les hommes qui s'offrent pour les transports exécutent ce contrat avec une probité et une fidélité parfaites. On ne saurait en dire autant de tous les pays du monde, car il me souvient que pendant la campagne de Tunisie, mes canonniers ayant remis leurs sacs aux muletiers arabes du convoi, furent victimes d'un véritable pillage : les coolies annamites ne se font pas faute non plus de fouiller dans les paquets et de se dissiper par bandes; quant aux Dahoméens eux-mêmes, si leur probité envers moi fut réelle, on ne peut dire qu'il en fut de même de leur fidélité, surtout pendant les premiers jours, où un bon tiers d'entre eux se rapatrièrent par leurs propres soins, en passant près des villages où une coïncidence fâcheuse les avait fait recruter quelques jours auparavant. En réalité ces mœurs remarquables du portage constituent une heureuse exception en faveur des pays de l'Hinterland dahoméen. Souhaitons qu'elle soit durable.

Le 13, nous nous mettions en marche au clair de la lune pour arriver à Zoglobo. Le brave roi de Paouignan nous accompagna pendant une heure, et après nous avoir, durant la première halte horaire, comblés de souhaits et de remerciements, nous laissa un récadère chargé de nous conduire jusque chez son voisin le roi de Savé.

J'avais été trop content des services de Mahmadou pour ne pas continuer à en user.

Il nous précédait encore d'un jour, remplissant auprès des chefs de tous les gîtes d'étape le même office qu'à Paouignan. Comme c'était surtout un causeur, en sa qualité de pèlerin musulman, il était plus spécialement chargé de la préparation morale des autorités et des populations chez lesquelles nous devions arriver. Quant à ce qui concerne spécialement l'approvisionnement en vivres, je me servis surtout de courtiers, dont l'un, un nommé Reïss, natif de Porto-Novo, que j'avais rencontré à Paouignan et qui était de son métier colporteur de tabac, nous accompagna pendant plus de vingt jours. Je donnais à ces courtiers, à titre de commission, un tant pour cent variable suivant leurs capacités et leurs exigences. Encore ce tant pour cent était-il calculé, non sur le montant de leurs acquisitions, qu'ils eussent été tentés d'enfler outre mesure, mais sur le nombre de rations amenées au marché. Ils avaient ainsi intérêt à mobiliser derrière eux de véritables légions de vendeuses. Achetée ou non, la marchandise leur donnait droit à commission. Aussi y eut-il surabondance sur le petit marché qui s'installait chaque jour autour de mon camp. Je courais le risque — et il m'arriva souvent — de payer des commissions pour plus de vivres qu'il n'en était besoin, mais l'affluence qui en résultait faisait baisser les prix de telle façon que j'y gagnais encore. Non seulement nous vivions dans l'abondance, mais nous vivions à bon marché et tout le monde était content, car les gens qui étaient venus de loin m'apporter leur igname ou m'offrir leur chèvre se trouvaient assez payés si peu que ce fût, et de plus ils avaient pu satisfaire leur curiosité. Ils en avaient pour huit jours à causer de ce qu'ils avaient vu. J'achetais d'ailleurs tout, même sans besoin immédiat, à charge pour le vendeur de me suivre un peu plus loin, et j'avais ainsi des porteurs improvisés et bénévoles qui grossissaient ma petite colonne. De la côte à Paouignan notre nombre allait constamment en diminuant; à partir de Paouignan jusqu'au Niger, il va croître tous les jours.

A Zoglobo, les bons effets de ce régime pantagruélique commencent à se manifester, et si ce n'était la chaleur qui est gênante et l'absence de chevaux qui rend le commandement d'une colonne si mince et si longue véritablement difficile, nous ne serions pas plus fatigués qu'on ne l'est en France par les étapes des grandes manœuvres.

Le pittoresque qui nous a manqué jusqu'ici paraît se réveiller à Zoglobo. Le village est entièrement perché dans les anfractuosités d'une roche granitique qui émerge seule au bord de la plaine. Dans les fissures du roc ont poussé de grands arbres à feuilles rares au milieu desquels vient jouer une troupe de singes. Ils ne paraissent nullement sauvages, circulant de branche en branche à portée de flèche des maisons du village.

— M. Targe et Doux s'amusent à les tirer pendant que je monte auprès du chef pour régler une question délicate.

Le roi de Paouignan qui commande aussi à Zoglobo m'avait prié en effet de prêter à son autorité l'appui de mon intervention pour obtenir que justice fût faite d'un chenapan de ce dernier pays. Le récadère de Paouignan vient avec moi. La conversation s'engage avec le chef qui est intelligent et cause très raisonnablement de la paix, de la sécurité des chemins, des cultures et du bétail. Puis je dis au récadère de faire sa commission. Les visages deviennent aussitôt sérieux, car le coupable est justement là, présent parmi les nombreux auditeurs qui assistent toujours à ces réceptions. Le chef lui donne l'ordre de rester, et aussitôt les femmes, les enfants, tout ce qui doit demeurer étranger aux choses graves de l'État, disparaît comme par enchantement. Puis quand j'ai assuré ce chef que j'agirais en tout pour faire respecter son autorité et celle du roi de Paouignan, il me dit solennellement : « Fais-le emmener. » — A peine le malheureux a-t-il disparu entre deux des hommes que j'avais amenés que le chef se remet à parler doucement et me raconte longuement l'histoire du condamné. Il avait fourni de faux témoins dans une affaire d'héritage et puis il avait mal usé de la propre femme de son chef; ce qui était doublement mal, car ce chef était son parent. Enfin c'était une canaille, mais on l'aimait bien tout de même, car il avait bon cœur au fond, et puis il avait la lèpre, et il eût été inhumain de le maltraiter. « Garde-le donc toute la nuit auprès de ta tente, il aura une peur terrible, et demain matin je le ferai conduire au roi de Paouignan pour qu'il lui demande pardon. »

Ainsi fut fait. — J'eus la cruauté de ne pas adresser une parole au prisonnier qui passa une nuit pénible, s'attendant à être pour le moins écorché vif au point du jour, et je le remis, au moment de mon départ, aux hommes qui devaient le conduire à Paouignan.

Je cite à dessein cet exemple de justice noire parce qu'il témoigne de la douceur des mœurs du pays. En redescendant du village, le récadère de Paouignan me dit que l'inculpé avait positivement tenté d'empoisonner le chef de Zoglobo, que celui-ci était resté quinze jours très malade. Une fois guéri, ce chef ne demandait pourtant qu'à pardonner à un homme qui lui avait ravi sa femme, avait voulu voler son bien et attenté à sa vie.

Ce n'est pas seulement chez les chefs, que leur petite puissance pourrait porter à la générosité, mais chez les gens du peuple eux-mêmes que l'esprit de violence et de répression cruelle est inconnu.

Ainsi le plus souvent les indigènes qui venaient se plaindre, soit d'un larcin, soit d'un trouble apporté dans leur ménage par nos hommes, étaient les premiers à implorer la grâce du coupable qu'ils avaient dénoncé. Contrairement au préjugé qui nous montre l'esclave nègre condamné à périr sous le bâton pour une peccadille, la moindre punition disciplinaire produit un effet moral énorme. Un de nos bateliers ayant laissé couler volontairement une barque qui contenait le tiers de nos vivres, je vis le moment où, si cet exemple était suivi, nous serions réduits à la famine ou au pillage. Pour le punir, je ne pouvais que tuer l'homme ou le frapper. Je lui fis donner trente coups de baguette. — Pour bénin qu'il fût, ce châtiment causa une telle terreur dans *tout le personnel* que je le jugeai disproportionné à la faute et que je me demande encore si je n'aurais pas mieux fait de pardonner.

Pour en revenir à Zoglobo, nous trouvâmes la race encore plus douce qu'à Paouignan. Déjà en ce dernier pays, le roi nous avait fait exécuter une série de danses d'un caractère original : les hommes et les femmes s'y trouvaient mélangés, couverts des costumes et des coiffures les plus invraisemblables, mais point particulièrement laids, et formaient avec un art véritable des *figures* dont notre quadrille des lanciers, le quadrille américain et nos cotillons pourraient s'enrichir. L'abus des contorsions, des airs de tête et des clignements d'yeux mérite seul d'y être repris.

Les gens de Zoglobo nous donnèrent aussi leur petite représentation : ils étaient moins étrangement vêtus, n'habitant pas la capitale, mais ils me parurent encore mieux faits. Un air de candeur et de bonhomie les rendait intéressants et leurs chants étaient agréablement cadencés. Je me rappelle encore la scène que me fit une de nos marchandes. Comme elle avait vendu plus que les autres, elle était venue recevoir à ma tente un petit miroir que j'avais promis en guise de prime. Dès qu'elle eut reconnu ses traits dans la glace, elle recula surprise et charmée — car elle était jolie, — et poussant une exclamation joyeuse et prolongée, éclata pour la terminer en un chant d'allégresse et de remercîment. Sans doute Mme Carvalho m'a fait entendre dans la scène des bijoux de *Faust* des sons autrement mélodieux, mais nulle part, même à l'Opéra, même à l'audition des plus brillants artistes, je n'ai constaté de passage plus naturellement et plus harmonieusement franchi entre le verbe parlé et la parole chantée, que par cette simple fille des palmiers venant me remercier d'un miroir de deux sous [1].

Aguagon, où nous arrivions le lendemain vers une heure, est un pays de même race que Paouignan et que Zoglobo, et d'une plus grosse importance que ce dernier village. Les habitants paraissent avoir été encore plus éprouvés que partout par les incursions des Daho-

---

1. C'est en ce point de Zoglobo que les cartes portaient l'indication de Monts Zoglobo. Or, il n'y a aucune montagne depuis la mer jusqu'au Niger. A peine trouvons-nous quelques mamelons de granite entre Zaganato et Paouignan, mais nous n'avons franchi nulle part de montagne plus haute que la montagne Sainte-Geneviève et je n'en ai vu aucune qui soit aussi haute que les Buttes-Chaumont. Pour comprendre qu'un géographe ait pu mentionner la montagne de Zoglobo, il faut penser qu'il s'est trouvé près de la côte un de ces rares voyageurs qui font leur itinéraire par renseignements et imaginer la conversation suivante : « En allant vers le nord est-ce qu'on trouve des montagnes? — Qu'est-ce que c'est qu'une montagne? — Un endroit où la terre se relève. — Il y a un endroit comme cela à Zoglobo. — Où est-ce Zoglobo? — Deux fois plus loin qu'Abomé. »
Et gravement le voyageur écrit pour l'instruction de ses compatriotes : Monts Zoglobo. — Ces monts Zoglobo font pendant aux montagnes de Kong, qui depuis sept ans que Binger a constaté qu'elles n'existaient pas n'en continuent pas moins à faire l'ornement des cartes d'Afrique et fournissent même des « contreforts », car il est écrit que Lokodja, à l'embouchure de la Benoué, est bâtie au pied de l'un d'eux.

méens. Ils nous sont reconnaissants de les avoir délivrés de cette obsession qui leur enlevait le sommeil et l'appétit.

Peu après l'arrivée, j'envoie M. de Pas en reconnaissance vers Savé afin d'être renseigné sur le passage de l'Ouémé qui nous sépare de cette ville.

M. de Pas rentre vers huit heures. Il y a trois heures de marche d'Aguagon au fleuve, et autant du fleuve à Savé. Une vieille pirogue sert de bac permanent. Nous y ajouterons le *Berthon*, qui partira une heure avant nous. On peut d'ailleurs passer à gué, mais le fond est rocheux et pénible pour les pieds nus.

Nous arrivons le 15 vers huit heures sur la rive droite de l'Ouémé. C'est encore une belle masse d'eau de 200 mètres de large : mais elle est immobile et on voit que rien ne l'alimente plus. Le gué est une succession de rochers pointus sur lesquels le pied n'est jamais d'aplomb, il faut sauter d'un sommet à l'autre, et cela en restant dans l'eau jusqu'à la ceinture. Bref il faut passer en bateau les femmes, les infirmes, les armes, les munitions, et tout ce qui peut se gâter en tombant dans l'eau. Le reste s'engage dans le fleuve clopin-clopant et ce n'est qu'au bout de deux heures que tout le monde est rassemblé et chargé sur la rive gauche. Partis avant cinq heures, nous n'étions pas arrivés à Savé à midi et la brousse étant très peu haute, le soleil vertical parut encore plus chaud ce jour-là qu'un autre, par suite de l'absence de vent.

Aussi tira-t-on un peu la jambe avant d'arriver à l'étape, et je dus envoyer au-devant de quelques traînards, des tirailleurs chargés de gourdes et de bidons destinés aux plus altérés. Beaucoup de porteurs s'étaient blessé les pieds sur les rochers aigus du fond de l'Ouémé et l'un d'eux s'était même brisé le péroné dans une chute.

Le pauvre homme marcha sans se plaindre et à son

rang pendant trois longues heures, et ce n'est que le soir en passant la visite médicale que je vis combien il était grièvement blessé. Après l'avoir pansé, je le laissai, le 17, aux soins du roi de Savé, chez qui il resta pendant deux mois. Il se joignit plus tard, pour rentrer à Agoni, au convoi que j'avais renvoyé du Niger.

Ainsi que je l'ai dit, le roi de Paouignan avait fait transporter jusqu'à Savé une partie de mes bagages, et mon premier soin, en arrivant dans ce dernier pays, fut d'obtenir du roi Achémou le même service. Mais les gens de Paouignan qui étaient venus apporter leurs charges à Savé ayant trouvé à se louer de moi, avaient communiqué leurs impressions à nos nouveaux hôtes, aussi n'est-ce pas quarante hommes, mais soixante que je trouvai prêts à se joindre à nous. Ils devaient aller, et allèrent en effet, jusqu'à Tchaourou, à cinq jours de marche dans le nord. Au delà s'étend le pays des Baribas et ceux-ci leur inspiraient une terreur telle, qu'ils redoutaient d'aller plus loin.

Achémou étant venu au-devant de moi à mon entrée dans ses États, je lui fis, dans l'après-midi, une visite de cérémonie au cours de laquelle je lui remis mes cadeaux.

Son habitation se compose de bâtiments en pisé, non surmontés d'un étage et entourant une grande cour carrée d'environ 80 mètres de côté.

A l'entrée, on traverse une cour plus petite séparée de la grande par un nouveau bâtiment, et après avoir traversé la grande cour, on pénètre sous un autre toit pour retrouver au delà deux petites cours plus intimes. C'est dans celle de droite qu'Achémou nous reçut.

Il était accroupi sur une petite plate-forme recouverte d'une peau de panthère. Sachant que nous ne pouvions pas nous asseoir de la même façon, il avait fait apporter des mortiers à piler le maïs qui, une fois renversés sur la bouche et recouverts d'un tapis, formaient des sièges à l'usage des Européens.

Autour de lui se tenaient les notables du pays et dans tous les coins, la foule de ses femmes, des esclaves, des enfants qui, en pays noir, assistent à toutes les discussions. De temps en temps, un homme important les chassait paternellement, ils s'esquivaient au plus vite et reparaissaient de même. Ce manège s'est répété à toutes les audiences que j'ai eues chez tous les chefs noirs, où il semble que la discrétion et l'indiscrétion soient également inconnues ou que du moins l'indulgence avec laquelle le noir juge toutes choses, s'étend aux manifestations les plus gênantes d'une curiosité jugée légitime parce qu'elle est irrésistible.

Après nous avoir remerciés de l'avoir délivré du cauchemar dahoméen, Achémou exprima l'espoir que nous lui rendrions le même service à l'égard des Baribas. « Autrefois, dit-il, les gens d'Abomé arrivaient en grandes bandes et, pendant la nuit, surprenaient tous les habitants d'un village pour les emmener en captivité, mais les Baribas sont encore plus insupportables, car on ne peut mettre le pied hors d'un village, sans être exposé à être assailli par leurs brigands. Si on est nombreux, ils sont trop poltrons pour attaquer, mais un pauvre cultivateur qui travaille seul dans son champ, un colporteur qui se rend avec sa femme au village voisin, sont enlevés en un clin d'œil par leurs cavaliers. »

Achémou est bien heureux que j'aille dans leur pays, car il espère que je leur parlerai sévèrement et que dorénavant ils se conduiront mieux.

Je réponds que certainement je ferai observer aux chefs des Baribas que ce ne sont pas là pratiques à suivre entre bons voisins.

Puis, les affaires d'État étant censées réglées, Achémou passe à un ordre d'idées plus frivole. On lui présente mes cadeaux, il les examine et remercie pour chacun d'eux. Mahmadou lui a parlé aussi du télégraphe et des portraits, il y vient tout de suite, et je recommence, avec le même succès, la petite scène de Paouignan. Le roi résume ses impressions : « Vraiment les blancs sont bien habiles de pouvoir causer avec leur femme et la voir à trois cents jours de marche de distance; mais, se contentent-ils de la voir et de lui causer? » Voyant que Sa Majesté va compromettre son prestige et le sérieux qui convient à la cérémonie, je lui réponds imperturbablement que oui, et sur ce propos, qui menaçait de devenir léger, je prends congé.

Vers quatre heures, il me rendit une visite officielle et insista encore sur l'inconcevable conduite des Baribas. Puis, sachant que je voulais sortir de ses États par Tchaourou, il me promit récadère, porteurs et guides nécessaires. Je lui dis alors qu'au delà de Tchaourou je ne savais plus trop sur quel point me diriger pour gagner la Kouara (Niger) par le plus court chemin. Je le priai donc de m'envoyer, s'il en connaissait, des voyageurs ayant circulé dans le pays que je voulais parcourir. Il me le promit et me dit que lui-même avait voyagé dans sa jeunesse et me donnerait volontiers tous les renseignements qu'il possédait.

Après le dîner, comme nous étions assis sous un arbre pour prendre le frais devant nos tentes, Achémou arriva en tenue convenable, mais non plus surchargé de couleurs et de soie comme pour la réception du jour, visiblement heureux d'agir et de parler au naturel et sans apprêt.

C'était un homme de belle taille, ni gras ni maigre, et d'un noir franc. La figure écrasée, comme tous les Nagos, il ne paraissait guère intelligent, bien qu'il le fût réellement, et avait le regard aussi peu assuré que possible. D'ailleurs, le roulement des yeux, blanc sur noir, frappe plus chez les nègres que chez nous. Il faut dire aussi que pendant la cérémonie, Achémou, n'ayant peut-être pas une confiance inébranlable dans le directeur de son protocole, jetait constamment ses regards de tous côtés pour surveiller tous les détails et maintenir chacun à sa place. Enfin, je n'ai pas pu savoir s'il ne partageait pas la croyance de la plupart des noirs, qu'il faut éviter de croiser son regard avec un blanc sous peine d'être ensorcelé. Cette croyance est si répandue et si profondément enracinée, que j'ai connu des gens incontestablement braves, auxquels elle donnait une physionomie timide et irrésolue tout à fait en désaccord avec leur valeur réelle.

Quoi qu'il en soit, le roi de Savé était bien plus à son aise avec moi la nuit que le jour. Il était musulman et, comme presque tous les noirs, mariait sa foi nouvelle avec les principes de la plus parfaite idolâtrie. Pourtant sa religion était assez robuste pour l'empêcher de boire des liquides fermentés. Il se défiait donc de ce que je pouvais lui offrir à boire, et apprit avec plaisir que je ne prenais pas de vin. Nous nous rabattions sur le café qu'il aimait beaucoup, mais il ne put se décider à enfreindre les règles au point de le boire tout uniment devant nous.

Dans tous les pays nagos, les chefs importants ont coutume, en effet, de ne jamais boire ni manger devant personne, ou du moins l'assistance ne doit pas savoir s'il leur a plu de boire, ou non. Lorsqu'une de Leurs Majestés veut se désaltérer, un personnage de sa suite déploie un pagne et cache le visage du roi. On m'a dit que cet usage bizarre provenait de la crainte qu'ont souvent les têtes couronnées d'être empoisonnées par leurs plus fidèles serviteurs. La belladone serait, paraît-il, souvent versée dans leur breuvage. On sait quelle obsession poussée jusqu'à la folie fait naître la crainte du poison chez ceux qui ont le malheur d'en être envahis, aussi faut-il compatir au sort d'un monarque dont l'âme est rongée par ce soupçon et qui est obligé de boire sans sourciller dans la coupe que lui tend un échanson suspect. Derrière le pagne des rois nagos, cette obligation disparaît, et lorsque le voile tombe, Achémou peut rendre, sans même l'avoir effleuré des lèvres, le dangereux calice à celui qui le lui a présenté. Ce dernier au contraire est tenu de le vider séance tenante et en public.

On voit que si le métier de souverain a parfois ses côtés pénibles, celui d'échanson peut avoir ses moments tragiques. Heureusement pour celui du roi de Savé, notre cuisinier, Samba, ne nourrissait aucun noir dessein contre Achémou.

Celui-ci nous posa maintes questions sur le sort du roi Toffa, son co-protégé, auquel l'intervention de la France paraît avoir fait une situation enviée par ses collègues. Il tenait à savoir si, après l'avoir sauvé des griffes de Behanzin, son terrible frère, nous n'avions apporté aucune restriction à son train de maison. Quand je lui eus dis que j'avais vu les soixante-quinze fils de Toffa, ce renseignement qui supposait l'existence d'environ soixante-quinze filles et d'un nombre correspondant d'épouses, parut lui faire comprendre que notre monogamie n'avait pas un caractère d'intolérance trop dangereux. Puis nous causâmes de ses voyages et de la ville de Tchaki, dont le roi était son ami.

On y allait autrefois directement en partant de Caboua, qui est à deux jours au nord de Savé, et par cette voie on ne mettait guère que six jours pour y arriver. Mais cet itinéraire était considéré comme dangereux à cause des Baribas qui détroussaient les voyageurs, dans cette région comme dans les autres. Il me déconseillait de l'utiliser, non pas, disait-il, que j'eusse rien à craindre des Baribas, qui n'oseraient pas m'attaquer, mais parce qu'il fallait faire par ce chemin d'assez longues marches sans rencontrer d'eau et qu'avec une grosse colonne comme la mienne, marchant beaucoup moins vite qu'un voyageur isolé, nous serions exposés à rester toute une journée sans eau.

Je savais l'effet de dissociation qu'une pareille privation produit dans un convoi de porteurs et, Tchaourou m'ayant été signalé comme un point favorable pour sortir du Haut-Dahomey, je lui parlai de ce dernier village.

« Rien n'est plus facile pour toi que d'aller jusqu'à Tchaourou, qui m'appartient. Mon récadère veillera à ce que tu ne manques de rien sur la route de cinq jours qui y conduit. Une fois à Tchaourou, qui est droit au nord, tu te trouveras à trois ou quatre jours de Tchaki, qui est à l'est de Tchaourou.

« Mais bien que je commande à ce dernier pays, je ne puis te garantir que le chef du village te donnera des porteurs. Ce serait bien imprudent de sa part, car de Tchaourou à Tchaki, il faut traverser deux gros villages baribas. Nul doute qu'ils ne fassent bon accueil à mes sujets tant qu'ils seront avec toi : mais quand ils voudront revenir dans leur pays, si tu n'es plus avec eux, les Baribas les captureront impitoyablement et aucun d'eux ne reverra son village.

« Va donc jusqu'à Tchaourou, mais ne compte pas que pour aller plus loin tu pourras voyager comme tu le fais ici au sein de la paix et de l'amitié. »

Nous passâmes de longues heures ce soir-là et le lendemain à parler de la France, des femmes, des enfants, des domestiques, des chevaux, de l'agriculture et du service militaire.

La préparation de mes cinq étapes vers Tchaourou, en ce qui concerne la durée de chacune d'elles, et en tenant compte de la vitesse de marche spéciale à mon convoi et de la nécessité de l'abreuver souvent, nous servit à varier la conversation. Je dois dire que non seulement Achémou parlait d'une façon très raisonnable de toutes les questions politiques, économiques, agricoles et commerciales que nous abordions, mais qu'il apportait dans les détails relatifs à la marche une précision dont on croirait un noir incapable. J'en appelle à tous les camarades qui, dépourvus de cartes, ont été obligés de prendre des renseignements auprès de paysans parfaitement blancs : ils savent tous qu'il existe de petits kilomètres et de grands quarts d'heure, sans compter certaines lieues de pays qui déroutent par leurs dimensions variables les calculateurs les plus consciencieux. Avec du temps et quelque patience, j'obtins au contraire des détails tellement nets, qu'aujourd'hui, avec mon carnet d'itinéraire à la main, ayant à recommencer la même route, avec le même effectif, je réglerais mes départs et mes haltes aux mêmes heures et aux mêmes points que je l'ai fait après ma causerie avec Achémou, alors que le pays m'était absolument inconnu.

Le 16, je reçus sous les mêmes grands arbres la visite des chefs d'un certain nombre de petits villages situés autour de Savé, qui venaient me présenter leurs hommages et m'apporter leurs petits cadeaux, — dans l'espoir d'en recevoir de gros.

Ils nous amenèrent un certain nombre de petits porcs, ce qui prouve que, s'ils suivaient la loi de Mahomet en ce qui concerne l'alcool, ils ne l'observaient pas en ce qui concerne les viandes interdites.

Mahmadou, qui se targuait d'une religion plus raffinée, acceptait au contraire l'eau-de-vie, dont il était censé se faire des frictions sur la tête, et, par grande exception, se lotionner le tube digestif; mais en matière porcine il demeurait d'un rigorisme intraitable. Comme il refusait de prendre sa part de cette distribution, je lui demandai pourquoi, tandis que le roi de Savé, musulman comme lui, mangeait du porc, il se croyait tenu de s'en abstenir. Loin de s'en remettre alors à un texte du Coran, Mahmadou montra simplement la tête de l'animal et expliqua qu'on ne pouvait vraiment pas manger d'une bête qui avait une tête si laide. Il se mit en même temps à essayer d'imiter avec ses lèvres et sa mâchoire, qu'il avait énormes et fort mobiles, le groin d'un cochon : il déploya dans cette imitation un tel talent que M. de Pas et moi ne pûmes nous retenir d'un accès de fou rire en voyant remplacer une raison liturgique par une mimique si inattendue — et si réussie.

Mahmadou nous avait d'ailleurs habitués à ces surprises de sa physionomie, qui, il faut le reconnaître, n'avait qu'une lointaine ressemblance avec le masque d'Apollon. Tandis que pour désigner la direction d'un village, d'une route, nous étendons le bras, Mahmadou donnait cette indication en allongeant les lèvres dans la direction voulue, et son geste n'en était pas moins parfaitement clair : si j'ajoute que Mahmadou n'était pas beaucoup plus laid que la moyenne des gens que nous fréquentions, on aura une idée des grâces qui se déployaient autour de nous.

La visite d'Achémou, le 16, se prolongea fort avant dans la nuit. Voulant profiter de tout ce qu'il me disait, je dus remettre au surlendemain l'envoi du courrier que j'avais commencé à préparer pour la France, et nous nous mîmes en route au clair de lune, accompagnés du roi et d'un grand nombre de notables. Au lever du jour, ils nous laissèrent aux soins d'un récadère qui marchait noblement, portant d'une manière ostensible le bâton à bec de cane argenté, insigne de la haute délégation dont il était investi.

Cinq jours de marche délicieux, que ceux qui nous ont permis de franchir les 100 kilomètres séparant Savé de Tchaourou. Ce n'étaient pas seulement les notables, mais toute la population qui appréciait l'immense service rendu par l'expédition du Dahomé. Une chanson a été composée en langue nagote en l'honneur des vainqueurs de Behanzin :

> Il a fui le requin [1] qui venait nous dévorer.
> Nous passions nos nuits dans la crainte,
> Aujourd'hui nous pouvons travailler et dormir en paix,
> Car le requin a fui devant les grands blancs.

1. Le requin, c'est-à-dire Behanzin.

Les femmes et les enfants des villages où nous passions se groupaient au bord du chemin que nous devions suivre et à peine étions-nous aperçus que la chanson éclatait et, comme dans « Frères Jacques sonnant les matines », des groupes successifs de chanteurs entonnaient le début des couplets au moment où d'autres chantaient les deuxième, troisième, quatrième vers, et au lieu de la cacophonie à laquelle on devait s'attendre, il n'en résultait qu'un entrain et une chaleur communicatifs.

Comme les gros villages sont très rapprochés tout le long de la route, nous commencions déjà à entendre les chants de l'un d'eux, tandis que nous entendions encore les refrains qui saluaient dans le village précédent la queue de notre longue colonne, et nous acceptions — quoique indignes — ces hommages dus à nos prédécesseurs, mais adressés en somme à la nation libératrice.

La santé de tout le monde était excellente; Sédira et Suleyman, qui avaient eu des accès de fièvre très graves dès le début, paraissaient guéris. Le système d'approvisionnements que j'avais organisé avec Mahmadou, Reïss et les autres courtiers, fonctionnait aisément et nous donnait l'abondance à bon marché.

Au lieu de la disette prédite et prévue, au lieu de populations ruinées et chagrines, nous tombions dans une pléthore de vivres et nous avancions au milieu d'ovations perpétuelles.

En prévision de jours moins heureux, je profitais de tant de circonstances favorables et imprévues pour faire des économies sur les vivres que je portais avec moi et qui, en prolongeant mon séjour dans l'Hinterland du Dahomé, devaient me permettre de donner à ma mission toute l'envergure compatible avec les instructions que j'avais reçues.

Enfin le 22 janvier, à onze heures, nous arrivions à Tchaourou, où une organisation nouvelle s'imposait.

CHAPITRE IV

De Tchaourou à Tchaki. — Les premiers Baribas.

Changement de régime. — Gens distingués et difficiles. — La mission est partagée en deux. — Les voleurs d'ignames. — Ombrageux Baribas. — Un coup d'harmattan. — Où tous les cheveux frisent. — Toujours sur le qui-vive. — Nos guides disparaissent. — Mainmise sur le prince de Gobo. — Un cortège menaçant. — Belle conduite de l'adjudant Doux. — Tout s'arrange. — Petite brouille cimente l'amitié. — L'incendie dans nos bagages. — Un Bariba revêtu d'une cotte d'écailles. — Un bourreau de chevaux. — La douane de Tchaki. — Entrée solennelle dans cette capitale. — Singulières antichambres du palais. — Le roi Ajani malade. — Ses conseillers, sa première femme. — Mon installation chez un grand du royaume. — Les troupeaux de bœufs, les femmes peuhles et le laitage. — Pasteur au Soudan. — Esclaves conquérants de leurs maîtres. — M. de Pas laissé comme résident à Tchaki. — Discussion du traité. — L'esclavage. — Condition tolérable de l'esclavage domestique. — Horreurs des guerres de capture. — Devoir des peuples civilisés de mettre fin aux captures d'esclaves. — L'esclavage cause de dépopulation. — Critérium de l'influence européenne. — Traité. — Referendum. — Festin. — Procession. — Adieux.

Tchaourou est un gros bourg, analogue dans son aspect général à tous ceux que depuis Savé nous avions rencontrés sur notre chemin, Atécé, Caboua, Killibô, etc., mais il est impossible de s'y méprendre, on est à la frontière d'un pays difficile : les habitants subissent bon gré mal gré l'influence de voisins plus farouches, l'état moral des populations et leurs dispositions à notre égard sont altérés par une préoccupation que nous n'avons pas connue jusqu'ici : « *Bien traiter le blanc, mais ne pas donner matière à réclamation de la part des Baribas.* »

Et d'abord, en arrivant, je trouve Mahmadou inquiet. Il n'a pas vu le chef du village. « Et pourquoi? — On m'a dit qu'il était parti travailler aux champs. — Il fallait y aller. — Je n'ai pas pu savoir dans quel champ il était! »

Naturellement, nous nous installons sans l'attendre. Enfin, il a jugé qu'il ne pouvait pas rester plus longtemps aux champs : il arrive, mais il veut néanmoins être absent, bien que présent. Il ne comprend rien de ce que je lui demande. Des porteurs! mais il n'est pas riche comme moi, pour avoir 500 esclaves; où pourrait-il bien prendre des porteurs? Un guide pour aller à Tchaki, mais ce n'est pas le chemin de Tchaki, Tchaourou! « Tu as bien entendu parler de Tckahi, voyons, c'est à trois jours d'ici. — Oui, oui, Tchaki, j'ai entendu parler d'un pays comme cela. — Eh, sans doute! mais tu as certainement dans ton pays des hommes qui y sont déjà allés. — Peut-être, je crois qu'il y en a un, mais il n'est pas ici, il est d'un petit village voisin. — Eh bien, envoie-le chercher. — Il ne faut pas m'en vouloir : je suis trop vieux, je ne voyage plus, je ne sais rien, je ne vois plus clair. Tu seras bien traité ici, toi et tes enfants. » Et c'est vrai, tout abonde au marché. Les hommes du pays sont tous occupés à déblayer le terrain où nous nous installons. Des Peuhls — ou Fillanis — établis dans le voisinage ont été prévenus et nous apportent du lait [1]. Cela aussi signifie que nous changeons ou que nous allons changer de pays.

[1]. L'entretien et la garde des troupeaux de gros bétail sont toujours confiés à des esclaves peuhls.

Le pauvre vieux chef de Tchaourou me fait pitié [1]. Il est bien malheureux s'il me facilite mon entrée dans le pays des Baribas, ceux-ci le lui feront payer et le roi de Savé est trop loin pour le défendre. Il s'assied d'un air résigné auprès de moi pendant que ses administrées vendent des vivres à mes hommes et il me demande si je n'ai rien pour lui rendre la vue aussi claire que dans sa jeunesse. Après quelques recherches dans mes caisses, je trouve une paire de lunettes de presbyte qui me paraît convenir à sa vue et je la lui place sur le nez. Il juge alors opportun de pousser de petits cris, comme s'il avait la prétention de me faire croire que l'opération que je venais de lui faire l'avait fait tomber en enfance.

Après l'avoir sérieusement invité à reprendre ses esprits — dût-il pour cela ôter ses lunettes, — je lui dis que j'allais m'installer ou installer une partie de mes enfants dans son village pour y constituer un poste. Il me témoigna, à l'annonce de cette nouvelle, une si vive satisfaction, que je compris encore plus clairement pour combien la crainte des Baribas était dans toutes ses réticences.

Dès ce moment, sentant que les difficultés prévues depuis six jours allaient se réaliser, je prenais mes dispositions pour renvoyer tous ceux des Dahoméens qui le désireraient, pour établir un poste de relai ou de ravitaillement à Tchaourou et pour aller de ma personne à la découverte dans le Borgou, avec la partie la plus mobile et la moins vulnérable de mon personnel.

---

1. Le commandant Decœur, au commencement de 1894, était parvenu à Tchaourou et avait été empêché par une manifestation des habitants de déboucher dans le pays des Baribas. Il avait remis à la campagne suivante une seconde tentative — qui réussit cette fois — par une autre porte de sortie, celle de Carnotville-Parakou.

J'ignorais ces détails en janvier 1895.

Le lendemain, au réveil, je trouvai M. de Pas malade de la fièvre, ce qui me confirma dans la nécessité de laisser quelqu'un à Tchaourou.

Je me mis donc à faire un choix parmi les noirs, tant soldats que porteurs, afin de laisser les plus fatigués profiter du repos qui était à prévoir et je mis de côté la moitié des charges, soit cent quatre-vingts qui devaient rester au poste.

Cela fait, je cherchai avec M. Targe, qui allait demeurer chargé de l'installation et du commandement du poste, l'endroit qui me parût le plus convenable pour l'établir. Cet emplacement fut choisi au sud-est du village, sur un petit mamelon bien ventilé.

Entre temps l'adjudant Doux faisait tirer à la cible les Sénégalais et les Haoussas, sur l'aptitude desquels leur équipée de Banamé ne m'avait pas édifié.

Au moment où nous allions déjeuner, j'envoyai demander au chef de Tchaourou à quelle heure allait arriver l'homme qu'il m'avait promis et avec qui je voulais causer pour établir mon projet d'itinéraire sur Tchaki.

Il me fit répondre qu'il l'attendait d'un instant à l'autre. En même temps le messager que je lui avais envoyé ajouta, à titre de confidence, qu'il avait entendu le chef dépêcher un homme au guide pour lui dire de venir à Tchaourou, « *dès que le soleil serait couché* ».

J'envoyai immédiatement chercher le vieux chef et lui dis que puisqu'il attendait le guide d'un moment à l'autre, il l'attendrait auprès de moi.

Il comprit tout de suite qu'il était pris dans son propre piège et laissant de côté le café que je lui offrais, se mit à me supplier à genoux.

Venant d'avoir la preuve de sa duplicité, je me décidai à le mener tambour battant et lui dis que si, dans une heure, son guide n'était pas arrivé, je le prendrais lui-même personnellement pour guide et que nous irions ensemble dès ce soir au premier village qui se trouvait dans l'est.

En même temps j'envoyais des hommes reconnaître tous les chemins de culture dirigés vers l'est et en chercher un qui conduisît au delà des cultures à un village quelconque situé dans l'est.

Le malheureux chef perdit la tête pour de bon à l'annonce de toutes ces mesures. Elles devaient le déconcerter d'autant plus que, ni dans ma pensée, ni dans mes entretiens avec lui, il n'avait jamais été question de partir le 23 janvier, et que si les noirs partent souvent trois ou quatre jours après l'heure convenue, il est tout à fait inouï chez eux qu'on soit parti avant le jour fixé.

Toutes ses prévisions se trouvant ainsi déroutées, l'infortuné se voyait déjà traîné à la suite de notre bande et abandonné à son triste sort dans le premier village bariba.

Enfin sa peur lui donna le courage de convoquer trois ou quatre hommes du village et deux d'entre eux me dirent qu'ils se chargeaient de me conduire à Ouoggi, qui était le premier village sur la route de Tchaki.

Au même moment les noirs envoyés en reconnaissance venaient me dire qu'ils avaient trouvé un sentier allant vers l'est et que des esclaves travaillant aux champs le leur avaient signalé comme conduisant à Ouoggi.

Il ne fallait laisser à personne le temps de changer de dispositions et je me mis immédiatement en route.

Je laissais à M. Targe M. de Pas, Sedira, Soliman, et la moitié des soldats et laptots, je partais avec l'adjudant Doux, Abul, le reste des militaires et 180 porteurs.

M. Targe avait pour instructions de faire partir sous la conduite d'Ato et du récadère du roi de Savé tous ceux des Dahoméens qui avaient demandé à s'en retourner,

Il devait organiser le poste et attendre soit mon retour, soit mes ordres.

S'il ne venait aucune nouvelles de moi pendant un mois, il devait me considérer comme perdu ou comme ayant poursuivi ma route sans garder de communications avec lui et dès lors il devenait libre, soit de rapatrier son personnel, soit de se servir des hommes et des ressources restés à sa disposition pour poursuivre l'objectif dévolu à la mission. Il en avait reçu connaissance.

Le chef de Tchaourou, ravi de ne plus partir avec moi, était devenu intarissable en protestations de dévouement : il voulait absolument me donner des porteurs dont je n'avais plus besoin. Il trouvait Ouoggi très près, et se ferait un plaisir de transporter tout mon bagage en ce point.

Il continuait encore ses offres et ses génuflexions que j'étais déjà à 100 mètres du camp, courant après ma troupe qui suivait les guides dans la direction de Ouoggi.

A partir de ce moment et grâce sans doute à la nouvelle qui s'était répandue que nous nous arrêtions quelques jours à Tchaourou, notre avance inopinée va nous procurer partout le bénéfice de la surprise.

On peut s'étonner de m'entendre ici rechercher des effets de surprise, alors que depuis mon départ, tous mes soins avaient eu pour but de prévenir le plus longtemps d'avance qu'il m'était possible les habitants des villages situés sur notre route, en les informant très exactement de notre nombre, de nos besoins, du jour et de l'heure de notre arrivée.

C'est que jusqu'à Tchaourou je n'avais devant moi que des populations foncièrement dévouées à notre cause, reconnaissantes en tout cas du service rendu. Pour être par elles admirablement reçu, je n'avais qu'à prévenir tout malentendu sur mes intentions, sur mes procédés habituels, et à leur permettre d'arriver, malgré leur lenteur, à me pourvoir en temps utile.

Dorénavant la situation que j'ai devant moi n'est plus la même. Ce sont les dispositions elles-mêmes de la population qui sont suspectes. Sans doute un traité a été conclu par MM. Decœur et Alby avec le roi de Niki et celui-ci se dit le chef des Baribas. Mais ce roi a-t-il été sincère? s'il l'a été, il se peut qu'il ait été éclairé personnellement sur l'étendue de nos succès au Dahomé. Mais ses sujets, ses sujets éloignés surtout, comme ceux des villages où je vais arriver, obéiront-ils à ses ordres de déférence à notre drapeau, en admettant que ces ordres aient été donnés? Nécessairement moins bien renseignés que leur chef, ces sujets n'ont qu'une vague connaissance de notre intervention au Dahomé et rien chez eux ne vient contre-balancer la méfiance naturelle qu'ils nourrissent contre tout voyageur blanc.

Ni Wolff, qui est mort chez eux, ni Decœur, ni Hess qu'ils ont blessé, n'ont eu à se louer d'eux.

Les menaces qu'ils ont faites au chef de Tchaourou, les instructions qu'ils lui ont données à mon endroit disent assez clairement qu'ils ne veulent pas me voir entrer chez eux.

Dès lors les prévenir de mon arrivée, la leur laisser prévoir, même, pour une date donnée, c'était leur permettre de se concerter, de se réunir peut-être, pour me barrer la route; je serais ainsi obligé à une action de force qui ne m'était pas interdite, mais que je voulais éviter.

Mieux valait les surprendre en arrivant chez eux à l'improviste, au moment où tous les hommes sont occupés dans leurs champs aux travaux de la culture. Disséminés, surpris et par suite impuissants, ils ne tenteront pas de résister avant de nous connaître et dès que nous serons chez eux, des cadeaux, de bons procédés auront raison de leur méfiance.

Ainsi fut fait pour Ouoggi. Tous les gens de ce village mélangé de Baribas et de Nagos, savaient que nous étions à Tchaourou, et que nous y restions. Aussi ne furent-ils pas peu étonnés vers six heures du soir, quand ils virent arriver Mahmadou, qui demandait à voir le chef. A peine mon envoyé avait-il parlé de ma prochaine arrivée, que le chef se mit à lui faire des objections. Elles duraient encore que nous arrivions. Entouré, abasourdi, le chef reçoit d'abord mes paroles de paix et d'amitié, pensant qu'après tout cela valait mieux que des menaces; puis il accepte mes cadeaux jugeant que c'était meilleur que des coups; au bout d'une demi-heure nous ne sommes plus des suspects, nous sommes une véritable aubaine, dont il s'agit de profiter, de faire même profiter les Baribas des autres villages. « Vous désirez aller à Tchaki, rien de plus facile, il n'y a qu'à passer par Bohin, Koubouré et Gobo. — Et qui m'y mènera? — Moi, moi. » A présent tout le monde veut me servir de guide : l'homme de Tchaourou qui m'a conduit jusqu'à Ouoggi juge enfin à propos de m'apprendre qu'il sait très bien le chemin de Koubouré, de Gobo et de Tchaki. Lui aussi tient à venir avec moi : je l'accepte.

A neuf heures, arrive le guide que le chef de Tchaourou voulait tout d'abord me fournir pour aller jusqu'à Tchaki. Ce chef a tenu à montrer qu'il était homme de parole et quand il a su que j'arrivais sans encombre à la première étape, il a envoyé son homme à M. Targe.

Ce dernier l'a mis en route aussitôt, accompagné d'un tirailleur haoussa porteur d'une lettre.

Me voici donc à la tête de deux guides nagos pour traverser la langue de terre bariba qui me sépare de Tchaki, ville nagote elle-même.

J'écris à M. Targe un mot que rapportera son tirailleur. « Il peut venir à Ouoggi avec tout son monde, sauf à faire des navettes si le chef de Tchaourou ne lui donne pas de porteurs. Il poursuivra ensuite dans les mêmes conditions sur les villages de Bohin, Koubouré, Gobo et Tchaki, dont je lui indique les noms et les distances, et d'où je le tiendrai au courant des réceptions qui l'attendent. »

Une partie de la nuit se passe en conversations dans la cour du chef pendant qu'on achète les victuailles nécessaires à notre journée du lendemain. Là encore se produit un de ces incidents qui ne me paraissent possibles que dans les villages à population mélangée, où le sentiment de la bonne réputation et de la responsabilité collectives se trouve émoussé par la promiscuité des races. Reïss, qui faisait les achats, avait fait derrière lui un tas des ignames qu'il venait d'acheter et au fur et à mesure qu'il concluait marché pour un lot nouveau, il les faisait passer, du tas des légumes marchandés, sur le tas des légumes achetés. Mais pendant que son attention était attirée devant lui par les vendeuses vantant la taille et le poids de leurs beaux tubercules, il s'installait derrière lui une chaîne d'astucieux Baribas qui faisaient repasser les ignames déjà achetés du côté où on les marchandait. De sorte que les vivres se livraient à un véritable défilé circulaire d'armée turque devant mon acheteur, qui achetait, achetait toujours.

Abul, qui pour interpréter se tenait un peu sur le côté, s'aperçut de ce manège que l'obscurité favorisait, et me le signala d'un clin d'œil. Je laissai l'opération se continuer, tout en envoyant sans bruit deux tirailleurs à la porte de la cour pour empêcher personne de sortir.

Au bout de dix minutes pendant lesquelles je fournis au chef une savante consultation sur l'urgence de réoccuper le vieux Ouoggi, abandonné à la suite d'une épidémie, la circulation de mes vivres en avait déjà fait passer un bon quart du côté vendeur. Je me levai alors brusquement, fis saisir les faiseurs de chaîne et tous mes fripons s'aperçurent qu'ils étaient pris au piège.

Je dis alors au chef que j'exigeais que toutes les marchandises échangées pour des vivres me fussent rendues. Je lui rendis d'autre part le tas de vivres et on recommença le marché avec plus d'attention de notre part et plus de loyauté de l'autre.

Le vieillard se jeta à mes pieds me demandant pardon de ce qui venait d'arriver. Toutefois, quand je lui dis que j'entendais voir punir les trois principaux coupables, il me répondit que deux d'entre eux allaient recevoir le fouet, mais que pour le troisième, il voulait que mes hommes fussent chargés de l'exécution, « car ce troisième n'était pas de sa race ».

Il fut fait suivant son désir, sans que j'aie pu savoir si ce changement de compétence juridique donnait toute satisfaction au véritable intéressé. Assogba, qui représentait dans la circonstance le bras séculier de la justice internationale, me parut en effet se comporter de façon que son client en eût largement pour mon argent.

Tout s'étant ainsi arrangé dans les formes, nous fûmes nous coucher dans de petites cases rondes d'un modèle nouveau pour moi et je m'installai avec Doux dans un compartiment en terre battue, qui ne mesurait pas 2 mètres en tous sens. Mon hôte m'expliqua que c'était la meilleure place de la maison « parce qu'il y faisait chaud ». Il voulait certainement dire qu'il y faisait moins froid que dehors, car nous passâmes la deuxième moitié de la nuit à grelotter, et vers deux heures, je dus me lever pour me pelotonner en boule dans des couvertures.

Quelques instants après, comme je faisais ma tournée dans notre camp, je vis tous nos porteurs empilés les uns sur les autres. Je souffrais moi-même si cruellement du froid que je plaignais ces pauvres diables dont la peau noire et nue n'était faite que pour le soleil. J'en pris quelques-uns et leur fis faire du feu, d'autres les imitèrent, bientôt les rondes commencèrent autour d'une douzaine de grands feux de bivouac et se continuèrent jusqu'à l'aurore.

La lune était nouvelle en effet, et on ne pouvait songer à s'engager dans les sentiers, du moment que sa clarté faisait défaut. Du reste, d'une manière générale, si je me suis parfois bien trouvé d'utiliser un clair de lune particulièrement brillant sur une route bien connue, et bien damée, j'ai constaté que les étapes de nuit, si pénibles sur les grandes routes d'Europe, sont presque impossibles dans les pays à voirie rudimentaire. Pour peu que le sol sur lequel on marche ait d'aspérités, le soldat, qui ne peut les voir, butte à chaque pas, ou se tord le pied dans des ornières; une seule branche en travers du sentier cingle les cinq cents visages d'une colonne. Les officiers montés ne se doutent pas de ces difficultés parce que le cheval lève en marchant les pieds plus haut que l'homme et fait beaucoup moins de faux pas dans l'obscurité. Aussi entend-on souvent préconiser les marches de nuit. C'est un effort qu'il faut demander un jour, mais pas le lendemain, car les hommes, une fois pincés à ce jeu, n'en veulent plus, ils profitent de l'obscurité pour s'arrêter par petits paquets tout le long de la route, et le jour venu, le commandement se trouve avec la courte honte qui résulte toujours d'un ordre donné et non exécuté [1]. En deux jours la meilleure discipline se trouve ainsi gâchée.

Nous partîmes donc d'Ouoggi au petit jour, ce qui me permit de distinguer mieux que la veille au soir la physionomie de nos hôtes. Je constatai ainsi que le type avait changé et incontestablement embelli.

A part la couleur de ses traits, le vieux chef que j'avais à peine entrevu pendant la nuit me parut tout à

---

1. Un de nos généraux les plus connus n'a-t-il pas dit, en revenant du Tonkin, qu'il y était mort plus de troupiers de coups de lune que de coups de soleil?

fait semblable à Socrate, du moins à l'image du philosophe telle que la tradition, moins fidèle assurément que la photographie, l'a transmise à la postérité que nous sommes.

A sept heures et demie nous traversons un affluent de l'Ouémé, l'Opara, petite rivière d'une quarantaine de mètres de large, dont les eaux claires et pour le moment dormantes laissent voir un fond de sable et de granit.

Vers midi, nous atteignons Bohin et du premier coup d'œil nous apercevons ce qu'on ne voit jamais dans les pays djéges et nagos, un troupeau — un vrai troupeau — de chèvres. Voilà donc un pays où la viande, au moins, ne fera pas défaut. Saluant ce symptôme d'abondance, mais d'abondance fugitive, nous entrons dans le village que nous surprenons au milieu des travaux de la journée. Le chef n'est pas là, mais d'autres hommes accourent; avant qu'ils aient eu le temps de pénétrer dans leurs cases pour prendre leurs arcs et leurs flèches, ils sont arrêtés par nos : Okou — Lafia — (Bonjour — Bonne santé). Ils sont encore défiants, mais ils parlent; avant une heure, la glace sera rompue entre eux et nous.

Toutefois je sens que le pays n'est pas sûr. Nous ne montons pas nos tentes, nous bouchons toutes les issues de la place où nous campons, de manière à n'être point subitement envahis; chacun s'étend à son poste, le fusil entre les jambes. Deux sentinelles circulent autour du camp, s'avançant de temps en temps dans les rues du village.

Après une nuit trop fraîche, passée pour la seconde moitié autour des feux, nous partons pour Gobo et ne tardons pas à être en prise à la plus violente tempête de vent brûlant [1] que j'aie jamais subie de ma vie. Les siroccos du mois d'août, qui paraissent si suffocants dans le Sud algérien, ne donnent qu'une faible idée des

1. Ce vent s'appelle l'harmattan.

pelletées de cendres chaudes qui tombaient sur nos casques, torréfiés par un soleil vertical. Sous l'influence de cette dessiccation subite, tout notre système pileux se comportait comme une série d'hygromètres de Saussure : mes cheveux, qui n'avaient jamais subi de coup de fer aussi énergique, tirebouchonnaient tout comme la toison laineuse d'Abul et de Mahmadou, et sur tout le reste du corps, où j'étais loin de me croire aussi bien vêtu, se tortillaient des milliers de petites vrilles douloureuses, tirant sur la peau et se cramponnant les unes aux autres comme pour s'arracher mutuellement de mon épiderme.

Cette bouffée terrible nous conduisit jusqu'à Couboûré, où nous arrivâmes exténués à onze heures et demie.

Là encore, nous étions loin d'être attendus, surtout d'un temps pareil. Le chef était parti à Gobo où il était allé s'entendre avec le roi de ce dernier pays, au sujet d'un blanc qui « avait demandé les routes ». Mais il ne pouvait être question que ce blanc fût moi, car on venait seulement d'apprendre qu'il arrivait à Tchaourou. Quoi qu'il en soit, et en attendant l'arrivée du chef, son frère nous autorisait à lui faire quelques cadeaux et à entrer en affaires avec les femmes du village.

Bien réconfortés par un déjeuner à l'ombre des grands arbres, nous nous félicitions de l'accueil en somme suffisant qui nous était fait, lorsque nous vîmes revenir de Gobo le chef de Coubouré. Il arrivait au galop sur un cheval énergique et bien fait, surchargé de grelots et de chabraques. Un pistolet d'arçon à la selle, la lance à la main, il maniait sa monture avec une convenance et un à-propos dans l'usage des aides qui me surprit chez un noir. C'était lui-même un homme jeune et de belle mine, ayant presque grand air. Il nous salua tout de suite, nous dit que ce qu'avait fait son frère avec nous était bien fait, nous montra son cheval, ses armes :

je m'arrangeai de façon à lui montrer aussi les nôtres, et Doux ayant placé à quinze pas une feuille de papier à cigarettes contre un tronc d'arbre, envoya dedans trois balles de mousqueton. La rapidité du tir avait surpris les Baribas, ils avaient admiré la justesse, mais ils éprouvèrent une véritable stupeur en constatant que les trois balles avaient, derrière la feuille de papier, traversé de part en part le tronc d'arbre qui mesurait plus de 30 centimètres de diamètre. « Un si petit fusil! une si petite balle! Et à peine s'il fait du bruit. »

Nous en devisions encore quand le bruit d'une querelle nous ramena à notre camp. Des femmes avaient vendu des vivres pour certains articles de pacotille. Une fois rentrées chez elles, elles étaient revenues, avaient demandé à échanger ce qu'elles avaient reçu pour autre chose, puis avaient gardé le tout. On criait beaucoup. Les femmes avaient manifestement tort : je fis taire mon monde, et dis au chef de faire taire ses femmes. Il y parvint lentement. Au cours de la bagarre, un homme se mit à crier dans un langage qu'Abul m'apprit être du « piggin », anglais nègre de la côte, et à se plaindre d'avoir été capturé. Comme je disais à Abul de le faire venir, il avait disparu. Décidément les choses se gâtaient. Je repris ma conversation avec le chef, parlant comme toujours de l'itinéraire que j'avais à poursuivre, des hommes et des choses de Gobo. J'appris ainsi que Gobo était très rapproché, un peu plus d'une heure seulement, et aussitôt, je fis sonner le départ.

A quatre heures et demie, nous entrions dans le village aux portes duquel paissait un troupeau de grands bœufs blancs, les premiers que nous eussions vus depuis notre départ.

Ainsi, nous n'étions plus qu'à une journée de marche de Tchaki, et notre traversée du pays bariba s'était, en somme, heureusement effectuée. J'avais renvoyé de

Bohin un de nos guides supplémentaires pour porter à M. Targe une lettre contenant les renseignements que je venais d'acquérir. J'avais encore trois guides, car un homme d'Ouoggi avait tenu à se joindre aux deux premiers. Je résolus de renvoyer le lendemain celui que m'avait fourni le chef de Tchaourou. Il porterait une lettre à M. Targe, qui, à mon estime, ne devait pas, retardé qu'il était par son convoi, arriver à Bohin avant le 26.

La population de Gobo, qui n'avait pas paru à notre arrivée — et pour cause, elle n'en était pas prévenue — vint se grossir peu à peu autour de notre campement et les relations s'établirent. Le roi étant absent, son fils vint à moi, me remercia en son nom des cadeaux que j'avais envoyés à l'avance, nous en présenta d'à peu près équivalents, s'excusant, vu l'absence de son père, de ne pas pouvoir prendre sur lui d'en faire davantage. Il avait entendu parler de nos armes par des gens de Coubouré qui arrivaient avec nous et demandait à les voir.

On lui répéta la démonstration de tout à l'heure. Je lui montrai de même et tirai devant lui mon revolver auquel j'avais fait ajuster chez M. Galland une crosse d'épaulement et qui tirait fort juste.

Il se retira ensuite avec les hommes qui l'avaient accompagné, tous paraissant intéressés et impressionnés.

Rien d'extraordinaire ne se passa dans la soirée, sauf l'arrivée subite par diverses ruelles donnant sur notre camp de cavaliers isolés, toujours la lance au poing et toujours au galop. Nous nous installâmes pour dîner dans la cour du chef et tous vinrent, pendant notre repas, satisfaire leur curiosité, relativement soit à nos personnes, soit à nos mets, soit à notre vaisselle.

Comme on parlait de la chaleur intense qu'il avait fait dans la matinée, et de l'absence de lune qui nous interdirait de partir de trop bonne heure, quelqu'un avança qu'un blanc avait autrefois prédit une éclipse de lune aux gens d'Abeokouta. Je leur dis alors qu'il y en aurait une le 10 mars, et que si vers cette époque ils voyaient repasser par leur pays quelques uns de mes enfants, ils devaient les traiter comme les fils d'un homme qui ne trompe pas.

Je leur demandai alors s'ils savaient que des blancs fussent allés à Niki pour y traiter avec le roi de ce pays : ils me dirent qu'ils n'en avaient pas connaissance. Je leur dis ensuite que c'étaient les fils de mon roi qui avaient battu et pris celui d'Abomé. Ils en avaient entendu parler et en étaient bien aises, car les gens d'Abomé leur avaient pris des femmes et un des assistants avait même eu son père tué devant lui, il y a une vingtaine d'années, lorsque les Dahoméens prirent son village.

Après leur avoir fait allumer une bougie, goûter du sucre et du café, nous nous retirâmes sous notre arbre, enchantés de notre journée.

Sans doute, ces Baribas n'étaient pas les sujets dociles qu'étaient les Nagos, mais c'est une telle satisfaction de rencontrer, quand on en est privé depuis longtemps, des physionomies intelligentes et fières, que nous passions volontiers par-dessus les mauvais sentiments qui s'étaient manifestés, pour ne goûter que cette douceur de fréquenter des hommes qui étaient un peu plus nos semblables que les précédents.

Les mêmes précautions que j'avais prises la veille furent pourtant renouvelées et nous campâmes à demi éveillés et à demi retranchés. Une crainte d'une nature particulière me fit redoubler de vigilance. Tous les cavaliers baribas que j'avais rencontrés dans la journée avaient mis leur cheval au galop en m'apercevant et nous étaient arrivés dessus la lance en arrêt. Je savais que c'était leur manière de saluer. Mais on m'annonçait que le roi, en revenant de la chasse avec tout son monde, allait passer par mon campement, et je pensais que si une troupe de cavaliers un peu nombreuse, comme devait l'être la suite du roi, se livrait à cette fantasia en chargeant en pleine nuit sur mes factionnaires, ceux-ci ne manqueraient pas de faire feu. Il s'ouvrirait ainsi une de ces échauffourées de nuit qui gâtent les meilleures situations. Or la nôtre était délicate.

Je réfléchissais que ces Baribas, à l'air si éveillé et de si bonne mine, devaient mériter leur réputation de détrousseurs de grands chemins; le nègre au patois piggin de Coubouré me revenait en mémoire, et aussi une jolie fille qui avait entraîné Abul à part dans le marché de Gobo : « Elle m'a dit qu'elle était de Tchaourou, et que les Baribas l'avaient prise il y a deux ans, un jour qu'elle allait aux champs porter à dîner à ses parents. — Où est-elle?... — Tiens! elle a disparu! »

Décidément, la société la plus distinguée n'est pas toujours la plus sûre et il me tardait d'arriver à Tchaki pour y retrouver ces braves Nagos, chez lesquels on peut si bien dormir tranquille. Et j'étais d'autant moins tranquille, que derrière ma petite colonne, venait le détachement de M. Targe, qui était exposé aux mêmes aléas et que si des incidents, toujours possibles, faisaient éclater une rupture entre les Baribas et moi, la route se trouvait coupée pour mon lieutenant.

Aussi avais-je hâte de quitter un pays où le succès de ma mission, où le sort des miens peut-être, pouvait se trouver compromis par un de ces riens que provoque le séjour d'une troupe étrangère dans un village, où un lancier qu'on arrête trop brusquement, une femme qui crie, une poule qu'on dérange, suffisent pour tout révolutionner.

Longtemps avant l'aube, qui fut aussi fraîche que les précédentes, je surveillais nos préparatifs de départ.

Lorsque le jour commença à poindre et que chacun n'eut plus qu'à prendre son arme ou son fardeau, je me dirigeai vers le fils du roi qui assistait à nos préparatifs et lui fis mes adieux. Obligé, à cette occasion, de lui parler de son père, je ne pouvais m'empêcher, à part moi, de trouver étrange cette absence du seul chef que j'eusse prévenu de mon arrivée; l'idée qu'il avait eue d'aller à la chasse en mon honneur, au lieu de m'attendre chez lui, avait aussi de quoi surprendre.

Après avoir échangé avec son fils force poignées de main, je me mis à crayonner sur une feuille de mon carnet d'itinéraire le court message que j'adressais à M. Targe. Je demandai en même temps le guide venu de Tchaourou, qui devait porter ma lettre et avec qui je venais de causer quelques instants auparavant. — J'en étais à la troisième ligne de ma lettre quand on vint me dire qu'on ne le trouvait plus. « Eh bien, alors, l'un des deux autres guides. » Une ou deux minutes se passent. — On ne les trouve pas non plus ! Avec le nègre au piggin et la femme de Tchaourou, c'étaient, en vingt-quatre heures, cinq personnes qui disparaissaient au moment où je voulais leur parler. Je compris qu'on me jouait. J'appelai Doux et lui dis de prendre les quatre tirailleurs de la queue du convoi et de les placer derrière le fils du roi de façon que la retraite lui fût coupée.

Pendant que cette opération s'exécutait en silence, au milieu du brouhaha des porteurs encombrant le terrain, je continuais, sans changer d'attitude, à écrire et à parler à Abul, comme un officier ordonnant des détails, maintenant toujours fixée sur moi l'attention du jeune chef bariba; puis, quand je vis mes hommes placés, j'allai à lui sans précipitation et lui dis : « Aucun de mes enfants ne connaît le chemin de Tchaki, tu m'as dit hier que tu étais l'ami du roi de ce pays, donne-moi donc un homme de ton village, pour me conduire auprès de lui. »

Sans une ombre d'hésitation, il répond : « J'aime mieux que tu restes ici! — Et pourquoi? — Mon père ne serait pas content, si je te laissais partir. — Alors tu veux me garder ici? — Attends mon père, il fera ce qu'il voudra. — Eh bien, alors, c'est toi qui vas me conduire à Tchaki! » Au même moment mes quatre tirailleurs faisant quelques pas en avant, les deux premiers se plaçaient à sa hauteur et d'un geste sec mettaient baïonnette au canon. Tous les Baribas présents disparaissaient en un clin d'œil.

Leur chef se retourne, se voit pris, et changeant de ton : « Que veux-tu faire de moi? — Aller avec toi à Tchaki. — Quand me lâcheras-tu? — Quand tu m'auras rendu mes guides. — Je ne les ai plus, ils sont partis. — Allons, en route! — Comment! tout de suite? attends seulement qu'on m'amène mon cheval, je suis fils de roi, je n'ai jamais été qu'à cheval. — Ah bien, mon ami, c'est tout à fait comme moi, — qui ne suis pas fils de roi. Celui de mon pays me donnait cent cinquante chevaux quand je n'avais pas de route à faire; depuis qu'il me fait faire des étapes dans ton fichu pays, il ne me donne plus seulement un bourricot [1]. » Mais nous marchions déjà.

Au bout d'un quart d'heure je vis que nous marcherions plus vite, si mon guide improvisé était à cheval; nous croisions un passant rentrant à Gobo. « Dis-lui que je veux bien qu'on amène ton cheval, pourvu qu'il nous rattrape, et que cela ne nous

---

1. Nous revenions en effet souvent dans nos conversations sur cette ironie de la destinée, qui après nous avoir, comme officiers de troupe à cheval, imposé l'équitation pendant vingt ans de vie de garnison, nous mettait tous à pied pour fournir une route auprès de laquelle les plus formidables randonnées des escadrons de France ne sont que de simples promenades.

retarde pas. — Et le blanc veut-il qu'on lui en amène un ? — Non. »

De sombres pensées paraissent assiéger l'esprit du jeune prince : « Crois-tu, dit-il à Abul, que le blanc veuille me couper la tête ? » Abul a la cruauté de ne pas répondre et de me traduire simplement la question. « Si je l'avais voulu, ce serait déjà fait, je ne veux qu'une chose : aller à Tchaki. — Tu sais que si tu me laisses aux mains du roi de Tchaki, il me gardera comme captif. — Ça, c'est son affaire et la tienne. Ne m'as-tu pas dit que vous étiez bons amis ? — Sans doute, tant que je reste à Gobo et lui à Tchaki, nous restons bons amis. Mais les rois et les fils de rois ne vont pas chez leurs voisins, nous avons des cavaliers, qui ont un grigri du roi de Tchaki. C'est ceux-là que nous envoyons chez lui, et qu'il ne peut pas retenir. — Eh bien, c'est un de ceux-là qu'il fallait me donner. — J'en ai envoyé chercher, mais il leur faut longtemps pour préparer leurs chevaux. — Eh bien, quand ils seront arrivés, si j'ai confiance en eux, je te lâcherai. »

Nous avions quitté Gobo depuis une demi-heure, lorsque j'entends sonner « Halte » en queue de colonne. Aussitôt nous nous arrêtons. J'avais en effet gardé un clairon avec moi et donné l'autre à l'adjudant, qui marchait en queue, de manière qu'il pût me prévenir ainsi d'un embarras grave. Je savais qu'il ne le ferait pas sans nécessité.

La tête une fois arrêtée, les porteurs viennent peu à peu se serrer sur les premiers et au bout de quelques minutes, je distinguais, à une centaine de mètres dans le taillis, l'adjudant entouré d'un groupe compact de noirs armés qui criaient et gesticulaient.

« J'ai fait sonner halte, mon capitaine, parce que ces gens-là me retardaient et que j'avais peur d'être coupé de vous. »

Maintenant nous sommes tous réunis, mais le nombre

des Baribas s'augmente sans cesse autour de nous. Nous ne pouvons ainsi demeurer immobiles sans être acculés à une capitulation ou à un conflit. On se remettra donc en marche. Nous resterons aussi serrés que possible. Pour tous ceux qui seront hors de portée de ma vue ou de ma voix, la consigne est la même :
« Ne tirer que si les Baribas font usage de leurs armes. »

Le cortège se déroule de nouveau. En tête, à deux pas devant moi, marche le cheval du guide, que son maître vient d'enfourcher : on a passé les rênes pardessus l'encolure et un tirailleur les a engagées dans son bras : le Bariba se prélasse ainsi sans bride. Telle une jeune miss qui parcourt sur sa mule les sentiers des Alpes, et a remis les rênes à un montagnard, pour lire plus attentivement dans son Bédœker les impressions qu'elle doit ressentir.

Les impressions du Bariba le rendent de plus en plus soucieux; il commençait à n'avoir plus trop peur de moi, me trouvant, en somme, assez bon diable, il avait son cheval et voilà que ses trop dévoués sujets venaient gâter les choses : si seulement il était derrière eux à les pousser, passe encore : mais là, à cette place, il est sûr que les premiers horions seront pour lui.

La foule des gens de Gobo, tous armés de lances, d'arcs aux flèches empoisonnées et de fusils, se monte maintenant à deux cents hommes. Une soixantaine marchent à ma hauteur se tenant sous bois de chaque côté du sentier, tantôt m'adressant leurs invectives, tantôt tenant conversation avec notre prisonnier.

D'autres sont en file au travers du taillis. Mais le groupe le plus compact est en queue de colonne autour de l'adjudant. Gênés pour combattre par la présence de leur chef formant otage dans nos rangs, veulent-ils s'emparer de Doux pour avoir un otage à leur tour?

Je les entends et les devine, plutôt que je ne les vois, harcelant mon pauvre compagnon, cherchant à l'entourer, à le couper de moi : et j'ai beau ralentir, de manière que tous les hommes qui nous séparent marchent serrés, se touchant presque. Ils forment malgré tout un cordon de plus de 150 mètres qui m'empêche d'être à portée de sa voix.

Pendant les trois longues heures qu'a duré cette étrange procession, la répartition est toujours la même : autour de moi les hommes influents, passablement bruyants et excités, mais tenus en respect par la situation de leur chef au milieu de nous, et peut-être aussi par ses discours, manifestement pacifiques.

Puis une haie de comparses escortant notre file indienne de porteurs : ceux-ci, vrai gibier de négrier assez peu soucieux en somme de porter un autre bât que le mien, et surtout craignant les coups, dont il y a plein l'air, marchent l'oreille basse et religieusement silencieux. Échelonnés à raison d'un tous les trente pas, cinq tirailleurs les tiennent sous leur maigre protection. A l'arrière un grouillement d'arcs et de lances, des cris de colère, des voix de harpies, le ramassis des plus lâches, c'est-à-dire des plus dangereux pour les braves gens qui sont obligés de les subir sans les punir.

Les écartant de la main, les repoussant sans les frapper, l'adjudant s'avance de façon à se tenir serré sur la queue du convoi à la place et à la distance qui lui ont été assignées, attendant pour riposter, suivant l'ordre reçu : qu'un des siens soit blessé, sachant d'ailleurs fort bien que ce premier blessé ce sera lui-même.

Parmi tant de gens, d'ailleurs braves, qui recevraient avec joie l'ordre d'engager le combat contre l'ennemi, en est-il un qui n'ait point le cœur serré quand, un jour d'émeute, il reçoit l'ordre d'avancer sans tirer jusqu'à ce qu'on ait tiré sur lui ? Quand le salut assuré est dans un feu de salve qui affolera et balayera tout, quand le tumulte et le désordre garantissent l'impunité, quand par-dessus le marché, la badauderie générale promet au plus violent honneur et succès, combien doivent être sincères et profonds les sentiments de discipline et de dévouement qui, au milieu de l'énervement produit par un danger pressant et prolongé, dominent toutes les révoltes de l'instinct, font mépriser toutes les échappatoires, tous les faux-fuyants, toutes les occasions si tentantes de se mettre en sûreté par une lâcheté qui vous sera compté pour un coup d'éclat et pour une preuve de tempérament!

Pendant que cette épreuve était subie et victorieusement supportée par mon compagnon d'arrière-garde, la situation autour de moi se détendait progressivement. Un grand nombre d'hommes armés et de cavaliers passaient sous bois, nous gagnant de vitesse et paraissant se rendre à un rendez-vous propice à un combat, mais d'autre part nous recevions aussi des éléments plus calmants. Tout d'abord la femme de mon prisonnier, qui a fourni à travers bois, dans les herbes de deux mètres, une course folle de 8 kilomètres, accourt la lance à la main et saute sur le sentier, frémissante et épuisée. Elle voit son maître qu'elle croyait pour le moins écartelé, chevauchant béatement et causant avec moi. Sa surprise et son émoi nous font rire, et le rire gagne les Baribas. Je la reçois dans mes bras et la porte à son mari en disant à ce dernier de la tranquilliser. Il le fait, et ses paroles calment certains des plus exaltés. La voici accrochée à l'étrier du guerrier, elle ne le quittera plus.

Puis arrivent l'un après l'autre les deux cavaliers à grigri accrédités auprès du roi de Tchaki. Le chef bariba me demande combien j'en veux en échange de sa personne. J'ai beaucoup de peine à lui faire comprendre qu'il ne s'agit pas d'un marché dans lequel je le vends, lui mon captif, contre un nombre plus grand de personnages de moindre valeur. Il se résume : « Si tu veux bien me laisser libre, je ne peux pas te donner moins de deux guerriers et de leurs esclaves. » Enfin, puisque cela l'humilierait, ce prince, je cède. Je vais prendre les deux guerriers bien que ce soit trop d'un. A ce moment arrive en face de nous un homme chargé d'un train de derrière d'antilope qu'il jette à mes pieds. Le roi est plus loin sur la route, il l'a envoyé en avant, porter du gibier au blanc.

Ah! ça, mais c'était donc vrai? Il était donc vraiment allé chasser pour moi, ce brave roi! Et cette fantaisie de me faire attendre son retour, c'était donc une simple brimade de bon tyran.

Du reste on l'a prévenu de la contrariété qui s'est produite et de l'apaisement qui se fait.

Il accourt lui-même et sans façon se jette face contre terre [1]; ceux qui marchaient avec moi en font autant.

Sa Majesté a revêtu son costume de chasse, un simple caleçon de cuir; une quarantaine d'hommes, l'arc à la main et vêtus comme lui, l'accompagnent. Quelques-uns portent les animaux abattus. Tous ont le torse déchiré par les épines, les cheveux roussis par la flamme que les chasseurs allument sous bois pour pousser les fauves devant eux.

La réconciliation est générale, les coups de fusil partent, mais c'est d'allégresse! pour un peu, on s'embrasserait : heureusement pour nous, ils ne savent pas.

J'explique au vieux Bariba que mon roi m'a ordonné de venir à Tchaki sans perdre un jour. Aussi, plutôt que de lui désobéir en restant ce matin à Gobo, j'aurais tué tout ce qui vivait dans le village et fait tuer les miens jusqu'au dernier.

Mais il est désolé, il a fait très mauvaise chasse. Il ose

---

1. Il ne faut pas voir dans l'agenouillement des nègres de ces pays une marque d'humilité aussi profonde qu'elle le serait de notre part. C'est la forme du salut de l'inférieur au supérieur. Elle n'est pas plus avilissante pour ceux dont c'est la coutume, que ne l'est chez nous le geste de porter la main à son casque.

à peine nous donner les quelques marmottes qu'il rapporte et se voit déshonoré, ayant tant reçu de moi, de me laisser partir sans m'avoir rendu ce que ma générosité méritait.

Je lui indique un moyen de reconnaître mes cadeaux. J'ai une quantité d'autres enfants, autant qu'il en voit ici, qui doivent arriver à Gobo après-demain et viennent me rejoindre à Tchaki. Son honneur sera sauf s'ils m'apportent la nouvelle qu'il les a traités comme on doit traiter les enfants d'un bon ami.

Protestations, génuflexions : je lui donne encore une livre de poudre et lui dis que j'ai vraiment trop de ses deux guerriers pour guides. Un seul me suffira. — C'est chose convenue : il lui donne ses instructions.

Nous repartons, quittant le roi et ses Baribas, qui nous ont retardé d'une belle heure.

Mais ce n'est pas une heure perdue, car de tous les pays baribas que nous ayons traversés, il n'en est pas qui nous soit resté plus cordialement fidèle que celui de Gobo. A Bohin, à Coubouré, plus tard à Kanikoko et autres pays où aucun incident désagréable ne s'est produit, ceux qui nous ont succédé ont été non pas violentés, mais exploités ou trompés, tandis que Gobo devint plus tard un véritable centre de ravitaillement, de relais pour nos convois et pour toutes nos communications avec la côte. C'est qu'ici la connaissance complète avait été faite. Tous savaient que bien traités par eux nous nous comportions comme de fort braves gens, mais ceux de Gobo savaient en outre que mal traités, nous devenions dangereux. N'est-il pas humain de se gêner un peu plus avec ceux de ses amis que l'on sait susceptibles?

Nous nous arrêtâmes pour déjeuner dans un bas-fond parsemé de palmiers, mais notre rôti de marmottes, d'ailleurs excellent, fut compromis par un incident bien fréquent dans les forêts du Borgou. Un incendie de chasseurs, sur les cendres duquel nous avions marché pendant près d'une heure, et qui paraissait éteint, se ralluma tout à coup. Nous étions assis dans les hautes herbes, les uns mangeant, les autres dormant, quelques-uns étaient au ruisseau, cherchant de l'eau, tout le monde en un mot loin des faisceaux et des bagages. En un clin d'œil, nous paraissions enveloppés. Chacun se précipita pour ramasser sa charge et s'enfuir. Mais dans quelle direction? En pareil cas, le salut est de regagner un terrain déjà brûlé sur lequel il ne reste plus, par conséquent, d'herbe sèche susceptible de s'enflammer. Le guide bariba, qui était seul à cheval et moi qui avais seul de fortes chaussures, nous nous mîmes à courir sur les cendres chaudes, pour chercher un passage conduisant des grandes herbes menacées sur un terrain déjà brûlé. Le Bariba le trouva avant moi, m'appela. J'accourus et ayant reconnu la passe, je rentrai dans les herbes en levant mon casque au bout de ma canne et en criant de toutes mes forces : Ouâ fi — Ouâ fi — (Viens ici). Le tourbillon de mes porteurs affolés accourait aussitôt, et l'épouvante disparue, une fois tout le monde rassemblé sur le terrain protégé, chacun se mit à rire. — Décidément c'était le jour aux émotions. — Le dernier sauvé fut notre cuisinier, Amadi Camara (car j'avais laissé Samba à Tchaourou). Mon aspirant marmiton, fier de sa fonction, de sa qualité de Sénégalais, d'homme civilisé, porteur de brodequins, avait cherché sa voie tout seul. Il n'avait fait que s'égarer et on le vit tout à coup émerger à travers la flamme avec une serviette mouillée sur la tête, un seau d'eau d'une main, et sa marmotte grillée de l'autre.

Rien ne fut perdu au milieu de ce désordre, mais il est si difficile de rassembler des hommes disséminés sous bois, qu'on doit considérer comme très dangereux de faire halte dans un endroit exposé aux incendies.

Avec la troupe de Babel qui me suivait, il eût été tout à fait inutile d'essayer de donner une indication verbale, — d'autant plus qu'Abul était parti chercher de l'eau, et il n'y a pas d'autre conduite à tenir pour le chef que de crier : Suivez-moi !

Le guerrier bariba que le roi m'avait donné pour guide nous conduisit fort bien, et tranquille sur ma route, je m'amusai à observer ce type curieux. Il montait une petite bête énergique et très bien soignée qu'il avait achetée, m'a-t-il dit, à Ilori, moyennant deux esclaves. Encastré sur sa selle comme un Arabe, il avait en outre les deux jambes prises dans des jambières cousues en tissu très épais qui ont pour but de former cuirasse, soit contre les flèches, soit contre les saillies du harnachement. Cet attirail, sans lequel les Baribas ne montent pas à cheval, demande cinq à six minutes pour être ajusté, et les rend très inhabiles à sauter à cheval ou à en descendre.

Il avait le corps recouvert d'une sorte de manteau-cuirasse assez original. Le tissu dudit manteau, qui était assez juste au corps, était une trame de coton à gros fil ; et sur cette trame était fixée une marqueterie de petits carrés de peau très dure. Ces petits carrés n'étaient pas placés jointivement et laissaient entre eux de petites rainures au travers desquelles la trame apparaissait. De cette façon, malgré la rigidité des carrés de cuir employés, le vêtement restait assez flexible et laissait toute facilité aux mouvements du corps. Evidemment, la cuirasse du caïman, faite d'écailles reliées par des articulations de peau fine, avait servi de modèle au fabricant de cette armure. Mais là où son imagination s'était donné carrière, c'est dans le choix des substances dures qu'il avait piquées sur sa trame. J'y ai retrouvé des carrés en peau de panthère, d'autres en peau de crocodile, de serpent et d'hippopotame ; il y avait encore des échantillons de peau d'animaux non pas innommables, mais innommés pour moi, car Abul ne connaissait pas la traduction française des mots employés par le Bariba et par Mahmadou pour les désigner.

La disposition de la marqueterie ne s'inspirait pas seulement de motifs décoratifs, mais l'artiste avait pensé en outre à la valeur vitale des parties protégées : c'est ainsi qu'à hauteur du cœur un carré d'hippopotame formait la pièce de résistance autour de laquelle rayonnaient les morceaux de caïman. La peau de panthère, un peu plus souple, garnissait les entournures.

La coiffure du guerrier avait une lointaine analogie avec le shapska de nos lanciers et ressemblait plutôt au bonnet des facteurs de la gare de Lyon. Qu'on imagine un bonnet de coton bleu coupé aux deux tiers de sa hauteur et ayant un fond rigide qui retombe sur la tête ou sur le côté. Sous ce fond rigide formé de peau de panthère sont insérés les grigris du combattant. Tel d'entre eux écarte les balles, tel autre garantit des flèches empoisonnées, un dernier pare les coups de lance ou les coups d'épée.

Tout autour de la tête étaient cousus en bourdalou sur l'étoffe des morceaux de peau analogues à ceux qui recouvraient le dos et la poitrine.

En fait d'armes offensives, notre guide portait en sautoir une épée large et plate, la garde en croix, dans un étui en cuir suspendu par un baudrier en tresse ronde terminé par des glands et tout à fait semblable à une embrasse de rideau. Dans la main gauche, qui tenait les rênes, étaient deux javelots garnis de cuir au point où l'on devait les saisir pour les lancer.

L'esclave qui marchait devant le cheval et trottait avec lui portait un arc et un carquois garni de flèches empoisonnées.

Le Bariba maniait sa monture avec aisance et en paraissait parfaitement maître. On ne pouvait lui reprocher que d'accorder trop de déférence au préjugé commun à tous les noirs, que le comble de l'art en équitation est de tracasser son cheval pour le faire galopailler sans nécessité. J'ai déjà dit que je ne les avais jamais vus qu'au galop. Il paraît que c'est une forme du salut. A peine notre guide apercevait-il un passant venant sur le sentier qu'il enlevait de pied ferme son cheval au galop et l'arrêtait court sur les jarrets à quelques pas de là. « Sans cela, dit-il, on croirait que je suis malade ou prisonnier. — Eh bien, chez nous, à te voir faire ce que tu fais, on dirait que tu es fou. Ne vois-tu pas que tu fatigues inutilement ton cheval? — C'est vrai, mais il se reposera. » Si j'avais transporté mon guerrier bariba dans un de nos milieux cavaliers, il y aurait été traité irrévérencieusement de marin ou de commis de nouveautés; car chacun sait, sans vraiment que je puisse dire pourquoi la même injure ne s'applique pas au notariat, par exemple, que ces deux corps de métier renferment les pires bourreaux de chevaux.

Eh bien, mon Bariba n'était point du tout un bourreau de chevaux. Nous-mêmes qui nous targuons si volontiers de sensiblerie hippique, ne mettons-nous pas à ceux de ces animaux que nous aimons le mieux, une bride à levier qui est un véritable instrument de torture. Il abusait, parce que c'était la coutume de son pays, du galop sur place, des courbettes et même des allures vives, mais cette concession faite aux usages, il comblait sa monture des soins les plus intelligents. Parmi toutes les herbes qui croissaient à droite et à gauche du sentier, il avisait à chaque instant celles qui lui paraissaient les meilleures pour son cheval, et envoyait son esclave les cueillir; à chaque halte ce dernier armé d'un coutelas hachait cette herbe en courts tronçons et la donnait au cheval dans un pan de sa couverture.

A l'étape, il demandait du mil; mais se gardait bien

de le donner tel quel à l'animal. Le grain est, paraît-il, trop dur. Il jetait de l'eau bouillante dessus, et quand l'écorce était à moitié ramollie, il la présentait à manger dans une calebasse. Même recherche pour l'eau qui n'était jamais assez claire à son gré.

Au lieu de me moquer de ce brave homme et des sauts de carpe ridicules qu'il demandait à son cheval, j'aurais mieux fait de chercher comment il s'y prenait pour l'entretenir en si bon état, car lorsque j'eus moi-même des chevaux, auxquels je tenais pourtant beaucoup, ces pauvres animaux se mirent à dépérir progressivement jusqu'à leur mort, qui arriva dans les trois mois.

Enfin vers deux heures nous étions en vue des montagnettes de Tchaki que nous nous étions accoutumés à désirer comme la terre promise. Je me sers à dessein de ce mot de montagnettes, car ces petites excroissances de granit n'ont la hauteur, ni de nos montagnes, ni même de nos collines de Bourgogne, mais sauf la taille, elles ont le galbe de vraies montagnes, avec des pics, des croupes abruptes, et forment une miniature en relief comme on en voit dans les paysages japonais. Deux heures avant d'arriver aux maisons, on quitte la forêt pour entrer dans des cultures parmi lesquelles le coton tient la place principale. Des sentiers nombreux se croisent, menant dans toutes les directions. Enfin on franchit entre deux pics, qui paraissent façonnés sur commande pour jouer dans le décor truqué le rôle de pics principaux, une muraille de forteresse courant tout le long du col, d'un pic à l'autre.

Une brèche au centre de cette muraille donne passage à un seul homme à la fois. Il ne manque qu'un tourniquet devant ce poste de douane, car c'est là que se tiennent ou devraient se tenir les douaniers du roi de Tchaki. Pour le moment, ils sont absents, ces douaniers. Le Bariba me donne l'explication de leur absence.

« Quand il ne passe que deux ou trois personnes à la fois, les douaniers sont là pour leur faire payer les droits et même davantage. Mais quand ils voient arriver toute une population comme celle qui te suit, ils préfèrent se tenir à l'écart pour éviter qu'on ne les fasse payer à leur tour. » Voilà des gens avisés et prudents. Que je reconnais bien là mes bons Nagos !

Mon guide bariba m'expose tout cela sans admirer, ni s'indigner. Il considère tous ces Nagos comme gibier bon à prendre et à vendre, et voilà tout. Ils sont moins ses semblables que nous-mêmes. Tous ces détails me sont donnés par lui d'une voix plate et détachée de ce monde. Lui-même n'est pas impoli, il répond, mais il a une mine à porter le diable en terre. Je demande pourquoi il a l'air si profondément malheureux et préoccupé. Je laisse parler Abul : « Il se dit comme cela : « C'est-il plus nous qu'est le patron à présent ? » C'est ça qui lui fait triste. »

Enfin, après une petite grimpette qui représente l'ascension d'un col minuscule, nous arrivons, à quatre heures et demie, sur la place d'Iloua ; c'est un des cinq villages de la banlieue de Tchaki.

Accueil agréable, ignames à profusion, mais, ce qui vaut mieux que les ignames, ce que nous ne connaissions plus depuis un mois, c'est de l'eau claire, une belle eau comme celle de nos Vosges, que nous goûtons deux fois, d'abord avec le palais, et ensuite et plus longtemps avec les yeux, car elle dégringole de la colline sur les parois luisantes et humides du granit et nous rafraîchit le regard en permanence. Il faut n'avoir eu pour se désaltérer pendant longtemps, que l'eau croupie au fond de trous fangeux remplis de fiente de poule et de vibrions, pour apprécier à sa valeur la belle eau rocheuse que nous trouvons à Iloua.

Mahmadou, que j'avais détaché en avant aussitôt après le règlement de notre différend avec les gens de

8.

Gobo, était revenu au-devant de nous jusqu'à la douane.

« Le roi est très malade, ce qui l'empêche de venir au-devant de toi, mais il est très content de te voir arriver; il a trouvé tes cadeaux très beaux, et comme il désire que tout le monde assiste à ton entrée à Tchaki, il te prie de coucher à Iloua, où il t'enverra demain deux récadères spéciaux à cheval, trois chevaux, pour toi, pour l'adjudant et pour Abul, et des musiciens. Il te prévient qu'on tirera beaucoup de coups de fusil sur ton passage, mais te prie de ne pas faire tirer tes hommes, car on sait que leurs fusils sont méchants. »

Soirée délicieuse après les fatigues d'une étape fort longue et la lassitude inévitable qui résulte de tous les incidents de la matinée.

Iloua a bien le caractère de toutes les villes nagotes : population nombreuse et grouillante, laborieuse et affairée. Mais on voit que nous sommes loin du Dahomé. La propreté laisse à désirer.

Pour entrer vers huit heures à Tchaki, qui est à une heure d'Iloua, j'avais fixé le départ à sept heures, mais j'avais compté sans les exigences du cérémonial.

Dès avant le jour, nous étions réveillés dans nos tentes par des tams-tams assourdissants, en même temps que notre camp était envahi par une foule de plus en plus nombreuse. Il faut se lever en hâte, plier tente, bagage et faire peu à peu évacuer notre camp, car nous ne pouvons plus ni remuer, ni nous retrouver.

Vers six heures et demie, une procession de musiciens serpente au flanc des collines et accompagne de son tintamarre des cavaliers vêtus de somptueux burnous rouges, coiffés de turbans monumentaux. Ce sont les récadères de Sa Majesté. Mahmadou va à leurs devants et me les présente. A part leurs riches vêtements et le luxe de leur harnachement, ce sont les plus vulgaires binettes de nègres que j'ai rencontrées. J'ai su depuis que c'étaient deux esclaves qui, grâce à la faveur et à la maladie du roi Ajani, étaient devenus des personnages dans l'État. Ils paraissaient très embarrassés de leurs rôles, cherchant à se donner des airs graves et importants, comme il convient à des ambassadeurs.

Ils nous présentaient les compliments du roi, étaient chargés de nous précéder en ville et de nous introduire au palais, et nous amenaient des chevaux. Bien entendu, nous dûmes les seller et les brider nous-mêmes, car nos harnachements étaient emballés depuis Paris, et aucun de nos noirs n'était capable, ni de les monter, ni de les ajuster.

Non seulement nous étions nous-mêmes en grande tenue, mais j'avais fait emporter de Tchaourou les effets de grande tenue de nos hommes, et ceux-ci s'empressaient de mettre sur leur dos tout ce qu'ils possédaient. Cinq minutes après, ils ruisselaient comme des gargoulettes au milieu de leurs cols marins, de leurs vareuses de laine, de leurs gilets sans boutons, dont leur peau noire avait perdu l'habitude.

Devant nous, dans le plus grand désordre, marchaient les deux récadères du roi accompagnés d'un goum de cavaliers de toutes couleurs — quant au vêtement, s'entend, — une foule grossissante grouillait autour des musiciens et jusque dans les jambes des chevaux.

Puis venaient nos deux maigres clairons qui, sans s'arrêter un instant, mêlèrent leurs notes aiguës à la cacophonie générale.

Je montais une jument baie assez fine et presque dressée ; à deux pas derrière moi, Abul, qui avait un cheval, ne parvenait pas à le faire marcher autrement que sur les pattes de derrière, ce qui lui valait l'admiration de la foule.

Je fus obligé de me fâcher pour empêcher les laptots de donner leurs mousquetons à porter aux indigènes qui leur faisaient fête : il paraît que cette manière de témoigner de l'intérêt aux militaires est indépendante des latitudes, car je me souviens que, dans mon enfance, alors que nos soldats, gâtés par la victoire, se permettaient encore cet agréable déshabillé, nous étions admis à l'honneur de porter les fusils des troupiers qui traversaient notre village.

Nous parcourûmes dans cet ordre de marche, d'innombrables faubourgs composés de petits paquets de maisons isolées, devant lesquelles serpentait le sentier au travers des collinettes et des ruisselets. Toutes ces maisons éparses dans un joli fouillis de rochers et de palmiers isolés regorgeaient de monde dont une partie s'acheminait avec notre convoi.

Enfin vers neuf heures et demie, nous atteignîmes une grande place en pente ombragée de beaux arbres, et que je sus plus tard être la place du marché. Le palais du roi s'étendait au sommet de la pente. Nous entrâmes directement dans la cour principale qui avait, en plus grand, la disposition déjà indiquée pour celle du roi de Savé. De grands bâtiments à toiture bien dressée l'entouraient, donnant, en outre des habitations closes, un promenoir couvert tout autour de la cour. J'y plaçai mes hommes à l'ombre, et attendis le moment d'entrer pendant qu'un cérémonial d'introduction auquel je ne compris rien, mettait tout le personnel domestique dans une extraordinaire animation.

Ali Ibaodoun, l'un des récadères, vint alors me prendre par la main, ce qui était nécessaire pour me guider dans le dédale des appartements royaux. J'ai su plus tard, quand je suis devenu presque un familier, qu'on entrait directement chez le roi par une porte située au fond et au milieu de la cour d'entrée. Mais ce jour-là il ne pouvait s'agir d'une manière de procéder aussi simple. Chacun des bâtiments qui entourait la grande cour et toutes les petites cours adjacentes, était divisé en appartements, et pour entrer dans chaque chambre, il fallait franchir une porte dont le seuil était haut d'un pied et dont le linteau supérieur n'était guère à plus d'un mètre de haut. On me fit faire, pour entrer chez Ajani, le tour de ces appartements. Pour passer dans ces petites ouvertures, mon casque, mes bottes, mon sabre me gênaient horriblement. En somme il s'agissait de faire, dans une obscurité presque complète, 300 mètres environ de promenade en exécutant tous les trois pas un plongeon dans un de ces petits trous qui conduisaient de chambre en chambre.

Au bout de cinq minutes je m'arrêtai haletant, demandant à Ali s'il n'y avait pas un chemin plus court pour aller chez le roi et comment faisait ce pauvre homme, qui était malade, quand il voulait prendre l'air ; assurément il ne se livrait pas à la gymnastique qui m'était imposée. Le grotesque et rusé personnage me répondit de l'air le plus sérieux du monde qu'on était obligé de prendre pour entrer dans la chambre du roi un chemin si difficile, afin que si quelqu'un venait à lui faire du mal, on eût le temps de l'arrêter avant qu'il fût sorti du palais. Je crus sans peine qu'une telle précaution devait avoir ce résultat, car je passai encore cinq autres minutes en plongeons et en entrechats avant d'arriver en présence d'Ajani.

Il se tenait entouré de personnages divers, dont on ne pouvait distinguer si c'étaient des hommes d'État ou des domestiques, dans une chambre assez spacieuse, faiblement éclairée par un rideau qui donnait sur une cour. — Il me souhaita la bienvenue en exprimant le regret que sa maladie l'empêchât de nous recevoir plus gaiement. Il espérait qu'à défaut de lui les principaux de ses sujets veilleraient à ce que je fusse bien traité. Je lui souhaitai meilleure santé et lui dis que pour le moment, comme ce n'était pas l'heure des affaires sérieuses, je le priais simplement de m'indiquer où je devais établir mes hommes. Regrettant encore une fois de ne pouvoir m'avoir chez lui, il me dit que toutes les maisons de la ville étaient à ma disposition, mais que là où il pensait que je serais le mieux c'était chez son frère, ou chez un balè [1] qui avait une maison très spacieuse. Il les avait fait venir tous les deux pour que je pusse visiter avec eux leur demeure et choisir celle qui me conviendrait.

Je pris aussitôt congé en annonçant une deuxième visite pour l'après-midi et, après une course d'une demi-heure chez le frère du roi et chez le balè, je choisis la maison de celui-ci. Je m'installai en une heure avec tout mon personnel.

Cette maison ou plutôt cette série de maisons, qui avait un développement assez considérable, était du type général de toutes les constructions du pays. Elle se composait d'une suite de corps de logis disposés en boyau autour de petites cours. Les toits surmontant ces corps de logis étaient coupés à l'extérieur, de manière à donner un auvent peu important en avant du mur de façade, qui ne comportait d'autre ouverture que la porte d'entrée ouvrant sur la rue. Mais sur chaque cour intérieure, les égouts des toits tombaient presque jusqu'à 50 centimètres du sol, interceptant pour tout ce qui était dessous la radiation solaire. On pouvait encore diminuer la lumière en étendant des stores. On ne se tient pas, dans la journée du moins, dans les chambres du boyau principal, mais dans la galerie, abritée par le prolongement du toit et limitée par des piliers, qui s'étend entre les murs et la cour. C'est sous cette véranda intérieure que nous vivions, nous autres Européens, non seulement le jour, mais la nuit, tandis que les noirs couchaient dans les cabines entre les murs. Ces sortes de cachots dans lesquels on entre par un trou carré de 60 centimètres de côté, n'ont guère plus de 2 mètres

---

[1]. Balè veut dire : notable.

de large, ne reçoivent ni air, ni jour, et sont considérés par les noirs comme le *nec plus ultra* du confortable. Je n'ai jamais pu, pour ma part, y rester plus de cinq minutes sans y être couvert de sueur et menacé d'étourdissements. Au contraire, le balè s'y tenait volontiers, même dans la journée, ne laissant paraître que le haut de son corps dans la lucarne carrée, et de cette situation enviée se laissait aller à écouter le vulgaire qui restait dans la galerie, privé des délices supposées renfermées dans ce sanctuaire obscur. Cette manière de s'isoler est générale chez tous les personnages importants, où grouillent toujours une foule d'indiscrets et de quémandeurs, car on ne sait pas ce que c'est que faire antichambre en pays noir.

Installé derrière son œil-de-bœuf, le balè jouit ainsi de la supériorité résultant chez nous de l'usage du guichet derrière lequel s'abrite le prestige de l'employé à 1200 francs, et qui lui procure un moyen si perfectionné et si apprécié de faire droguer le public.

A l'inverse de nos employés, le balè, qui n'a pas la ressource de faire des parties de cartes dans son cachot, garde presque toujours la tête au guichet. Il ne s'en détourne que pour remettre à une de ses femmes telle offrande qu'il vient de recevoir et qui va s'enfouir dans un des nombreux petits réceptacles noirs, dissimulés entre deux murs sans fenêtres : de temps en temps il daigne allonger la main pour donner une poignée de cauris à un des hôtes de la galerie.

L'existence me devint promptement insupportable dans cette maison, où, sous prétexte de venir voir le balè, plus de deux cents personnes s'asseyaient sur mes bagages, sous ma table, sur mes papiers, parlant sans discontinuer, et me privant de l'air respirable auquel je croyais avoir droit. D'ailleurs mon propriétaire me déplaisait pour une autre raison. A part d'honorables exceptions, tous les gens importants de l'État abusaient de la maladie du roi pour emplir leurs poches aux dépens du public. Ceux qui pouvaient approcher Ajani obtenaient de lui ou disaient obtenir de lui tout ce qu'ils voulaient. Ils recevaient de lui des ordres qu'ils n'exécutaient pas, mentaient pour rendre compte de la pseudo-exécution. Tout l'État donnait par leur faute le misérable spectacle de l'autorité tombée en quenouille. Aucun Ruy Blas n'apparaissait à l'horizon pour mettre fin aux pleurs de Tchaki agonisant.

Le balè chez qui j'habitais me paraissait un des plus méprisables personnages attablés à cette curée autour du moribond. Je lui fis comprendre que c'était trop de deux grands hommes comme lui et moi sous le même toit, et que s'il ne voulait pas interdire sa porte à la foule, je chercherais ailleurs. Il ne me fit pas répéter et dorénavant je ne le vis plus qu'au moment où, chaque matin, il venait me présenter ses devoirs.

Dès que la plupart des importuns furent partis pour faire la sieste, je me mis à préparer les cadeaux considérables que je devais faire au roi et qui représentaient en même temps les présents de mon gouvernement à l'occasion du traité de protectorat à conclure, le prix de l'hospitalité que mes cinq cents hommes allaient recevoir pendant quelques jours, et la fourniture de quatre mille journées de porteurs.

Vers trois heures, quand l'argent et les paquets furent chargés sur des porteurs, je me rendis au palais, où cette fois on me fit passer par le chemin le plus direct pour entrer chez le roi.

Il me témoigna la plus vive satisfaction, me promit pour le lendemain deux cents porteurs destinés à aller soulager ceux de M. Targe, m'assura qu'il était disposé à signer un traité de protectorat avec nous, se montrant très reconnaissant d'avoir été débarrassé des Dahoméens et exprimant l'espoir de l'être des Baribas. Mais avant de signer quoi que ce fût, il voulait connaître très bien ce que je lui demandais, et rassembler ensuite le peuple pour lui demander son approbation.

Je n'étais pas assez au courant des mœurs de cette monarchie pour savoir si le referendum y était appliqué aux relations extérieures, mais tout ce que me dit Ajani me parut fort raisonnable.

Il entama ensuite le sujet qu'il avait le plus à cœur, celui de sa santé. L'infortuné était atteint d'une affection auprès de laquelle la variole n'est qu'une petite maladie, et il me supplia de lui donner un remède, car il sentait qu'il allait mourir. Il ne pouvait rien dire de plus vrai, car son pauvre corps s'en allait littéralement en morceaux. Pour me tirer d'embarras et augmenter son zèle à envoyer des porteurs à M. Targe, je lui dis que mes médicaments étaient dans le convoi de mon lieutenant. Mais ce n'était qu'un affreux et pieux mensonge, — comme ceux dont disposent parfois les princes de la science à l'usage de toute l'humanité souffrante. — J'avais eu en effet la candeur de croire que la pureté des mœurs avait préservé l'Afrique centrale du fléau dont le roi était atteint, et je n'avais rien pris dans ma pharmacie pour le combattre. J'avais déjà eu l'occasion de le regretter, car je traînais dans ma suite ce produit de la civilisation que je contribuais ainsi à répandre.

D'autre part, après avoir constaté d'une manière plus précise l'état de décomposition d'Ajani, je pensai comme lui qu'il n'avait plus que quelques jours devant lui et que même un courrier envoyé en toute hâte à Porto-Novo ne pourrait pas lui rapporter de quoi le soulager.

Enfin je me promis, par pitié, de lui envoyer quelque poudre inoffensive, comme du quinquina ou du bicarbonate de soude, qui soutiendrait son moral en ranimant son espoir.

Le lendemain matin, ne voyant pas arriver les porteurs promis, je demandai à aller chez le roi pour m'en plaindre. Ali me répondit qu'il était trop malade pour me recevoir, et comme, vu l'état où j'avais trouvé Ajani la veille, cela pouvait très bien être vrai, je me vis forcé d'attendre et de subir toutes les lenteurs que les familiers du roi m'imposaient, soit par malice, soit par inertie naturelle. Enfin, après cinq ou six démarches, les contingents des cinq villages différents qui forment Tchaki commencèrent à arriver à trois heures du soir. Comme je connaissais les gens à qui j'avais affaire, et que j'avais besoin de cent cinquante hommes, j'en avais demandé deux cents. Ajani, qui les connaissait mieux que moi, en avait commandé trois cents. A quatre heures il y avait déjà deux cent dix porteurs présents, sans compter un nombre considérable d'hommes libres, armés de pied en cap, les uns à pied, les autres à cheval, qui trouvant une occasion inespérée d'entrer chez les Baribas sans danger, considéraient leur promenade derrière l'adjudant comme une petite expédition pleine de promesses.

Je gardai Amadi So comme planton et Amadi Camara comme cuisinier et donnai le reste des soldats à Doux qui en avait besoin pour encadrer tout le monde qu'il emmenait. Il partit à quatre heures et demie à cheval sur sa monture de la veille, emmenant les deux autres chevaux pour MM. Targe et de Pas.

Resté seul, je cherchai à prendre langue chez les gens du pays. En faisant des tournées de visite chez les personnages qui étaient venus m'apporter, qui une chèvre, qui des ignames, je fis la connaissance de deux hommes intéressants. L'un, Bagui, était le second roi et habitait un village à 3 kilomètres du palais. C'était un homme de beaucoup de bon sens et de réserve. Sa maison était bien tenue, ses femmes au nombre d'une dizaine, ce qui est peu pour l'endroit et le rang de Bagui, étaient jolies, décemment habillées, sans ornements ridicules : toujours sérieuses, elles gardaient le silence quand le sujet de la conversation leur était étranger.

Bagui, qui me parut estimable, était en tout cas très estimé et très considéré de ses compatriotes. Sa fonction dans l'État était en effet singulièrement délicate et honorable. Il était élu par le suffrage des hommes libres et n'ayant par lui-même aucune autorité, était exclusivement chargé de choisir le nouveau roi quand le trône devenait vacant. Il ne pouvait naturellement se désigner lui-même, mais sa décision était toujours respectée.

Je ne sais si c'était par suite de l'approche de la mort d'Ajani, que tout le monde attendait chaque jour, mais malgré son absence d'autorité nominale sur la gestion des affaires publiques, Bagui n'en était pas moins appelé en conseil et consulté comme un véritable oracle sur toutes les matières importantes.

La première femme du roi, éloignée en principe, comme le second roi lui-même, de toute participation au gouvernement, n'en était pas moins fort écoutée et méritait de l'être. Elle me fit dès le premier jour une opposition formelle sur la question du traité; cette opposition était d'autant plus dangereuse qu'elle était enveloppée des formes de la politesse la plus raffinée. Ajani, enthousiasmé de mes cadeaux, séduit par le récit qu'on lui avait fait de notre conduite au Dahomé et de la mienne chez les Baribas, voulait signer ou plutôt faire signer le soir même, mais avertie par son instinct de femme que ce blanc allait apporter une perturbation quelconque dans les mœurs du pays, la reine dit en bariba à son mari : « Fais attention, rien ne presse, ne signe pas ce soir. » Je remarquai aussitôt le ton d'autorité avec lequel elle avait parlé et ne fus point surpris lorsqu'après la séance Mahmadou me fit savoir ce qu'elle avait dit. Toujours est-il que c'est à ce moment seulement qu'Ajani me parla de son intention de consulter son peuple.

Je sus depuis que Bagui et la femme du roi s'étaient mis d'accord pour qu'on envoyât un courrier au roi de

Savé afin de savoir comment lui et Toffa étaient traités par les Français; l'avis de la femme était même que le courrier devait s'arranger de façon à revenir seulement après mon départ. Mais Bagui ayant su que j'avais tracé des lignes sur le terrain pour bâtir une maison, dit qu'assurément cette ruse ne servirait à rien et qu'il valait mieux dire au courrier de revenir au plus vite.

« Le grand blanc doit partir vers Kitchi et la Kouara, dit-il, mais il laissera ici le petit blanc qui est bien plus méchant et il vaut bien mieux pour nous que nous arrangions nos affaires avec le grand[1]. » Le fait est que l'adjudant, exposé par ses fonctions de chef d'arrière-garde à relancer tous les traînards, était obligé d'avoir la main un peu ferme, dure parfois : les porteurs le savaient bien, Bagui aussi.

Ce fut l'avis de Bagui qui fut suivi et le courrier fit en cinq jours le chemin de Savé, aller et retour. C'est une moyenne de 80 kilomètres par jour qui suppose quatorze heures de marche sur vingt-quatre.

L'autre personnage était un nommé Kouffo, récadère du roi de Oyo auprès du roi de Tchaki. Oyo est une grosse ville située à quelques jours de marche au nord d'Ibadan, où les Anglais ont un résident. Kouffo était venu demander l'assistance des gens de Tchaki pour une guerre que son maître voulait faire aux Anglais et j'eus toutes les peines du monde à déjouer ses projets. Il ne pouvait entrer dans mes plans de laisser les gens de Tchaki s'embarquer derrière ceux d'Oyo dans une guerre contre les Anglais. Je cherchai donc à les dissuader en leur disant qu'en fin de compte les gens d'Oyo seraient sûrement battus et que ceux de Tchaki subiraient leur sort, s'ils s'étaient liés à eux. Kouffo n'en restait pas moins énergique dans ses arguments, disant

1. L'adjudant Doux est de petite taille. Tous les noirs le connaissaient sous le nom de Kikéré Bô, petit blanc.

qu'on avait reçu à Oyo un blanc venu comme moi pour y présenter un traité et que depuis ce jour il n'était pas de vexations qu'on n'eût fait subir à son roi. « Tout récemment on lui avait même envoyé par un messager l'ordre d'aller à Ibadan. Il voulait bien aller à Ibadan, mais avec cent mille lanciers, etc., etc. »

J'avais beau représenter que les blancs dont parlait Kouffo n'étaient pas les fils de mon roi, qu'il y avait une grande différence, Kouffo en revenait toujours à ce principe : « Quand on fait un papier avec des blancs, ils en profitent toujours pour vous causer des désagréments. »

Ce Kouffo commençait à m'agacer. C'était un fort bel homme, très bien élevé et plein de prévenances pour moi en dehors des réceptions publiques, où il venait comme tout le monde, et prenait la parole mieux que tout le monde. Pour en terminer avec lui, je dois dire que je finis par lui parler sévèrement et, le dernier jour, comme il venait d'insister encore sur les ennuis qui suivent toujours les traités passés avec les blancs, je lui coupai la parole et m'adressant à Bagui, je lui dis : « Il y a deux manières d'être avec les blancs, celle de Toffa et celle de Behanzin. Laquelle choisis-tu ? — Celle de Toffa, car nous savons que vous l'avez défendu et qu'il est heureux. — Eh bien, alors, pourquoi laisses-tu parler Kouffo ? Les Anglais vous ont-ils fait la guerre ? — Non. — Eh bien, celui qui veut entraîner les autres dans une guerre qui ne les regarde pas est un criminel. »

Aussitôt Kouffo de se jeter à mes pieds : et le brave Bagui d'en faire autant pour me demander la grâce du premier, car il était au fond persuadé qu'Anglais et Français s'entendaient comme larrons en foire et croyait fermement que j'allais emmener Kouffo. Celui-ci reconnaissait qu'il avait eu tort et je lui fis promettre alors qu'il signerait lui-même le traité en qualité de témoin, afin de pouvoir dire à son maître que les gens de

Tchaki n'étaient plus libres de l'aider dans ses projets. J'organisais ainsi l'emploi de mon temps de manière que la situation politique fût débrouillée avant l'arrivée de nos compagnons et que M. de Pas n'eût qu'à prendre ses fonctions de résident. Il ne me paraissait pas possible en effet de partir de ce gros centre sans y laisser un des nôtres pour surveiller les événements à prévoir au moment de la mort si proche d'Ajani.

Lorsque j'avais fait le matin mes deux visites au roi, une secrète et une publique, et causé avec lui du traité à conclure, j'employais le reste de mes journées à circuler dans la ville et aux alentours où je cherchais un emplacement propice à la construction d'une maison pour M. de Pas.

Je choisis cet emplacement au flanc d'un coteau regardant la ville, près d'une ferme pourvue d'eau courante et d'un beau troupeau de vaches blanches. Pour qui sait l'importance du lait pour les Européens exposés aux dysenteries et aux accès bilieux des pays chauds, l'existence d'un troupeau de bœufs dans une localité est une garantie de confortable et de résistance de premier ordre.

Ces troupeaux, quand on en trouve dans les pays nagos ou baribas, sont presque tous gardés et soignés par des Peuhls (Foulah, Fillanis ou Foulbés). — Les femmes de ces Fillanis sont remarquables par la finesse de leurs traits. Elles ne sont pas noires, ont le caractère enjoué et moqueur. D'une maigreur rare dans le pays, elles ressemblent en bloc à des Parisiennes poitrinaires qui auraient la jaunisse. Mais une supériorité qu'elles ont sur les Parisiennes, même phtisiques et ictériques, c'est de connaître admirablement l'industrie du laitage.

Tandis que la paysanne bretonne tient son étable et sa laiterie presque aussi malproprement que l'auge où elle mange elle-même, et voit cailler son lait presque aussitôt qu'il est trait, la femme peuhl, depuis avant que Pasteur fût né, traite son produit suivant les règles de la plus rigoureuse antisepsie. Parfaitement propre de sa personne, elle lave encore ses mains et le pis de la vache à l'eau chaude avant de la traire. Les calebasses dont elle se sert, pourtant si altérables par la matière dont elles sont faites [1], sont tenues indemnes de tout germe malsain. Elle les passe à l'eau bouillante avant et après chaque usage. Le rebord de ce vase est garni chaque jour d'un lait de chaux qui forme une bordure blanche jusqu'au niveau que doit arraser le liquide. Ce badigeon immaculé protège le bord de la tasse contre le contact des doigts et des lèvres ; les mouches évitent de s'y poser pour descendre au lait et sont ainsi réduites à faire un plongeon ou à s'abstenir. Enfin, dès que le lait est trait, il est mis dans l'endroit le plus frais de la case, recouvert d'une tresse légère, qui laisse passer l'air sans permettre l'accès des poussières ni des insectes.

La conséquence de ces soins est celle-ci : que dans un pays où la température paraît rendre la conservation du lait impossible, on peut en boire le matin, à midi et le soir. Inversement, en Bretagne, où la température de l'été est une des plus fraîches de la France, le lait s'aigrit beaucoup plus vite. Si on en demande dans une ferme, on se voit servir un plat de caillé, et la Bretonne s'étonne de votre désir, remettant au moment de la traite l'heure fugitive où l'on boit du *lait doux*, comme si le propre du véritable lait était d'être aigri.

On trouvera peut-être surprenante cette digression sur le produit des vaches, mais comme je dois la vie à la propreté et à l'intelligence des femmes peuhls, que beaucoup de blancs la leur doivent ou la leur devront comme moi, je pense que ceux-là au moins trouveront le sujet intéressant pour eux.

1. Ce sont des demi-courges à écorce dure.

Quelle que soit leur habileté de pasteurs, les Fillanis n'en sont pas moins, dans les pays baribas et nagos, de simples bergers, propriété des gens riches au même titre que leur troupeau auquel ils demeurent attachés, comme l'ancien serf à sa glèbe. C'est donc une pure fantaisie, due à l'orgueil de race, qui a pu faire dire à certains d'entre eux que leur peuple avait « conquis le Borgou, le Yoruba, le Bouais et autres pays ». Il y a ainsi des prisonniers qui prétendent emmener deux gendarmes, et la seule raison que puissent invoquer les Peuhls pour dire qu'ils ont conquis ces différents pays, c'est qu'ils y sont encore — comme esclaves!

Il était bon de préciser ce point, car il existe une école de Jingoïstes anglais qui ne peuvent rencontrer un Peuhl dans un coin de l'Afrique, sans s'écrier que ce pays est une dépendance de l'empire de Sokoto. Or, comme un Anglais a traité, cru traiter ou prétendu traiter, à Sokoto, avec quelqu'un qui est censé se prétendre chef d'un prétendu empire peuhl, dès l'instant qu'on aperçoit un Peuhl dans un pays, c'est comme quand on trouve un grain de sel dans une nappe d'eau, ce pays, cette nappe d'eau, doivent être Anglais.

Il serait curieux de savoir si M. Lugard, au retour de sa tournée dans le Borgou, a raconté qu'il y a trouvé les Peuhls maîtres et les Baribas valets, mais en tout cas, son rapport n'a pas empêché ses compatriotes de traiter couramment dans leurs pièces officielles, le roi Dagba, d'Émir de Boussa. On se demanderait longtemps et vainement pourquoi ce brave païen se voit ainsi affublé d'une dignité musulmane, si on ne savait que les Peuhls sont les colporteurs de la foi islamique, et que rien qu'en faisant du roi de Boussa un musulman, on en fait la moitié d'un Peuhl, presque un Anglais. « Lapin du vendredi, disait le bon moine, je te baptise carpe. »

Après deux jours d'attente, je vis arriver un tirailleur

haoussa venant d'Iloua, et m'apportant une lettre de M. Targe. Ce dernier m'annonçait l'heureuse arrivée de tout son monde à Iloua.

Le lendemain, nous étions tous réunis, je prévenais ces messieurs de mon intention d'expédier un courrier qui partirait avec le texte du traité, et en prévision de ce départ, chacun se mettait à sa correspondance.

J'avais prévenu M. de Pas, dès son arrivée à Tchaki, que je le laisserais comme résident auprès du roi pour surveiller nos intérêts pendant la crise qui s'ouvrait. Ce jeune officier était bien l'homme qui convenait à une pareille situation : doué d'un grand sang-froid, capable de supporter l'isolement, qui est pour les caractères la plus pénible épreuve des pays chauds, il se tira admirablement de sa mission.

Ce n'est point dire qu'il s'y résigna sans regret. On ne voit pas partir, sans un serrement de cœur, tous ses camarades vers une destination éloignée et même inconnue. Sans doute, il est honorable pour un sous-lieutenant de demeurer avec quatre hommes dans un poste — qui va être construit — à trente jours de marche de tout centre civilisé, pour imposer un choix à une population qui va changer de roi; mais tout flatteur qu'il fût, cet isolement était d'autant plus pénible pour M. de Pas qu'il avait été et était encore fort malade et qu'il n'avait pas à compter sur le plus petit secours. Non seulement il n'aurait pas de médecin, mais il n'aurait ni hôpital, ni infirmier, ni lit, ni nourriture appropriée à son état.

Toutes ces considérations passaient au second plan dans son esprit en regard de l'ennui qu'il éprouvait de ne pas nous suivre plus loin.

Enfin l'amertume de ce sacrifice nécessaire au bien public fut adoucie par l'espoir d'avoir à fournir ultérieurement, pour nous rejoindre, une route importante, probablement différente de celle que nous allions suivre.

9.

nous-même, dans laquelle il serait le chef de sa petite colonne et aurait sans doute à reconnaître le premier des pays nouveaux.

Dès le soir de son arrivée, je visitai avec lui l'emplacement où il aurait à élever sa résidence. Le lendemain, tous les porteurs et les tirailleurs haoussas de la mission, assistés des hommes de confiance, du balè, d'Ali et de Bagui, se mirent à élever, sous la direction de M. Targe, la case destinée à abriter notre camarade, puis les logements des Haoussas et des porteurs que je lui laissais, et enfin l'enceinte qui entourait le tout.

Le surlendemain matin, les habitations provisoires, que leurs hôtes devaient embellir plus tard, étaient terminées et le départ annoncé pour l'après-midi.

Entre temps, nos négociations pour le traité avaient continué. Pendant que j'étais tenu en suspens, sous prétexte d'une consultation du peuple, le messager envoyé auprès du roi de Savé effectuait son voyage. D'autre part, les journées et même les nuits des conseillers du roi se passaient en conciliabules à la suite desquels on venait me poser des questions. La plus embarrassante pour moi fut celle concernant l'esclavage et les femmes. Ne pouvant ni ne voulant leur garantir ce genre de propriété, je tournais toujours la question, disant qu'on leur interdirait certainement de capturer des esclaves chez les autres peuples et qu'on ferait aussi ce qui serait humainement possible pour empêcher les Baribas d'en capturer chez eux. Naturellement, j'étais beaucoup plus prudent en ce qui concernait le respect de leurs habitudes domestiques : je connais mes compatriotes, ils supportent, en se plaignant parfois, les innombrables servitudes dont ils sont affligés, mais ils sont ombrageux et intolérants pour la plus légère marque de dépendance dont on leur parle chez d'autres peuples. Encore font-ils des distinctions. Ainsi, nous ne trouvons rien à dire à ce qu'un Arabe d'Algérie achète et paie à beaux deniers comptants tant de femmes blanches qu'il voudra, et qu'il les réduise à la plus misérable condition qu'un être humain puisse supporter; mais qu'un noir vive tranquillement avec la négresse qu'il aura achetée exactement de la même façon, voilà ce qui nous indigne et ce que nous ne pouvons supporter. On dira que l'une est une esclave et que l'autre est une épouse. Goutez-en, chère madame, et vous préférerez dix ans de servitude chez un nègre à dix mois de mariage avec un Arabe. C'est l'origine plutôt du contrat qui est choquante, dans un cas l'Arabe achèterait pour épouser, le noir, pour posséder. Voilà bien la puissance des mots! Ne savez-vous pas, monsieur le moraliste, que sur toute la surface du globe, posséder ou épouser, c'est tout un, au point de vue du résultat? Il est le même partout : épousée ou possédée, la femme donne à l'homme des enfants, tient sa maison et fait de lui tout ce qu'elle veut, le plus souvent sans qu'il regimbe; cela ne dépend ni des latitudes, ni de la couleur de la peau des gens. Il n'y a guère que les pays arabes où l'homme paye en brutalités les services que lui rend sa moitié. Les ménages noirs que j'ai vus se conduisent à peu de chose près comme nos ménages français ou anglais, sauf que le mari se grise moins, parce qu'il n'en a pas le moyen, et bat beaucoup moins sa femme parce qu'il est moins passionné, moins jaloux, moins tyrannique, — et que cela le fatiguerait de se mettre en colère.

Quant au prétendu esclavage des hommes, un certain nombre de lectrices de la *Case de l'oncle Tom* croient encore que le chef d'une famille noire traite ses gens comme un capitaine négrier ou comme un planteur du Brésil, c'est-à-dire à coups de revolver ou de fouet; c'est confondre l'Amérique avec l'Afrique, et proprement le blanc avec le noir. Nos mœurs — et j'ai bien le droit de les critiquer puisque je les ai — sont effroyablement despotiques. Il n'est député si libéral qui ne serait choqué de voir au restaurant le garçon s'accouder sur la table et causer avec lui; si c'était son propre domestique qui se permît chez lui pareille inconvenance, il le renverrait sur l'heure; il n'est si bonne et charitable maîtresse de maison qui tolérerait à sa femme de chambre d'intervenir dans la conversation au cours du repas. On a vu d'excellents serviteurs renvoyés pour s'être permis de rire avec tout le monde aux traits d'esprit d'un convive. Quand on passe aux milieux sociaux où la hiérarchie est une nécessité, comme l'armée, l'administration, les grandes industries, on voit les instincts dominateurs de la race blanche s'y donner carrière avec une véritable frénésie. C'est qu'il faut une autre tension nerveuse pour conduire la lutte pour la vie, dans le milieu social où nous vivons, que pour se laisser vivre dans un village africain. Il faut autrement de discipline et d'esprit de sacrifice pour faire la guerre à l'armée prussienne que pour s'amuser à des razzias entre tribus voisines; la loi de la concurrence, farouche en sa simplicité, exige dans nos usines d'autres efforts que ceux de la fileuse de coton sous le chaume des Mahis.

Tant de difficultés, tant de nécessités ont créé chez nous des habitudes d'esprit également favorables au despotisme et à la servilité, si bien que nous passons presque tous notre vie à être esclaves des uns et tyrans des autres. Toutes nos lois sont faites pour protéger l'individu contre les conséquences extrêmes d'un tel ordre social et pour lui garantir l'ombre de liberté qui lui reste. Aussi ne pouvons-nous songer sans frémir qu'il existe des hommes pour lesquels ce minimum de garantie est supprimé, qui sont entièrement soumis au bon plaisir d'un autre. Chez nous l'exercice de ce bon plaisir consisterait — comme cela avait lieu en Amérique — à mettre notre semblable en coupe réglée et à tirer de lui sueur et sang jusqu'au point où nos mauvais traitements menaceraient de nous le faire perdre.

Mais chez les noirs, on ne pousse pas si loin la logique et la férocité de la propriété, et l'horreur avec laquelle ils prononcent le mot de *captif de blanc*, montre assez que ce n'est pas l'institution qu'ils redoutent, mais une espèce précise de bénéficiaires, et quelle différence ils font entre les bons et les mauvais maîtres.

Le mauvais maître, c'est nous.

En réalité je n'en ai pas rencontré de mauvais chez les noirs; bien plus, je n'ai pas pu faire prononcer devant moi le mot d'*esclave*; c'est toujours le mot d'*enfant* qui y est substitué, et cette équivalence n'est pas seulement une affaire de mots : le chef de famille ne fait aucune différence dans le traitement qu'il accorde à ses serviteurs et à ses enfants proprement dits [1].

Si l'on voulait chercher dans notre pays ce qui correspond le mieux, comme genre de vie, à celui de l'esclave noir chez un maître noir, ce n'est pas dans notre domesticité bourgeoise qu'il faudrait le chercher : un noir se sauverait dans les bois plutôt que de se soumettre à nos exigences. Mais on trouve une situation analogue à la sienne chez les petits métayers qui emploient un garçon de ferme à l'année. Ce dernier se lève avec le patron, trace son sillon sur un bord du champ, tandis que le patron le trace sur l'autre, mange avec lui la même chose que lui, ce que leur sert en commun la maîtresse du logis. Il est un auxiliaire et non un valet, et la loi lui accorde avec raison le droit de suffrage qu'elle refuse au domestique attaché à la personne d'autrui.

L'exercice de l'autorité de ce patron consiste princi-

---

1. Je ne parle que de ce que j'ai vu. Il paraît qu'à Madagascar, notamment, les esclaves sont moins heureux. Mais là aussi il y a différence de race entre le maître et le valet.

palement à décider qu'« aujourd'hui on travaillera dans tel champ »; cette décision prise, le travail est mené de front par les deux hommes. A peine le garçon s'aperçoit-il qu'on le commande, ou plutôt s'il est commandé, ce n'est que par les nécessités de la terre et du ciel : c'est le soleil qui prescrit de faner, le temps nuageux qui veut qu'on rentre le foin au plus vite, la rosée qui permet à la faux de trancher les blés mûrs. Il est l'esclave de la nature : c'est l'homme le plus libre qu'il y ait en France; il vivrait aussi libre et aussi heureux que l'esclave au pays noir, s'il n'était obligé de travailler davantage.

On a dit souvent que la suppression de l'esclavage en Afrique amènerait une révolte contre nous. Ce mot de révolte est charmant et digne de faire pendant à celui de rebelle que les Italiens appliquent à Menelik. Pour qu'il y ait révolte, la première condition est encore qu'il y ait quelqu'un contre qui on puisse se révolter. Or la plupart des noirs que j'ai rencontrés seraient obligés de faire 500 kilomètres à pied pour trouver quelqu'un qui leur conseillât l'abolition de l'esclavage, et contre qui ils pussent « entrer en révolte ». Car ce n'est pas tous les jours qu'ils auront sous la main un abolitionniste comme votre serviteur, venant leur offrir une occasion unique de se « révolter sur place ». Ce n'est pas une révolte que soulèverait une pareille prétention affichée par quelque isolé dans l'océan noir, c'est un énorme éclat de rire analogue à celui qui accueillerait un lunatique débarqué aux Halles centrales pour interdire aux cuisinières de Paris d'exercer un métier salissant pour les doigts et dégradant pour l'espèce sublunaire. A ses premières ouvertures ses protégées lui demanderaient certainement : « Mais alors, qu'est-ce que vous payez? »

A la deuxième on le conduirait au poste.

Les esclaves noirs ne conduiraient pas cet apôtre au

poste parce qu'ils ne sont pas si sévères que nous, et ensuite parce qu'ils n'ont pas de poste, mais ils le traiteraient avec la commisération qu'on accorde aux fous et aussi avec la prudence qui convient, car beaucoup de fous sont dangereux.

Si la condition du serviteur est chez les noirs une des plus tolérables qui soient offertes à l'homme, il n'en est pas moins vrai que l'esclavage a deux conséquences désastreuses, déshonorantes pour la civilisation qui les supporte et dont la suppression, d'ailleurs possible, mérite de passionner pour toute leur vie ceux qui ont gardé encore un peu de générosité, de pitié pour leurs semblables, et le noble désir de mourir en tentant œuvre de bien. Il en existe encore assez, Dieu merci, dans notre beau pays pour que cette croisade, toujours ouverte à toutes les louables ambitions, recrute encore chez nous de nombreux partisans.

Je veux parler de la capture des noirs destinés à l'esclavage et des atrocités qui accompagnent cette opération.

Les captures d'esclaves sont faites en Afrique soit par des expéditions à portée restreinte entre peuplades voisines, c'est le genre dahoméen, soit par des entrepreneurs de capture qui ne font que cela toute leur vie et organisent au travers de l'Afrique entière la capture d'abord, la caravane d'exportation ensuite : c'est le mode arabe. Dans l'un et l'autre cas, la capture cause la destruction radicale du village qui est attaqué. On sait que les hommes libres seraient difficiles à emmener au loin en caravane : ils seraient tentés de se sauver ou de se révolter, donc on les tue. Dans beaucoup de guerres de peuplade à peuplade, on leur coupe une jambe, ce qui revient au même. Les Dahoméens s'offraient le luxe de les transporter à dos d'homme jusque dans leur capitale et attendaient un jour de fête pour les exécuter. Ainsi faisaient les Romains; d'ailleurs dans toute l'antiquité l'extermination du peuple vaincu était la règle.

On tue également ceux des enfants et des vieillards qui seraient incapables de supporter la marche. Puis on organise une caravane pour emmener le reste, dont les femmes forment la majorité. On charge ces malheureux du maigre butin qu'on a pu faire en plus d'eux, et leur calvaire commence.

Nous avons longuement expliqué les peines et les soucis que causait la conduite d'une lourde colonne et la difficulté d'assurer la subsistance du personnel. Qu'on juge ce qu'il doit en être pour une troupe de personnes dans laquelle les femmes et les enfants sont en majorité et moins capables que des hommes de pourvoir à leurs propres besoins, qui au lieu d'être accueillie à son passage par des populations sympathiques, jette devant elle l'épouvante et le vide, dont le chef n'est pas un officier portant l'honorable souci du bien-être et de la vie de ses hommes, mais un brigand résolu à les tuer tous plutôt que d'en perdre un seul.

Un chiffre a été donné et admis, c'est qu'il meurt en route les deux tiers de ces malheureux, soit de faim, de soif ou de fatigue, soit égorgés parce qu'ils ne peuvent plus suivre.

Comme on a déjà tué les deux tiers de la population au moment de la capture, on voit qu'une opération qui concerne 100 têtes en tue 89 pour en livrer 11 au marché. Encore ceux qui survivent, comme ceux qui succombent, ont-ils tous subi un martyre épouvantable.

Ce ne sont pas là propos de femme sensible et il n'y a pas que les âmes tendres que le récit de souffrances pareilles, infligées à une notable partie de l'humanité, doive émouvoir et exaspérer.

L'Angleterre s'est honorée en dépensant un milliard pour la répression de la traite sur mer, mais le marin négrier, type aujourd'hui disparu, était un ange au prix du négrier de caravane et ce n'est pas parce que le débouché le plus avantageux a été fermé que l'exploitation a cessé. Le prix de l'esclave a baissé. Je l'ai vu vendre 60 francs, on dit qu'il y en a à 5 francs, tandis que le Brésil les payait autrefois 2000. Mais cette diminution de la valeur de la marchandise n'a pas entravé le commerce, car la récolte initiale ne coûte presque rien, et tout vient en bénéfice en fin de marché.

C'est pourquoi le partage de l'Afrique qui s'exécute en ce moment ne doit pas être purement nominal. Si faiblement qu'on l'exerce, mais à condition toutefois qu'on l'exerce, la domination d'une puissance européenne sur un pays noir y fait cesser les guerres de capture. Là où nous serions impuissants — et il ne faut point trop s'en désoler — à supprimer l'esclavage domestique, notre seule action de présence suffit pour écarter le fléau autrement meurtrier et immoral des capteurs d'esclaves. Si l'on a accusé l'Europe d'avoir des appétits d'expansion coloniale disproportionnés à ses forces d'absorption, il faut louer sans réserve cette expansion toutes les fois que son action bienfaisante lave un coin de la tache noire qui salit l'humanité.

Il ne s'agit pas de dépenser pour cela un milliard, ni d'entreprendre de réformer toutes les institutions d'une partie du monde, ni de mettre en valeur des terres qui nourriraient cinq fois la population du globe si leur exploitation ne commençait par faire mourir ceux qui s'y livrent, ni de peupler l'Afrique d'administrateurs et de résidents, mais de limiter notre action au maintien de la paix entre les peuples, ce qui assurera à nos protégés la prospérité matérielle d'abord et la vie ensuite.

Acquérir sans nécessité des territoires immenses, c'est imposer de lourdes charges aux pays sans compensation pour la génération présente. Sans doute une grande nation doit songer à l'avenir et au moment où s'ouvre un partage aussi considérable que celui de l'Afrique, éviter le reproche qu'elle encourrait devant la postérité en manquant cette occasion unique, mais il faut savoir proportionner ses entreprises à ses ressources. Marquer une prise de possession des pays encore disponibles est parfaitement suffisant pour notre capacité d'expansion présente. — A quoi donc limiter ce minimum d'effort qui marque la prise de possession, sans imposer l'exploitation immédiate? Précisément à ce qui est nécessaire pour que les captures d'esclaves cessent dans les pays protégés.

Que nous empêchions les peuplades soumises à notre dévolu de se faire la guerre entre elles pour se prendre des hommes, cela va de soi ; que nous les garantissions des guerres que les autres pourraient leur faire dans la même intention, cela n'est pas beaucoup plus difficile. Moyennant quoi, des pays à moitié déserts se repeupleront, ceux qui sont simplement habités grouilleront de monde et nous aurons laissé à nos successeurs la plus grande richesse qu'on puisse souhaiter sur une terre fertile, c'est-à-dire, n'en déplaise à Malthus, des hommes.

Mais aussi j'estime que cette influence pacificatrice est le minimum d'exercice d'autorité qui caractérise cette période d'attente dans la possession, que si une puissance européenne n'est pas assez forte dans une région africaine pour y interdire les guerres d'esclaves, si du moins elle ne les combat pas sans répit, elle manque à sa mission, elle ne peut se dire ni propriétaire, ni souveraine, ni protectrice des territoires où s'exerce une pareille industrie, et quels que soient les traités ou prétendus traités qui lui confèrent influence et suzeraineté, cette influence et cette suzeraineté, nulles en fait, sont nulles en droit, comme complices par laisser-faire des errements les plus criminels dont l'humanité puisse souffrir.

Voilà comment notre action au Dahomé, jetant bas

le plus redouté des capteurs d'esclaves de l'Afrique occidentale, a fait œuvre civilisatrice et d'humanité; voilà pourquoi la France est vraiment la protectrice de tous les peuples sur lesquels s'exerçaient les courses malfaisantes des rois d'Abomé et pourquoi rien ne prévaut contre cette situation de fait.

Voilà pourquoi nous ne pouvons prétendre, ni nous ni d'autres, exercer aucun droit politique dans des pays où les rois partent en guerre régulièrement chaque année comme un propriétaire va faire ses vendanges ou sa moisson, et offrent à leur retour leur singulière récolte sur des foires qui se tiennent presque à époque fixe.

Une deuxième et très fâcheuse conséquence des mœurs relatives à l'esclavage sera plus longue et plus difficile à faire disparaître que les guerres de capture, c'est l'orgueil que mettent les grands chefs à avoir le plus grand nombre de femmes possible. Comme la plupart des peuples noirs sont encore dans la barbarie collectiviste des premiers âges, le roi, organe de la collectivité, possède tout. Seul détenteur de la richesse, il cherche, par pure fatuité, à faire parade de cette richesse en achetant et en entretenant dix fois, vingt fois, cent fois, plus de femmes qu'il ne lui en faut. Sans doute ils ont souvent cent, deux cents, trois cents enfants, mais combien il vaudrait mieux, pour la prospérité générale, substituer à ces sérails de cent femmes cent ménages ayant à leur tête un père et une mère de famille! Comme la mode actuelle se pratique chez les moindres chefs de village, on voit que c'est une cause de dépopulation importante à ajouter à celle qui provient des captures d'esclaves.

On peut prévoir qu'elle disparaîtra quand, les captures cessant, les femmes seront devenues plus chères, et surtout lorsque la civilisation ayant importé des besoins nouveaux, il deviendra de plus en plus onéreux de satisfaire ceux d'un personnel féminin considérable.

Si quelqu'un des successeurs d'Ajani se voit forcé par la loi du progrès de pourvoir ses quinze cents épouses de trois mille bottines, de quinze cents chapeaux et d'autant de corsets, il s'apercevra sans doute que tant de femmes ne sont pas indispensables à son bonheur et l'industrie de nos jolies modistes aura remporté un succès de moralisation auquel elles ne sont guère habituées.

Mais revenons aux négociations de Tchaki. Elles avaient lieu toute la journée chez moi; je n'allais chez le roi qu'entre quatre et cinq heures du matin, seul moment où la foule n'encombrait pas ses appartements.

En dehors de l'esclavage, il ne me coûtait pas d'assurer roi et ministres que les mœurs du pays seraient respectées, et nous nous entendîmes facilement sur ce qui concernait l'espèce d'autonomie communale des villages; mais ce fut surtout relativement aux Baribas qu'ils venaient au-devant de mes désirs. A les en croire, j'aurais dû laisser, faire donner ou faire recruter sur place à M. de Pas un bataillon et deux escadrons : ils voulaient fournir les hommes, les chevaux, l'habillement, la nourriture, le fourrage, tout, sauf les armes qu'ils n'avaient pas.

A l'heure actuelle, je n'ose croire encore que ce beau zèle fût purement défensif. Peut-être avaient-ils l'arrière-pensée que si je mettais à leur portée une force si considérable, les rôles seraient renversés et que ce serait leur tour d'aller capturer des Baribas. Un détail me prouvait que leurs intentions n'étaient pas des plus pures. Quand j'envoyai des porteurs de Tchaki au-devant de M. Targe à Gobo, j'ai déjà dit qu'il en était venu beaucoup plus qu'il n'en fallait et qu'un grand nombre de guerriers les accompagnaient. Or, il se trouva que certains de leurs détachements ramenaient un grand nombre de chèvres : pour dire vrai, chaque homme en traînait une.

J'en fis la remarque à M. Targe, qui me dit qu'il n'avait cependant entendu aucune rixe, ni reçu aucune réclamation des gens de Gobo; de plus, comme je l'ai dit plus haut, les Baribas de ce pays se montrèrent toujours — même longtemps après ces événements — très serviables et très sympathiques à nos gens, ce qui tendrait à faire croire qu'on ne les avait ni molestés, ni pillés. Mais, malgré tout, cela ne prouve rien. Il se peut que les gens de Gobo aient passé l'éponge sur cette peccadille en souvenir des circonstances autrement graves à la suite desquelles notre estime réciproque s'était affirmée, et j'ai toujours pensé que nos auxiliaires de Tchaki avaient dû payer leurs chèvres bien moins cher qu'au marché.

Ils sont d'autant plus friands de ce butin que c'est chez eux du gibier rare, les troupeaux ne trouvant pas leur place dans la culture intensive qui entoure Tchaki. Aussi peut-on croire que leur entrain à donner à M. de Pas des forces considérables provenait — en outre de leur désir de sécurité — de l'espoir moins bourgeois de voir se renouveler à leur profit de petites expéditions intéressantes et fructueuses comme celle-là.

Toujours est-il que le peuple ayant été consulté dans une grande fête — et le messager de Savé étant revenu, — nous pûmes arrêter les termes du traité.

Il fut convenu qu'on rappellerait que Tchaki devait son existence et accordait toute soumission aux blancs qui l'avaient délivré des Dahoméens et paraissaient en état de la protéger contre les Baribas.

Puis une concession de terrain fut accordée où notre résident pourrait entretenir telle force armée qu'il pourrait rassembler et pourvoir d'armes, le roi se chargeant d'entretenir cette troupe de tous les vivres et vêtements qui se trouvaient dans le pays, de la remonter en chevaux, de lui fournir des porteurs tant pour ses déplacements que pour le transport des approvisionnements spéciaux qu'on voudrait faire venir de Savé ou de Kétou.

Il s'engageait à n'entreprendre aucune guerre, à ne conclure aucune alliance sans l'autorisation de notre résident.

Quand tous les termes de ce contrat eurent été longtemps discutés et rédigés en trois expéditions, je me rendis chez le roi où étaient assemblés Bagui et un certain nombre de personnages avec les témoins que j'avais désignés, et quand j'eus lu et fait traduire les uns après les autres tous les articles qui avaient été acceptés, le roi donna l'ordre à Ali d'apposer sa signature. Après que ce dernier eut dessiné à la plume un petit grimoire qui pouvait passer pour une forme de cachet, je passai la plume et les exemplaires successifs à Bagui, Couffo et autres. Mais ceux-ci déclarèrent qu'ils ne pouvaient signer un traité sous lequel figurait déjà la signature du roi. Alors je les décidai à faire leur parafe en qualité de témoins, de même que je le faisais faire, au-dessous de mon nom, par mes officiers, par l'adjudant et même par Suleyman. Ce fut la signature de ce dernier qui les décida parce que, comme il était noir, il était visible que j'étais bien son chef, et qu'alors il ne signait pas comme partie intéressée, mais comme simple témoin.

Après cette cérémonie, eut lieu chez moi un déjeuner où j'invitai les trois principaux personnages. Mais il en vint davantage et comme je leur expliquais que si je ne priais pas à ma table tous les assistants, c'était faute de place autour des plats et aussi faute de vaisselle, Abul me fit observer que ce n'était pas la peine de s'inquiéter de cela, qu'ils sauraient bien s'arranger. Dès lors avec Bagui, Couffo, Ali, le balè et une demi-douzaine d'autres personnages principaux, s'engouffrèrent sous mon toit plus de cinquante familiers du palais, qui venaient assister à nos agapes.

Au cours du repas, lorsqu'un de ceux qui avaient des assiettes, Bagui, par exemple, avait touché aux mets, par politesse, il en prenait successivement de petits morceaux qui se passaient de main en main chez les suivants, accroupis sur plusieurs mètres de profondeur, de façon que presque tous les assistants purent goûter de quelque chose.

Nous remarquâmes que Couffo, qui se rappelait l'opposition qu'il m'avait faite, ne mangeait presque pas, ayant sans doute peur d'être empoisonné. Il étranglait littéralement et avait la physionomie singulière d'un noir qui pâlit.

Bagui, au contraire, mangea de tout, sauf du poulet fricassé. Il s'en excusa en disant que ses principes lui interdisaient de manger du poulet autrement que quand il était servi tout entier, depuis le bec jusqu'aux ongles des pattes. Ces principes, qui peuvent paraître bizarres, se comprennent pourtant, car sous cette latitude, tout ce qui est coupé menu, le hachis, par exemple, se corrompt très vite, les gros morceaux se conservent plus facilement, et en outre, quand on a goûté d'un poulet et qu'il est frais, on est à peu près sûr que tout l'animal est dans le même état, tandis que dans un salmis où on a mis des morceaux de plusieurs volailles, un morceau peut être gâté à côté d'un autre qui est encore sain.

Plus tard, j'ai vu des chefs noirs qui trouvaient au contraire répugnant de manger d'un animal sans qu'il fût coupé en tout petits morceaux, ne voulant reconnaître dans aucun d'eux une forme connue chez l'animal vivant. Il leur semblait que faire autrement fût une espèce d'anthropophagie, consistant à manger des bêtes presque vivantes. Leur répugnance cessait quand la viande avait perdu le caractère de sa provenance. Ainsi voit-on, par le même sentiment, certaines personnes cesser de manger d'une gibelotte parce qu'elles y ont trouvé la tête et les dents d'un lapin.

Ainsi, le voyageur trouve à peu de distance des gens également raisonnables qui agissent tout différemment dans les circonstances ordinaires de la vie, et il apprend par là à n'être ni surpris, ni trop facilement indigné : la sottise humaine est à peu près la même partout : elle se manifeste seulement sous des formes différentes.

Quant à Ali, il se gavait consciencieusement, redemandant du champagne après le cognac, et reprenant du cognac sur ce rechampagne. Il serait rapidement devenu gris, si nous l'avions laissé faire.

On avait prévenu tout le monde de la conclusion du traité et la ville, qui était en liesse depuis trois jours, était encore plus animée ce soir-là. Je prévins les conseillers du roi que je voulais les aller voir chez eux pour leur porter des cadeaux en souvenir de la cérémonie du matin, et une espèce de cavalcade fut organisée pour cette tournée de visites.

Il se consomma, à cette occasion, une quantité de poudre extraordinaire. Tous ceux de nos porteurs qui avaient reçu des fusils modèle 1842 furent adjoints au cortège, qui comprenait tous les soldats.

Nos hôtes nous firent les honneurs de leurs maisons que nous visitâmes en détail, me présentèrent les principales de leurs femmes et nous comblèrent à leur tour de cadeaux de toute nature. Nos clairons reçurent pour leur part de nombreux cauris.

De retour à la maison du balè, après cette promenade de trois heures, j'achevai mon courrier pour rendre compte de tout ce qui s'était passé depuis mon départ de Tchaourou. En même temps se poursuivaient concurremment les travaux de la maison de M. de Pas et nos préparatifs de départ.

CHAPITRE V

De Tchaki au Niger.

Exode de population à la suite de la mission. — Papa. — Discrétion et empressement de bon aloi de nos hôtes. — Bombance continuelle. — Les Sénégalais réclament. — Ça va trop bien, on ne nous croira jamais. — Targe et Doux tombent malades. — Les espions baribas. — Kitchi. — Le roi Folaouigo. — Le traité, les fêtes. — Fureur des Dahoméens parce que je me déguise en noir. — Rentrée dans le pays bariba. — Singulier accueil. — L'allée du supplicié. — Le roi Kémoura, son trône et le mien. — Les trompettes d'*Aïda*, concours de fanfares. — Un Peuhl, habile imposteur. — Le bac à vapeur de Badjibo. — Un transatlantique à Boussa. — Tout le monde malade. — En reconnaissance jusqu'au Niger. — Le Niger. — Badjibo. — Pris au collet par un gouverneur et un évêque.

J'avais arrêté déjà depuis deux jours l'itinéraire que nous devions suivre. Mahmadou, qui, au départ, était censé devoir nous servir de guide dans la région comprise entre Tchaki et le Niger, se trouvait tout désorienté à présent qu'il y était arrivé. Il voulait passer par Ilori, pour se diriger sur Cadouna qui était, à son estime, à 200 kilomètres au-dessous de Rabba.

Ce n'était pas là que je voulais arriver; mais, au-dessus de Rabba, Mahmadou ne connaissait que des points dont il ignorait les voies d'accès venant du sud.

Après des interrogatoires de voyageurs, de pèlerins musulmans, de traitants de toute nature, qui durèrent plusieurs soirées, il fut établi que pour atteindre la Kouara dans la région que je désirais, je devais d'abord aller à Kitchi. Une fois là, étant plus près du Niger, on serait sans doute mieux renseigné.

Kitchi est à quatre jours de marche de Tchaki, dont le séparent les territoires de Papa, Etchepeté et Bogho.

Pour faire la courte étape qui conduisait à Papa, les porteurs de Tchaki arrivèrent à midi, accompagnés d'archers à cheval. Quand ils m'eurent assuré que cette protection était suffisante contre les coureurs baribas, je les fis partir tout seuls, ce qui était leur plus vif désir.

Pendant que les miens allaient chercher leurs charges et se rassemblaient, j'allai une dernière fois chez Ajani pour lui faire mes adieux et lui confier M. de Pas. Nos adieux furent extrêmement amicaux, surtout de la part de la femme du roi qui paraissait avoir à cœur de dissiper le souvenir de son hostilité des premiers jours. Elle me fit dire par un assistant qu'elle m'avait envoyé comme cadeau personnel deux chèvres que je trouverais toutes tuées à Papa à mon arrivée, et qu'ainsi, malgré la nuit qu'il ferait à notre entrée à Papa, nous y trouverions à manger. Ajani me renouvela l'assurance qu'un de ses récadères avait été envoyé à l'avance à Papa, Etchepeté, Bogho et Kitchi pour prévenir de mon passage les chefs de ces gros bourgs et leur apprendre que j'étais « le père de leur père ».

Enfin il me promit, devant M. de Pas, que j'avais amené avec moi, qu'il aurait soin de lui comme de son propre fils, lui accorderait, sans qu'on eût besoin de le demander, tout ce qui était prévu par le traité, et même tout ce qui pourrait lui être agréable en dehors de ce qui était prévu.

Nous nous retirâmes sur ces bonnes paroles et je partis aussitôt en tête de mon petit peuple, escorté de

M. de Pas, qui nous fit un bout de conduite jusqu'à la forêt, de Bagui et d'Ali, ce dernier se multipliant comme un homme qui eût été chargé de veiller à tous les détails, s'épongeant le front lorsque tout allait bien, décidé à me faire emporter une haute idée de son importance et de sa capacité.

C'était depuis bien longtemps la première étape que je faisais à cheval et j'en profitai pour habituer mes gens à marcher avec plus d'ordre qu'ils n'en avaient apporté jusque-là. Je galopais donc souvent de la tête à la queue, ou inversement, m'arrêtant partout aux endroits où des retards étaient à prévoir, comme au passage des ruisseaux.

Vers quatre heures et demie, nous franchîmes un de ces ruisseaux qui était très profond, à bords très escarpés et qui, ralentissant chaque homme individuellement, causa un allongement d'à peu près 2 kilomètres dans ma colonne. Cet incident n'était pas rare, quand je ne marchais pas en tête, et que celui qui m'y remplaçait n'avait pas l'attention de faire arrêter la tête de colonne après le passage de l'obstacle, mais cette fois il donna naissance à un quiproquo singulier qui vaut que j'en parle.

Indépendamment de mes soldats et de nos porteurs réguliers, nous avons toujours été accompagnés en route par une population flottante qui devint de plus en plus nombreuse à mesure que nous nous éloignions de la côte. C'étaient des marchands qui voulaient profiter de la sécurité offerte par notre escorte, des femmes mécontentes de leur mari, des hommes mécontents de leur gouvernement, enfin le ramassis des gens qui, dans tous les pays du monde, sont toujours prêts à changer de situation.

Une vingtaine de femmes de Tchaki nous avaient ainsi attendus, sans me prévenir, pour aller avec nous jusqu'à Papa — ou plus loin.

Lorsque le dernier homme de ma colonne eut franchi le ruisseau dangereux, je le franchis à mon tour et me mis à faire courir tous mes traînards pour les obliger à rejoindre la tête de la colonne. Celle-ci fuyait dare dare, talonnée par l'approche de la nuit, et moi je houspillais toute la queue aidé de trois ou quatre Haoussas et laptots, multipliant toutes les exhortations de la voix et de la canne. — Mon petit troupeau, poussé lestement, faisait la boule de neige, entraînant dans son pas gymnastique tous ceux qu'il rejoignait. Lorsqu'il arriva à hauteur du groupe des femmes de Tchaki, celles-ci voyant venir cette foule d'agités se rangèrent sur le côté du sentier pour les laisser passer. Du plus loin que je les vis, les prenant pour les femmes de mon convoi, je leur criai de ne pas s'arrêter, de se hâter au contraire, que les Baribas les cueilleraient sûrement si elles restaient en route. Elles n'y comprirent rien du tout, et comme je menaçais les dernières pour leur faire reprendre la marche, elles s'enfuirent sous bois. Je me mis à leur poursuite avec les laptots, profondément surpris de voir nos femmes, d'ordinaire si raisonnables, tenir une conduite pareille. Enfin nous parvînmes à les chasser devant nous jusqu'au milieu de la colonne.

Là je rencontrai Abul auquel je dis de les gronder, et qui m'expliqua ma méprise. Mais déjà les femmes de Tchaki s'étaient résignées à mes étranges exigences, elles avaient rejoint les femmes d'Abomé-Calavi et marchaient en file, comme des anciennes. Je les aurais ainsi emmenées jusqu'au Nil sans provoquer d'autres réclamations.

Le lendemain, quelques-unes restèrent à Papa, mais d'autres plus nombreuses se joignirent à nous chaque jour et je finis par ne plus les distinguer des nôtres : car elles se comportaient en tout point comme si elles avaient été à notre service. L'une d'elles devint ainsi plus tard la femme de Mahmadou, qui en fin de compte me proposa de me l'acheter. — Au prix qu'elle me coûtait, Mahmadou, qui n'avait pas un sou, pouvait me la payer. — Ils vécurent heureux et quand Mahmadou dut m'accompagner en bateau, il gémit sur la cruauté que j'avais de ne pas l'embarquer avec lui, puis se décida à la laisser en usufruit à un camarade qui la lui rendit à notre retour.

Papa est un très gros bourg dont une enceinte entoure non seulement les maisons, mais les champs cultivés. Comme c'est le cas de Tchaki, d'Etchepeté, de Bogho et de Kitchi, j'en donne ici la description une fois pour toutes. C'est un simple mur en terre battue de 50 centimètres d'épaisseur et de 3 mètres de haut, le tracé ne comporte ni crémaillère, ni organe de flanquement et à peine de place en place une banquette pour les défenseurs, de sorte que si le mur abrite ces derniers, il procure souvent le même avantage aux assaillants.

C'est donc une médiocre fortification, que son étendue rend encore plus vulnérable. Mais si une troupe d'un faible effectif voulait enlever un des points de cette enceinte, il faudrait employer du canon pour renverser l'obstacle sur ce point, car il faut avoir du monde si on veut faire de fausses attaques et amener le défenseur à dégarnir le point qu'on veut forcer.

Les maisons sont situées en amphithéâtre sur un coteau dont un joli ruisseau baigne le pied. L'aspect de tous ces toits groupés sous des arbres imposants et qui nous paraissaient encore grandis par le soleil couchant, nous fit la première impression de ce genre que nous eussions ressentie depuis notre arrivée en Afrique. Presque toujours en effet les villages sont enfouis dans le feuillage, de telle façon que nous entrons dedans sans nous en douter.

Les gens de Papa avaient été prévenus de notre arrivée et nous attendaient, mais par une discrétion bien rare en pays noir, tous restaient à l'écart pendant que nous disposions notre camp sur l'emplacement concerté entre Mahmadou et le chef du village.

Puis, quand tous nos porteurs eurent été déchargés, les caisses alignées, nos tentes dressées et que je me fus moi-même assis sur un pliant, Mahmadou, fonctionnant comme introducteur, vint me demander si je voulais recevoir le roi et les notables.

Sur ma réponse affirmative, ceux-ci s'avancèrent vers moi, le roi à 2 mètres en avant d'une ligne de vieux nègres, tous très bien habillés — comme ceux de Tchaki d'ailleurs — et vint me saluer.

Pendant qu'il me demandait des nouvelles de mon voyage, des esclaves qui étaient massés derrière la ligne des notables, apportaient près de ma tente des paniers d'œufs, des monceaux d'ignames, de bananes et de papayes, attachaient des chèvres et des poulets.

Cinq minutes après, le roi prenait congé me disant que si je voulais le recevoir quand j'aurais dîné, il viendrait volontiers, que pour le moment, il aurait peur de m'importuner en parlant d'affaires sérieuses, et que le plus pressé était fait, du moment qu'il m'avait souhaité la bienvenue et pourvu aux besoins les plus urgents de mes enfants.

Pendant qu'il parlait, je vis mes porteurs qui buvaient dans de grandes jarres disposées à l'avance sous les grands arbres et remplies d'eau par les femmes du village.

Je ne crois pas que dans aucune ville de France, avec la population la plus sympathique, les autorités les plus zélées, le service d'intendance le plus habile, une troupe de l'importance de la mienne puisse être en moins de temps, à moins de frais, avec plus de discrétion féconde, mieux satisfaite dans tous ses besoins d'installation et d'alimentation, reçue en un mot avec plus de correction et de dignité que nous ne le fûmes dans cette grosse bourgade de Papa.

Le roi vint après dîner prendre le café. C'était un grand jeune homme à l'air sérieux. Il me dit sans phrase qu'il savait qui j'étais, d'où je venais et où j'allais et qu'il était à ma disposition, comme si j'étais son père. Nous parlâmes ensuite longtemps des Baribas et des moyens de mettre fin à leurs pillages, qui interceptaient pratiquement tout commerce entre Papa, Tchaki et Etchepeté.

Je lui dis que le meilleur moyen me paraissait être de placer dans ces différents points des postes de cinq à six cavaliers bien armés, qui donneraient la chasse aux détrousseurs.

Il me répondit que cela serait d'un bon effet, mais que les captures ne cesseraient que le jour où l'on interdirait de vendre, dans les villes baribas, les Nagos ainsi capturés. Pour cette raison il pensait qu'étant désormais maîtres des Baribas, nous obtiendrions ce résultat sans avoir trop besoin de mes gendarmes. — S'il n'eut pas l'ironie d'ajouter que ceux-ci arriveraient souvent trop tard, c'est qu'il vit que je le pensais aussi.

Quand le roi se fut retiré, nous nous promenâmes jusqu'à l'heure du coucher dans un joli marché illuminé comme à Tchaki.

Le lendemain matin, il nous restait tellement de vivres que nous ne pouvions les emporter. Les Sénégalais avaient commencé à en charger des femmes du village, mais comme il n'y avait pas à prévoir que nous fussions plus mal reçus à Etchepeté qu'à Papa, je fis laisser toutes ces surcharges. Cette solution ne fut pas de l'avis de mes gaillards. Ils estimaient que ce superflu était une part légitime de butin de campagne, comptaient le vendre ailleurs et auraient voulu que pour favoriser ce petit commerce, je leur donnasse des porteurs. Ils se seraient résignés sans doute un peu plus loin à se débarrasser du porteur en le vendant lui-même avec son chargement, ce qui eût été double bénéfice.

A Etchepeté, nous fûmes, comme à Papa, comblés de tout.

Mais les Sénégalais avaient arrêté dans leur esprit depuis le matin qu'ils devaient manquer de vivres en arrivant à l'étape, ce qui eût légitimé leur prévoyance et condamné ma sévérité. Immédiatement après la distribution, qui se composait d'au moins trois fois la ration ordinaire, ils vinrent réclamer. « Na pas moyen manger? — Et pourquoi? — Parce que ration, il est trop petit. » — L'affaire se résolut en l'organisation d'un peloton de punition, qui fonctionna toute la soirée, et le lendemain on n'y pensait plus. — Mais je fis cette réflexion que j'avais été imprudent en ne laissant à M. de Pas que des Haoussas. Il ne me restait presque plus que des Sénégalais; ceux-ci sentaient qu'ils étaient à eux seuls presque toute ma force, et si les événements m'avaient desservi, la discipline aurait souffert et j'aurais été acculé à la rigueur violente.

Le village d'Etchepeté avait été entièrement brûlé une dizaine de jours auparavant. Le chef du village nous expliqua que le sinistre avait eu lieu par un temps de vent du nord extrêmement brûlant et nous reconnûmes que c'était le même vent qui nous avait tant fait souffrir le matin de notre arrivée à Koubouré.

Un certain nombre d'habitants de Bogho étaient venus à Etchepeté afin de vendre aux incendiés les pagnes et divers objets de ménage dont ils avaient besoin.

Ces braves gens étaient fort en peine pour s'en retourner chez eux, car les routes étaient infestées de Baribas. Aussi nous virent-ils arriver avec le plus grand plaisir; toutes les marchandes se mirent à ma disposition pour acheter des vivres tant à Etchepeté qu'à Bogho, où elles allaient pouvoir se rendre sans danger avec nous.

Elles nous rendirent ainsi de grands services, car les deux étapes qui nous restaient à faire avant d'arriver à Kitchi étaient fort longues, et Mahmadou n'osait pas prendre les devants à cause des Baribas, de sorte qu'il fallait, à l'arrivée, déployer une grande activité pour s'approvisionner. Grâce aux marchandes de Bogho, nous continuâmes de vivre dans la profusion.

Le chef d'Etchepeté nous reçut avec le même cérémonial digne et discret que nous avions remarqué à Papa, tint avec moi sur les Baribas le même langage et nous combla de cadeaux. — M. Targe et l'adjudant Doux allèrent à la chasse dans l'après-midi et revinrent disant qu'ils avaient pris un bain délicieux. Notre dîner du soir fut probablement le plus gai de toute la campagne.

Depuis que nous avions quitté Zaganato, nous marchions dans des conditions si agréables que la fatigue de la route était presque notre seul souci. Parvenus à trente-cinq jours de la côte, nous nous trouvions plus dispos qu'au départ, nous n'avions perdu ni un homme ni une charge [1] et nous commencions à entendre parler du Niger comme d'une rivière relativement proche. Nous espérions arriver à ce but officiel de notre mission aussi riches de santé, de personnel et de matériel que nous l'étions à Cotonou, avec l'expérience et le succès en plus.

Nous repassions avec satisfaction toutes nos misères du bas Dahomé et nous constations avec étonnement que si nous avions rencontré quelques difficultés, c'était juste de quoi aiguillonner l'intérêt, et qu'en somme nous n'avions pas été arrêtés un seul jour par un obstacle quelconque.

Doux manifestait un désespoir comique de voir tout si bien marcher. Il aurait voulu faire deux campagnes

1. Nos vivres avaient été goûtés plutôt qu'entamés.

pour augmenter sa retraite, qui est proche, et se plaignait en plaisantant d'être obligé de rentrer si tôt. « On ne nous croira pas quand nous reviendrons. Il faudrait rester ici six mois et y fonder un poste; c'est un bon pays : ou bien encore retourner à Tchaki, y organiser un casino. — Tranquillisez-vous : nous tâcherons d'établir un poste en arrivant au Niger et je vous y laisserai. — Très sérieusement, mon capitaine, si vous faites une reconnaissance du Niger vers l'aval, du train dont ça marche, vous serez à la côte dans trois semaines; alors j'aimerais bien mieux rester au bord du fleuve là où nous arriverons. — C'est cela, et puis vous y construirez un château pour Mme Doux : je vous l'enverrai tout de suite. — Oui, oui, je lui ferai monter un magasin de modes à Boussa! — Le fait est que, pour une femme qui aurait un peu le diable au corps, ce serait presque un voyage d'agrément. »

Le lendemain matin, ne voyant pas l'adjudant sortir de sa tente, je lui demandai en riant s'il inaugurait son nouveau système de faire durer le plaisir longtemps. Il me répondit tristement : « J'ai mal de tête » et se leva en titubant. Une demi-heure après il était porté en hamac. A dix heures il délirait et continua ainsi pendant plus de trente jours à n'être qu'un colis douloureux pendant la marche, un malade alarmant à l'arrivée. Il ne fut plus question du casino de Tchaki, ni du magasin de modes de Boussa.

M. Targe avait aussi contracté le germe du mal dans ce bain funeste, et deux jours après je n'avais plus un compagnon blanc.

Bogho, le très gros bourg où nous arrivâmes à trois heures du soir après une étape que rendirent plus rude encore les souffrances de celui que nous transportions derrière nous, me parut au moins aussi important que Papa et Etchepeté, le roi et les notables encore plus préoccupés des incursions des Baribas, plus désireux de nous voir coopérer avec eux à la sécurité des routes.

Leurs doléances et leurs espérances firent l'objet d'une longue conférence que j'eus avec eux après dîner : mais j'y fis une remarque nouvelle.

Voulant éviter le bruit et l'encombrement autour de nos tentes, à cause des malades, j'avais dit au roi que j'irais pour causer avec lui dans sa maison. J'y arrivai vers neuf heures et demie et trouvai la cour bondée de monde. Dans la très grande salle où je fus reçu à la lueur des lampes, il ne fut question que de banalités, mais lorsque j'en vins à parler de l'insécurité des chemins, un homme se détacha d'auprès du roi, et vint dire à Abul, pendant que je continuais à m'expliquer, de ne pas traduire si je parlais des Baribas, parce qu'il s'en était mêlé à l'assistance. Sur un mot d'Abul, je changeai de conversation et le roi me dit alors que, puisque je ne voulais pas le recevoir dans mon camp, et que j'étais venu chez lui, il voulait au moins me reconduire jusqu'où il pourrait le faire sans troubler mes malades. Il y avait à peu près un kilomètre à parcourir et, comme le chemin était d'une largeur inaccoutumée, nous marchâmes de front en causant, Abul entre nous deux. Les hommes qui m'avaient accompagné m'emboîtaient le pas, fermant tout accès derrière nous. Le vieillard m'expliqua alors que, pour éviter tout sujet de guerre, il permettait aux Baribas de venir à Bogho, mais que ceux-ci en abusaient souvent pour surprendre les projets des voyageurs et les trahir auprès des pillards. Les gens de Bogho avaient par réciprocité la liberté de séjourner chez les Baribas. Mais où la réciprocité n'existait plus et où les Baribas se montraient mauvais voisins, c'est quand des sujets de Bogho étaient capturés par des bandes. Ces malheureux étaient vendus sur les marchés du Borgou, dont l'autorité semblait encourager cette coupable industrie, et même la pratiquer pour son propre compte.

Évidemment, ce sont là procédés de mauvais voisins, et les gens de Bogho sont vraiment bien bons de tolérer tant d'espions chez eux.

Mais nous allons en retrouver bien d'autres à Kitchi.

Cette grosse ville, où nous arrivons vers une heure et demie du soir, encore tout échaudés des incendies de forêt allumés sur notre route, est la plus curieusement située que nous ayons rencontrée.

On franchit d'abord une première enceinte, en pleine forêt. C'est, à vrai dire, une limite de territoire plutôt qu'un ouvrage défensif, puis une nouvelle enceinte clôt les cultures autour de la ville, enfin les maisons sont elles-mêmes entourées d'un mur circulaire. Au centre de cette dernière enceinte, s'élève un monticule de granite tellement abrupt et rocailleux qu'aucune case n'a pu être construite, ni sur les flancs, ni sur le sommet. Un grand nombre de milans paraissent avoir élu domicile dans les arbres qui poussent dessus ou dans les anfractuosités du rocher.

Autant pour les chasser — car nos Dahoméens en étaient très friands — que pour faire l'ascension de la roche, nous grimpâmes sur le faîte, et de cette éminence d'une cinquantaine de mètres nous pûmes voir toute la ville qui s'étalait à nos pieds. Ainsi que nos maisons se groupant en cercle autour de la place centrale, de l'hôtel de ville, de la cathédrale, de même les cases de Kitchi paraissent avoir pris pour centre la masse rocheuse au pied de laquelle nous étions campés. Ce groupement est assez singulier, car une place, la maison commune, l'église peuvent être des centres de réunion, des éléments d'attraction; tandis que pour trouver l'intérêt qu'une population peut avoir à se serrer autour d'un rocher, il n'y a guère que le caractère défensif de la hauteur qui puisse l'expliquer : ainsi Belfort, ainsi la plupart des villes algériennes au pied de leur casba, de leur citadelle. Encore la casba est-elle bien rarement au centre de la ville. A Kitchi, il ne me parut pas que le rocher central ait jamais été employé comme citadelle, ni comme réduit défensif. On dit qu'il y a à ce sujet une légende d'après laquelle les habitants, serrés de près par leurs ennemis, montèrent un jour sur ce rocher. La montagne, une fois chargée des citoyens de Kitchi, monta au ciel et ne redescendit que quand les Baribas furent partis. Ne tenant pas ce récit des gens de Kitchi eux-mêmes, je ne le donne que pour mémoire. Je n'entends pas dire par là, cependant, que si je l'avais recueilli de première main, je le tiendrais pour exact.

Les nuits étaient encore moins fraîches à cette époque, et pendant la nuit que j'avais passée à Bogho, quittant ma tente trop chaude pour circuler à peine couvert et secouer mes factionnaires, j'avais pris froid et la colique. Ce petit inconvénient faillit m'en amener un plus grave. Comme je m'étais mis à la diète, je me trouvais à jeun pour faire la route, et c'est une condition qui dispose beaucoup à contracter la fièvre. Je n'y manquai pas, et ayant assisté pendant une demi-heure au passage de ma colonne dans un marigot, où nous pataugions dans la vase jusqu'aux aisselles, je fus pris de frisson et dus me reposer peu après l'arrivée. Ce n'était pas une fièvre grave, mais un simple accès de paludisme, justiciable de la quinine, aussi loin de la fièvre d'Afrique, encore mal connue, que la migraine peut l'être d'une fièvre typhoïde. Je fus guéri le lendemain. Mais c'était déjà trop d'avoir été souffrant une après-midi et c'était la dernière où il pût encore m'être permis de n'être pas parfaitement valide.

J'étais, en effet, à moitié engourdi sur un pliant, vers cinq heures du soir, lorsque M. Targe, qui avait supporté tout seul le tracas de l'installation depuis l'arrivée à l'étape, me demanda d'aller à la chasse. Nous étions deux infirmes pour garder le camp, qui n'avait envie ni de se révolter ni de s'en aller, je lui répondis donc de se distraire comme il l'entendrait.

Or ces parties de chasse au coucher du soleil sont les plus dangereuses qu'on puisse tenter en Afrique. On est presque à jeun puisqu'on attend le dîner, on est déjà fatigué de sa journée, et de plus c'est l'heure où tous les animaux vont boire. Ils gagnent pour cela les endroits humides ou marécageux, et naturellement c'est là qu'on va les chercher. M. Targe revint donc avec la fièvre, la vraie fièvre d'Afrique, celle-là, qui le tint pendant trente jours entre la vie et la mort et lui donnait encore la jaunisse après son retour en France.

Au lieu d'un malade, j'en eus donc deux à transporter et à soigner, avec cette aggravation que Targe pesant deux fois plus lourd que Doux, c'était pour les porteurs à qui éviterait de se trouver dans l'équipe chargée de son hamac. Pour prévaloir contre cette force des choses, cette force du poids, il eût fallu être plus nombreux que nous n'étions; car je ne pouvais à moi seul être tout le temps auprès des malades et veiller en outre à tout ce qui m'incombait en route : le service dont ils étaient chargés auparavant était tout naturellement retombé sur moi, et je devais me multiplier partout à la fois. A la faveur de ces absences et à chaque arrêt, les porteurs de Targe le déposaient par terre pour se soulager de leur fardeau, sans s'inquiéter de savoir ni s'il dormait, ni s'il n'était pas blessé par les pierres, par les chicots d'arbre et par toutes les aspérités du sol où on le laissait choir. Ses souffrances furent considérablement accrues de toutes ces misères.

Quant à charger un noir de veiller à de pareils détails, d'avoir de telles attentions, il n'y fallait pas songer. Croirait-on que je n'ai jamais pu savoir comment se disait le mot ombre par opposition au mot soleil? Il paraît que cela ne se dit pas. Dans un pays où il suffit de recevoir le soleil sur la tête, même pendant cinq minutes, pour être frappé à mort, on pense si cette distinction entre l'ombre et le soleil était capitale pour de pauvres malades privés de sentiment, incapables de se rendre compte de leur situation, de parler, de se faire obéir! Leur vie dépendait de cinq minutes d'inattention de ma part.

Mon séjour à Kitchi fut donc fort assombri par la maladie des deux seuls Français qui fussent encore avec moi.

En revanche, c'est à Kitchi que j'ai reçu l'accueil le plus expansivement sympathique de tout mon voyage.

Les habitants étaient, comme ceux de Tchaki, Papa, Etchepeté et Bogho, en état de paix armée avec les Baribas. Comme ceux de Bogho, ils permettaient à ces ennemis intimes de venir chez eux et ils observèrent, en les exagérant encore, les précautions qu'avait prises le chef de Bogho pour m'en parler.

Comme à Tchaki, je trouvai le roi impotent assisté d'un second roi qui était fort estimable et d'excellent conseil. Mais j'avais l'avantage de ne pas être tenu, pour voir le roi, de faire autant de plongeons dans des cellules obscures que l'exigeait le cérémonial de Tchaki. Le roi de Kitchi se tenait tout bonnement au milieu de la véranda bordant le mur du bâtiment principal situé au fond de la cour, en face la porte d'entrée.

Quand il était en déshabillé et voulait prendre le frais en buvant de la bière avec quelques notables de ses amis, ce brave homme se tenait sous la véranda.

Mais quand les circonstances devenaient solennelles, il rentrait dans les appartements obscurs et ne se montrait plus qu'à travers une lucarne ou guichet analogue à celui dont j'ai parlé pour notre balè de Tchaki.

Du reste, Folaouigo n'était pas aussi malade qu'Ajani, et avait simplement les jambes paralysées et atrophiées. L'esprit était encore, chez lui, sain et actif.

Il conclut avec moi un traité presque identique à celui

que j'avais signé à Tchaki. La seule différence était que je ne lui laissais pas de poste à entretenir, mais seulement la promesse d'en établir un éventuellement.

Le soir de la signature, le drapeau tricolore fut hissé sur l'arbre le plus élevé du rocher, situé devant la maison du roi [1], et une promenade d'allégresse fut convenue pour l'après-midi du lendemain, la matinée devant être consacrée aux préparatifs.

Quand on vint me dire que tout était prêt, je montai à cheval et pris la tête de mon escorte à laquelle s'étaient joints les moins malpropres de mes porteurs. Devant nous marchaient de nombreux tambours venus pour m'accompagner : mes deux clairons se trouvaient ainsi au milieu de l'orchestre kitchien, et par suite d'un accord que les lois de l'harmonie ne parvinrent plus à renouveler depuis, faisaient leur partie sans trop détonner dans ce charivari.

Quand j'arrivai chez le second roi, il ne me donna pas le temps de descendre de cheval, m'envoya quelqu'un pour faire ranger tous mes fanfaristes à droite et à gauche et s'avança au milieu de cette haie, suivi de ses serviteurs et de six femmes en grande toilette. Il esquissait un pas de danse et arrondissait les bras en cadence avec la musique; derrière lui, ses suivants et suivantes l'imitaient.

Toute cette petite cérémonie était si bien machinée qu'il n'y avait pas la moindre place pour le ridicule, et au bout de quelques instants, au milieu de l'enthousiasme général, mes clairons et les tirailleurs se mirent à danser pour leur compte, en accord avec les exécutants de Kitchi.

---

1. Les gens de Kitchi devaient veiller à ce qu'il restât arboré. Il flottait encore quand M. de Pas y passa un mois plus tard et neuf mois après quand l'adjudant Doux y revint. Ce dernier leur donna même une autre étoffe pour le remettre à neuf quand le vent l'aurait trop fatigué.

Au bout d'une dizaine de minutes consacrées à cette allégresse chorégraphique, le second roi se plaça devant moi et me conduisit, au milieu d'un cortège toujours grossissant, chez le troisième notable de l'endroit. Celui-ci nous fit la même réception, se joignit au second roi et nous allâmes ainsi successivement par toute la ville, chez le quatrième, le cinquième, le sixième citoyen de Kitchi.

Chacun de ces personnages faisait suivre notre cortège, à l'instar de ce qu'avait fait le second roi, d'une bande de porteurs chargés de cadeaux, jarres de bière ou d'hydromel, paniers de cauris, etc.

Cette abondance, ou plutôt cette profusion, dans laquelle nous vivions depuis trois semaines, et particulièrement depuis notre passage à Tchaki, enthousiasmait nos troupiers. Bien que musulmans, ils faisaient des orgies de dolo [1] et, sans arriver à l'ébriété complète, étaient toujours en gaieté.

Au milieu de ces réjouissances générales, je faisais mon possible pour garder bonne contenance, car tout n'était pas pour moi satisfaction dans ce jour de fête.

Pour atteindre le Niger, le roi de Kitchi m'avait dit que nous devions passer par le pays de Cayoman, qui est purement bariba. Il est vrai que j'allais avoir dès le lendemain 250 habitants de Kitchi comme porteurs supplémentaires. Mais cette libéralité même alourdissait ma colonne, au moment où j'allais retrouver des gens difficiles à vivre, et c'était juste à ce moment que je n'avais plus un seul compagnon valide pour me seconder.

En rentrant de ma promenade à travers la ville, je vis Targe et Doux à moitié étendus sous un arbre, dans un état véritablement alarmant : à peine guéri moi-même de la fièvre, j'avais constaté le matin que j'avais la gale.

Ce n'était guère surprenant étant donné le nombre de

---

1. Bière de mil.

galeux qui m'accompagnaient et que je soignais chaque jour, et cela n'eût guère été inquiétant si mes provisions de pommade soufrée n'avaient pas été épuisées. Heureusement j'avais beaucoup de graisse, de la poudre de troc en abondance et quand j'en eus lavé un kilogramme, pour la débarrasser de son salpêtre, il me resta assez de soufre pour faire un kilogramme de pommade. Faute de pouvoir séparer le soufre du charbon j'obtins ainsi un horrible magma noir assez peu engageant, mais qui nous donna dans cette circonstance, où la gaieté était quelque peu oubliée, l'occasion de remarquer qu'elle ne perd jamais ses droits.

Ceux des Dahoméens purs qui m'accompagnaient ne pouvaient s'empêcher de remarquer qu'on vivait bien mieux dans les autres pays que dans le leur. Les noirs d'une autre origine ne manquaient pas de le leur faire remarquer, et ils en étaient un peu humiliés. Comme ils ne pouvaient admettre que leur pays fût inférieur, en quoi que ce fût, à aucun autre, ils donnaient pour prétexte que le Dahoméen était payé pour faire mauvais accueil à une troupe conduite par un blanc, tandis que les Nagos n'avaient aucun mérite à se montrer serviables et prévenants avec moi, qui les comblais de toutes sortes d'attentions. Cette querelle s'était renouvelée ce jour-là plus animée que jamais, à cause de la bombance qui durait depuis midi. Ougno, le petit Dahoméen bègue, doublement rageur en sa qualité de petit homme et de bègue, était précisément aux prises avec trois Haoussas qui faisaient des comparaisons au désavantage des gens d'Abomé, lorsque, pour faire cesser leur dispute, je l'appelai et lui montrant la graisse noire que j'avais mise dans une boîte de conserve, lui dis de m'en frotter la peau.

Encore tout haletant de colère, et un peu surpris du singulier travail que je lui demandais, il me frictionnait consciencieusement, laissant de temps en temps échapper un hoquet comme pour montrer toute la peine qu'il avait à s'apaiser. Mais quand la partie supérieure de mon corps eut pris une teinte comparable à celle d'Abul on d'Assogba, il eut un éclair subit et s'écria, comme un homme qui a enfin compris : « Ah!... Cacapitaine, faifaire même chose toi comme roi Kitchi. »

Cette idée de me faire peindre en noir, par sympathie pour le roi de Kitchi, paraissait à Ougno comme le dernier avatar de l'obséquiosité invraisemblable, dont j'accablais les Nagos. Et vraiment il trouvait qu'il y avait abus.

Et il resta d'autant plus navré d'une telle faiblesse de ma part que le lendemain, arrivant chez les Baribas, je l'appelai de nouveau et le priai de me savonner du haut en bas pour me faire reprendre ma couleur première. Jusque-là il avait encore voulu croire que ce n'était de ma part qu'une fantaisie de plus, une nouvelle mode, mais quand il vit que dix-huit heures après m'être fait passer au noir, je revenais au blanc, le doute ne fut plus possible pour lui. La preuve que c'était encore de ma part une basse flatterie à l'égard des Nagos, c'est que je changeais de manière de me teindre en arrivant chez les Baribas!

Le roi de Kitchi m'avait, comme je l'ai dit, fourni deux cent cinquante porteurs, qui devaient me conduire à trois jours de là, jusqu'à Cayoman. Je n'aurais plus qu'à en demander autant au roi de Kayornan, qui se trouvait à trois jours du Niger.

Avec ces deux cent cinquante hommes marchait un récadère chargé de m'accréditer le long de la route et à Cayoman, deux guides et un certain nombre d'archers formant escorte. Mais c'était loin d'être là tout ce que nous emmenions de Kitchi. Si le brave Foulaouigo se plaignait des Baribas capteurs de Nagos, je crois qu'en revanche, il ne se gênait guère pour retenir comme captifs tous les étrangers qu'une malheureuse inspiration amenait dans sa cité. Un grand nombre de ces infortunés, hommes et femmes, excités par l'exemple des émigrés venus d'autres villages avec notre cortège, s'étaient promis de ne pas nous laisser partir sans profiter de cette occasion pour recouvrer leur liberté. Aux détours des kilomètres de petites ruelles que nous traversions pour sortir de Kitchi, ils s'introduisaient dans nos rangs. D'autres, ayant profité de l'obscurité pour sortir de la ville, avaient gagné la forêt et nous attendaient, comptant que notre présence les mettrait à l'abri de toute poursuite. La plupart d'entre eux s'étaient d'ailleurs armés, pour mieux résister au cas où on leur donnerait la chasse.

Je fus averti d'abord de cet exode par des clameurs qui se produisirent au moment où nous sortions de la ville. L'un des fugitifs avait été aperçu au milieu de mes porteurs et des femmes s'étaient mises à crier haro.

Abul m'expliqua l'origine de ce tapage et me montra le pauvre diable qui l'avait provoqué. On pense bien que je n'allais pas mettre les gendarmes à ses trousses, pour le faire réintégrer son domicile involontaire. Il me manquait pour cela la bonne volonté nécessaire et les gendarmes. Il n'en est pas moins vrai que cette équipée de captifs — ils étaient nombreux — me donnait quelque souci, dont je n'avais guère besoin. J'étais certain de la sincérité du dévouement de Foulaouigo. Je l'avais comblé de cadeaux et d'argent pour obtenir de lui promesse de nous ravitailler en vivres vers Badjibo, dans le courant de l'été [1]. J'avais absolument besoin de ses bonnes dispositions pour mes relations avec M. de Pas et avec la mer, aussi ne voyais-je pas sans contrariété cette source de discorde naître entre lui et moi.

Ce fut bien autre chose quand j'arrivai au delà des

---

[1]. Il tint parole et nous envoya, d'avril en août, trois convois chargés de vivres dont vécut le poste pendant mon absence.

cultures pour entrer dans la brousse. Une troupe compacte de captifs, qui s'étaient dissimulés dans cet endroit pendant la nuit, se joignirent brusquement à nous.

Deux heures après, des cavaliers et des hommes armés venus de Kitchi nous rejoignaient à leur tour et nous demandaient la restitution des captifs.

Qu'on juge de mon embarras. Je marchais avec le récadère du roi de Kitchi, qui commandait aux deux cent cinquante porteurs fournis par ce roi et disposait ainsi de la moitié de mon convoi : s'il m'abandonnait, qu'allions-nous devenir avec nos malades et nos bagages laissés en plan?

Je répondis que je n'avais pris aucun captif, que je n'en achetais, ni n'en vendais aucun, que si certains enfants du roi de Kitchi étaient sortis de la ville, ce n'était ni par mon ordre ni à mon invitation. Tout se résumait ainsi : « Vos captifs se sont sauvés, attrapez-les, c'est votre affaire. — Mais jamais nous ne pourrons les attraper, s'ils se sauvent, c'est parce qu'ils comptent sur toi pour les protéger contre les Baribas. — Préfères-tu que je les laisse prendre par les Baribas? — Ah, non, j'aime mieux qu'ils soient perdus tout à fait. — Eh bien, si tu ne peux pas les attraper, je ne peux pas les attraper davantage : tous mes hommes sont pesamment chargés et moi je cours moins vite qu'eux dans la brousse. — Oui, mais tu as des fusils dont les balles courent bien plus vite. » Ainsi voilà le grand mot lâché : on comptait sur mes fusils pour donner la chasse à ces malheureux. C'était de bel ouvrage pour des Gras et des Lebel!

Je répondis : « Ces fusils-là m'ont été donnés par mon père pour me défendre et pour faire la guerre. Comme je suis sur le terrain de Kitchi, je ne puis tirer des coups de fusil, car mes balles, voyant la forteresse, iraient toutes tomber dedans : elles sont fétiches sous ce rapport-là, et feraient dans la ville un carnage abominable. Dis à ton roi que de faire parler mes fusils, c'est le plus grand malheur qui puisse arriver, c'est la guerre, et une guerre effroyable, une guerre de blancs. »

Le récadère commençait à faire des yeux ronds en écoutant tout ce galimatias, et avant même qu'il eût entendu la traduction, il devinait que je n'étais pas de son avis, ce qui n'était pas difficile à voir.

Je le vis devenir penaud. Il ne cherchait plus qu'une excuse à donner à son roi. Il ajouta timidement : « Et s'ils meurent de faim, leur donneras-tu à manger? — Sans doute, ne le ferais-tu pas toi-même? » — Il s'enferrait. — J'ajoutai : « D'ailleurs, puisque tu es récadère de Foulaouigo et que tu me conduis à Cayoman, tu pourras dire à ton roi si j'ai vendu ses captifs, si même je me suis servi d'eux; tu seras toujours avec moi, tu pourras voir toi-même que je n'ai pris aucun des tiens. »

Il vit dans mes paroles l'occasion de reculer le règlement d'une affaire qui pouvait amener des coups, et dit au chef qui était à la tête des guerriers de Kitchi :

« Je ne quitte pas le blanc jusqu'à Cayoman, et il me promet qu'il me les rendra là. »

La phrase me fut traduite par Abul et je lui dis alors qu'à Cayoman ce serait comme en forêt, à lui d'attraper ses esclaves marrons et non à moi. Mais il avait trouvé excellent ce prétexte pour attendre. Ceux auxquels il le donnait le trouvèrent encore meilleur et ils regagnèrent leurs pénates.

Nous rencontrâmes bientôt la Motché. C'est cette rivière qui sous le nom de Moussa m'avait été indiquée comme devant me servir de moyen de navigation du nord du Dahomé jusqu'au Niger.

Elle avait le 8 février, à l'endroit où nous la voyions pour la première fois — car nous devions presque la longer plus tard, — une largeur de 30 mètres, une profondeur d'environ 30 centimètres.

Aucun courant, ce qui témoignait qu'il n'y avait aucune relation entre le bief où nous nous trouvions et un fleuve comme le Niger. Il n'y avait donc pas de navigation à tenter. Au surplus l'eau était encombrée d'arbres surplombant les rives ou noyés dans le fond.

A peine hors de l'eau, on traversait une vallée qui n'était autre que le lit du fleuve aux grandes eaux. Des paquets d'herbes sèches, suspendues au-dessus de nous aux branches des arbres, en témoignaient. — Ce lit des grandes eaux, qui peut avoir 400 mètres, est bordé par une rive de 5 à 6 mètres de haut.

Vers une heure du soir, nous arrivions à Babéchi, tout petit village d'une quinzaine de cases très propres. Un chasseur qui venait de tuer une antilope grosse comme un jeune bœuf, s'occupait à la dépecer au moment où nous entrions dans le village. Il se défit aussitôt de sa chasse en notre faveur.

Nous campons sous bois, dans un taillis uniforme et serré, près de ces maigres huttes. A côté de mes malades silencieux, je me sens prodigieusement isolé.

Le lendemain à trois heures du soir, nous atteignons Banikani, après avoir rencontré à neuf heures Beria, près duquel nous voyons le premier bois de gommiers : je le note parce que j'estime que c'est là la limite sud de l'habitat de cet arbre, qu'on retrouve au nord et jusque dans le Sahara à 150 kilomètres au sud d'El Goléa. (Dybowski.)

Du reste à partir de Béria l'aspect du terrain montre qu'on entre dans un pays nouveau. Nous franchissons des pâturages fermés avec des barrières, c'est un pays d'élevage; il y a des traces de bœufs, de chevaux, d'ânes[1],

---

1. Les gens de Kitchi ont fort peu de bétail en ce moment; ils m'ont dit qu'une grande épizootie leur avait détruit il y a quatre ans plus de 30 000 bêtes à cornes.
Cette maladie paraît n'avoir pas sévi sur le pays, d'ailleurs différent, que nous parcourons.

de mulets. Peut-être allons-nous trouver une région où on n'aura plus besoin de porteurs?

C'est fort heureux, car je crois que ce n'est pas à Banikani qu'on nous en offrirait. Là aussi il y a changement à vue; le chef du village ne vient pas au-devant de nous en dansant. Oh, non! il ne vient même pas du tout, car ce n'est pas un chef, le bonhomme qu'on m'amène : c'est tout au plus un délégué du chef, un homme à tout faire, une tête à claques, quelque chose comme un gérant de journal, loué pour faire figure en police correctionnelle. Lui, il ne sait pas ce que tout cela veut dire, il n'a jamais vu tant de monde que cela, qu'est-ce qu'on peut bien lui vouloir? — Eh bien, dame, à boire et à manger. — A boire, oui, j'ai un pot de bière pour toi, car j'aime bien les blancs, à manger aussi, j'y ai pensé, voilà un poulet et deux ignames. — Merci bien, et tous mes enfants? — Ah, oui, eh bien, qu'est-ce qu'ils veulent? — Boire et manger. — Pour boire, tu as dû voir comme il fait sec, je ne sais s'ils trouveront de l'eau, et qu'est-ce qu'ils mangent tes garçons? — Des ignames. — Désolé, mais on vient de finir de les planter tous, n'as-tu pas vu les plantations? — Oui-da, et qu'est-ce que vont manger les gens de ton village jusqu'à la récolte?— Oh! nous sommes trois ou quatre, nous vivons tant bien que mal de ce que nous donnent les passants! — Eh, vous vous logez bien, cinquante cases pour quatre mendiants, on ne couche pas dans dix maisons à la fois, voyons?» Au même moment Boubakar Mody, qui a fureté partout, me dit tout bas : « Derrière toi, contre le mur auquel tu t'appuies, il y a cinquante sacs d'ignames. »

Le Bariba poursuit : « Oh, ce ne sont pas des maisons, seulement des abris pour le fourrage de nos bêtes. — Tiens, vous donnez des ignames à vos bœufs! Viens voir plutôt. » A travers la lucarne on aperçoit les ignames empilés jusqu'au toit. Mon homme a l'aplomb de venir voir, comme s'il ne s'en doutait pas et tout de suite :

« Je ne t'ai pas offert ces ignames-là, parce qu'ils sont tout petits, immangeables et ne peuvent servir qu'à la plantation. Je t'en ai fait apporter d'autres. » Effectivement, d'une cour sortent une douzaine de femmes portant sur la tête des corbeilles d'ignames superbes et de bananes. Des chevreaux les suivent.

Pourquoi ce Bariba se moque-t-il de moi depuis une demi-heure? A-t-il voulu me tâter? Pendant que les femmes s'installent au marché, faisant leurs prix et discutant la pacotille, je le bouscule un peu, lui reprochant de me tromper et de mal me recevoir. Il s'excuse, tout ce qu'il a dit n'était que pour me faire prendre patience. Le temps d'envoyer les femmes aux silos : il n'aurait pas voulu m'avouer qu'il n'était pas prêt, c'est uniquement pour cela qu'il m'a fait languir.

Puis il recommence à mentir — ou plutôt il continue. « Est-ce loin Cayoman? Combien mettrons-nous de temps pour y aller? — Cayoman! oui, oui, il en a entendu parler, mais pour dire si c'est loin ou près, il lui faudrait consulter un voyageur ou un guide! »

Pour l'édification du lecteur il convient de dire que Cayoman était à 1800 mètres de l'endroit où se tenait cette conversation! et qu'en faisant cinquante pas au nord de l'arbre qui nous abritait, on voyait les murs d'enceinte de cette grosse ville.

C'est ce que j'appris quelques instants après lorsque je fis venir le récadère et les guides fournis par le roi de Kitchi, pour préparer la marche du lendemain.

Ainsi nous étions arrêtés aux portes mêmes de Cayoman. Notre halte forcée à Banikani, banlieue de la ville, la réception douteuse de ce soi-disant chef de village, tout se résume en ceci : le roi de Cayoman ne veut pas nous recevoir. Pas aujourd'hui du moins; il désire en tout cas gagner vingt-quatre heures.

Toutes ces constatations successives de fourberie, de mauvais vouloir, me font mal augurer de ce qui nous attend. Ma soirée se passe en démarches auprès du chef des Kitchiens pour l'amener à prendre une position plus défensive et plus rapprochée de nous. Il se conforme tant bien que mal à ces instructions.

Targe et Doux sont plus malades que jamais. Je n'ai plus un blanc pour me seconder en cas d'attaque, il faut donc redoubler de vigilance. Aussi Banikani, qui est pourtant un campement admirable et très sain, m'a-t-il laissé un souvenir des plus pénibles.

Le lendemain matin, vers six heures et demie, nous franchissions la porte de Cayoman. Mahmadou, qui n'avait pas voulu la veille se risquer à y entrer tout seul, circulait dans la ville depuis le matin. Il venait au-devant de nous et nous conduisait à l'emplacement qui nous était désigné.

Après être entrés par la porte du sud, nous en sortions par la porte de l'est en suivant une sorte d'avenue gazonnée qui nous conduisait vers un bouquet de grands arbres, manifestement consacré à un culte quelconque, fétichiste ou autre.

C'est là que nous nous installons après avoir dépassé d'une centaine de mètres un poteau où une tête d'homme fraîchement coupée et exposée témoignait qu'en ces lieux on avait voulu faire un exemple — bon ou mauvais.

Une heure après je repassais devant ce lugubre trophée pour me rendre chez le roi Kémoura.

Celui-ci n'éprouva aucune surprise à me voir arriver chez lui : — il avait choisi lui-même cette heure pour ma réception, — mais il tenait sans doute à ne point se hasarder, car du plus loin que j'aperçus sa maison, je vis sa tête à une lucarne pratiquée au travers de la muraille de pisé, d'où sans bouger, il nous observait.

Son envoyé nous fit ranger à l'ombre d'un arbre qui couvrait la moitié de la place, et dès que Kémoura eut vu arriver le dernier homme de mon escorte, jugeant au petit nombre de mes gens qu'il n'avait rien à craindre, il fit un signe pour dire qu'il se rendait auprès de nous.

Presque aussitôt une escouade de serviteurs, faisant l'office de nos tapissiers du garde-meuble, apportèrent un échafaud carré de 50 centimètres de haut environ, sur lequel ils étendirent des tapis. Puis ils disposèrent des coussins de manière à former une sorte de canapé.

Tous ces préparatifs se firent avec le désordre et la lenteur propres à la race qui s'y employait. Je m'informai donc à mon aise du but de tout cet appareil et demandai quel coussin m'était destiné. L'interprète de Kémoura me fit répondre que le chef blanc s'assiérait sur ce qu'il avait apporté lui-même.

J'envoyai immédiatement à mon camp l'ordre de m'apporter cinquante ballots de toile de 25 kilogrammes.

Je ne voyais pas encore venir mes cinquante porteurs, que Kémoura, sortant de sa maison, s'avançait, précédé de deux trompettes, genre trompettes d'*Aïda*, et gagnait majestueusement son estrade. Il s'y installait à son aise, ayant derrière lui ses trompettes et à ses côtés de petites femmes portant comme emblème un tout petit bijou d'or au cou. Elles l'éventaient doucement.

Pendant cette mise en scène, je me tenais à l'écart, à deux pas devant mes hommes. Enfin le roi me fit dire que je pouvais parler. Mais je jugeai que c'était mon tour de le faire attendre, et je fis répondre que le roi ne m'ayant pas offert de siège, j'en avais envoyé chercher.

Cette réponse jeta l'inquiétude dans l'assistance, non pas que les Baribas fussent mortifiés de l'affront fait à leur prince, mais parce qu'ils pensaient qu'elle était le prélude de l'arrivée d'un renfort venant de mon camp.

Kémoura pensait avec amertume que ses précautions allaient se trouver en défaut. Mais bien qu'il fût temps encore de m'enlever, mes hommes et moi, cette exécution demandait une promptitude de décision qui n'était pas de son ressort. Il attendit donc.

Après deux minutes de silence orageux, les premiers de mes porteurs débouchèrent dans la rue qui conduisait à la place publique. Ils accouraient, en bons Dahoméens, au pas gymnastique. En outre des cinquante porteurs de ballots, un grand nombre d'autres, enchantés de cette occasion de se distraire, s'étaient, sans rien apporter avec eux, joints au détachement.

Cette cohue d'hommes lancés à fond de train produisit une panique dans la foule anxieuse et immobile qui m'entourait et en un clin d'œil, les femmes, les enfants — et bon nombre de guerriers aussi — avaient disparu.

Pendant ce temps Kémoura et ses gardes particuliers restaient immobiles, le visage contracté.

Sans dire un mot, ni faire un geste pour les rassurer, je les laissai payer la rançon des humiliations préméditées qu'on cherchait à m'infliger depuis la veille, et pendant qu'ils constataient, non sans déconfiture, que toute cette débandade était causée par de paisibles porteurs de calicot, je faisais disposer mes ballots en forme d'estrade d'une hauteur double de celle de Kémoura, avec un escalier à chaque bout. Sur le faîte, je me fis garnir un siège avec les étoffes de velours et de soie que j'avais apportées en cadeau à Kémoura et que j'avais déjà montrées à ses envoyés; puis, faisant faire la haie aux douze hommes que j'avais, de façon que l'espace de quatre pas qui s'étendait entre l'estrade de Kémoura et la mienne restât vide et à ma discrétion, je m'installai à mon tour sur mon siège, mes deux clairons devant moi.

Le calme et la foule étaient revenus. Le roi m'adressa le premier la parole, me demandant, suivant l'usage bariba, des nouvelles de ma santé et de celle de mes enfants, des détails sur la longueur et les fatigues de mon voyage.

Lorsque je voulus lui répondre, les deux trompettes qui étaient derrière le roi embouchèrent leur instrument et, pendant cinq minutes, je dus garder le silence.

Ils arrivèrent vite à s'époumonner, je plaçai alors quelques mots et quand Kémourra ouvrit la bouche à son tour, nos deux clairons entonnèrent la *Casquette du père Bugeaud*, puis *V'là le vitrier qui passe*, etc.

Cette plaisanterie, une fois bien comprise, ne se renouvela plus.

Ces préliminaires posés, nous arrivions aux choses sérieuses. Je lui dis que mon roi m'avait envoyé pour savoir s'il était décidé à faire comme le roi de Niki et se soumettre à lui.

Il répondit que le roi de Niki était son père, qu'il savait déjà que Siré Torou avait accepté le pavillon des blancs d'Abomé et qu'il ferait volontiers de même.

Il fut convenu qu'il réunirait dans la journée et le lendemain matin les principaux de ses cavaliers, qu'il me rendrait visite avec eux dans la soirée et profiterait de cette cérémonie pour signer le traité.

Je lui dis ensuite que je comptais partir le surlendemain matin et lui demandai s'il pouvait me donner des porteurs pour remplacer ceux que le roi de Kitchi avait envoyés avec moi jusqu'à Cayoman.

Il fit alors venir le récadère du roi de Kitchi et lui dit en propres termes :

« J'apprends par le grand Blanc que tes hommes veulent laisser leurs bagages ici pour que les miens les portent ensuite jusqu'à la Kouara. Est-ce moi, oui ou non, qui commande à Kitchi, et crois-tu que ceux qui commandent vont se mettre des charges sur la tête pendant que leurs esclaves danseront en musique ? Tiens-toi donc prêt à partir après-demain matin avec tes enfants et que pas un ne manque à suivre le Blanc. »

Le malheureux récadère, couché à plat ventre pour recevoir cette algarade, se versait des torrents de poussière sur les cheveux pour manifester son humilité, pendant que je donnais à Kémoura les cadeaux que j'avais apportés pour lui.

Il m'annonça qu'il avait envoyé dès le matin querir un gros bœuf blanc et que je l'aurais avant d'être retourné à mon camp.

Sur cet échange de politesses se termina en grande douceur l'entretien qui avait duré plus d'une heure et demie et qui avait été, à plusieurs reprises, si gros d'orages.

Je repris le chemin du camp, ramenant avec moi mes porteurs, leurs ballots de calicot, et traînant une multitude de femmes qui venaient échanger des vivres pour nos marchandises.

En arrivant, je trouvai mes deux camarades tout à fait réveillés et ne souffrant plus guère que de faiblesse. Ils étaient en conversation très intéressante avec un jeune Peuhl que notre caporal sénégalais, Peuhl lui-même, leur avait amené.

Ce petit scélérat, fin et distingué comme beaucoup de Peuhls, avait une figure angélique, qui lui eût fait donner le bon Dieu sans confession. Il était tellement menteur qu'on eût dit que sa malice le servait à souhait pour lui permettre d'inventer tout ce qui devait nous troubler l'esprit.

Ainsi, dès avant mon arrivée, il avait raconté à mes deux malades qu'il avait vu la colonne du gouverneur Ballot et que ce dernier avait dans ses bagages le cadavre d'un blanc. Il leur avait prouvé — et il me prouva — que ce blanc ne pouvait être que l'administrateur Deville. Des cinq blancs qui marchaient dans cette colonne, il n'en restait plus que quatre, et c'était le plus petit (Deville) qu'on avait mis dans un cercueil. Et il nous décrivait la bière avec des détails de connaisseur (or ni Deville, ni aucun autre blanc n'était mort auprès du Gouverneur et aucun cercueil n'avait été fait ni porté dans cette colonne). Il ajoutait que le Gouverneur cherchait à gagner Boussa pour embarquer sur un paquebot à destination de France les restes de son subordonné.

J'aurais volontiers envoyé au diable ce petit Peuhl dont les histoires macabres devaient apporter une semence féconde d'hallucinations aux cerveaux de mes fiévreux, mais il paraissait si intelligent, causait si volontiers que c'était un plaisir de l'interroger.

Je lui demandai s'il connaissait le Niger. « Mais certainement, il venait justement de Tombouctou. — Tout seul ? — Non, avec ma famille et mes troupeaux. — Alors tu as suivi les bords du fleuve en poussant tes bœufs ? — Non, nous étions en bateau, bêtes et gens. — Il y a donc des bateaux assez grands pour cela ? — Oh ! il y en a qui tiendraient cent taureaux ! — Et où t'es-tu arrêté en descendant ? — A Badjibo. — Mais Badjibo est sur la rive gauche ? — Oui. — Alors tu as traversé la rivière ensuite. Il y a donc un bac ? — Je crois bien, un grand bac à vapeur ! » Décidément je tombais mal en me dirigeant sur Badjibo ; arriver en explorateur, et pour en prendre possession, en un point du fleuve où il y a un bac à vapeur ! C'était jouer de guignon ! Autant faire le levé topographique des bords du bassin des Tuileries ? Ces Anglais allaient-ils se moquer de nous en nous voyant arriver à moitié morts de fatigue et de fièvre en une région où ils entretiennent des steamers en permanence !

Je continue mon enquête. « Et d'ici Badjibo, combien de jours ? — Oh ! deux petites étapes, la première à Kanikoko, la deuxième à Patoko. — Patoko est-il loin du fleuve ? — C'est sur le bord ; les habitants sont des pêcheurs qui ne vivent que de poisson [1]. »

---

1. Si le lecteur ne prend pas la peine de lire ce qui suivra, qu'il lui suffise de savoir :

1° Qu'aucun vapeur n'est encore allé de Tombouctou à Badjibo ;

Et, comme pour le cercueil, où on aurait pu mettre le corps de Deville, les détails abondaient autour de ces petites fables. Pas une seule fois je ne pris en défaut mon donneur de renseignements. Bien que tout ce qu'il me racontât fût fait pour me plonger dans la consternation, je dus reconnaître que jamais personne ne m'avait éclairé avec tant de précision et je lui fis un beau cadeau.

A la suite de ces renseignements, je passai une après-midi dans laquelle l'examen de ma situation me la révéla comme particulièrement sombre.

Ainsi tous mes efforts, cette longue pérégrination de quarante-cinq jours dans le pays le plus malsain du monde, la chance inespérée que j'avais eue de traverser sans encombre le premier pays bariba, tout cela n'allait servir qu'à m'amener à bout de forces, moi misérable, traînant à ma suite, en fait de blancs, des malades, en fait de noirs des malheureux réduits à la nudité par les broussailles de leur immense calvaire, et à me faire donner du nez en un centre colonial anglais dont l'organisation, la puissance et l'activité commerciale m'étaient révélées par ce seul fait : « Il y a un bac à vapeur rien que pour faire le service d'une rive du fleuve à l'autre. » Et je cherchais dans laquelle de nos colonies nous pourrions relever un indice pareil de prospérité : je ne trouvais que Hanoï où l'on *eût pu* à la rigueur établir un bac semblable.

Et quelle figure allais-je faire avec mon armée de

2° Qu'il n'en viendra aucun avant longtemps, du moins pour faire des transports de commerce et de bestiaux;

3° Qu'il n'y a pas de bac à vapeur sur le Niger, ni à Badjibo, ni ailleurs ;

4° Que Patoko est à 18 kilomètres du fleuve et que par conséquent les habitants ne vont pas y pêcher du poisson.

A part ces détails, le petit Peuhl me dit encore quantité de choses aussi fausses et aussi bien inventées pour me mettre la cervelle à l'envers.

mourants et de loqueteux en débouchant dans cette grande ville, quel accueil m'attendait de la part des autorités? allait-on me traiter en pirate, et en pirate qui se trompe, ou en naufragé que la pitié commande d'assister?

Et comment pouvait-on ignorer en France l'existence et le nom même d'une localité si importante? On m'avait bien dit que les vapeurs de la Compagnie conduisaient ses troupes jusqu'à Boussa [1], mais était-il possible qu'il y eût au-dessus du 9° degré des établissements à ce point développés et prospères? quels progrès avait faits la Compagnie depuis cinq ans!

Non seulement je n'étais pas en état d'imposer mon autorité à mon arrivée sur le fleuve, mais si je devais chercher ma voie plus au nord, je laissais derrière moi, embarqués dans une fausse direction, M. de Pas et les gens de mon personnel que j'avais laissés à Tchaki. Et l'idée que j'avais eue de m'affaiblir en faisant ce détachement, idée toujours condamnable chez un chef militaire, mais justifiée par le prestige des blancs qui leur permet de tout oser en pays noir, cette idée m'apparaissait comme funeste, dès que nous nous trouvions en contact avec des blancs.

J'écrivis donc à M. de Pas, pour lui exposer la situation, lui dire de se mettre en route pour me rejoindre dès que sa santé, l'arrivée de son remplaçant ou l'état politique de Tchaki le permettraient. Il était certain en effet que, forcé de m'embarquer à Badjibo pour rentrer à la côte, ou refoulé vers l'ouest et le nord, j'aurais laissé mon lieutenant complètement en l'air.

Tout en écrivant ma lettre, je demandai au roi un courrier pour la porter à Tchaki; je promettais quatre

---

1. On verra plus loin qu'aucun vapeur ni de la Compagnie ni de personne autre n'est jamais remonté à Boussa, et que la Compagnie n'y a jamais eu de troupes.

dollars, un sabre-baïonnette pour servir de passeport (ou de bâton royal) et la somme devait être doublée par M. de Pas à la réception de la lettre.

Vers quatre heures du soir on m'amena ce courrier. Il avait un cheval qui ne tenait pas debout et n'était certainement pas destiné à aller plus loin que Kitchi et je vis clairement qu'il n'avait — lui, où celui qui l'envoyait — d'autre but que d'empocher la petite somme. — Mais manifester de la défiance sans qu'on m'eût pour cela donné d'autres motifs, eût encore été une occasion de conflit. Je lui remis ma lettre, pensant que si elle n'arrivait pas, M. de Pas serait néanmoins prévenu par le retour des porteurs que je lui enverrais de Badjibo.

La nuit se passa sans alerte, et le lendemain vers deux heures du soir, le roi me fit en grande pompe la visite qu'il m'avait annoncée la veille.

Son cortège, cavaliers et fantassins, s'étendait depuis la ville jusqu'à mon camp.

De mon côté j'avais rassemblé tous mes gens portant fusils, lances, hallebardes, serpes emmanchées, faux et faucilles; j'avais été jusqu'à remettre quarante sabres-baïonnettes à des porteurs. Tout ce monde fut rangé en une double haie qui pouvait avoir 75 mètres de long. Je m'assis à un bout de ce corridor humain et ordonnai qu'on fît mettre pied à terre à Kémoura dès qu'il arriverait à l'autre extrémité. Il se prêta — à regret sans doute, mais sans manifester de mauvaise grâce — à cette précaution qui avait pour but de nous isoler de la foule armée. Il me paraissait utile de tenir à distance et en respect, quelque envie qu'ils eussent de s'approcher de nous, tous ces gaillards bruyants et excités. Tantôt en effet les noirs ont peur de nous et s'enfuient, tantôt ils nous manquent de respect, s'accroupissent sur nos sièges et nous marchent sur les pieds; ils passent très vite de la terreur à la familiarité la plus gênante. Entre ces deux excès il y a fort peu de place pour une attitude convenable, c'est celle que je cherchai toujours à obtenir.

Lorsque Kémoura fut arrivé devant moi, je lui fis sans me lever signe de s'asseoir et nous causâmes très amicalement.

Je le remerciai de son bœuf et des vivres qu'il m'avait envoyés, il me répondit aimablement que tout ce qu'il avait était à moi. Puis je lui dis qu'il pouvait faire venir son cheval et je lui en fis compliment. C'était en effet une superbe bête rouane, d'une taille et d'une étoffe que je n'ai plus rencontrées. Nous causâmes ensuite d'armes et nous les montrâmes réciproquement. Enfin je permis de s'approcher à ses six trompettes. Un petit concours de fanfare s'organisa de suite entre eux et les miens, et chacun convint que la palme nous restait.

La glace étant tout à fait rompue, je lui dis de faire approcher ceux de ses sujets qu'il voulait faire prendre part à la lecture et à la signature du traité. Cette partie de la cérémonie dura une bonne heure, après quoi nous retournâmes tous ensemble auprès du gros du cortège. J'ordonnai à mes Dahoméens de l'escorter jusque chez lui et l'allégresse éclata en chants, coups de fusil, cavalcades et autres folies par lesquelles se manifeste la joie publique dans tous les pays du monde.

Pendant que se passaient près de ma tente toutes ces choses en partie sérieuses, en partie burlesques ou simplement amusantes, Doux, qui était à quelques pas de moi, soupirait sous un arbre, où il était véritablement à l'agonie.

Peu après ce fut le tour de M. Targe, et ce soir-là je crus encore les perdre tous les deux. — Kémoura vint ensuite vers huit heures du soir avec son interprète et son premier cavalier et nous causâmes jusqu'à onze heures en toute amitié.

L'étape du lendemain devant être rude, nous levâmes le camp dans la nuit, mais nous n'y gagnâmes que fort peu à cause de la lenteur avec laquelle les Kitchiens se rassemblaient dans l'obscurité. Suleyman fut pris à son tour de la fièvre, augmentant mes brancards d'une unité et réduisant à Abul et à moi le personnel susceptible de diriger la marche.

Vers huit heures nous passâmes à Kanikoko, gros village habité par des Peuhls, où se trouvaient de nombreux troupeaux de bœufs. C'étaient des animaux de grande taille, tout blancs et excessivement maigres. La population nous vit passer et se tint dans une réserve plutôt hostile que sympathique. Nous suivions un chemin extrêmement fréquenté : les nombreux passants qui nous avaient précédés avaient construit pour s'abriter pendant la nuit de petites toitures en branches qu'on rencontrait à chaque pas sur le bord de la route.

Vers deux heures du soir, notre guide me dit que nous devions être à moitié chemin de Patoko, et, comme nous venions de traverser un ruisseau, je fis dresser le camp. — Nous étions debout ou en marche depuis douze heures par un soleil des plus cuisants.

Le lendemain 13 février, nous partîmes encore à trois heures du matin afin d'éviter les coups de chaleur écrasants qui nous avaient éprouvés le 12, mais cette précaution fut vaine, car l'estimation de la distance de Patoko que j'avais faite avec mes guides se trouva beaucoup trop faible et nous n'atteignîmes le village qu'à trois heures du soir.

Le chemin continuait d'être large et fréquenté, nous rencontrions à chaque pas des voyageurs venant en sens inverse de nous et des huttes construites par les caravanes; à plusieurs reprises nous côtoyâmes la Moltche (Moursa), ou plutôt le lit de cette rivière, car elle n'avait plus que des flaques d'eau de place en place.

Ce devait être la dernière journée pénible, mais elle le fut autant et plus que les autres. Non seulement Targe et Doux continuaient d'être malades et en grand danger, mais Suleyman n'était pas encore remis de son accès de la veille et vers midi le caporal sénégalais, le seul gradé de cette race qui me restât, tomba foudroyé par une attaque de fièvre; il fallut le charger sur les épaules de quatre hommes.

Ainsi la couleur de leur peau ne les garantissait pas du paludisme et ceux des noirs qui n'étaient ni du Dahomé ni de Kitchi contractaient la fièvre tout comme nous. La seule différence consistait en ce que chez eux elle ne devenait pas hématurique et que les accidents, presque toujours purement cérébraux, disparaissaient beaucoup plus vite. — A l'invasion du mal, ils tombaient comme une masse, restaient privés de mouvement et de sentiment pendant six à dix heures, et se remettaient généralement dès le lendemain.

Ces attaques de fièvre, qui m'obligeaient à prélever à chaque instant quatre ou huit porteurs pour emmener un malade, m'auraient mis dans un désarroi profond au Dahomé, où le nombre de mes porteurs était rigoureusement calculé d'après celui de mes charges et même tenu inférieur à ce dernier. Mais depuis longtemps cet embarras n'existait plus pour moi. Je traînais à ma suite une véritable foule de gens de tout aloi récoltés dans tous les pays où nous avions passé, qui me donnaient bien quelques ennuis dans les villages et me mettaient en frais de nourriture, mais supprimaient pour moi les difficultés du portage.

Un accident survenait-il, soit à un porteur devenu incapable de porter sa charge, soit à un homme devenu incapable de se porter lui-même, qu'aussitôt il se trouvait un de ces braves gueux pour porter la charge, ou une demi-douzaine des mêmes pour s'emparer du fiévreux. Il était ainsi pourvu sur place et sans arrêt avec les éléments de la colonne qui se trouvaient en vue, à toutes les nécessités imprévues; le plus souvent j'apprenais l'incident quand les mesures étaient prises pour y porter remède.

Pour se rendre compte du bonheur inespéré qui m'était échu par suite du développement de cette sorte d'initiative chez mon personnel, il faut penser que ce n'était plus 1500 mètres, mais 2500 mètres au moins de longueur que ma colonne occupait pendant la marche, et que sur les sept cent cinquante personnes à la tête desquels je marchais, je n'avais plus un seul gradé, ni blanc, ni noir, en état de faire exécuter un ordre. Resté absolument seul pour pourvoir à tout, je devais encore m'astreindre à ne pas galoper à tout propos pour exercer ma surveillance, car je faisais le levé topographique de notre itinéraire, et je ne pouvais mesurer les distances qu'à condition d'observer une certaine régularité dans mon allure et dans ma direction.

Nous atteignîmes Patoko vers trois heures du soir, et je me confirmai tout de suite dans cette opinion que mon jeune informateur peuhl avait menti.

Non seulement Patoko n'était pas sur le Niger, non seulement ce n'était pas un village de pêcheurs, mais ce n'était pas même un village du tout. Deux ou trois huttes, un grand arbre pour abriter les campements, un champ d'ignames, voilà Patoko.

Le seul homme que j'y trouvai m'apporta tout ce qu'il possédait en vivres et m'annonça que le Niger était assez près de nous pour qu'il nous fût possible d'y arriver avant la nuit close, si nous faisions trotter nos chevaux.

Aussitôt je me hâtai de terminer l'installation du camp, et toujours préoccupé de ne point donner inconsidérément de la tête dans une ville anglaise avec mon cortège de maladies et de nudités, je pris mes dispositions pour aller reconnaître moi-même le point du fleuve où nous allions arriver. La nuit qui approchait allait me permettre de voir sans être vu : nous avions d'ailleurs marché tellement vite que personne ne pouvait nous avoir devancés pour prévenir de notre arrivée : j'avais donc toute chance pour n'être pas éventé.

Si Badjibo était la grosse ville anglaise que je croyais, je m'en assurerais, et au lieu d'y amener tout mon monde je remonterais vers le nord jusqu'au-dessus des rapides de Boussa, pensant qu'au-dessus de cet obstacle, insurmontable ou non, les difficultés de la navigation auraient empêché la Compagnie de s'y installer aussi solidement.

Donc, vers quatre heures, je fis monter Abul à cheval, et poussant le guide devant nous, nous nous acheminâmes vers le Niger; après trois heures de trottinement au milieu des ténèbres où nous étions plongés, je sentis que nous commencions à descendre une pente continue, la forêt devint en même temps plus habitée, des bruits d'ailes, des roucoulements, des cris d'oiseaux inaccoutumés m'avertissaient que la solitude cessait, un relent d'humidité puissante montait jusqu'à nous. Puis un bruit de tambours joyeux nous arriva, d'abord lointain et indistinct, puis presque voisin et précipité; enfin à un détour du sentier une nappe brillante apparut et de l'autre côté un mouvement de lumière, concomitant au roulement du tam-tam. C'était le Niger, et derrière lui Badjibo!

Je m'arrêtai le cœur ému et serré et cherchai à discerner si des monuments décelaient par leur envergure la présence des Européens; mes yeux ne parvenaient pas à percer les ténèbres.

Après quelques mots échangés à voix basse avec le guide, je sus qu'il n'y avait sur notre rive ni une case ni un champ de culture, et nous nous reprîmes à avancer.

Dix minutes après, nous étions à quelques pas d'un gros arbre sur le bord du fleuve : une pirogue vide était amarrée à une sorte de débarcadère. Sous l'arbre, deux hommes causaient. J'arrêtai les chevaux, envoyant en avant le guide pour rassurer les deux indigènes.

Enfin, sur un signe de lui, nous approchâmes pour lier conversation.

L'un d'eux était un passeur qui faisait sur le fleuve le va-et-vient avec sa pirogue, l'autre un voyageur qu'il venait de transporter et qui devait passer la nuit sous l'arbre. Voulant faire parler le passeur, je m'adressai au voyageur, décidé à le combler de cadeaux; j'avais grand' faim et nous n'avions rien sur nous, je lui demandai s'il voulait partager son repas avec moi. Il nous donna une igname et une patate : je lui donnai en échange dix sous et une poignée de perles qui étaient restées dans les fontes de ma selle depuis ma promenade triomphale à Kitchi. C'était à peu près trente fois la valeur de son igname : aussitôt le passeur m'offrit d'aller en chercher à Badjibo. « Inutile pour le moment, j'en ai assez, mais tu pourras me passer tout à l'heure pour que j'aille voir les blancs à Badjibo. — Je te passerai bien volontiers, mais tu ne trouveras pas de blancs à Badjibo. — Sont-ils donc partis? — Il n'y en a jamais eu. — Mais n'en as-tu jamais vu? — Jamais. — N'est-il donc jamais passé ici de bateau marchant à la fumée? — Si, il y a sept ans, un petit bateau à fumée a passé ici devant, mais il s'est échoué près de Yekédé. Les gens du village et ceux de Badjibo l'ont aidé à reprendre l'eau, et on ne l'a plus revu. »

Ainsi c'était là la grosse ville coloniale anglaise et le bac à vapeur de mon scélérat de Peuhl. Je cherchais toujours où il avait pris les connaissances élémentaires indispensables pour me si bien duper.

Mais je continuais avec le passeur. « Et où achetez-vous votre sel? — Ce sont des bateliers baribas qui passent sur le fleuve et qui nous le cèdent. — Où le prennent-ils? — Chez un blanc qui est installé à Igga [1]. »

Ainsi rassuré sur ce qui me tenait le plus au cœur, je satisfis ma curiosité en descendant vers le fleuve. Il roulait de belles eaux limpides avec une vitesse comparable

---

[1]. Igga. 250 kilom. en aval de Badjibo

à celle du Rhône à Avignon. Il avait d'ailleurs l'aspect et l'importance de ce dernier fleuve, sauf en ce qui concerne la nuance des eaux, qui sont souvent limoneuses dans le Rhône, et la profondeur que je sus plus tard être supérieure à 9 et 10 mètres en face de Badjibo.

L'igname avait fini de cuire, et je ne résistai pas au plaisir de l'arroser de quelques gorgées de la première eau pure [1] que je rencontrais depuis mon départ de France. — Abul avait son bidon, je le remplis pour en faire goûter au retour à mes camarades.

Nous nous assîmes tous au pied de l'arbre, mangeant et causant, pendant que nos chevaux qui nous avaient portés seize heures depuis le matin se reposaient en prenant un bain.

Vers onze heures, je repris la route du camp.

Une joie immense m'avait envahi. Je me reportais machinalement aux difficultés de ma marche dans le bas Dahomey et aux désespérances des premiers jours, et je me voyais arrivé maintenant au terme de ce programme d'une stupéfiante géométrie qui définissait mon itinéraire par un méridien et un parallèle, qui m'avait fait franchir cinq frontières, traverser quatre peuples de races et d'idiomes différents, et dont, pour trois d'entre eux, j'ignorais même le nom avant mon départ.

J'arrivais sans avoir perdu un homme ni tiré un coup de fusil, complet en munitions, plus que complet en personnel et en vivres, n'ayant perdu au cours de mes quarante-neuf étapes qu'une seule de mes trois cent soixante-quinze charges, un paquet de fer rond de 25 kilogrammes.

J'arrivais juste au point désigné dans mes instructions, à quelques milles au-dessus du neuvième parallèle, et j'avais la chance, à peine escomptée au départ,

---

[1]. Sauf à Ilua, près de Tchaki, nous n'avons jamais bu que de l'eau limoneuse.

de trouver ce point disponible, d'apprendre que nos rivaux n'étaient qu'à 250 kilomètres au-dessous de moi.

J'y arrivais en force respectable, disposant d'assez de monde pour y élever des habitations, des retranchements; pour y entreprendre les cultures, la pêche nécessaires à l'alimentation ultérieure du poste; en relation facile et rapide avec le Dahomé considéré comme une source inépuisable de force militaire, inexpugnable en un mot dans la position que j'allais occuper.

Puisque les bateliers baribas commerçaient jusqu'à Igga, le fleuve était praticable à leurs embarcations, il nous était ouvert en vertu des traités, et par son cours tous mes malades allaient pouvoir être évacués, sinon sans danger, du moins sans fatigue nouvelle, n'ayant plus cinquante pas à faire en dehors d'un bateau pour aller de Badjibo jusqu'à Marseille ou Bordeaux.

Toutes ces idées joyeuses qui foisonnaient dans mon cerveau m'empêchaient de trouver longue la route du retour. Je la trouvais plus courte assurément que mon cheval, qui en avait assez, plus courte qu'Abul, qui, lui, ne pensait à rien du tout sinon qu'étant partis à trois heures du matin, nous étions depuis vingt-trois heures le cul en selle. Aussi dormait-il profondément, n'ouvrant les yeux que quand il perdait l'équilibre. Vers le milieu de la route je m'aperçus que je n'étais plus suivi; il me fallut faire demi-tour, le rechercher, le gourmander, et finalement le mettre à pied en donnant son cheval au guide, afin de les ranimer tous deux en changeant leur mode de locomotion; et enfin, comme ils tombaient tous deux aussi bien à cheval qu'à pied et à pied qu'à cheval, force me fut de les placer devant moi et de les pousser cahin-caha jusqu'à notre camp.

Tout mon personnel y était en rumeur et n'avait en mon absence guère mieux dormi que moi. D'abord tous étaient inquiets de mon sort. Ayant vécu dans cette illusion que Patoko était à une demi-heure du fleuve, et me sachant parti depuis sept heures, ils devaient croire qu'il m'était arrivé malheur. Puis, à la faveur de cet état d'esprit général, M. Targe, repris d'un retour de fièvre, eut une vision où je lui apparus à cheval entre l'évêque de Lagos, en habits sacerdotaux, et le gouverneur Ballot, coiffé d'un chapeau à haute forme. Sortant vivement de sa tente, il me signala dans les termes qui précèdent à Suleyman et aux laptots.

Ceux-ci, incapables de se rendre compte du trouble que subissait sa raison, se lancèrent en forêt où mon lieutenant les suivit, croyant comprendre, ou que je passais à côté du camp sans l'apercevoir, ou que ces nouveaux et singuliers gendarmes m'emmenaient malgré moi.

Ils rentrèrent enfin tous, sans me ramener, bien entendu, et cet insuccès, non moins que leur subite prise d'armes, ma disparition prolongée, avaient achevé d'ahurir les porteurs, si prompts à la panique.

La lune s'était levée et du plus loin que j'aperçus l'arbre du camp et les fumerons qui brûlaient encore au-dessous, je galopai jusqu'à nos trois tentes, criant à mes camarades : « J'ai vu le Niger, il est libre, j'ai bu de son eau, en voilà. » Ils s'étaient éveillés et me questionnaient, puis me mettaient au courant de ce qui s'était passé au camp. De mon côté je trouvai mon dîner qui m'attendait depuis six heures. L'igname du Niger était loin et je dévorai tout ce que Samba m'apportait. Puis, congestionné par ce repas de loup, je m'endormis pour deux heures d'un sommeil réparateur et enchanté.

CHAPITRE VI

Arrivée au Niger. — Création du poste d'Arenberg. — Préparatifs pour la navigation sur le fleuve.

> Allégresse générale. — Rien qu'à se laisser couler pour rentrer à Paris. — Les travaux. — Construction du poste. — Construction de bateau. — Un charpentier qui réclame une scierie à vapeur. — Faire des planches sans scie, ni scieurs. — Les plantations. — Arrivée de M. de Pas. — Sa vice-royauté de Tchaki. — Reconnaissance sur Géba. — En dérive. — Un agent noir de la Royal Niger C°. — Difficulté de la remonte. — Théorie de la manœuvre de la perche. — Départ de MM. Targe et de Pas. — Abul envoyé en ambassade à Boussa. — Son retour. — Les rapides. — « Avant partout. »

L'aube nous trouva tous debout ou éveillés, impatients de fournir cette courte et dernière étape. Les malades, qui ne pouvaient songer à monter à cheval, se tenaient gaiement dans leurs hamacs, s'intéressant aux détails du chemin. C'étaient des traces d'animaux beaucoup plus fréquentes, des piquets d'antilope ou de sanglier, des traînées d'hyène ou de panthère. Puis une ligne sombre formée par une haute et dense végétation forestière; à un tournant on distingua même, grâce à une courbe que le Niger formait au loin vers l'amont, quelques éclairs formés par la surface miroitante de ses eaux. Enfin quand la dernière crête fut franchie, le gai village de Badjibo apparut à son tour et la magnifique rivière qui l'arrose.

A l'instant même toutes les langues se délièrent.

C'était donc vrai! ce prétendu fleuve vers lequel on marchait depuis six semaines, il existait donc? Et quelles eaux puissantes au cœur de la saison sèche? Quel fil invisible avait donc conduit le Blanc qui les amenait à travers tant de pays divers, en face de ce village inconnu, sur ces eaux inconnues? Les Dahoméens, les Kitchiens, auxquels la notion même de fleuve est inconnue, qui ne connaissent que les courants vaseux formés à la suite des orages, échangeaient bruyamment leurs impressions.

Les premiers arrivés au bord sautèrent dans l'eau et se mirent à patauger et à boire sans même quitter leur fardeau, et toute la cohue s'y précipita à son tour, lavant les jambes halées par le souffle brûlant de l'harmattan, écorchées par les épines, s'éclaboussant joyeusement. — Impossible d'empêcher ce désordre si naturel. Les malades se faisaient apporter au bord de l'eau et voulaient en boire, on leur en offrait de pleines calebasses et ils se plongeaient la tête dans cette transparence délicieuse, buvant à longs traits contre toute prudence. Nous avions tous l'instinct que cette débauche était salutaire, et en réalité personne n'en souffrit.

Mais chez les Français ce qui dominait, c'était cette impression joyeuse que nous étions aux portes de la patrie. Et en effet ce n'était pas seulement par la pureté de ses eaux que le fleuve nous rappelait la France et le cristal de la Moselle à Epinal, de l'Yonne à Clamecy, c'était sa masse qui nous invitait à nous laisser entraîner sans heurt ni fatigue, sur ce chemin en marche, ligne magistrale d'un réseau unique auquel appartenait, bien loin de là, mais pourtant d'un seul tenant avec elle, le sympathique ruisseau de la rue du Bac.

Quand toute cette émotion joyeuse fut un peu calmée, j'envoyai Pierre Gaye et Suleyman rechercher dans le bois qui nous touchait du côté du sud des arbres susceptibles d'être débités en planches pour fabriquer un bateau.

Puis Mahmadou, envoyé à l'avance avec une équipe portant le canot Berthon, revenait de Babjibo rapportant des vivres, annonçant la visite du roi pour l'après-midi.

Enfin, les tentes étant dressées, je fixais au lendemain le départ des Kitchiens et des Dahoméens qui voudraient s'en retourner, j'écrivais dépêches et lettres au gouvernement, à ma famille, à mes amis, et à M. de Pas, pour le cas où ma lettre de Cayoman ne lui serait pas parvenue.

Lettre au sous-lieutenant de Pas, résident à Tchaki.

« Mon cher camarade,

« Je vous ai envoyé de Cayoman une lettre qui a pu ne pas vous parvenir : je vous disais de me rejoindre au plus vite.

« Pour vous faciliter votre route, je vous envoie vingt bons porteurs aux ordres d'un tirailleur sénégalais assisté de trois autres tirailleurs.

« Ces hommes voyagent en même temps que cinquante-deux autres porteurs, plus douze femmes qui, sous la conduite du sénégalais Almamy Saramoko, de Chabi, et du chef Badi, sont mis en route et licenciés à la date de ce jour. Je vous prie de veiller à ce que ces malheureux continuent leur route et de me dire, quand le convoi vous sera arrivé, si aucun d'eux n'a disparu comme captif.

« Ne passez pas par Cayoman pour venir à Badjibo, c'est trop long. Le convoi qui va au-devant de vous suit une route plus courte de trois jours et que vos hommes vous montreront.

« Targe et Doux sont toujours bien faibles.

« En hâte et bien à vous,

« G. Toutée. »

« P.-S. — En suivant de Kitchi à Badjibo l'itinéraire que vos tirailleurs vous montreront, ayez soin de relever vos heures de marche, les noms des villages et des ruisseaux et, si possible, les azimuths du soleil, qui, avec le relevé des heures, nous donneront plus tard vos directions.

« G. T. »

Rive droite du Niger, en face de Badjibo,
le 15 février 1895.

Le Capitaine d'artillerie breveté, hors cadres, Toutée, G.-J., chef de la mission du moyen Niger, à Monsieur le Ministre des Colonies, à Paris.

« Monsieur le Ministre,

« Le courrier qui vous portera cette lettre emporte en même temps mon télégramme n° 6 par lequel j'ai l'honneur et la joie de vous annoncer mon heureuse arrivée avant-hier, 13 février 1895, sur la rive droite du Niger, à l'embouchure de la Moursa, en face de Badjibo.

« Ainsi se trouve réalisé de la façon la plus complète, la plus précise et la plus rapide, le programme de la mission que vous m'avez fait l'honneur de me confier et consistant à relier par des traités le Dahomé au Niger en suivant le plus près possible le neuvième parallèle (instructions du 17 novembre).

« Les villes considérables de Tchaki et de Kitchi, les

bourgs populeux de Papa, de Etchepeté, de Bogho, de Cayoman, ont sollicité et accepté avec joie notre protection et notre drapeau, et les traités que je rapporte sont aussi exempts, n'ai-je pas honte de le dire? de subterfuges de ma part que de surprise de la part de nos nouveaux et volontaires vassaux.

« J'arrive ici en ne laissant derrière moi ni une victime, ni un ennemi, ni un indifférent. J'ai aussi la grande joie de vous annoncer que tous les soldats, blancs et noirs qui m'ont suivi, sont encore vivants. Toutefois, je dois à la vérité de dire aussi que tous les gradés indigènes ont, ou ont eu la fièvre, et que je suis le seul blanc valide. Mes officiers et mon adjudant sont bien malades, je les fais porter en hamac depuis dix jours dans mon convoi. M. Targe et l'adjudant Doux ont été littéralement entre la vie et la mort pendant cinq jours. Dans ces circonstances, j'ai eu souvent la consolation de penser que si un malheur s'était produit, vous auriez pu, du moins, en raison de mes propositions antérieures, donner à Mme Targe la dernière satisfaction de faire nommer son mari capitaine, et de lui assurer ainsi une pension de veuve à laquelle les services et le dévouement de son mari lui donnent tous les droits.

« Je me reprends à espérer aujourd'hui qu'ils peuvent, sans nouvel effort, en s'abandonnant au cours du fleuve, être ramenés dans leur patrie. Quant à moi, il me reste encore trop de santé et de vigueur pour que je ne profite pas de mon arrivée ici au mieux de nos intérêts en reconnaissant le Niger en aval et aussi loin que possible en amont, ainsi que vos instructions m'y autorisent.

« J'ai d'ailleurs, en restant ici, pour organiser mon transport par eau, un autre devoir moral à accomplir envers les malheureux qui m'ont suivi comme un père et comme un libérateur. Il faut que j'installe ici tout ce monde, avec des vivres pour attendre la récolte prochaine. Dès demain, les cases s'élèveront et les semailles se feront. Je termine, monsieur le Ministre, par où j'aurais dû commencer, en vous adressant l'expression de mon éternelle reconnaissance pour les grandes choses que vous m'avez permis d'entreprendre et qui laisseront dans ma vie un inoubliable souvenir.

« En me donnant les moyens de mener à bien une pareille tâche, vous avez comblé les vœux les plus ardents de ma jeunesse et je ne crois pas pouvoir mieux vous en remercier, qu'en consacrant ce qui me reste de force à la cause qui vous est chère, de l'expansion coloniale française.

« Veuillez agréer, monsieur le Ministre, l'hommage de mon respectueux dévouement. »

Cette correspondance, l'établissement des certificats individuels de paiement pour nos porteurs me demandèrent vingt-quatre heures et ce n'est que le lendemain 15, à onze heures, que mon convoi put se mettre en marche sur la route du retour.

Dans la journée du 14, je reçus la visite du roi de Badjibo, accompagné des notables.

C'est un homme de race tapa, nommé Asouma, qui est alternativement en froid ou en guerre ouverte avec le roi de Bida, et avec les Baribas de Cayoman.

Il m'apportait deux moutons blancs à long poil, qui n'attendaient qu'un coup de fer pour avoir de la laine. Habitués à ne plus voir que des moutons à poil ras, nous eûmes l'impression de recevoir des mérinos.

Comme Suleyman et le charpentier étaient revenus de leur reconnaissance forestière sans avoir trouvé d'arbres convenables, je demandai à Asouma de m'indiquer dans le voisinage les bois qu'on employait pour faire des pirogues. Il me laissa alors son interprète nommé Brama, sorte de factotum très intelligent qui était destiné à me renseigner.

Le même soir, il nous facilita la location, moyennant trois pièces d'étoffe par mois, d'une pirogue destinée à faire le va-et-vient entre le village et notre rive. Un marché à provisions fut aussitôt installé.

Le 15, après le départ de mon convoi de rapatriés, je me rendis avec deux cents hommes dans une île où Brama nous avait montré deux superbes rocos, sorte de bois rouge qui fait d'excellentes planches.

Nous n'avions pas de cognées convenables pour les abattre et nous avions encore moins de bûcherons. Nous entreprîmes de scier ces arbres avec des scies articulées [1].

Comme ils avaient 70 centimètres de diamètre et que les scies n'avaient qu'un mètre 20 de longueur, ce travail marcha très lentement et demanda une journée entière.

Pendant que le lendemain 16, on ébranchait les cadavres de ces arbres, et qu'on ouvrait dans la brousse un chemin pour les amener au rivage, je faisais débroussailler à l'embouchure de la petite rivière le Doko un emplacement qui me parut favorable au lancement de notre bateau et à l'établissement d'un chantier.

Partout ailleurs en effet, il fallait descendre 5 à 6 mètres de berge à pic pour atteindre l'eau : au contraire, à l'amont de l'embouchure du Doko, les alluvions venaient mourir en pente douce : on pouvait y faire rouler sans trop de peine les grosses pièces amenées par eau. Les pirogues y trouvaient un port peu profond, abrité des courants et des coups de vent. De grands arbres permettaient d'y travailler à l'ombre.

Une fois ces divers travaux mis en train, je recherchai l'emplacement le plus convenable pour l'établissement du poste.

Droit en face de Badjibo, sur la première crête bor-

---

[1]. Scies de poche faisant partie du petit outillage du soldat en campagne.

dant la vallée, à environ 500 mètres du fleuve et à 200 mètres du bois, se trouvait une petite éminence en terrain découvert. Un pli de terrain situé tout auprès cachait une petite source qui pouvait donner de l'eau, quand on n'avait pas le temps d'aller au fleuve. La route de Cayoman passait à portée de la vue et du fusil.

C'est là que je traçai un rectangle de 100 mètres de long sur 60 de large.

Le poste, qui reçut le nom d'Arenberg, devait être entouré d'un fossé et d'un retranchement surmonté d'une palissade.

Au milieu de la cour furent tracées deux grandes cases : l'une, pour moi, devait en même temps servir de magasin aux marchandises, vivres et munitions, l'autre était destinée aux officiers.

A gauche, les paillotes des Sénégalais, à droite, celles des Haoussas, derrière, celles des laptots. Les femmes étaient réparties à droite et à gauche de la porte d'entrée.

Quant aux anciens porteurs, ceux qui n'étaient pas employés au chantier furent divisés en six groupes agricoles, et construisirent leurs cases de chaque côté de l'avenue qui menait de la porte du poste au fleuve.

Cette avenue, dégagée des taillis et broussailles qui gênaient la vue, ombragée par les arbres superbes qui la bordaient, conduisait à un petit embarcadère spécial; bien gazonnée et verdoyante, elle donnait un point de vue agréable sur le Niger et sur Badjibo.

Tous ces travaux furent confiés à l'adjudant Doux dont la santé se remettait peu à peu. Il employait tous ceux des hommes qui n'avaient pas encore pu recevoir de pioche pour cultiver la terre. Nos maisons furent assez vite élevées : elles étaient habitables le 10 mars.

Le reste des aménagements, débroussaillements, rigoles pour l'écoulement des eaux, cases bordant l'avenue, achèvement de l'enceinte et de l'embarcadère, fut terminé le 24 mars.

Du côté de la batellerie et des charpentiers nous rencontrions de plus sérieuses difficultés. L'un de mes charpentiers noirs, Pierre Gaye, avait été réellement employé à la fabrication des chalands de Saint-Louis. Il savait tailler dans une branche d'arbre une courbe, une étrave, un étambot, il était donc capable d'établir la membrure de son bateau. Mais quand il s'agit d'avoir des planches, il me déclara tout net que certainement il savait en faire, — *à condition d'avoir une scierie à vapeur!*

Je le laissai donc à son travail de membrure.

Les autres Sénégalais, laptots entêtés, se déclarèrent réfractaires à tout travail de charpente.

Restaient les Dahoméens, qui n'ayant jamais vu ni planches, ni charpente, ni charpentiers, ni scieurs de long, n'apportaient dans cette industrie naissante aucune idée préconçue. C'est à eux que je résolus d'avoir recours.

Je disposais, pour toute scie de long, de six scies de poche articulées. Destinées à l'abatage de petits arbres, ces scies présentaient un chemin énorme, nécessaire au passage des têtes de rivets des articulations. On usait le bois plutôt qu'on ne le sciait.

Pour aller au plus pressé on mit en batterie les billes du plus petit équarrissage et après avoir tracé sur l'écorce les lignes à suivre, deux Dahoméens s'efforcèrent en tirant en va-et-vient sur une scie, de suivre ces lignes. Malheureusement une scie qui est simplement tirée à la main prend en s'appuyant sur le fond du sillon qu'elle trace la forme d'une courbe de chaînette très prononcée. Les mailles en passant successivement sur le bois épousent cette courbe, et pour l'épouser font jouer les articulations. Or ce jeu répété pendant des journées entières avait pour effet de cisailler les axes des rivets et je vis rapidement venir le moment où toutes mes scies se rompraient à chaque instant. J'installai aussitôt un petit atelier pour les réparer, et je me mis en mesure de monter une de nos scies sur un cadre de scie de long.

Après avoir confectionné avec Pierre Gayc un cadre rectangulaire qui était un modèle de grossièreté, je parvins à tendre une scie articulée au milieu de ce cadre en fixant les deux manches des extrémités dans des billots de bois dur entourés d'une plaque de boîte de sardines et traversés par des boulons. Ces boulons qui traversaient les deux petits côtés du cadre servaient au réglage de la tension.

Mais cet instrument, qui nous avait coûté tant de peine à établir, était encore bien plus difficile à manier. D'abord il avait un poids énorme et je ne pouvais pas le manœuvrer une heure sans être courbaturé ; puis la scie articulée, outre qu'elle avait beaucoup de chemin, n'avait pas assez de largeur de lame pour rester sur son plat : elle ployait comme une paille au fond de l'entaille qu'elle creusait, et tournait son tranchant dans toutes les directions, sauf la bonne. Il fallait corriger ces déviations en forçant sur le cadre, et le scieur d'en haut contrariant le scieur d'en bas, on rompait la scie souvent, on se rompait les bras constamment. Il aurait fallu pour tirer parti d'un tel outil, des ouvriers consommés.

Or c'était moi qui donnais la leçon de sciage de long à tout le chantier et j'aurais déjà été bien embarrassé, même avec une bonne scie.

Pourtant après deux jours d'efforts, en m'employant avec Abul, tantôt dessus, tantôt dessous, nous étions parvenus à scier une cinquantaine de centimètres à peu près droit.

Quand Abul eut été mis au courant, je le remplaçai par un hamacaire de Ouida nommé Tao. A eux deux, ils donnèrent leçon à un troisième, et cet apprentissage faisant boule de neige, j'eus à la fin six équipes de scieurs de long qui, sous la direction du sergent Koléry, parvinrent à débiter chacune jusqu'à trois planches par jour.

M. Targe, qui s'était guéri petit à petit, était venu m'aider dans cette besogne, avait fabriqué à son tour des scies et surveillé la mise en chantier des pièces de bois. Cette manœuvre de force était une cause d'accidents fréquents et demandait plus d'intelligence que nos noirs ne pouvaient en apporter à ce travail.

Pour les travaux de culture, il ne fut pas procédé par entreprise d'ensemble. D'abord la saison sèche, qui battait alors son plein, ne permettait pas de faire des semailles en février, puis nous manquions d'outils, du moins d'outils au maniement desquels les noirs fussent habitués.

Le forgeron de Badjibo se mit à m'en fabriquer, et dans le courant de mars, il arriva à me livrer en moyenne deux pioches emmanchées chaque jour, ce qui suffit amplement aux travaux courants. D'ailleurs ce forgeron me fabriquait en même temps des clous pour mes bateaux et sa production atteignait vraiment tout le rendement qu'on pouvait attendre de sa petite industrie.

Avant les grandes semailles qui étaient celles du mil et du maïs, je fis faire des plantations de patates douces tout le long des berges du fleuve. Cette culture est extraordinairement hâtive et productive, surtout quand on dispose d'un terrain très profond et qu'on peut arroser : c'était notre cas. Un nommé Semeto, que nous avions amené des environs d'Allada, mais qui était de race tapa et avait été emmené tout jeune en captivité par les Dahoméens, était le chef de nos cultures.

Il est toujours indispensable en effet de se renseigner sur les cultures en usage dans le pays où on arrive, sous peine de faire des efforts improductifs. Semeto, qui avait vécu autrefois à Badjibo même, entra immédiatement en rapports avec ses anciens compatriotes, qui le traitaient en frère, lui vendaient à bon compte toutes les semences appropriées au sol et le remettaient au courant de toutes les particularités du climat et du terrain en ce qui concerne la culture.

D'ailleurs Semeto était un des noirs les plus intelligents et les plus sérieux que nous eussions ; très vigoureux, il avait assez d'énergie pour obtenir du travail des autres sans les brutaliser.

Constructions, batellerie et cultures étaient en train et je commençais à désirer voir arriver M. de Pas, dont je n'avais pas de nouvelles depuis un mois, lorsqu'un matin, le 3 mars, le caporal Agouté, que j'avais laissé à Tchaki, arriva vers sept heures et demie, devançant le détachement de mon lieutenant.

Une heure après, nous voyions ce dernier apparaître lui-même sur la crête en face de celle où nous bâtissions le poste. Il marchait très droit, et à une bonne allure, s'appuyant seulement sur un bâton de pèlerin, et du plus loin que je le vis, je constatai ainsi que sa santé s'était rétablie.

Si on se rappelle dans quel état je l'avais laissé le 2 février, on comprendra que j'aie pu pousser, en l'apercevant ainsi, un soupir de satisfaction.

Derrière lui, au milieu des bustes noirs de ses porteurs, je distinguais encore un casque et un veston blancs : Sedira était donc aussi vivant, vivant et marchant, c'est-à-dire bien portant.

Amener Sedira vivant au Niger, je n'avais jamais osé l'espérer. Et pourtant, le pauvre garçon, il était loin d'être au bout de ses peines et devait en voir bien d'autres.

Dès que M. de Pas eut répondu aux questions dont il était assailli de tous côtés, je me fis mettre au courant de la situation qu'il avait laissée à Tchaki.

Après la mort d'Ajani, survenue le 19 février, l'autorité de notre résident n'avait cessé de grandir en raison de la division des partis. M. de Pas était resté le maître de la situation, grâce à son influence sur Bagui.

Malheureusement les lettres que de Tchaki j'avais écrites à M. Ballot, ne lui étant pas parvenues à Niki, avaient été retournées à Tchaki et remises à M. de Pas. Ce fonctionnement de notre correspondance, se manifestant par le retour d'une lettre dont « le destinataire est parti sans adresse », témoignait assez du bon vouloir des Baribas de Gobo, mais apprenait aussi à mon lieutenant que l'autorité de Porto-Novo n'avait pas connaissance de la situation avantageuse et intéressante où il se trouvait.

Je résolus immédiatement d'envoyer par eau M. de Pas au Dahomé. Depuis mon arrivée au bord du fleuve, je cherchais aussi un moyen d'évacuer M. Targe sans trop de danger pour lui. Il était encore trop faible et sujet à des crises trop fréquentes pour qu'il fût possible de le laisser aller tout seul au fil de l'eau pendant les cinq ou six jours qui paraissaient nécessaires pour atteindre un port fréquenté par des bateaux à vapeur.

M. de Pas était mieux remis que lui, et bien qu'il eût encore, de temps en temps, des accès graves, il eût fallu beaucoup de malchance pour que les deux officiers fussent malades en même temps; en tous les cas cette malchance était de celles qu'on pouvait risquer, étant donné qu'aucun de nous ne voyageait pour sa santé.

Mais je n'étais pas fixé sur les facilités ou les dangers de la navigation en aval de Badjibo.

Le fait qu'un bateau à vapeur fût venu il y a sept ans en amont de notre poste prouvait assez que la navigation y était possible. Le fait que cette tentative ne s'était pas renouvelée tendait à prouver qu'on l'avait tenue pour dangereuse, et en outre, je ne savais pas dans quelle saison avait eu lieu cette expérience, ni si celle où nous étions permettrait de la recommencer.

Je voyais journellement des barques conduites par des Baribas, et chargées à couler, descendre ou remonter le fleuve, elles allaient jusqu'à des dépôts où arrivaient les navires à vapeur. Mais l'expérience que j'avais faite sur la lagune de Porto-Novo de la navigation en pirogue m'avait édifié. Aux souffrances que j'avais endurées pendant deux heures, je jugeai impossible de soumettre pendant plusieurs jours des officiers anémiés et malades à pareille torture. Il fallait donc jumeler deux pirogues de manière à supprimer les oscillations transversales, et permettre ainsi un peu d'ombre et de repos, un peu de cuisine aussi, sur cet appareil flottant. Mais les pirogues jumelées sont loin de naviguer aussi bien dans les endroits dangereux, loin d'être aussi bonnes marinières que les pirogues des Baribas, et si l'on rencontrait des rapides dangereux vers l'aval, un pareil esquif pouvait chavirer.

Enfin j'avais le vif désir de faire personnellement la reconnaissance du fleuve jusqu'au premier établissement qui me signalerait la présence ou l'influence des Anglais.

On m'annonçait qu'à Géba, une journée en aval de Badjibo, il existait un dépôt de marchandises européennes tenu par un noir qui parlait anglais. C'était pour y aller et en revenir l'affaire de cinq jours. Pendant ce temps-là les travaux amorcés pourraient se poursuivre et même s'achever : M. de Pas et Sedira ayant porté à quatre le nombre des blancs présents à Arenberg, il eût fallu un concours effroyable de circonstances pour que la maladie les atteignît tous à la fois et que le commandement du poste tombât à vau-l'eau en cinq jours.

Je demandai donc à Brama de me servir de pilote et le 5 mars, nous partîmes à dix heures du matin dans la pirogue du roi de Badjibo, que j'avais pourvue d'un double bordage et armée d'avirons.

Après six heures de navigation agréable, coupée d'arrêts fréquents dans les nombreux villages à hauteur desquels nous passions, nous arrivâmes en pleine nuit à Géba, ayant relevé l'embouchure de la Moltche à une demi-heure au sud d'Arenberg.

Nous n'avions rencontré aucun rapide ; un esquif quelconque, même gouvernant mal, ne courait donc aucun danger du fait des courants.

La nuit se passa sans autre incident qu'une scène ridicule résultant de l'inexpérience de mes nautoniers, qui avaient amarré ma pirogue dans le sable. Le courant aidant et aussi quelque clapotis causé par le vent, la pirogue dans laquelle je dormais avec un laptot partit en dérive. Le courant était vif et nous eûmes bientôt quitté la rive et le campement. Les laptots qui dormaient sur la rive, s'éveillèrent presque aussitôt et se mirent à courir le long du bord en nous hélant. Mais la pirogue avait de l'avance et Géba étant dans une île, mes Sénégalais furent obligés de s'arrêter quand ils furent arrivés à l'extrémité inférieure; je fus donc réveillé par des bruits de voix déjà lointaines qui appelaient : « Amadi Camara ! Amadi Camara ! »

Ledit Amadi Camara (le laptot qui était avec moi) dormait comme une bûche. Ouvrant les yeux et voyant que nous étions en pleine eau, je me précipite sur lui, et étant parvenu à le réveiller, je lui mets l'aviron à la main.

La pirogue était un peu lourde pour être ainsi nagée à contre-courant par deux rameurs seulement et il nous fallut plus de trois quarts d'heure pour rejoindre l'île, où le reste de mon détachement, mis aux abois par cet incident, nous aida à reprendre notre place.

On pourrait croire que cette aventure rendit nos gens plus prudents, mais ce serait confondre un noir avec un blanc, et au cours de notre grand voyage vers l'amont, nous eûmes ainsi trois départs en dérive en pleine nuit, et malheureusement l'un d'eux entraîna la perte d'une pirogue contenant le revolver et la cantine d'Abul, et dans sa cantine tous nos papiers relatifs aux détachements de porteurs, tous les registres de renseignements fournis par les indigènes dont Abul avait la tenue et la garde.

Le lendemain, dès l'aube, je vis à quelques mètres du rivage un bâtiment dont l'allure marquait l'intervention de l'art européen. Des tas de bois étaient empilés sur la rive avec une certaine symétrie, comme si un mauvais géomètre avait voulu en préparer le métrage ; enfin s'il n'y avait pas là une factorerie dans le sens qu'on attribue à ce mot à la côte, où il est synonyme d'établissement important, il est certain que cette bâtisse, ces marchandises, annonçaient la présence d'un noir plus civilisé que les indigènes du cru.

J'envoyai aussitôt Abul prendre langue et il revint au bout de deux heures très bien documenté.

Le noir qui tenait le dépôt était un nommé Wilhem, natif d'Abeokouta.

Il faisait échange de marchandises, anglaises pour la plupart, contre du riz, du beurre de carité, du caoutchouc, de la gomme et des moutons.

Un petit vapeur venait toutes les trois semaines de Lokodja ou de Igga : Wilhem lui faisait préparer sa provision de bois de chauffe.

Il avait pour correspondant un nommé Nicholson, Anglais établi à Igga, qui était lui-même sous les ordres d'un nommé Watts en résidence à Lokodja.

Je ne désirais rien savoir de plus : toutefois je dis à Abul de faire marché pour une certaine quantité de provisions, afin de me rendre compte du changement apporté dans la valeur des choses par cette demi-pénétration européenne. Les prix et les objets d'échange étaient les mêmes qu'à Badjibo et à Kitchi.

Nous armions l'embarcation pour pousser, lorsque une femme qui nous avait vendu du riz accourut à nous et nous demanda tout en larmes de nous rendre son sac. Wilhem l'avait menacée, paraît-il, pour être entrée en commerce avec nous.

Il faut noter encore une fois ce trait qui prouve combien nous nous faisons d'illusions sur le libre exercice de la loi de l'offre et de la demande en pays noir. Tandis que nous avons tendance à considérer le boycottage et la mise à l'index comme le dernier mot de nos luttes industrielles et commerciales, on trouve au contraire que ces procédés sont ceux de la plus noire barbarie — ou de la barbarie noire, comme on voudra. Tous les noirs admettent très bien qu'on leur dise : Tu achèteras à un tel et non à tel autre, à tel prix et non plus cher ni meilleur marché, tu travailleras pour Émile à tel prix et tu ne feras rien pour Pierre, quelque paye qu'il te propose. De sorte que, comme je l'ai dit à propos de la démoralisation de la côte, c'est le libre jeu de l'offre et de la demande qui constitue ici le progrès le plus subit, le plus incompris, le plus effrayant qu'on puisse concevoir. Restées lettre morte pour des cerveaux qui n'en soupçonnent pas le fonctionnement, les lois de la concurrence, brutalement importées dans tout leur appareil moderne, n'arrivent qu'à fausser la valeur des choses et à révolutionner d'une manière particulièrement immorale les rapports sociaux en soumettant les fortunes à un bouleversement continu.

Notre retour s'effectua d'une manière assez pénible. Tandis que la descente s'exécute mollement, sans autre souci pour le chef que la relève de sa route et le soin de se tenir au milieu du courant, la remonte d'un fleuve rapide comme le Niger exige des efforts de tous les instants. Il faut, pour éviter le courant, naviguer près des berges, et comme elles sont boisées, les branches qui surplombent détruisent ou renversent tout ce qu'on peut mettre dans l'embarcation, soit pour s'abriter, soit pour faire un peu de cuisine. La petite installation rudimentaire que je m'étais faite pour la descente fut donc détruite en une heure.

De plus mes laptots avaient une profonde inexpérience du maniement de la perche : habitués aux eaux tranquilles du Sénégal, dont les rives plus ou moins sableuses se prêtent en général au halage à la cordelle, ils étaient déroutés par l'impétuosité du courant et par l'impossibilité de circuler le long de la berge. Aussi partions-nous fréquemment en dérive. Lorsque nous avancions, nous étions devancés par des Baribas, qui manœuvrant à deux des embarcations plus spacieuses que la nôtre (nous étions dix), marchaient cinq à six fois plus vite que nous.

En dehors de l'ennui que j'eus, de mettre trois jours et demi pour revenir de Géba à Arenberg, cette constatation fâcheuse me remplit d'anxiété pour la remonte en amont d'Arenberg.

Si la simple vivacité du courant, dépourvu pourtant de toutes chutes et de tous rapides dangereux, nous réduisait à la vitesse de 800 mètres à l'heure, je ne pouvais compter fournir une longue course vers l'amont.

L'exemple des Baribas qui, avec cinq fois moins de personnel, réalisaient des vitesses quintuples, me détermina à avoir recours à leur expérience.

Rencontrant un groupe de six de leurs embarcations conduit par un vieux chef, sorte de Triton noir à barbe blanche, j'entrai en conversation avec eux et obtins du vieux Triton qu'il attendrait mon retour à Arenberg et donnerait sur sa flottille passage à Abul jusqu'à Boussa.

En même temps je cherchais à me rendre compte de la manière dont ils manœuvraient leurs embarcations.

Le problème marinier qu'ils résolvent avec tant de succès est celui-ci : étant donné un fleuve à courant rapide, le remonter à la perche, bien que la profondeur d'eau soit plus grande que la longueur de la perche.

Voici la solution. Les deux équipes d'avant et d'arrière poussent avec la perche en prenant appui sur la paroi verticale de la berge. Chaque équipe pousse donc vers l'amont et vers le large. Il en résulte que si les deux équipes ne concertaient pas leurs efforts d'une manière spéciale l'embarcation gagnerait le large, les perches perdraient la rive, et comme elles n'atteignent pas le fond, le bateau, dépourvu de tout moyen d'appui, partirait en dérive.

Le principe consiste en ce que si les deux pousseurs, celui d'avant et celui d'arrière, poussent tous deux en amont et au large, celui d'arrière pousse toujours plus au large que ne le fait son partenaire d'avant. L'axe du bateau prend donc, à la fin de la poussée du pousseur d'arrière une direction *l'arrière au large* et si les deux efforts ont pu lui donner une vitesse supérieure au courant, il gagnera vers l'amont tout en se dirigeant vers la berge, contre laquelle un nouvel effort va pouvoir s'exercer.

On comprend que cette corrélation entre les efforts des pousseurs d'avant et de ceux d'arrière demande une entente et un doigté remarquables.

Il me fallut, après m'en être rendu compte, donner cette leçon à tous les laptots, un à un, pour arriver à leur faire comprendre ce mécanisme de marche, et il me fallut plus d'un mois de pratique de chaque jour, à raison de douze heures par jour, pour obtenir avec quatre saracolets la même vitesse qu'avec deux baribas. Pourtant, grâce à la discipline qui s'établissait peu à peu et à l'amour-propre de mes laptots, je finis par obtenir d'eux des efforts appropriés et énergiques et à la fin du *deuxième mois*, mon embarcation marchait plus vite qu'aucune de celles des Baribas.

J'arrivai à Arenberg vers deux heures du soir le 9. Je savais la navigation libre de tous rapides jusqu'à la mer, il n'y avait plus qu'à prévenir mes deux officiers de faire leurs préparatifs.

Tous deux furent absolument désolés : M. de Pas, qui était encore vigoureux, était tenté par la remonte des rapides de Boussa qu'il soupçonnait devoir être émouvante, et quant à M. Targe, depuis que ses accès de fièvre lui laissaient quelque répit, il oubliait

ARRIVÉE AU NIGER

volontiers qu'il était malade deux jours sur quatre.

A l'un, je fis valoir la raison d'État, devant laquelle il s'inclina tout de suite, à l'autre je ne pouvais opposer que sa santé : ce n'était pas assez pour un homme qui en avait déjà fait le sacrifice et il lui fallut tout son respect de la discipline pour se résigner.

Le lendemain je m'employai au jumelage de deux petites pirogues que j'avais pu acheter et à la construction d'une paillote sur cerceaux qui coiffait les deux embarcations, et donnait à l'abri de mes deux compagnons l'aspect d'une roulotte de saltimbanque. L'après-midi, il fallut faire les paquets, choisir ce qui devait être emporté, ce qui devait rester. Les carnets d'itinéraire furent recopiés, ainsi que les résultats des observations astronomiques. M. Targe en emporta un exemplaire, je gardai l'autre. Tous les clichés photographiques déjà tirés, les éléments de collection scientifique, des vivres pour vingt jours, un bagage très restreint pour les deux voyageurs suffirent à remplir les deux petites embarcations.

Avec les deux blancs s'embarquaient deux laptots armés de mousquetons à tir rapide, ce qui portait à quatre les fusils dont ils allaient disposer.

Un rameur supplémentaire, un cuisinier, le nommé Ousso déjà connu [1], et une femme que j'avais ramenée de Géba pour leur servir d'interprète complétaient à sept ce petit détachement.

La nuit se passa en rédaction de dépêches, de lettres au ministre, à la famille, aux amis, etc., en observations relatives à une éclipse totale de lune qui avait précisément lieu. Ces observations étaient le seul moyen simple que nous eussions de vérifier la marche de nos montres depuis la côte [2].

1. Ousso, que j'avais laissé à Abomé, nous avait rejoints à Fauri.
2. Disons pour les non initiés que la longitude d'un lieu par

Bien que des nuages malencontreux soient venus nous gêner pour l'observation de certaines des phases de l'éclipse, il en resta assez de visibles pour nous renseigner sur l'état de nos chronomètres.

Cette nuit, la première que nous ayons passée dans nos vastes demeures du poste d'Arenberg, fut aussi une nuit d'adieux pour nos deux camarades.

Le lendemain 11, à dix heures du matin, ils s'embarquaient à notre petit embarcadère du chantier.

Outre toutes nos lettres privées, M. Targe emportait une lettre d'instructions personnelles, une lettre de présentation pour le commandant de l'*Ardent*, qui était supposé devoir se trouver en rivière au-dessous d'Abo, et une lettre pour le ministre des colonies.

Voici cette dernière.

Arenberg, rive droite du Niger, en face de Badjibo,
le 11 mars 1895.

« Monsieur le Ministre,

« Depuis que j'ai eu l'honneur de vous écrire, le 15 du mois dernier, j'ai continué, comme je vous l'ai annoncé, de poursuivre l'exécution du programme que vous m'aviez tracé, le 16 novembre, en tenant compte des circonstances exceptionnellement favorables dans lesquelles je me trouvais à mon arrivée sur le Niger.

rapport à Paris est donnée par la différence des heures de ce lieu et de Paris au même moment, qu'il faut donc posséder toujours un chronomètre donnant l'heure de Paris. Pour s'assurer qu'il n'a pas varié, depuis le départ, ou plutôt pour mesurer de combien il a varié, il suffit de noter le moment précis où commence un phénomène astronomique signalé par l'Annuaire du Bureau des longitudes. Si, par exemple, l'Annuaire porte que ce phénomène commence à $10^h, 20'$, on en conclut au moment où on l'aperçoit qu'il est juste $10^h, 20'$ à Paris, et si la montre qu'on a à la main marque $10^h\ 20'\ 22''$, on en conclut qu'elle a avancé de 22 secondes depuis 66 jours, ou de 3 dixièmes de seconde par jour.

« J'ai donc entrepris la reconnaissance du fleuve et de ses affluents en aval et en amont de mon point d'arrivée.

« Pour la reconnaissance de l'aval, je me suis proposé : 1° de déterminer exactement le point où s'arrête l'influence directe de la Royal Niger C°; 2° de déterminer le cours du fleuve et de ses affluents de droite entre ce point et Badjibo.

« J'ai donc descendu le fleuve en pirogue, lentement, jusqu'à Géba, village situé dans une île à 36 kilomètres environ au-dessous de Badjibo. C'est dans ce village, le sixième à partir d'ici, que j'ai trouvé le premier noir, se disant agent de la Cie Royale du Niger. C'est un nommé William ou Wilhem, né à Abéokouta. Il est immédiatement entré en hostilité avec nous, multipliant les démarches auprès des autorités du pays pour me faire défendre d'acheter des vivres, en refusant, d'ailleurs, à mon interprète, et menaçant ceux des noirs qui m'en avaient vendu, au point que quelques-uns de ces malheureux sont venus me prier de leur rendre leurs denrées.

« Toutes ces manœuvres ont d'ailleurs eu lieu dans la coulisse, car je ne l'ai point vu. Voulant n'avoir aucun rapport avec des agents de cette nature, je suis resté dans ma pirogue et ayant constaté ce que je voulais voir, j'ai remonté le fleuve jusqu'ici, ce qui m'a demandé trois jours.

« Badjibo est donc, comme je le pressentais en me dirigeant vers ce point, le premier village important qui soit encore en dehors de l'influence anglaise. C'est pourquoi je me suis efforcé de persuader à tous, depuis mon arrivée, par mes paroles et par mes actes, que notre installation ici est définitive.

« J'y ai acheté du terrain sur un rayon de trois mille mètres autour de mon pavillon. Pendant mes courses sur le fleuve et sur la Moursa, j'ai laissé ici mon escorte et ceux de mes anciens porteurs, femmes ou esclaves, qui se sont installés autour de ma tente. J'ai fait construire des habitations spacieuses et relativement confortables, entourées de moyens de défense qui mettent leurs habitants à l'abri des pillards et même de détachements importants. J'ai acheté des instruments de culture et des semences, ainsi que des vivres pour permettre aux braves gens qui ont eu foi en moi d'attendre en paix mon retour jusqu'à la récolte prochaine.

« Le site est riant, dans une situation défensive très convenable ; le terrain, d'une admirable fertilité, n'a été abandonné par les habitants de Badjibo, qu'à la suite d'invasions répétées des Dahoméens et des Baribas. Nos maisons sont construites sur une éminence assez saine où nos malades se remettent lentement.

« J'ai donné à notre installation ici le nom d'Arenberg, me rappelant l'insistance avec laquelle le président du Groupe colonial me demandait d'atteindre le Niger au-dessous de Boussa.

« Quant au cours du fleuve, il a été très inexactement rapporté sur les cartes que nous possédons. M. le lieutenant Targe vous en communiquera le relevé exact que j'en ai fait en attendant le travail plus complet qui sera fait à mon retour.

« De mon exploration vers l'amont, j'augure assez bien. J'ai, dès maintenant, la certitude de trouver absolument vérifiées les conclusions que je vous soumettais au mois de juillet dernier, tendant à la non-existence, vers Boussa, de chutes ou de rapides infranchissables.

« Afin de n'être pas à la merci des indigènes en ce qui concerne mes moyens de transport, j'ai dû me préoccuper, dès mon arrivée ici, de construire et d'aménager des embarcations. Tout ce travail a été forcément lent en raison de la rareté des arbres donnant du bois de construction, de l'inhabileté incroyable des ouvriers et de l'absence d'outils, de scies notamment. Après quelques jours de recherches et d'apprentissage, le travail a pourtant été mis en train et j'espère mener à bonne fin tout ce que j'ai entrepris. M. Targe et M. de Pas descendront tout à l'heure le Niger dans la première embarcation qui sortira de notre chantier.

« J'ai en effet pris la résolution de faire partir immédiatement M. de Pas, que j'avais rappelé de Tchaki. Les circonstances dans lesquelles je l'y avais laissé lui faisaient dans la principauté une situation exceptionnelle. La mort du roi Ajani est venue faire de lui l'arbitre des partis qui se disputaient le pouvoir. Voyant revenir les lettres que j'avais adressées par Niki à M. le Gouverneur du Dahomé, M. de Pas a pensé que le Gouverneur ne lui enverrait pas de successeur dans les limites de temps que j'avais assignées à son séjour. Il s'est, conformément à mes ordres, mis en route pour me rejoindre.

« J'estime qu'il importe de faire connaître au Gouverneur du Dahomé ou au fonctionnaire qui le remplace à Porto-Novo, la situation assez compliquée, mais favorable à nos intérêts, où se trouve la principauté de Tchaki, et j'envoie M. de Pas à la côte par le moyen le plus rapide dont nous disposions, qui est la descente du fleuve. Il accompagnera M. Targe, dont la santé fort ébranlée, comme je vous le disais dans ma lettre du 15 février, s'est assez rétablie pour lui permettre de supporter ce dangereux et pénible voyage. M. Targe rapporte en France les résultats déjà acquis de la mission. Après les premiers rapports que je vous ai adressés au sujet de cet officier, il est à peine besoin d'ajouter que ce retour ne dissimule ni aucune disgrâce de ma part, ni aucun découragement de la sienne. M. Targe est désolé de ne pas continuer avec moi la remonte du fleuve vers le nord, et je regrette vivement de mon côté d'être obligé de me séparer d'un ami et d'un collaborateur si précieux. Mais il a été trop malade et il est encore trop faible pour que je puisse le laisser venir avec moi dans une partie de mon voyage qui me paraît devoir être assez pénible. Je puis d'autant moins accepter de sa part ce nouveau sacrifice, que l'objectif assigné à ma mission par vos instructions se trouvant atteint, c'est presque une nouvelle expédition que j'entreprends et, dans ces conditions, je me reprocherais de l'emmener alors que sa force de résistance est presque anéantie. Si loin que je sois, quand il arrivera en France, vous pouvez compter, monsieur le Ministre, que l'accueil que vous lui ferez à son retour sera, de toutes les faveurs dont vous pouvez disposer pour moi, celle qui m'ira le plus au cœur.

« Veuillez agréer, etc. »

Abul était parti le 10 pour Boussa, emmenant avec lui quatre laptots pris parmi les plus intelligents et les plus susceptibles d'acquérir sur la navigation dans le fleuve des connaissances profitables.

En attendant son retour les travaux de batellerie furent poussés avec vigueur.

Déjà, pendant mon voyage à Géba, nous avions assez de planches pour que M. Targe eût pu faire confectionner l'étambot. Deux jours plus tard, les courbes étaient mises en place et réglées au moyen de voliges qui donnaient la silhouette des flancs du bateau. Dès le soir les planches de fond étaient posées.

En même temps je prenais possession de deux grandes pirogues que j'avais achetées.

Je m'en servis presque aussitôt pour faire en pirogues jumelées une reconnaissance de la Moursa (Moltche). Ce fut d'ailleurs l'affaire d'une dizaine d'heures.

Il ne faut pas en effet pour aller du chantier du Doko à l'embouchure de la grande rivière plus de trente minutes de navigation à la descente, et une fois que nous fûmes engagés dans le lit de la Moltche, nous n'eûmes pas à marcher plus d'une heure pour arriver au bout, c'est-à-dire pour rencontrer des hauts-fonds complètement à sec sur lesquels la végétation la plus intense s'était développée.

Au retour, nous constatons de nouveau que notre personnel est incapable, en quelque nombre qu'on l'emploie, de remonter à l'aviron le courant du Niger.

Pendant trois quarts d'heure, où chacun *souque* de son mieux, nous restons sans avancer ni reculer, présentant le nez de l'embarcation dans tout le profil de la rivière et cherchant en vain un filet d'eau moins rapide que les autres qui nous permette de gagner vers l'amont. Partout nous sommes repoussés.

Nous nous résignons à atterrir. On remontera le long de la rive en s'aidant des branches.

A sept heures du soir tout le monde est exténué. Nous atterrissons rive gauche. Suleyman va passer la nuit sur la berge avec les laptots; Doux et moi nous nous mettons en route par terre et, après maint détour pour éviter les marigots, nous arrivons à dix heures et demie à Badjibo. Le village était en rumeur, averti par les nôtres du retard inattendu qu'éprouvait notre retour. A onze heures nous étions à Arenberg, j'envoyais à Suleyman quelques hommes de renfort avec des cordages et des bambous.

Vers dix heures du matin, tout le monde était de retour; mais quelle leçon pour l'équipage et pour moi!

Tout en maintenant l'emploi des avirons comme ressource passagère, j'étais résolu à tout agencer pour faciliter l'emploi de la perche.

En même temps que l'instruction spéciale sur le maniement des bambous était donnée aux laptots dans les conditions que j'ai dites, je faisais garnir l'embarcation d'un cours de planches de manière à permettre aux percheurs de circuler sur les deux bords.

Le 23 mars, Abul revint de Boussa, enchanté de son

entrevue avec le roi. Ce dernier était lui-même très satisfait de mes cadeaux et exprimait le plus vif désir de me voir venir chez lui. Il m'envoyait un récadère spécial, le nommé Chabi, douanier à Liaba, avec un interprète, Nasamou, quantité de provisions, dont huit moutons blancs. Plusieurs de ces cadeaux étaient faits soit au nom du fils du roi, soit au nom de la reine.

Mais ce qui valait mieux encore que tous ces cadeaux et que les invitations les plus empressées, c'étaient quatre grandes barques, montées par seize bateliers consommés.

Les quatre laptots que j'avais envoyés en reconnaissance fluviale avec Abul ne tarissaient pas sur l'intrépidité de ces Baribas, sur leur profonde connaissance du fleuve. Sans eux il serait impossible, disaient-ils, de s'engager dans les rapides, car les vagues y sont plus hautes que dans le golfe de Gascogne, et on ne sait pas comment ils s'y prennent pour que leurs barques ne soient pas englouties d'un seul coup.

Enfin le 25 mars à midi, quarante jours après notre arrivée à Arenberg, notre grande embarcation était prête et chargée de trois tonnes de matériel.

La veille au soir, j'avais réuni dans un grand dîner Asouma et les principaux du village de Badjibo avec les envoyés du roi de Boussa.

J'avais remis à Asouma nos trois chevaux, vingt ballots d'étoffe et dix caisses de pacotille, soit environ une valeur marchande de 8000 francs, qui avec les 1500 francs déjà reçus par lui portaient à 9500 francs le total de mes cadeaux ; il s'engageait en échange à assurer la nourriture du poste jusqu'à la récolte. Celle-ci s'annonçait comme devant commencer par les patates douces vers le 10 mai.

Une fois embarqués au chantier du Doko, nous montâmes jusqu'à la hauteur de Badjibo, où je débarquai pour faire mes adieux.

Plus de cinquante personnes de rang sérieux étaient

venus le matin à Arenberg pour nous faire leurs souhaits, je passai donc à mon tour chez elles. Bien que la curiosité eût attiré tout le monde dehors, et que je n'eusse guère qu'à serrer la main à un rang de notables, cette cérémonie nous retint près d'une heure. Chacun tenait en effet à m'apporter un petit présent de bon voyage, qui un pot de miel, qui un poulet, qui des œufs, qui des dattes (rares dans le pays), qui une pagaye. Il fallait remercier et reconnaître chaque gracieuseté par un petit discours et un souvenir personnel, comme une pipe, un couteau, un miroir, un chapelet, un collier, etc. La petite caisse où j'avais disposé mes échantillons pour les échanges journaliers me permit de satisfaire tous ces braves gens. A une heure un quart, remonté dans mon embarcation, je les saluais une dernière fois, et commandais : « Avant partout [1]. »

[1]. Joyeusement répété par l'équipage, puis par les assistants, ce signal de départ devait se renouveler dans la suite à chaque manœuvre un peu pénible ou dangereuse, si bien qu'il finissait par me faire donner l'un des trois noms de baptême sous lesquels je suis connu le long de mon itinéraire. — De la côte à Arenberg, je m'appelle en effet, suivant le nom dont se servaient mes tirailleurs en me parlant : « Capitaine », et de Boussa au désert je suis « Mandan », parce que je n'ai plus avec moi que des marins, et que dans la marine, tout individu qui commande s'appelle commandant — ce n'est plus un grade, c'est un participe —; enfin d'Arenberg à Boussa, où une foule considérable assiste à nos manœuvres, anxieuse pendant nos préparatifs, impatiente d'entendre le signal du départ, ce signal, répété par nos gens, me fait appeler Avonpatou. L'adjudant Doux restera jusqu'à la fin le Kikeré Bô (petit blanc).

CHAPITRE VII

Navigation sur le Niger. — Les rapides de Boussa.

Préparatifs. — Les pirogues du roi de Boussa. — Un serpent vert chargé de rechercher les balles au fond des blessures. — Constitution du poste. — Exécution de la navigation de Badjibo à Boussa. — Passage des rapides. — Ruptures d'amarres. — Un vieux Bariba instructeur de batellerie. — Belle conduite du personnel. — Propositions pour l'avancement. — Situation politique. — Légende qu'ont su établir les Anglais. — Le noir Joseph, ministre de la Reine à Bida. — Le noir Byron-Macaulay, ministre dans le royaume de Boussa. — Il nous vole du sucre. — Rencontre du lieutenant de Karnap. — Nous le croyons étranglé par un os de poulet.

Je viens de relire la rédaction des notes que j'avais prises sur cette partie de mon voyage, et la trouve inadmissible.

Jusqu'ici, en effet, j'avais avec moi un personnel nombreux, les difficultés que nous rencontrions n'avaient rien d'extraordinaire et se résumaient toujours en trois phrases : il fait chaud, il fait malsain, les noirs sont défiants et inconstants.

Bien qu'obligé d'employer à chaque instant la première personne, et de répéter à tout propos ce moi haïssable, j'ai l'excuse de parler souvent en spectateur.

Dorénavant, je marche presque seul, au milieu de

difficultés jusqu'ici insurmontées. Courants violents et contraires pendant plusieurs centaines de kilomètres, chutes effrayantes au retour, peuplades guerrières et hostiles, naufrages, combats se succèdent sans interruption et, pour les raconter dans le même détail et sous la même forme que j'ai employée jusqu'ici, il m'a fallu me mettre constamment en scène, non plus comme spectateur, mais comme acteur, acteur de premier plan et souvent acteur unique. Dans ces conditions, ce mode de narration est devenu intolérable et j'ai dû y renoncer.

Pour y suppléer, j'ai demandé l'autorisation de lire au lecteur la correspondance que j'ai envoyée pendant cette période au département des colonies. Grâce aux formes tutélaires de la rédaction officielle, la personnalité du correspondant, encore qu'elle reste trop apparente, s'y tient dans des limites presque convenables. Si le pittoresque en souffre[1], si l'intérêt dramatique manque, c'est que les affaires de l'État ne sont point affaire de théâtre : on doit rechercher pour lui ce qui est utile et non ce qui séduit les yeux, et quant à l'intérêt dramatique, c'est le propre d'un officier de ne jamais l'exciter. Il a reçu des ordres, il les exécute; quelque danger que cette exécution présente, elle ne donne matière à aucune hésitation, à aucun de ces combats intérieurs constitutifs du drame. Il peut être audacieux, habile, heureux, ou bien téméraire, maladroit, malheureux, il peut avec honneur être mort, battu ou vainqueur, il lui est défendu d'être jamais hésitant, car aucune considération ne peut faire dévier la règle de conduite qui lui est imposée.

Il est pourtant des moments où l'âme humaine a

---

1. J'ai essayé, d'ailleurs de corriger ce défaut en ajoutant, en petit texte, quelques notes relatant des faits qui, trop peu importants pour retenir l'attention du Gouvernement, peuvent néanmoins intéresser le lecteur.

besoin d'être soutenue par l'influence pathétique, il faudra qu'il les discerne pour réchauffer par la passion qui l'anime les cœurs incertains de ceux qu'il commande. Mais ces moments-là sont souvent aussi ceux de la défaillance, et qui sait si ce n'est pas à la propre faiblesse du chef qu'elle est due! Qu'il prenne garde de provoquer la panique, sous prétexte de combattre l'hésitation.

Nous n'avons pas eu, grâce à Dieu, l'occasion de passer de tels moments.

Si la froideur de convention domine dans les pages qui vont suivre et peut produire à certains une impression pénible, il en est d'autres, plus habitués au style officiel, qui leur trouveront au contraire une allure singulièrement relâchée et trop libre pour un capitaine écrivant à un ministre. Je dirai à ceux-là pour m'excuser que, depuis Boussa jusqu'à mon retour à la côte, c'est-à-dire pendant plus de cent jours, j'ai été tellement affaibli par la maladie que je n'ai jamais été sûr d'avoir vingt-quatre heures devant moi et alors cette liberté quasi testamentaire leur paraîtra peut-être moins choquante.

Il faudrait d'ailleurs une singulière ignorance des sentiments de tout voyageur pour croire que l'irrévérence ait pu trouver place dans mon esprit. Quiconque a seulement mis le pied pendant huit jours hors de nos frontières connaît l'attendrissement patriotique que provoque le souvenir du pays. Qu'on se reporte à l'isolement incomparable dans lequel nous nous trouvions, et l'on se rendra compte que, dans ces conditions, l'attachement au sol natal atteint son paroxysme d'intensité. Vue à cette distance et de cette hauteur, la patrie apparaît comme un Paradis enchanté, ceux qui la représentent ou la gouvernent, quels qu'ils soient, comme des demi-dieux. Si la communauté des préoccupations patriotiques rapproche les distances et provoque certaines libertés d'expressions, il n'y faut voir que l'excès de la confiance et non l'irrespect d'un insoumis sûr de l'impunité.

Paris, le 19 septembre 1895.

« Monsieur le Ministre,

« J'ai l'honneur de vous adresser ci-joint, comme vous avez bien voulu me le demander, copie des deux lettres que je vous ai adressées de Yaouri et qui ont été remises au *purser* du vapeur anglais le *Boma*.

« En faisant cette copie, j'ai eu le regret de relever sur le brouillon que j'ai conservé un grand nombre d'incorrections de rédaction. Je suis absolument certain d'en avoir supprimé la plupart dans le texte net que j'ai mis à la poste, mais je n'ai pas cru pouvoir prendre aujourd'hui la même liberté. Je suis donc obligé de faire respectueusement appel à votre indulgence, que me vaudra sans doute l'état d'épuisement physique et intellectuel où m'avait laissé ma fièvre de Boussa.

« Je dois aussi des excuses à votre Administration pour l'étonnement que j'ai témoigné devant le commandant de la station navale du Sénégal, lorsque je réintégrai à son bord les marins qu'il m'avait prêtés. Ceux-ci que j'avais prévenus depuis quatre mois des bien modestes propositions dont ils étaient l'objet, furent péniblement surpris, et moi aussi, d'entendre M. le commandant de Sinssay me demander où nous étions allés et si j'étais content d'eux. C'est seulement par vous, monsieur le Ministre, que j'ai appris hier qu'aucune de mes lettres ou propositions ne vous était parvenue.

« La seule récompense que j'aie pu donner moi-même à ces braves gens a été de les signaler à M. le lieutenant de vaisseau Hourst qui parcourra en descendant une partie de ce que nous avons remonté. Ils lui rendront ainsi des services précieux à divers titres, par leur entraînement, leur aptitude à la navigation spéciale du fleuve, et leur connaissance des lieux.

« Veuillez agréer, etc. »

L'original des deux lettres ci-après recopiées a été adressé par courrier, partant de Yaouri à destination de Badjibo-Arenberg, le 26 avril 1895, et retrouvé dans ce poste par moi, le 13 juillet, remis enfin directement entre les mains du purser ou commissaire-agent des postes du bateau anglais le *Boma* de la Compagnie British and W. African, 28 juillet.

Devant Yaouri, le 25 avril 1895.

« Monsieur le Ministre,

Opérations de la mission. — « J'ai l'honneur de vous adresser ci-après les détails relatifs à l'exécution de notre voyage de Badjibo-Arenberg jusqu'à Boussa, ainsi que les propositions relatives au personnel de la mission, détails et propositions que la maladie m'a empêché de vous adresser de Boussa.

Dès mon arrivée au Niger, ma première préoccupation fut de me procurer des embarcations. Je constatai tout de suite, sans surprise, d'ailleurs, que le pays n'en possédait aucune susceptible de porter tout mon personnel et le matériel nécessaire pour un voyage de quatre mois au moins. La pauvreté de la région en pirogues de grande dimension est signalée par les frères Lander[1], qui, après avoir essayé trois mois durant d'en acheter pour descendre la côte, finirent par en voler *une*. Il m'en fallait *six* et dans le délai d'un mois.

« Je pouvais espérer en acquérir une ou deux sur place, mais pas davantage. Il fallait donc, ou en envoyer chercher, ou en fabriquer. J'eus recours aux trois moyens.

« Dès le lendemain de mon arrivée, je faisais rechercher les bois susceptibles de fournir des planches de batellerie; puis j'organisais un chantier de charpentiers et de scieurs de long à l'embouchure du ruisseau le Doko. Je faisais en même temps rechercher des pirogues

---

[1]. Ils durent donner leurs deux chevaux, soit environ 1600 francs, pour la location d'une pirogue de Boussa à Ouro (40 k.).

dans le pays. Au bout de quinze jours, j'avais découvert les deux plus belles à quinze lieues à la ronde. Il ne fallait plus que les acheter ou les louer, ce qui allait me demander trois semaines.

« Les places où j'aurais pu en envoyer chercher étaient Boussa et Bida. Bida m'avait été représenté comme le centre de la puissance anglaise pour la partie N.-O. des possessions de la Compagnie du Niger. Je ne pouvais donc pas y aller. Je résolus de m'adresser au roi de Boussa. Je lui envoyai mon interprète avec de beaux et gros cadeaux, en lui faisant dire que je lui en apporterais d'autres encore, s'il m'envoyait chercher par de grandes pirogues, susceptibles de monter au moins jusqu'à Saye.

« Le 22 mars, l'interprète revenait avec quatre grandes pirogues d'une construction toute spéciale, et qui fera l'objet d'un rapport particulier. J'avais, de mon côté, acheté [1] trois pirogues et, après les avoir sciées, jume-

---

1. L'une de ces pirogues ne me coûta pas cher. Cette acquisition vaut qu'on la raconte par le menu :

J'avais loué, le 16 février, à raison de trois pièces d'étoffe par mois, une assez belle pirogue à un habitant de Badjibo. Cette embarcation servait au va-et-vient continuel que nous étions obligés d'établir entre les deux rives pour les opérations de notre marché journalier.

Le lendemain du jour où j'avais fait partir MM. Targe et de Pas, j'appris en me réveillant que la pirogue avait été enlevée pendant la nuit.

Après une enquête qui dura toute la matinée, j'acquis la certitude que c'était le propriétaire de l'embarcation qui était venu la reprendre. Apprenant que j'avais démoli deux vieilles pirogues pour les utiliser à la construction de mon bateau, il avait eu peur que je fisse subir le même sort à la sienne et était venu la chercher pendant la nuit.

A une heure je traversai l'eau, arrivai chez Asouma et lui demandai de faire comparaître mon voleur. Celui-ci se présenta bientôt et autour de lui toute la population.

J'expliquai alors que j'avais encore droit à l'usage de la pirogue pendant quatre jours, que j'avais payé ma location

14.

lées, bordées de planches et pourvues d'agrès de propulsion, j'avais un bateau de 13 mètres de long, de 2 m. 30 de large au fond, de 2 m. 70 à fleur d'eau, pesant 2000 kilos, dans lequel je plaçais vingt-huit personnes et trois tonnes de matériel.

« Une petite pirogue servait de mouche pour nous éclairer.

« Les charpentiers continuaient la construction d'un

d'avance et que j'entendais rentrer immédiatement en possession de mon bien.

Bien entendu personne ne trouva que j'avais tort. L'homme s'expliqua : il avait eu besoin de sa pirogue pour envoyer chercher du bois à Géba et il avait cru que pendant la nuit, comme je ne m'en servais pas, il pouvait l'utiliser. Il comptait bien que sa pirogue serait revenue avant le matin : il ne savait quel accident pouvait la retenir ainsi, il était surpris — et désolé. — Génuflexions, poussière sur la tête, etc.

J'étais parfaitement fixé sur la valeur de cette défaite. Comme je venais de faire le voyage de Géba, il n'était pas facile de me faire croire qu'une pirogue pouvait aller y chercher du bois et en revenir en une seule nuit.

D'un geste, j'indiquai à mon homme le bateau qui m'avait amené, il s'y blottit comme un chien battu, pendant que je disais à Asouma : « Arrange-toi pour retrouver la pirogue; tant qu'elle ne sera pas revenue, je garderai Tabo (c'était le nom de mon loueur). » Tous s'inclinaient devant cette prise de gage qui leur paraissait la logique même : ils n'en étaient pas moins atterrés.

L'instant d'après, je poussais vers la rive droite et, à deux heures, Tabo était incarcéré. Ce mot rend très improprement le sort qui lui fut fait, car dans ce bienheureux pays nous ne connaissions ni murs, ni portes, ni clefs; et par conséquent pas de prison. Mais les bourrelets de sa conscience, la terreur qui étreignait le malheureux bourgeois de Badjibo, me garantissaient contre toute évasion plus sûrement que ne l'eussent fait les verrous d'une oubliette dans un château féodal.

« A peine avions-nous quitté le rivage qu'Asouma envoyait des coureurs dans la direction du sud pour rattraper la pirogue et la ramener. En même temps un certain nombre d'habitants du village, émus du sort cruel, quoique mérité, de Tabo, faisaient sortir de leurs cachettes les embarcations qu'ils possédaient. Toute cette flottille me fut amenée par Asouma qui me tint,

chaland susceptible de ramener à la côte tout le personnel qui ne partait pas avec moi vers le nord.

« Le 25, à midi, après avoir passé la matinée en manœuvres et essais de toute sorte, nous passions devant Badjibo où le roi et toute la population venaient nous souhaiter bon voyage, nous apporter des cadeaux et voir notre bateau.

« J'emmenais avec moi l'adjudant Doux, le deuxième

après mainte génuflexion, un long discours se résumant ainsi : « Voilà autant de pirogues que tu peux en désirer. Prends-les et rends-nous Tabo. — Non! J'ai droit à la pirogue de Tabo, c'est elle que je veux. »

Ils se retirèrent déconfits et bien inquiets sur le sort réservé à leur compatriote.

Mais, vers huit heures, Asoumare vint encore : « La pirogue a été rejointe par mes coureurs. Elle sera ici demain matin. — Tant mieux. — Alors tu nous rends Tabo? — Non, quand la pirogue sera là. — C'est que tu ne sais pas combien Tabo est malade, il ne peut pas rester attaché toute la nuit à cause de sa blessure. — Mais il n'est pas attaché. Quelle blessure a-t-il donc? — Il a reçu un coup de fusil il y a dix ans en se battant avec les Fillanis et depuis ce temps-là il a tout un côté du corps pourri. — Sois tranquille, Tabo mange comme moi, il est couché comme moi, sa seule punition sera de passer la nuit sans savoir que sa pirogue est retrouvée. »

Le lendemain à cinq heures du matin, on m'annonçait que la pirogue était revenue à sa place habituelle.

Je fis venir Tabo et lui demandai à voir sa blessure. Il releva son boubou et sa chemisette. Asouma n'avait rien exagéré, le pauvre diable avait tout le côté gauche bien endommagé. Il avait dû recevoir le coup de feu au moment où, fuyant l'ennemi, il lui tournait le dos, tête baissée, le corps courbé en avant. Le projectile entré dans la hanche avait filé entre la peau et les côtes et, éclatant celles-ci, s'était logé sous l'aisselle.

La blessure, malproprement faite ou tenue, avait développé sous la peau toute une infection qui avait la dimension d'une grande assiette : un peu de liquide épais bavait par l'orifice d'entrée qui était resté entr'ouvert depuis dix ans.

Je me mis en devoir de le panser, fis préparer plusieurs litres d'eau phéniquée et dis à Diadéba d'en remplir tout d'abord un irrigateur.

Pendant qu'il faisait ces préparatifs à l'écart, je lavais moi-

maître Suleyman, le caporal Ben Sédira, dix-sept laptots, sept Dahoméens, deux interprètes, plus cinq tirailleurs et un caporal sénégalais, qui devaient redescendre sur Arenberg, après avoir surveillé le transbordement de nos bagages dans certaines parties du trajet où j'étais prévenu qu'il s'imposerait.

« Les quatre pirogues du roi de Boussa étaient manœuvrées chacune par quatre Baribas, et portaient

même tout le pourtour de la blessure, je la débarrassais de tous les linges infectés qui la recouvraient, et après quelques recherches, je trouvais sous la peau la place où le projectile et d'autres corps étrangers s'étaient arrêtés.

Pour faire ce pansement, je m'étais assis sur une petite caisse et Tabo se tenait debout entre mes jambes. Il ne bougeait pas, endurant très sagement les soins, d'ailleurs nullement douloureux, que je lui donnais. Il tournait seulement fréquemment la tête du côté de Diadéba et je n'y faisais guère attention, sachant que celui-ci était toujours un objet de curiosité — ou d'horreur — de la part des autres noirs.

Quand mon infirmier eut rempli son instrument, il s'approcha de moi et me donna le bout du tuyau pour me permettre de l'introduire sous la peau et procéder au lavage intérieur.

Voulant m'assurer du bon fonctionnement de l'appareil et nettoyer un peu le tube, je fis alors partir un jet qui parvint à deux ou trois mètres devant Tabo.

A ce moment, je sentis les jambes de mon blessé s'agiter convulsivement comme s'il avait voulu fuir, et, brusquement évanoui, il me tomba dessus.

Quelques instants après, il avait repris ses sens, mais ses traits exprimaient une telle épouvante que, prenant pitié de lui, je lui fis bander les yeux.

Persuadé que c'était là le prélude de sa fin prochaine, l'infortuné s'abandonna sans résistance à ses bourreaux.

Tout nous réussit à souhait : à peine était-il passé deux litres d'eau phéniquée dans la poche que formait sa peau sur ses côtes, que l'on sentait se détacher des fragments d'os, d'autres corps étrangers et le projectile lui-même. Le tout sortait sans peine par l'orifice inférieur préalablement agrandi.

J'achevai de le nettoyer, et après l'avoir bandé de linge propre, je lui fis découvrir les yeux et lâcher les mains.

Son premier soin fut de porter ses mains à son côté et après

en outre le récadère envoyé au-devant de moi par le roi, son interprète, quatre ou cinq femmes et tout l'attirail dont les noirs s'embarrassent pour voyager.

« Je laissais à Arenberg une centaine de porteurs originaires du Dahomé et des autres pays que nous avions traversés, douze femmes, dix-sept soldats commandés par le sergent Koléry et les deux charpentiers.

« J'obéissais ainsi à la partie de vos instructions qui me prescrivait de faire acte d'occupation, aussi près que possible du Niger (9° degré). De plus, je manquais

s'être assuré qu'il était miraculeusement débarrassé, de tomber à genoux devant moi.

J'achevai de lui faire perdre la raison en lui annonçant que sa pirogue étant revenue, il était libre.

Il partit bientôt après emportant à la main le projectile qu'il avait dans le corps depuis dix ans.

A huit heures, tout le village arrivait : Asouma marchait en tête, suivi de porteurs chargés de cadeaux.

Quand il m'eut remercié de ma générosité et de l'immense service que j'avais rendu à Tabo, je lui demandai comment il se faisait qu'un homme raisonnable comme l'était son compatriote pouvait avoir eu peur de moi au point d'en tomber en faiblesse. « Ce n'est pas de toi qu'il a eu peur : mais de ton petit serpent vert! — Serpent vert? — Oui, il n'avait pas trop peur d'abord parce que Diadéba lui tenait la queue et que tu lui tenais la tête, mais quand il a vu que le serpent se mettait en colère et crachait son venin à plus de deux pas en l'air, il s'est trouvé mal. — Et depuis? — Ah! après, quand il a senti que le petit serpent allait dans son corps pour lui retirer sa balle, il a bien vu qu'il faisait tout ce que tu voulais... »

Trois jours après, j'envoyai à Tabo mes trois pièces d'étoffe pour la location de sa pirogue pendant le mois suivant : il me les rapporta disant que sa pirogue était à mon service pour l'éternité.

C'est le seul noir qui m'ait rendu un cadeau en témoignage de reconnaissance. Il est vrai qu'il y avait de quoi! Et puis, un homme qui nourrit des serpents verts et les dresse, à l'instar d'un furet, à pénétrer dans le corps de ses semblables pour en retirer ce qui lui plaît, est assurément un homme qui mérite considération et dévouement. Ni l'un ni l'autre ne devaient jamais me faire défaut à Badjibo.

de blancs pour diriger le rapatriement des tirailleurs. Ceux-ci, livrés à eux-mêmes, auraient certainement abusé de la timidité des populations établies sur leur chemin. Ils auraient, sans doute, vendu tout ou partie des porteurs qu'on leur aurait confiés et rendu pour longtemps difficile notre passage dans une région où nous sommes aujourd'hui comme chez nous.

« Je ne savais pas d'ailleurs si nous pourrions aller au-dessus de Boussa, ni même jusqu'à Boussa, nous pouvions revenir après un échec, avec des bateaux brisés, sans vivres ni munitions, et je ne sais point encore si ce n'est pas là le sort qui nous attend. Il fallait donc, en prévision d'un retour malheureux, organiser à Arenberg un dépôt de vivres et de munitions et le faire garder.

« J'espère, d'ailleurs, qu'à mon retour à Arenberg, soit d'ici six semaines ou deux mois environ, le courrier que j'ai envoyé à Porto-Novo sera revenu, et me fera connaître si le gouvernement désire ou non le maintien d'un poste français à Badjibo.

« Si, contre mon attente, cette réponse était négative, je laisserais à Arenberg l'adjudant Doux pour diriger le rapatriement des Sénégalais, qui pourrait se faire, dans ces conditions, sans les inconvénients signalés plus haut. Resteraient à plaindre les esclaves de Tchaki, Kitchi, Boho, Cayoman, qui sont venus chez nous, comptant y trouver un refuge assuré, mais leur sort sera la conséquence de la période de transition où nous vivons, en ce qui concerne l'esclavage, ne pouvant ni le réprimer, ni le reconnaître.

« Ils ont d'ailleurs commencé à ensemencer les environs d'Arenberg et l'aspect du maïs et des patates, à mon départ, promettait de les mettre, eux et ceux qui voudront venir les retrouver, à l'abri du besoin pendant un an au moins.

« Pour l'exécution de la marche, j'eus beaucoup de peine à soumettre les Baribas à l'observation d'un ordre normal. Ils étaient chez eux, avaient des amis partout ! Tout le pays était en liesse à l'occasion de notre arrivée, ils tenaient à festoyer ici plutôt qu'ailleurs, jugeant que leur tâche était remplie, quand ils avaient rendu le soir leurs charges à l'emplacement assigné, sans accident ni avarie. De fait, il n'est résulté de leur indépendance d'humeur aucun inconvénient.

« Habituellement, une de leurs pirogues marchait en tête, indiquant le chemin. Elle était accompagnée ou précédée par notre mouche, de laquelle un laptot pouvait nous crier, en saracolet, les indications qu'il recueillait. Puis venait notre grosse embarcation dans laquelle je me trouvais avec l'adjudant Doux et les laptots; enfin derrière, et à des distances variables avec leur esprit de discipline et l'état où les libations de la nuit avaient laissé leurs cerveaux, les Baribas du roi de Boussa avec les trois autres pirogues.

« Dans les passages de rapides, tout le monde se réunissait pour s'entr'aider.

« Il y a trois passages particulièrement difficiles, ceux de Ouro, de Patachi, de Garafiri. Celui de Ouro est le plus court et le plus rapide. Celui de Patachi est le plus étendu, il pourrait au besoin être remonté à la vapeur.

« Les renseignements de détail sur les hauteurs de chute, sur les directions dangereuses, sont consignés dans mes carnets topographiques et je n'ai ni assez de confiance dans mon courrier pour vous les envoyer, ni le temps nécessaire pour en faire une deuxième expédition. Les hauteurs de chute ont d'ailleurs besoin d'être corrigées au retour, lorsque l'eau aura baissé. Au mois d'avril, le fleuve subit encore l'effet de la crue partie en août dernier de Bamakou, et les marches d'escalier qui constituent les chutes ont au-dessus d'elles 3 mètres d'eau de plus qu'en juillet. A ce moment, bien des rapides d'aujourd'hui seront devenus des chutes.

« Quoi qu'il en soit, j'estime qu'on descendrait à Ouro

de 20 mètres en 800 mètres, à Patachi, de 25 mètres en 3 kilomètres, et à Garifiri de 25 mètres en deux sections de 2 kilomètres.

« A Ouro et à Patachi, nous avons déchargé tous nos bagages, que des porteurs ont transportés jusqu'au bief supérieur; à Garafiri, nous en avons gardé une grande partie dans nos embarcations. Ces transports par terre se sont faits avec assez de désordre, parce que les habitants du pays, tous sujets du roi de Boussa, qui s'y employaient avec beaucoup de zèle, apportaient à ce travail leur humeur fantasque et indépendante. Le simulacre de surveillance que je faisais exercer sur eux par les tirailleurs sénégalais leur portant ombrage, je finis par le faire cesser tout à fait. Mes deux cents charges passèrent ainsi et à trois reprises différentes par les mains de trois cents personnes. En arrivant à Boussa, je fis tout vérifier, il ne manquait pas une aiguille; rien, que les vingt-sept boîtes de sucre volées par Byron-Macaulay [1].

« Le travail nécessaire pour remonter les embarcations offrait plus de difficultés. Les cataractes de Boussa présentent dans les bras principaux un tableau si effrayant que l'on comprend que les voyageurs qui les ont aperçues de la rive les considèrent comme un obstacle absolu à toute navigation. Fort heureusement pour nous, les roches qui divisent le fleuve produisent de petits bras latéraux dans lesquels le rapprochement des rives diminue l'impétuosité du courant, et permet de s'aider de la cordelle. Grâce à l'assistance des habitants du pays, qui s'y sont tous employés avec une intelligence et une ardeur sans égales, nous avons pu franchir les rapides de Ouro en un jour, et chacun des deux autres en deux jours.

---

1. Voir la deuxième lettre écrite à la même date. (Situation politique.)

« On commençait par rechercher, droit dans l'axe du passage, un rocher émergeant ou à fleur d'eau, situé assez près en amont, pour que les hommes chargés de haler sur la cordelle pussent s'y accrocher.

« Deux équipes latérales placées à terre tiraient l'arrière du bateau à droite ou à gauche, pour le placer ou le maintenir dans la direction désirée.

« Sur le bateau, nous étions dix-sept, dont douze laptots et Suleyman, mais ce nombre s'augmentait souvent de plusieurs Baribas venus pour nous aider ou de haleurs tombés à l'eau, puis repêchés.

« La population tout entière se tenait sur la rive.

« Le personnel concourant aux manœuvres parlait trois langues, sénégalais, nago, bariba; j'étais donc obligé, avant tout mouvement, d'expliquer en français et de faire traduire dans ces trois langues ce que je voulais faire. Les Baribas répondaient généralement que c'était impossible. Puis, après une longue discussion, on faisait quelques fétiches dans l'eau, et l'on partait.

« Au pied de chaque rapide et sur un parcours d'environ 50 mètres, on trouve des vagues produites par la rencontre du courant rapide avec l'eau relativement paisible du bief inférieur. Ces vagues ont 50 centimètres à 1 mètre de haut. Bien qu'il paraisse paradoxal d'essayer d'y naviguer avec un bateau ayant moins de 30 centimètres au-dessus de l'eau, on y parvient pourtant assez facilement, par des déplacements du chargement ayant pour but de surélever la partie de l'embarcation qui reçoit le choc des vagues. Les laptots devinrent rapidement familiers avec cette manœuvre qui consistait à courir de l'avant à l'arrière ou inversement ou à se jeter d'un bord à l'autre.

« Lorsque, dans la région des vagues, le courant devenait trop fort pour continuer le travail à la perche, la manœuvre aux amarres commençait, avec le personnel disposé comme je l'ai indiqué tout à l'heure, et nous nous mettions à gravir la pente. C'était le moment difficile : il ne me restait plus en arrivant à Ouro que cent mètres du bon câble que j'avais apporté de France. C'était tout à fait insuffisant, et les cordes du pays n'avaient pas la force nécessaire.

« Les dangers qui se présentent au cours de cette partie de la manœuvre sont, en effet, de trois sortes : 1° l'amarre, lancée vers un point d'appui, se trouve trop courte pour l'atteindre, soit qu'on ait mal apprécié la distance, soit que le courant empêche de tendre suffisamment la corde ; 2° la violence du courant entraîne l'embarcation malgré les efforts des haleurs, peu solides sur leur point d'appui ; 3° l'amarre se rompt. Dans ces trois cas, on part en dérive.

« Ces trois sortes d'accidents se sont produits. Nous avons eu cinq ruptures d'amarres, et une quinzaine de fois cette amarre a quitté ou manqué son point d'appui.

« Il semble, au premier abord, qu'un tel accident doive inévitablement amener un désastre, mais un examen préalable des berges rocheuses du fleuve permettait d'y trouver certaines anfractuosités produisant des baies à l'abri du courant. C'est dans une de ces baies, qu'avec beaucoup d'efforts et quelque sang-froid, on pouvait, après une rupture de câble, diriger l'embarcation pour la sauver du courant.

« Aussitôt la rupture produite, huit laptots sautaient à l'eau. Chacun portait dans les dents une corde du pays et l'enroulait sur la première pointe de rocher qui se présentait.

« L'embarcation, lancée comme une flèche, rompait tous ces faibles liens comme des fétus de paille, mais elle était déviée de sa route vertigineuse, et nous parvenions alors, avec plus ou moins d'adresse ou de bonheur, à l'abriter derrière un rocher. On vidait la plus grande partie de l'eau entrée à la faveur de l'incident, on bouchait tant bien que mal les voies d'eau produites par les chocs, on rapiéçait l'amarre et l'on recommençait [1].

« Il ne vous échappera pas, monsieur le Ministre, qu'un pareil travail, continué pendant seize jours, demande de la part du personnel employé une extrême habileté en natation, un sang-froid et une intrépidité parfaits et des efforts souvent excessifs. C'est un véritable miracle qu'aucun des braves gens qui m'accompagnent n'ait été brisé contre les rochers. Au moins, s'y sont-ils tous blessés : encore à l'heure actuelle, leur corps est littéralement couvert de plaies [2]. Aucun n'a boudé devant l'effort, ni hésité devant le danger ; sans attendre d'ordre formel, sur un geste, sur un signe de tête, ils sautaient à l'eau quel que fût le courant.

1. Cette manière de présenter les choses, pour exacte qu'elle soit, tendrait à faire croire que tout se serait passé suivant la formule d'un règlement intitulé : « Instruction sur la manœuvre des embarcations dans des rapides accidentés. » En réalité, il s'en faut de beaucoup que la théorie, exposée plus haut, ait été arrêtée de toutes pièces au début des difficultés. C'est l'expérience, le hasard, qui nous a éclairés.
Nous étions parvenus presque au faîte du premier rapide, celui d'Ouro, lorsque tout à coup l'amarre cassa. Nous avions derrière nous 200 mètres de course folle avant d'être brisés sur les rochers qui hérissent le bas du rapide.
La seule et savante manœuvre que nous fîmes alors fut de reprendre notre équilibre — et de recommander notre âme à Dieu. Heureusement pour nous, un vieux Bariba qui se trouvait sur un rocher émergeant vers l'arrière de notre embarcation, sauta à bord et par un vigoureux effort parvint à engager une partie de notre bateau dans les tourbillons qui se formaient à l'arrière de ce rocher. Entraînés par le contre-courant, nous nous mîmes à tourner sur place à l'abri du récif, que laissé à nous-mêmes nous aurions certainement essayé d'éviter comme dangereux. Ces tourbillons sont au contraire le salut : le vieux Bariba nous l'apprit, et après l'avoir récompensé, nous fîmes notre profit de son enseignement. Bien nous en prit, car vers la fin des rapides nos cordages étaient tellement fatigués que nous partions en dérive à chaque instant.

2. Cent vingt jours après, deux d'entre eux étaient encore incapables de marcher.

« En dehors des trois grands rapides dont j'ai cité les noms, il existe dans les biefs intermédiaires quelques endroits où le courant, très vif partout, impose l'emploi des amarres. Tous ces passages ont été franchis sans accidents; mais l'ensemble du parcours n'a été fourni qu'au prix de fatigues exceptionnelles.

« Aussi, vous serai-je extrêmement reconnaissant, monsieur le Ministre, de bien vouloir demander à monsieur le Ministre de la Marine, les nominations suivantes :

« *Suleyman*, deuxième maître pilote, excellent serviteur, déjà médaillé militaire, blessé au Dahomé, mérite d'être nommé premier maître.

« Il m'a d'abord rendu les plus grands services dans la surveillance du convoi en marche de Cotonou sur le Niger. Trouvant toujours l'étape trop courte, la nuit trop longue, le gîte trop confortable, les vivres abondants et excellents, Suleyman, quoique souvent malade de la fièvre et cloué dans un hamac, a été le bras droit de l'adjudant Doux. Depuis que nous sommes en bateau, son zèle, son attention, soutenus et surexcités pendant quatorze jours, ne se sont point démentis. C'est le dévouement en personne, dévouement au service, dévouement au chef. La marine tiendra certainement à récompenser dignement le premier de ses enfants qui ait remonté les rapides de Boussa.

« Les nommés Demba-Soumaré et Samba-Dialo sont proposés pour quartiers-maîtres ; ils sont laptots de première classe et libérables avant la fin de notre retour à la côte : chefs de petites équipes, ils ont constamment donné l'exemple du mépris de la fatigue ou du danger.

« Demba-Sibi, Amadi-Camara, Boubakar-Mody, Semba-Liarété, Abdoulaye, Sar, laptots de deuxième classe, sont proposés pour la première classe [1].

---

1. Toutes ces propositions ont été accueillies par le Ministre

« Depuis Boussa jusqu'ici, nous n'avons trouvé qu'une demi-journée de mauvais chemin. Encore les rapides du fleuve situés juste en amont de Boussa sont-ils insignifiants comparativement à ceux qui existent en aval.

« La santé générale est bonne, je suis complètement remis de l'accès bilieux dont j'ai été frappé en arrivant à Boussa, et qui m'a tenu six jours inconscient; il est probable que je n'ai été cette fois-là que la victime d'une trop brusque détente de nerfs. Violemment surexcité pendant quinze jours par l'espoir de vaincre des difficultés sans cesse renouvelées et toujours présentées comme insurmontables, j'étais, en arrivant, incapable de supporter le repos de corps et d'esprit qui m'attendait. Depuis le 16, mes forces sont revenues.

« L'adjudant Doux est repris périodiquement d'accès paludéens, contractés à Kitchi. Ben Sedira nous inquiète; six jours sur sept, il est incapable de faire un mouvement. Il a heureusement un bon estomac qui lui permet de supporter la quinine.

« En résumé, monsieur le Ministre, la lettre que je vous écris aujourd'hui — et je regrette que les conditions matérielles où je me trouve m'obligent à la laisser si imparfaite — me donne la plus grande satisfaction que j'ai eue depuis que je suis au service, celle de rendre compte d'un succès inespéré, durement acheté, mais n'ayant pas coûté une vie d'homme et qui sera toujours pour l'armée et pour la nation elle-même, un titre d'honneur.

« Veuillez agréer, etc. »

de la Marine, qui y a donné suite, sauf celle de Suleyman, dont il a été « pris note ».

Yaouri, le 26 avril 1895.

« Monsieur le Ministre,

Renseignements politiques. — « J'ai l'honneur de vous rendre compte ci-après des opérations de la mission (partie politique) depuis le 10 mars, époque à laquelle MM. Targe et de Pas m'ont quitté. Les lettres et autres documents qu'ils ont rapportés, et aussi leurs conversations, ont dû vous apprendre tout le néant de la légende que les Anglais ont su établir et qu'ils s'efforcent d'étendre sur le développement de leurs établissements et de leur influence dans les territoires du moyen Niger.

« Cette légende n'est qu'une immense mystification dont la première victime a été le négociateur de la convention de 1890. Nous-mêmes, plus spécialement mis en garde que qui que ce soit contre les prétentions anglaises, nous nous apercevons chaque jour que nous ne les avons pas encore assez méprisées.

« C'est ainsi que M. de Pas, très malade à Tchaourou et à Gobo, priait seulement qu'on pût le transporter jusqu'à Tchaki « où il serait soigné par le médecin de « la résidence anglaise ». M. Targe, plus malade encore à Cayoman, faisait le même vœu pour gagner Badjibo « où le paquebot le prendrait pour le ramener à la côte »; moi-même, j'avais eu sous les yeux un numéro du *Temps*, citant une dépêche de l'*Express telegraph*, ainsi conçue :

« Le capitaine Lugard, avec une expédition de douze
« cents hommes, amenés à Boussa par le vapeur de la
« Compagnie, vient de partir pour le centre du Borgou. »

« Renseigné en outre par le vice-président de la Société de géographie de Paris : « les Anglais sont à Boussa », je croyais si bien les rencontrer en arrivant à Badjibo que je m'attendais à être immédiatement signalé et

traité en intrus, sinon en ennemi. Craignant une expulsion immédiate, j'écrivais à M. de Pas, à Tchaki : « Rejoi-
« gnez-moi au plus vite : je puis très bien être contraint
« de m'embarquer et je ne veux pas vous laisser en l'air
« où vous êtes. » Contre un boycottage de vivres, analogue à celui dont Mizon avait été victime, je prenais d'autres précautions : je faisais de gros cadeaux aux rois de Cayoman, de Kitchi, de Boho, demandant promesse de remboursement en vivres à des échéances graduées, en outre j'achetais et j'apportais avec moi plus de trois mois de vivres pour cent cinquante hommes.

« Eh bien, il y avait si peu de résidence et de médecins anglais à Tchaki, qu'un de nos plus grands ennuis dans cette ville fut l'obsession continuelle de la foule, « laquelle n'avait jamais vu de blancs ».

« En fait de bateaux à vapeur à Badjibo, il en est passé un il y a sept ans. Il s'est échoué à quelques kilomètres de là, les habitants l'ont aidé à se dégager et il s'en est allé, fort heureux d'être quitte à si bon compte.

« Lugard n'est donc jamais allé à Boussa en bateau.

« Je ne sais si jamais le poste d'Arenberg sera boycotté de vivres par les gens de Badjibo, mais, depuis trois mois, ils nous en fournissent en abondance, traversant l'eau chaque jour pour nous en offrir, et j'ai pu laisser au poste quatre mille cinq cents rations de grain, exclusivement fournies par le pays. Le roi de Bida lui-même m'a envoyé des vivres malgré les sept jours de marche qui le séparaient de nous.

« C'est par son envoyé que j'ai appris qu'il n'y avait pas à Bida d'agent européen, mais seulement un dépôt de marchandises gardé par un noir nommé Joseph. Comme il faut, pour tenir le Noupé fermé aux étrangers, entretenir auprès du roi du pays un semblant de résident, c'est ce Joseph qui jouera le rôle de résident anglais dans les comédies montées par la Compagnie à l'usage des chancelleries européennes. Il est même probable qu'il

a déjà joué ce rôle et que cet ancien boy est devenu le
« cher collègue » de lord Dufferin.

« Avant de remonter à Boussa, j'ai fait un voyage de
cinq jours en pirogue, afin d'atteindre en aval de
Badjibo un point où je puisse enfin voir des Anglais ou
des gens dépendant d'eux. C'est à Géba que j'ai trouvé
un noir nommé Wilhem, qui vend, pour la Compagnie,
du sel, du sucre et des cotonnades. Il m'a parfaitement
renseigné : aujourd'hui que je suis remonté assez haut
pour être certain de ne trouver au-dessus de moi aucun
de leurs établissements, je suis en mesure de vous
affirmer, monsieur le Ministre, qu'il n'y a pas sur tout
le Niger un seul Anglais au-dessus de Igga (200 kil. en
aval de Badjibo), et encore, à Igga, il n'y en a qu'un,
M. Nickolson; l'agent de Lokodja, M. Watts, y vient
seulement de temps en temps. C'est ce M. Watts qui
m'a écrit la lettre de protestation dont je vous ai rendu
compte par mon télégramme n° 7 expédié de Boussa.
Le même courrier m'a remis deux lettres : une datée de
Lokodja, 8 mars, et une autre datée de Igga, 13 mars,
qu'il m'a remise deux jours plus tard. L'homme a prétendu avoir trouvé en descendant un autre envoyé qui
apportait cette seconde lettre. Je n'en ai pas cru un
mot. M. Watts a écrit deux lettres, afin de pouvoir se
montrer courtois dans l'une, puis indigné dans l'autre,
et il a prescrit à son courrier de les remettre à quelques
jours d'intervalle. Voilà tout.

« Au sujet de cette lettre, vous remarquerez, monsieur
le Ministre, que sa date est, à elle seule, très suggestive :
M. Watts me dit en effet que la rive droite en face de
Badjibo est « territoire britannique » et que c'est lui qui
« l'administre ». Si les renseignements très précis et
certains que je vous fournis plus haut vous avaient
laissé quelques doutes sur l'inanité de toute autorité
anglaise au-dessus de Lokodja et de toute influence
anglaise au-dessus d'Igga, cette date du 8 mars suffi-

rait pour vous éclairer. Un détachement de plus de 400 hommes arrive le 13 février sur le Niger, il s'y installe, non pas dans un endroit caché, mais sur un point de passage des plus fréquentés, droit en face d'un gros village, où le roi de Bida entretient un récadère spécial auprès du roi du pays, et c'est *vingt-cinq jours plus tard* qu'un Anglais, chargé d'*administrer* le pays, apprend cette invasion, trente jours plus tard qu'il s'en indigne. Encore, faut-il ajouter que la résidence de cet administrateur est reliée à l'endroit envahi par l'artère de communication la plus puissante, la plus directe et la plus rapide qu'on puisse désirer. Mais le nom, l'existence même dudit administrateur sont profondément inconnus des gens de Badjibo et bien loin alentour. Aussi n'a-t-il pu apprendre notre arrivée que par la rumeur publique, comme un événement dont il n'y avait pas eu lieu de le prévenir expressément, comme un fait divers ne l'intéressant en aucune façon. De la deuxième lettre de M. Watts, celle qui contient la protestation, je retiens encore le passage suivant : « Il apprend que mon parti élève des constructions en face de Badjibo et les règlements de la Compagnie interdisent formellement cette manière de faire ». Ainsi, de Akassa à Saye, les règlements interdisent à quiconque n'est pas la Compagnie d'élever des constructions sur le territoire qu'elle administre. Je dis de Akassa à Saye, car si M. Watts *administre* Badjibo et la rive droite en face Badjibo, il n'y a aucune raison pour qu'il n'administre pas Saye avec la même fermeté.

« Je suis véritablement confus d'occuper votre temps, monsieur le Ministre, en vous exposant, même pour les réfuter, de pareilles niaiseries, mais en permettant qu'on lui représente tantôt comme des préfets, tantôt comme des ministres plénipotentiaires, les jeunes calicots qui débitent leurs marchandises derrière les comptoirs de la Compagnie, l'Europe s'est condamnée à examiner leurs faits et gestes jusqu'à ce qu'elle mette fin à un état de choses qui a trop duré.

« Pour clore ce qui concerne les agents de la Compagnie, je dois cependant vous parler encore de l'agent de Liaba.

« Le malheureux noir que ses maîtres ont, dans leur manie de mystification, affublé du double nom de Byron-Macaulay, est venu me rendre visite lors de mon passage à Liaba [1]. Il avait défendu, sans doute pour manifester l'*influence* dont il dispose, aux mariniers qui lui apportaient du sel de me le vendre en sacs, en passant à Badjibo. Il s'attendait à ce que cette mesure amenât de ma part quelque violence sur les bateliers baribas. Fort déçu de me voir rester tranquille — et pour cause, je n'ai connu cette défense, restée sans effet, que tout dernièrement, — il imagina de me voler dans la nuit 27 boîtes de sucre de 2 kilos. Il pensait que je me livrerais à une perquisition : d'où violences dans les maisons, fuite de femmes, incendie peut-être, en tout cas, matière à réclamation. Je fis seulement venir le chef du village et celui des bateliers, et je leur exposai le fait. La population mit une telle bonne grâce à laisser visiter par eux et par mes gens tout ce qui pouvait contenir quelque chose, tous les gens ayant quelque bien mirent tant d'empressement à m'apporter des cadeaux et des provisions de toute sorte, qu'il fut bientôt évident pour moi que le voleur, c'était Macaulay. Voyant les affaires mal tourner pour lui, ce dernier s'empressa de hisser son pavillon pour éviter qu'on entrât chez lui. Cinq minutes après, ledit pavillon était amené sur l'ordre d'un nommé Chabi, chef des douaniers de Liaba, que le roi de Boussa m'avait envoyé comme récadère. « Je lui

---

[1]. Ce ministre résident était vêtu d'une chemise à carreaux, sans pantalon, ni pagne, et coiffé du bonnet de fou en usage chez les indigènes du Yorouba.

« ai dit que s'il n'amenait pas tout de suite son pavillon, « je lui brûlerais sa baraque », vint me dire Chabi.

« J'ai tenu à vous rapporter cet incident, parce que j'ai trouvé chez le roi de Boussa un traité de protectorat avec la Compagnie. Ce brave homme me l'a présenté comme un certificat de bonnes relations émanant des marchands d'Igga, qui lui payaient un tribut de cinquante sacs de cauris par an pour être dispensés du droit de douane sur leur sel.

« Je n'entreprendrai pas, dans cette lettre déjà longue, eu égard au départ précipité du courrier qui m'offre une occasion inespérée, de vous rendre compte de mes négociations avec le roi de Boussa. Elles ne sont qu'interrompues, et leur exposé trouvera mieux sa place dans le récit que je pourrai vous en faire après mon deuxième séjour en cette ville, lorsque je recueillerai les fruits du premier.

« Notre voyage se continue sans autres difficultés que la fatigue résultant du trajet en pirogue. Nous sommes en marche environ onze heures par jour, faisant de 20 à 25 kilomètres, c'est dire qu'il n'y a pas de courant violent. Il en sera sans doute ainsi jusqu'à Saye. Dès maintenant, je puis prévoir que nous arriverons dans cette ville dans les premiers jour de juin; l'eau sera alors fort basse, mais je ferai néanmoins tout mon possible pour gagner Zinder. C'est la dernière ville que les Français du Soudan m'aient laissé à reconnaître, car le colonel Joffre m'a dit avant mon départ qu'il avait reçu la soumission de Gogo. De Badjibo jusqu'à Bamakou et au delà, il ne restera donc, si je réussis, sur les rives du Niger, aucun point qui n'ait été visité par les Français, soit en maîtres, soit en tout-puissants amis.

« Je redescendrai ensuite au plus vite vers la côte, pour achever la branche descendante de mon exploration et connaître enfin la Compagnie du Niger dans les régions où elle existe. J'ai tenu à vous informer, dès à présent, de ce que je savais, quant à l'inanité de son autorité, de son influence même, dans les immenses régions où elle ose se targuer d'en avoir, quant à l'aplomb avec lequel elle forge des situations, simule des colères ou suscite des incidents de commande, afin que vous puissiez être ou mettre le Gouvernement en garde contre toute prétention de mauvais aloi.

« La santé de ma mission se maintient, le caporal Ben Sedira est le plus malade. L'adjudant Doux n'a que des retours relativement bénins de sa fièvre de Kitchi, il en est de même pour mes accès bilieux de Boussa. Nous ne pouvons pas d'ailleurs espérer de guérisons complètes tant que nous serons condamnés à coucher le nez dans les joncs. En terminant, monsieur le Ministre, je tiens à vous dire de nouveau combien je serais heureux de trouver à Porto-Novo, avant de rentrer en France, les nominations de l'adjudant Doux comme Chevalier de la Légion d'honneur [1], et celle du deuxième maître Suleyman comme premier maître.

« Veuillez agréer, etc. »

De Boussa étaient partis le 20, confiés aux tirailleurs sénégalais retournant à Badjibo :

1° Un télégramme annonçant le passage des rapides de Boussa ;

2° Une lettre relatant la rencontre de la mission avec M. le lieutenant de Carnap Quernheim, de la mission Gruner.

Notre entrevue, dans laquelle chacun de nous faisait taire ses revendications particulières pour ne penser qu'à l'œuvre commune de civilisation à laquelle toutes les nations européennes collaborent, fut empreinte d'une grande cordialité. M. de Carnap revenait de Sansanné Mango et de Fada N'Gourma et ramenait un

---

[1]. Cette nomination a été faite le 30 décembre 1895.

groupe de noirs très éprouvés par la maladie. Il avait perdu les trois quarts de son monde de la variole, quatre ou cinq de ses hommes étaient seuls capables de marcher et il avait dû abandonner au roi de Boussa même des fusils réglementaires affectés à l'armement de son escorte.

Je lui offris de remonter dans mon embarcation une partie du rapide de Patachi, et après cette partie de plaisir qui n'avait rien de banal ni comme sport, ni comme apéritif, il partagea notre déjeuner et consentit même à emporter quelques-unes des friandises dont nous étions encore pourvus, tandis qu'il en était privé depuis bien longtemps, comme du tabac, du thé, du café, du sucre, un peu d'eau-de-vie.

Un incident qui eut lieu au cours de ce repas nous fit apprécier à quels dangers à la fois comiques et sérieux on est exposé quand on vit isolé comme nous l'étions et qu'on a à redouter les critiques passionnées des patriotes de coin du feu. Comme mon invité mangeait un salmis de poulet, il lui arriva de s'étrangler avec un os de cuisse et de haut de cuisse du volatile. Congestionné jusqu'à la cyanose, aphone, et ne pouvant que répéter « Fest, Fest » (C'est solide), le pauvre lieutenant fut réellement en danger de mort tant qu'il ne fut pas débarrassé de ce corps étranger. Nous étions, Doux et moi, dans une anxiété aussi grande que la sienne, car s'il était venu à décéder, aucune enquête, aucune décision d'un tribunal n'aurait pu nous absoudre aux yeux de ses compatriotes et l'os de poulet resté dans le cou du lieutenant eût été toujours considéré par eux comme fable grossière inventée par un Français sans scrupule pour se débarrasser d'un rival gênant.

Heureusement pour nous et pour lui, M. de Carnap a pu revenir bien portant en Europe et y confirmer dès avant notre retour la nouvelle des établissements sérieux que nous avions fondés au-dessus des territoires occupés par la Royal Niger C°.

Plus heureux que nous, il a pu reprendre la suite de ses travaux dans la boucle du Niger et nous lui adressons à Sansanné Mango, où il se trouve (juin 96), nos lointaines et jalouses félicitations.

CHAPITRE VIII

De Yaouri à Saye.

Yaouri, théâtre de la mort de Mungo-Park. — Savez-vous ce que c'est que faner? — État de guerre permanent. — De Gomba à Saye. — Le roi d'Ilo, ses guerriers. — Traité. — Kompa. — Le Yolof Ali-Bouri. — Ahmadou de Segou et Tidjani. — Une ville détruite par mois. — Ahmadou de Saye. — Un rhumatisant opportuniste. — Un jour qu'on ne retrouve plus.

Saye, le 25 mai 1895.

« Monsieur le Ministre,

« J'ai l'honneur de vous rendre compte ci-après des opérations de ma mission depuis le 25 avril.

« Dans les deux lettres que je vous ai écrites devant Yaouri, et à Yaouri même, en y arrivant le 26 avril, je n'ai pas pu vous entretenir de ce pays.

« Contrairement à l'opinion admise, et si fermement établie que M. de Lannoy signale une affirmation différente comme une preuve d'imposture de la part d'un témoin de la mort de Mungo-Park, Yaouri est non pas seulement le nom d'un royaume, mais celui d'une très grosse ville située sur la rive gauche du Niger, en bordure le long du fleuve. Il faut croire que les frères Lander, les premiers voyageurs qui prétendent avoir visité le pays, ont été abusés par leurs guides ou que la ville s'est déplacée depuis [1].

« Le récit rapporté par l'Anglais Duncan [2], le plus cynique imposteur qu'on ait encore écouté, concorde d'ailleurs assez bien avec l'état des lieux tels que je les ai vus.

« Notre chef batelier, nommé Tarou, qui a fait seize fois le voyage d'Illo à Boussa et qui est universellement aimé et estimé dans toute la vallée pour sa grande probité, son sang-froid et son habileté professionnelle, m'a d'ailleurs confirmé la version rapportée par Duncan. Après bien des réticences causées par la crainte d'un si grand forfait, il a fini par me montrer l'arbre où était attachée la pirogue du voyageur blanc lorsqu'il fut tué [3].

« L'embarcation de Mungo-Park, poussée au large après sa mort, s'est bien perdue dans les rapides de Boussa, mais il n'était plus dedans quand elle chavira.

« Je n'ai trouvé personne à qui parler à Yaouri,

---

[1]. Rien n'est plus amusant que de lire dans le récit des frères Lander le détail des plaisirs champêtres qui accompagnent la moisson dans le pays des Combriens (de Boussa à Yaouri). On se reporte malgré soi à la gracieuse lettre de Mme de Sévigné. « Savez-vous ce que c'est que faner? — ...... On s'en va batifolant par les champs..., etc. » Au moins Mme de Sévigné n'allait faner dans les prés qu'au moment où l'on coupe les foins, tandis qu'au mois de juillet, époque où les frères Lander placent leur voyage en Combrie, et leurs joyeux ébats parmi les moissonneurs, il y a cinq mois qu'il n'y a plus un épi dans les champs. Combien nous serions surpris de lire un jour dans les récits d'un explorateur, venu de la lune, que le carnaval est une fête donnée en France à l'occasion des vendanges!

[2]. Ce Duncan, qui est probablement resté toute sa vie à la côte, dit avoir recueilli le récit d'un marchand venu de Yaouri. C'est peut-être la seule vérité qu'il ait dite.

[3]. Ce Tarou faillit être capturé dans le village de Zamaré (10 kil. aval de Yaouri) et donna lieu à un incident dont il sera parlé plus loin. (Franchissement des rapides de Boussa, à la descente.)

parce que le roi était à la guerre : il avait envoyé, quelques jours avant mon passage, un premier lot de trois cents esclaves qui avaient été vendus sur le marché, et il continuait le cours de ses succès.

« Il me fit dire par un envoyé spécial et par son fils qu'il me priait instamment de le rejoindre pour le seconder et surtout d'apporter de la poudre.

« Bien qu'il fût à deux jours seulement dans l'intérieur des terres, à hauteur d'une station où je devais atterrir, je déclinai l'invitation, tout en envoyant quelques cadeaux à ce roi victorieux.

« La ville de Yaouri est située en amphithéâtre sur une colline qui baigne ses pieds dans le fleuve : en amont et en aval sur la même rive, se trouvent de nombreux villages formant banlieue. Sur la rive droite et dans les îles que forme un gigantesque épanouissement du Niger, on voit se grouper une suite continue de maisons, formant des villages baribas, dépendant du roi de Boussa.

« Yaouri, qui peut avoir de 40 à 60 000 habitants, est un marché considérable où l'on trouve surtout du riz, du mil, des haricots, des pistaches, de la bière, du lait, du beurre, animal et végétal, des poissons secs, des étoffes, des pagayes remarquables, du miel et des bonbons expédiés assez loin, des pagnes, etc. La monnaie est le cauri. Le collier de cent perles de Briare s'y vend 1000 cauris, ou s'y échange pour cinq litres de riz. Le roi de Yaouri possède surtout des villages sur la rive droite et sur quelques îles. Il a pour voisins d'aval le roi de Bedinka. Leur frontière commune est entre Kosimalo (Yaouri) et Tonou (Bedinka).

« La puissance du roi peut s'étendre jusqu'à quatre jours de marche dans l'intérieur des terres. Lorsqu'il ne combat pas contre ses voisins de l'est, c'est au roi de Boussa, possesseur de presque toute la rive droite, qu'il s'en prend.

« Il résulte de cet état de guerre, quasi permanent, que la navigation du Niger, entre Boussa et Gomba, est assez peu sûre. Un gros marchand de sel qui avait dix jonques chargées et voulait les faire conduire au marché de Wourno, a profité de notre passage pour me demander à nous accompagner.

« Malgré les réserves de Tarou, je lui accordai la permission de voyager de conserve avec nous, pensant être ainsi dans mon rôle de blanc et de protecteur des professions paisibles. J'eus pourtant à me repentir quelque peu de cette condescendance, car j'appris plus tard, qu'assurés, grâce à nous, de l'impunité, ces hommes s'étaient permis toutes sortes de mauvais procédés à l'égard des autorités baribas des pays où nous faisions escale.

« A partir de Tchakachi, ville bariba, à 6 kil. rive droite en amont de Yaouri, les villages deviennent plus rares et on n'en rencontre plus guère que tous les 12 ou 15 kilomètres; ils appartiennent au roi de Boussa jusqu'aux environs de Gomba. Le roi de Boussa vient chaque année faire la guerre dans cette partie de cette frontière, et, suivant le cas, il abandonne les villages conquis, après en avoir tué ou capturé les habitants, ou bien il les repeuple avec des contingents baribas. La ville de Bariconda est dans le premier cas, celle de Djébé, dans le second.

« Gomba est un village de 5 ou 6000 habitants, qui tire une certaine importance commerciale de sa position, vis-à-vis de l'embouchure de l'affluent de la rive gauche. Cet affluent pénètre vers Wourno et Sokoto, et est navigable pendant presque toute l'année jusqu'à cinq ou six jours en amont de Gomba.

« Aussi, les Foulbés de Wourno et de Gando avaient-ils jugé nécessaire d'occuper ce dernier point. Bien qu'il fût situé sur la rive gauche, Gomba devenait ainsi l'entrepôt de leur commerce sur le Niger.

« Mais, depuis la désagrégation si rapide et si complète de l'empire de Damfodio, il n'y a plus aucun lien entre Gomba, Gando et Sokoto. Non seulement j'ai traité avec le roi de Gomba, sans que celui-ci voulût avouer la moindre subordination à Gando ou à Sokoto, mais mes marchands de sel, en venant me remercier et prendre congé, m'apprirent d'un air désolé que deux rois plus puissants que ceux de Gomba et de Gando se faisaient la guerre sur le Goulbi el Kelbi, et qu'il leur devenait impossible de quitter Gomba. Cette interposition de deux États entre Gando et Gomba me semble, mieux encore que les dénégations du roi de Gomba, prouver l'absence de toutes relations de subordination effective entre ce dernier et le roi de Gando.

« De Gomba à Saye, nous parcourions un segment du fleuve sur lequel aucun blanc n'a navigué jusqu'ici. J'en fis donc le relevé avec un soin tout particulier. M. le lieutenant de Carnap, de l'expédition Grüner, est en effet, comme M. le commandant Decœur, passé par terre entre Kirotachi et Ilo.

« A Ilo, qui était la patrie de Tarou, j'eus quelque peine à décider mes bateliers à ne pas s'arrêter pour procéder à leurs semailles. Ils avaient espéré que je me rebuterais avant de dépasser leur village. Aussi, avaient-ils cherché à ralentir notre vitesse en aval d'Ilo. Ils avaient mis en œuvre pour y arriver toute leur finesse, toute leur force d'inertie. A partir d'Ilo, voyant que j'étais décidé à marcher, malgré les tornades, ils changèrent de système, et, comme j'avais promis 1000 francs de gratification à Tarou si nous arrivions ensemble chez les Français établis au nord de Saye, il ne songea plus qu'à marcher au plus vite pour revenir en temps utile au travail de ses terres.

« Ilo est un gros bourg d'environ 6 à 8000 habitants, de race bariba, commandés par un roi qui est le frère aîné de celui de Boussa et le frère cadet de celui de Niki.

« D'après mes constatations personnelles, il vit en excellents termes avec le roi de Boussa, et bien que leurs royaumes soient distincts, ils n'en sont pas moins étroitement unis, tant par leur amitié que par l'identité de race de leurs sujets.

« Les gens d'Ilo sont, comme ceux de Boussa, de remarquables bateliers, et bien que le calme de leurs eaux ne leur ait point donné l'occasion d'acquérir au même degré les qualités de sang-froid et d'intrépidité de leurs frères installés sur les rapides, on y trouverait peut-être plus de ressources en batellerie qu'à Boussa même. Cela tient à ce qu'il existe auprès d'Ilo une forêt d'arbres à bois très dur, très favorable à la construction des pirogues. Le type de grandes pirogues que j'ai rencontré à Boussa et qui circule de Saye à Rabba, est, en effet, originaire d'Ilo. Ces pirogues portent facilement de trois à cinq tonnes, et, ainsi que vous pourrez vous en assurer en lisant mon rapport spécial sur ce point, elles exigent pour leur construction un art personnel consommé de la part du charpentier. Il n'y a pas en France quatre ouvriers d'art sur cent qui soient capables d'un pareil travail. Cette industrie est moins développée à Boussa, où elle est d'importation récente, car les frères Lander ne parlent que de pirogues en tronc d'arbre et certes, s'ils avaient vu une seule pirogue du modèle de celles que nous utilisons, ils n'eussent pas manqué de la signaler.

« Ilo n'est pas au bord de l'eau, mais à 3 kilomètres dans les terres. Le port est à Griss. J'ai fait visite au roi, auquel j'ai remis une expédition de traité. Il m'a rendu ma politesse le surlendemain seulement, ayant dû, m'a-t-il dit, convoquer un grand nombre de ses sujets, les plus distingués, tant pour palabrer à propos du traité, que pour m'honorer davantage par le nombre et le luxe de son escorte.

« Il était en effet très bien entouré, lorsqu'il est arrivé, et c'est en présence de deux ou trois cents cavaliers de bonne marque, suivis eux-mêmes de valets armés, que nous avons procédé à la cérémonie de la signature du traité et de la remise du drapeau.

« Je ne m'attarde pas dans la description des costumes et de l'armement, car l'adjudant Doux a pris, depuis Arenberg, une série de photographies qui vaudront mieux que toute description [1].

« De Ilo à Kirotachi, treize jours de marche, nous quittons le pays des Baribas. Jusqu'à Kompa (sixième jour) on trouve encore les grosses villes de Kasaki, Madikalé, Garou, Gaya, Tara, Quanza et Karoumama. Mais, dans cette dernière localité, nous sommes avertis que nous avons devant nous un pays dévasté.

« Et ici se confirme la situation que Tarou m'avait dépeinte comme constatée par lui, lors de son voyage à Saye, effectué en 1894.

« Le nommé Ali-Bouri, chef yolof, bien connu au Sénégal pour son audace et sa haine du nom français, chassé par nous de son pays, s'est réfugié d'abord dans le Fouta. Puis, il est venu sur le Niger avec un nommé Tidjani, marabout dont le fanatisme l'inspire et le protège ; Ahmadou, sultan dépossédé de Ségou, s'est joint à eux, et tous trois disposant d'environ trois cents chevaux et quatre cent cinquante fusils à deux coups, s'installèrent à Bomba, entre Kompa et Kirotachi. De Bomba partaient périodiquement des expéditions dirigées surtout par Ali-Bouri. Les trois associés ont détruit ainsi à peu près une ville par mois. Parmi les habitants, les mâles adultes sont tués, les autres vendus, soit au marché de Saye, soit à Zinder.

« Les Foutanis, comme on les appelle ici, auraient été

---

[1]. Malheureusement, au cours des naufrages qui ont contrarié notre navigation de retour, ces photographies ont toutes péri. Je ne m'en consolerai pas.

battus au cours de leur campagne, au mois d'octobre dernier, par un parti de Touareg du Zaberma qui les auraient obligés à se réfugier à Saye et seraient allés détruire la ville de Bomba.

« Le roi de Saye, que ses hôtes ne tardèrent pas à embarrasser, les a relégués dans une ville de la rive gauche en amont de Saye, à condition qu'ils s'abstiendraient de toute incursion, soit chez les Touareg, soit dans le Dendi dépendant de Saye. Leur activité dévastatrice s'est donc portée depuis le mois de janvier sur les populations établies au sud de Kirotachi.

« Quand j'arrivai à Karoumama, le 13 mai, le roi du pays ayant appris que tous les villages situés en amont, et entre autres le village de Bedzinka, lui appartenant, avaient été détruits, s'attendait à chaque instant à avoir la visite d'Ali-Bouri. Il me supplia d'aller le combattre. Je lui répondis que je n'avais point de cavaliers et que je ne pouvais pas quitter mes bateaux pour courir après les Foutanis, mais, que s'ils attaquaient une ville où je me trouvais, j'aiderais les habitants à se défendre. Je fis la même réponse jusqu'à Saye, à tous les chefs de village qui m'adressèrent la même prière.

« Ali-Bouri s'est tenu tranquille jusqu'ici et je n'ai rencontré que les ruines laissées sur son passage : les villes de Bomba, Bombodji, Djabkiria, Bikini, Bedzinka, Karikonto, situées sur les bords du fleuve, ont disparu. J'ai pu visiter en détail les ruines de Bikini. Je n'ai trouvé qu'une vieille femme. Elle nous a raconté que les habitants, « déjà fusillés il y a trois mois par un « blanc, avaient fui il y a une vingtaine de jours devant « Ali-Bouri ».

« Le blanc dont il s'agit est le lieutenant von Carnap, qui m'a raconté avoir été obligé de se défendre à coups de fusil contre les pillards de Bikini. Nous avons retrouvé au pied d'un arbre la caisse à cartouches marquée « Deutsch Togo Expedition » qui avait servi dans cette occasion.

« La vallée du Niger, très large entre Yaouri et Bikini, devient très étroite à partir de ce point. Le fleuve commence à circuler entre des berges à pic formées par des mamelons granitiques ou des chaînes de collines d'origine également ignée. Ces collines ont de 30 à 50 mètres de hauteur. Les îles de cette région, couvertes d'une végétation arborescente très touffue, contiennent un grand nombre de palmiers à huile. Le fait est à noter comme intéressant au point de vue botanique, car Barth en nie la possibilité (bien qu'il n'ait jamais passé au-dessous de Saye), sous prétexte d'absence de salure dans les eaux [1].

« La navigation depuis Yaouri a été très facile : le courant, devenu très mesuré à partir de Bariconda, n'opposait qu'une faible résistance et nous n'avons rencontré qu'une seule dénivellation importante. C'est une marche d'escalier formée par des rochers granitiques à une journée et demie au sud de Kirotachi. Le passage pourrait d'ailleurs y être rendu absolument libre au moyen d'un très léger travail.

1. Ce passage de la relation de Barth mérite d'être relevé parce qu'il prouve quelles erreurs peut engendrer une idée préconçue et prétendue scientifique, même chez un homme de la valeur morale et intellectuelle du grand voyageur.
Ses domestiques se disputaient pour savoir si un palmier qu'ils venaient de rencontrer, entre Zinder et Saye, était un palmier à huile ou un dattier. Ils lui soumirent leur différend et Barth le trancha aussitôt. « En effet », dit-il...... et on croit qu'il va examiner l'arbre lui-même, constater qu'il porte des dattes et non des palmes, ou tout autre signe caractéristique de son essence, pas du tout, il dit : « En effet, il n'est pas possible qu'il y ait de palmiers à huile si loin de l'eau salée qui est indispensable à leur développement. » Et voilà une affaire tranchée, tranchée tout de travers par un des très rares hommes qui eussent pu détruire cette erreur. Il y a des palmiers à huile, n'en déplaise à Barth, — car je les ai vus, — depuis le bord du

« Arrivé à Saye, où je me suis fait précéder de quelques cadeaux, j'ai été très bien reçu par le roi Ahmadou ; il m'a dit qu'il se rappelait bien le colonel Monteil, dont j'étais, manifestement, m'a-t-il dit, le fils ou le frère. J'aurais cru qu'il se moquait, si je n'avais su que, pour bien des blancs, tous les noirs se ressemblent. J'ai pensé que l'inverse était également vrai.

« Je lui ai demandé s'il n'avait pas vu MM. Decœur et Alby [1]. Il m'a dit que non, « ceux-ci étant venus à Saye en son absence ». Que faut-il penser de ce faux-fuyant ? Dissimule-t-il un accident dont Ahmadou ne voudrait pas encourir la responsabilité, ni avoir la mauvaise fortune de m'informer ? Peut-être a-t-il jugé prudent, après l'accueil relativement favorable qu'il a fait à Ali-Bouri, de mettre quelque distance entre lui et le commandant Decœur, qui arrivait avec une force respectable [2].

« Il m'a répété plusieurs fois qu'il avait bien vu d'autres blancs depuis le colonel Monteil, notamment les Allemands, qu'il a fait conduire jusqu'à Kirotachi, mais qu'il n'avait signé aucun traité avec quiconque depuis Monteil.

Niger jusqu'à 600, 800, 1200 kilomètres de son embouchure et je ne sache pas que l'eau du Niger soit salée à cette altitude. M. Dybowski en a, m'a-t-il dit, relevé des forêts entières sur le Congo moyen.

J'ai vu de même un vieux professeur soutenir qu'un saumon pêché à Nevers n'était pas un saumon, « parce que le saumon est un poisson de mer ». Il est vrai que ce vieux professeur était un sot, tandis que Barth était un homme d'expérience et un homme remarquable.

1. C'était une erreur de ma part de croire que M. Alby était venu à Saye. Mais le commandant Decœur y est venu. Ahmadou me dit qu'il avait su qu'il était mon frère et celui de Monteil, mais qu'il avait été obligé d'aller aux eaux du côté du nord-ouest, afin de s'y guérir d'un rhumatisme dont il souffrait à la jambe. De fait, il ne pouvait pas marcher sans se faire porter.

2. Au contraire, j'arrivais en bateau avec dix-huit maigres fusils : Sa Majesté pensait sagement que ce n'était point la peine d'aller aux eaux pour si peu.

« Il était prêt à renouveler avec moi le traité passé avec ce dernier, en raison de ma ressemblance avec lui et de l'identité de nos drapeaux.

« Nous avons procédé à cette formalité chez lui en présence de nombreux fonctionnaires. Pas plus que le roi de Gomba, Amahdou n'accuse aucune relation avec le roi de Sokoto, dont il est d'ailleurs séparé par plusieurs États.

« J'ai vu hier et aujourd'hui des guerriers d'Ali-Bouri. Ce sont de beaux hommes, portant avec distinction la tenue blanche des fanatiques, et un fusil à deux coups très bien entretenu. Ils ont lié conversation avec plusieurs de mes laptots, dont ils connaissaient la famille et leur ont demandé de la poudre. Naturellement, je ne leur en ai point donné. Saye paraît ainsi un terrain neutre, où peuvent se mouvoir sans se heurter Sonrays, Foulbés, Touareg, Français et gens d'Ali-Bouri, fétichistes et musulmans fanatiques.

« Barth, qui a passé ici, il y a quarante ans, signale Saye pour son insalubrité. La ville doit en effet être très humide pendant la saison des pluies. Il y est resté huit jours à l'époque de l'année où nous sommes, et s'est beaucoup plaint de la chaleur. « J'éprouvais, dit-il, la « sensation d'angoisse que doit ressentir un homme « qu'on étrangle. » Nous n'avons pas été si malheureux, nous conservons plutôt un bon souvenir de Saye.

« Il est vrai de dire que, vivant en plein soleil de mai, c'est-à-dire au moment de l'année où l'astre passe à notre zénith, et soumis en outre pendant douze heures par jour à la réverbération de l'eau, nous sommes disposés à trouver fraîches les paillotes les plus mal ventilées [1].

« Je suis un peu en avance sur la date d'arrivée à Saye

---

[1]. L'eau du Niger marquait depuis un mois 32° à six heures du matin.

que je vous avais annoncée de Yaouri. Aussi, suis-je sûr d'arriver à Zinder et de pouvoir encore en revenir avant que les eaux soient tout à fait basses.

« On me prévient pourtant qu'il y a beaucoup de rapides d'ici Zinder, mais Barth dit tout le contraire et après tout, nous en avons vu bien d'autres.

« A partir de Zinder, j'espère être mon propre courrier, car je ne pense pas que personne puisse descendre aussi vite que nous.

« Je crains que vous ne trouviez que j'ai poussé bien loin la reconnaissance d'amont que je devais faire en partant de Badjibo. J'ai hâte aussi de redescendre en ce point pour y retrouver des nouvelles des miens, les dernières datent de novembre, et aussi vos instructions complémentaires si vous m'en avez envoyé. Mes courriers partis pour la côte ont ordre de me rapporter le tout.

« L'état de santé de la mission est à peu près le même qu'à Yaouri : Sédira toujours malade, l'adjudant Doux et moi alternant dans nos accès de fièvre de façon que l'un de nous deux reste disponible pour relever le chemin parcouru et diriger la marche, ce qui est devenu facile [1]. Ces contre-temps d'ordre sanitaire sont d'ailleurs inévitables pour des gens qui vivent les pieds dans l'eau, sous un soleil vertical, alors que la température à l'ombre atteint 40°. Les laisses de sable ou de vase produites par la baisse des eaux et au milieu desquelles nous couchons, ne nous permettent pas non plus

---

[1]. La maladie n'observa pas toujours une alternance aussi exacte et produisit notamment cet effet bizarre que nous perdîmes un jour en route sans savoir quand.

Il est probable que l'adjudant et moi nous avons perdu connaissance en même temps et que, en reprenant nos sens, nous ne nous sommes pas rendu compte du temps écoulé.

Nous ne nous sommes aperçus de cette erreur qu'en constatant par une observation de latitude que la déclinaison du soleil avait augmenté d'un jour depuis notre dernière observation.

d'espérer avant notre retour la guérison de notre paludisme.

« J'espère que ce retour sera prochain et je suis ravi d'être assuré dès maintenant qu'il se fera sans arrière-pensée, et que nous rentrerons sans laisser derrière nous, inconnu, un seul kilomètre du Niger.

« Veuillez agréer, etc. »

CHAPITRE IX

De Saye à Farca.— Les Touareg. — Zinder.

Les premiers Touareg. — Valeur de la vallée du Niger au nord de Saye. — Les terres légères de lord Salisbury. — Une petite Égypte. — Régularité des crues. — Densité de la population. — Production énorme de la vallée. — Boubakar, chef des Locmaten. — Il fait fuir mes guides. — Navigabilité du fleuve. — Erreur de Barth. — « Pirogues comme ça, y a pas bon. » — L'embuscade éventée. — L'attaque des Touareg. — — Leur manière de combattre. — La version de l'ennemi. — Ardeur indisciplinée des laptots. — « Fusils français y a bon ça. » — Prestige personnel des Touareg. — Obligé de remonter au-dessus de Zinder.

Camp de Boubakar, le 4 juin 1895.

« Monsieur le Ministre,

« Depuis trois jours, mon voyage prend un intérêt nouveau, nous sommes entourés de visages blancs, figures fines, regards inquiétants, démonstrations nombreuses d'amitié, signes rares, mais certains de haine et de perfidie. Nous voici arrivés enfin sur les bords de l'Océan nègre où nous naviguons depuis bientôt six mois.

« Ces Kabyles, comme dit Sédira, ces Maures, comme disent mes laptots, ces Touareg, en un mot, qui nous font si bon accueil, sont-ils des ennemis, des amis, je n'en sais rien encore, mais ils sont blancs : derrière le mince et opaque rideau qu'ils forment à la lisière du désert, ils sont, eux ou leurs frères, en contact avec les nôtres. Dans le nombre de ceux qui hurlent sur les rives : « Salamale koun, ou Allah illah Allah », beaucoup ont été battus par Joffre, d'autres ont anéanti la colonne de Bonnier ou les marins du jeune Aube, mais amis ou ennemis, je les vois avec plaisir, car derrière eux se trouve le pavillon français.

« Cette impression est celle de tout mon monde : nous sommes tous inquiets de si singuliers acolytes et en même temps ragaillardis de nous trouver dans un monde nouveau. Je vous en écris tout joyeux.

« Mais ma seule joie n'est pas de voir ces visages blancs. A peine sortis de Saye, je me suis trouvé dans un pays bien inattendu pour moi. J'entrais dans ces *terres légères* dont lord Salisbury prétend railleusement nous avoir fait cadeau. J'étais, comme bien d'autres, si parfaitement persuadé que le noble lord ne nous avait cédé que des territoires désolés, que toutes mes précautions depuis mon départ de France avaient pour but d'assurer la subsistance de ma troupe au-dessus de Saye, dans l'affreux désert dont les Anglais avaient dû nous gratifier.

« Et voilà que, depuis dix jours, je voyage dans le pays le plus peuplé, le plus animé, le mieux cultivé, le plus civilisé, le plus riche en un mot que j'aie rencontré depuis la côte. Je résume mon impression dans le télégramme que je vous adresse par le même courrier, en disant que la vallée depuis Saye est une petite Égypte. La seule erreur que je puisse commettre c'est de dire *petite*. Peut-être est-ce une grande Égypte ? Nous verrons cela demain ou après en arrivant à Zinder. Zinder est la grosse ville où vont toutes les barques que nous dépassons et qui nous dépassent. Zinder serait le Chicago du far-tropical où nous marchons. Peut-être pourrai-je m'y ravitailler en vivres, pour n'avoir pas besoin de m'arrêter et de palabrer chaque jour en redescendant. Il y a en effet un intérêt majeur pour l'étude du fleuve à le parcourir tout entier pendant les six semaines de basses eaux que nous avons devant nous.

« Dans le cas contraire, je poursuivrai jusqu'à ce que je trouve à remplir mes tonnelets de grains et, au pis-aller, jusqu'à Tombouctou où je trouverai certainement des approvisionnements.

« Notre grand poste du Niger saharien est en effet à une vingtaine de jours d'ici, et, si j'en crois des donneurs de renseignements qui ne m'ont point encore trompé jusqu'à présent, la navigation est encore plus aisée en amont qu'entre Saye et Zinder.

« Une des raisons qui me feraient pencher vers cette dernière solution est la perte de ma cantine médicale qui a été noyée dans le naufrage d'une pirogue, et que je n'ai pu retrouver malgré vingt-quatre heures de dragages et de plongeons. Il ne me reste plus ni quinine pour mes fiévreux, ni laudanum pour mes dysentériques, or, nous sommes tous fiévreux et dysentériques [1]. Si pareille perte m'était arrivée dans les rapides de Boussa, où nous avions cependant plus de chance de naufrager qu'ici, je n'aurais pas pu continuer mon voyage, car les plaies dont souffrait mon équipage n'auraient pu se guérir sans antiseptique.

---

1. Quand j'eus dû me résoudre à considérer ma quinine comme définitivement perdue, je demandai à Samba le bicarbonate de soude dont nous faisions grand usage comme condiment et passai une bonne partie de ma soirée à fabriquer des cachets avec ce sel inoffensif. Lorsque plus tard mes hommes atteints ou menacés de fièvre me demandaient de la quinine, je leur octroyais doctoralement un de ces cachets.

M. le docteur Treille, à qui je racontai plus tard cette supercherie forcée, me dit en riant que j'avais bien fait, car « la moitié seraient morts de peur s'ils avaient su qu'il n'y avait plus de quinine ». Au contraire, la foi les sauva tous.

« Tout dépendra donc de l'accueil que je recevrai à Zinder, car si je suis sûr qu'il y a du grain, je ne suis point sûr qu'on veuille m'en vendre. Les noirs, qui sont l'imprévoyance même, n'admettent pas qu'on fasse de provisions et craignent toujours, en nous pourvoyant pour plusieurs semaines, de nous donner le moyen de guerroyer. Aussi, ne cèdent-ils des vivres en quantités importantes qu'à leurs amis les plus sûrs.

En disant que la vallée du Niger au-dessus de Saye se présente comme une partie de l'Égypte, j'en fais d'un coup la description la plus complète et la plus juste dont je sois capable. Les crues du fleuve sont ici d'une extrême régularité. La partie saharienne du Niger est pleine de lacs qui, depuis le lac Deboé jusqu'à Tombouctou au moins, forment, dans leur ensemble, un immense bassin de retenue.

« Le déversoir de Tosaye étant très étroit, une centaine de mètres au plus, une variation de 1 mètre de haut de ce bassin de retenue ne fait varier le débit que sur un excédent d'orifice de 100 mètres carrés. L'eau qui y passe se répartit ensuite sur une vallée de plusieurs kilomètres de large, ce qui réduit à 2 ou 3 centimètres la hauteur de crue produite par 1 mètre de haut dans le bassin supérieur [1].

« Grâce à cette régularité de l'arrosage, il a pu s'établir ici un régime de culture extrêmement intensif et productif en grains et en cotons. De même qu'en Égypte, le mouvement de la population a suivi celui de la production.

« Les villages sonnerayes succèdent aux villages sonnerayes et il ne se passe pas de demi-heure sans qu'on signale sur les rives une localité plus ou moins impor-

[1]. Ce raisonnement ne s'applique qu'aux variations accidentelles de la crue. Ce n'est pas seulement la surélévation du niveau mais l'accélération de la vitesse dans toute la section qui augmente le débit. Ici la profondeur intervient, et on sait qu'à Tosaye elle est considérable.

tante. Le peuple sonneraye est très laborieux et très industrieux, les villes et les villages sont proprement tenus : nous n'avons en Algérie — peut-être même en France, — aucune municipalité qui fasse entretenir les rues dans un état de propreté plus hygiénique et plus rigoureusement aseptique que ne le fait dans la bonne ville de Karma le second chef de la localité, père de mon guide et ami Abdou.

« Des greniers, en formes d'immenses amphores, de 4 à 5 mètres de haut et aménagés d'une façon très bien entendue, assurent la conservation du grain et complètent ainsi le cycle agricole dont l'inondation amorce le premier élément.

« L'analogie des productions du sol dans la vallée du Niger avec celles de l'Égypte est encore rendue plus frappante par la présence ici en grand nombre de palmiers bifurqués (*doum*). C'est une variété originale qui, justement à cause de son habitat spécial, a été dénommée par les botanistes : palmier d'Égypte. Enfin, trois races différentes occupent, comme en Égypte en 1798, les divers rangs de la hiérarchie sociale.

« *Sonnerayes*. — Au bas de l'échelle, les Sonnerayes fournissent, comme les Fellah, la masse de la population laborieuse : toutefois, nombre d'entre eux s'élèvent jusqu'aux fonctions très actives, mais peu en vue, de second chef de village.

« *Foulbés*. — Comme les Turcs d'Égypte, les anciens compagnons Foulbés de Danfodio occupent nominalement les places administratives, qu'ils remplissent sans disposer pour cela d'une autorité sérieuse. Leur race s'est, d'ailleurs, abâtardie par suite de leurs mélanges avec les sonnerayes et on évaluerait difficilement combien de gouttes de pur sang poullo circulent encore dans leurs veines.

« *Touareg*. — Enfin, les Touareg, sorte de mameloucks du Sud, bien qu'établis hors des villes, exercent sur tout le pays une autorité personnelle et redoutée, exclusivement fondée sur leur prestige de blancs. Ce prestige est tel qu'ils peuvent tout se permettre à l'égard des noirs, tant Foulbés que Sonnerayes [1]. Il me paraît bien difficile qu'il s'établisse jamais entre nous et ces exploiteurs éhontés, une paix bien sincère ni bien durable.

« Pourtant leur chef, le nommé Boubakar, des Locmaten, m'a fort bien reçu; j'ai été par lui comblé de cadeaux : bœufs, chèvres, lait, œufs. Ayant appris que mon guide, venu de Saye, était malade [2], il me l'a rem-

[1]. Ce n'est point un prestige de peuple, comme celui que nous exerçons parfois et où le Français, citoyen de la puissance protectrice, est souvent personnellement l'inférieur d'un de nos protégés. C'est individuellement que *chaque* Touareg est le maître et seigneur de tous les noirs qu'il rencontre.
A Zinder, où nous trouvions tout à l'heure un roi, un conseil de notables, des cantonniers, des gardes de quartier, des gardes de nuit, en un mot toute une organisation urbaine, *un* Touareg, un Touareg tout seul, entre dans la maison qui lui plaît, avise dedans une femme qui pile du mil, prend à sa convenance le mil, le pilon, le mortier, le pagne de la femme, et la femme par-dessus le marché, sans que le noir propriétaire de ces différents biens, d'inégale valeur, ait même l'air de s'en apercevoir.

[2]. Abdoulaye, mon guide de Saye, me prit à part le soir même du jour où, arrivant sur les terres de Boubakar, nous étions comblés de cadeaux.
Au cours de la ripaille, il vint me trouver et me tint ce discours : « Odounda... je voudrais te parler. — Parle. — C'est que j'ai quelque chose à te dire. — Va toujours. — Je voudrais t'entretenir en particulier. — Mais nous sommes seuls! — Je suis bien malade. — Tu n'en as pas l'air. — Sans doute, mais au fond j'ai de grandes douleurs dans les jambes. — Eh bien, reste assis dans les pirogues. — Oui, oui, mais il pleut tout le temps. — Sur toi, comme sur moi. — Et puis, tu nous fais coucher chaque nuit dans les joncs humides et quand je me réveille, j'ai encore bien plus mal aux jambes. — Je n'y peux rien. — Tu dois savoir que quand il pleut ainsi, ce n'est pas le moment de voyager, mais de faire ses semailles. Celui qui ne sème rien maintenant ne récoltera rien plus tard. — Certainement, mais tu gagnes beaucoup d'argent avec moi, et ta femme et tes enfants sèmeront en ton absence. — Justement, j'ai une femme qui n'est

placé par un vigoureux gaillard qui se comporte bien et est bien secondé par trois de ses captifs.

« C'est encore Boubakar qui m'a offert un courrier pour Tombouctou. Je lui donne cette lettre que j'envoie également par un courrier d'aval, ainsi que mon télégramme. Je préviens aussi le commandant du cercle de Tombouctou de ma présence ici et de l'éventualité où je me trouve de voyager et d'agir sur le territoire dépendant de lui.

« Ce guide de Saye, un nommé Abdoulaye, auquel je le revaudrai à l'occasion, ne s'est pas contenté d'être malade, il a épouvanté mes Baribas, auxquels il a représenté qu'ils allaient à une mort certaine. Il a eu pour auxiliaires, dans cette tâche, les femmes de mes bateliers, qui, depuis Saye, mouraient de peur, et cherchaient à attendrir leurs maris.

« Tous se sont sauvés, avec Abdoulaye, dans la nuit du 27 au 28, nous laissant leurs pirogues et leurs provisions. Leur départ m'a contrarié sans trop me gêner, car mes laptots sont devenus aussi fins bateliers qu'eux, et, depuis Saye, tous les Baribas dépaysés n'étaient plus que des bouches inutiles. Je ne leur en veux guère et en serai quitte pour recevoir en descendant leurs génuflexions et leurs lamentations sur le faible caractère des pauvres noirs qu'ils sont. « Odonnda nassara. — Pardon,

guère raisonnable, elle est trop jeune et ne songe qu'à rire, elle ne fera rien de ce qu'il faut, et fera tout ce qu'il ne faut pas, cela m'inquiète beaucoup. — Allons, je vois que tu veux t'en aller. Je ne peux pas t'en empêcher, tu partiras demain matin. »

Deux heures après il décampait.

Inutile de dire que c'étaient les Touareg qui l'avaient, par leurs menaces, décidé à cette désertion ruineuse pour lui.

Le lendemain, les Touareg m'envoyaient un guide pour remplacer Abdoulaye.

Plein de défiance à l'égard de ce nouveau personnage, j'acceptai ses services, tout en le surveillant de très près.

Il ne se démentit pas jusqu'à l'heure où il nous jeta dans le guet-apens organisé depuis huit jours.

grand chef Nazaréen », me disait à onze heures du soir, Tarou qui se proposait de s'enfuir à minuit. Je comprends maintenant de quoi le pauvre me demandait pardon. Depuis cinq jours, sa tente en roseaux tressés était remplie de scènes conjugales, et la femme de Tarou en sortait le matin avec des yeux humides qui ne paraissaient pas émouvoir son inflexible mari. Elle a fini par l'emporter, ce qui prouve simplement que les meilleurs des Baribas ne sont pas plus sages que nous — et que j'ai eu tort de les payer à Saye.

« La navigation depuis Saye a été assez facile, bien qu'elle doive rester dangereuse pour de grosses embarcations, tant que le fleuve n'aura pas été l'objet d'une étude hydrographique détaillée. Il y a en effet quantité de rochers émergeant ou à fleur d'eau.

« Le fait mérite d'être signalé, parce que Barth, qui est allé de Gogo à Saye, et *aurait pu* suivre le cours du fleuve, dit au contraire qu'il n'y a au-dessous de Zinder, ni îles, ni rochers, et que les deux ou trois seules îles qu'il a remarquées sont entièrement boisées.

« Or, il y a plus de 2000 îles ou rochers formant 2000 îlots, depuis Saye jusqu'ici, et il n'y en a aucune qui soit boisée.

« Une pareille erreur, commise par un homme d'une haute valeur morale comme Barth, prouve seulement avec quelle réserve il faut accueillir les racontars des indigènes et combien il est dangereux d'émettre un avis sur le cours d'un fleuve qu'on s'est contenté d'apercevoir de loin en loin [1].

« Les chemins de halage manquent absolument sur les bords du Niger, et ce n'est qu'en naviguant sur ses eaux qu'on peut acquérir l'autorité nécessaire pour en parler.

« Veuillez agréer, etc. »

---

[1]. Barth a d'ailleurs pu ignorer tous ces îlots, qui devaient être submergés à l'époque où il passa.

Zinder, sur le Niger, le 6 juin 1895.

« Monsieur le Ministre,

« L'orage que je pressentais et que vous avez pu pressentir vous-même, si toutefois vous avez reçu l'un des deux courriers qui portaient ma lettre d'avant-hier, a enfin éclaté : j'ai été attaqué hier par Boubakar.

« Depuis trois jours, mes hommes qui, comme tous les noirs, découvrent à certains indices insignifiants pour nous la présence d'un ennemi, ne cessaient de me supplier, à chaque instant, de les laisser tirer sur les groupes de Touareg qui marchaient à notre hauteur [1].

« C'est l'intérêt et la curiosité qui les poussent, me
« répondait mon guide, on n'a jamais vu de blanc par
« ici, ils veulent te voir et de saluer, voilà tout. »

---

1. Ces Touareg entraient à chaque instant dans nos embarcations, faisant manifestement l'inventaire du chargement. Leurs façons de faire exaspéraient mes hommes.
Je donne à titre d'exemple de ces indices relevés par les noirs le récit de la rencontre que nous fîmes des douze pirogues chargées de transporter éventuellement nos dépouilles.
A 7 h. 1/2 le 5 au matin, Suleyman vient me trouver au fond de la pirogue sur la caisse où, malade, je me tenais accroupi.
« Commandant, tu vois ces douze pirogues que nous venons de dépasser? — Oui. — Eh bien, pirogues comme ça, y a pas bon! — En effet, je n'ai pas confiance, et toi, qu'y vois-tu? — Eh bien, d'abord il n'y a pas de femmes dedans. — C'est vrai. — Et puis, elles disent qu'elles vont au marché de Zinder, à trois heures d'ici, et il n'y a dedans ni mil, ni pagnes destinés à la vente, ni cauris pour en acheter. — C'est vrai. — Et puis, il n'y a dans ces pirogues que des lanciers et des nageurs de pagaye. — C'est vrai. — Et puis, ils sont chez eux, leurs pirogues ne sont pas chargées, elles sont mieux nagées que les nôtres, et cependant elles nous laissent passer devant! Y a pas bon. »
Moi aussi je trouvais ces pirogues suspectes, mais je ne pouvais pourtant pas, comme Suleyman me le demandait, ouvrir le feu dessus, après cette simple déclaration de guerre : « Pirogues comme ça, y a pas bon. »

« Hier matin, nous avions encore échangé avec Boubakar politesses, cadeaux et souhaits de bonheur.

« Vers huit heures, nous nous engageâmes, à la suite de notre guide, dans un bras du fleuve courant à l'ouest du grand bief, se rapprochant par conséquent de la rive droite où campe Boubakar.

« Ce bras, assez large et profond à l'aval, va en se rétrécissant vers l'amont, où le courant et les roches n'ont pas tardé à gêner notre navigation.

« A neuf heures et demie, nous nous trouvions avoir devant nous, pour rentrer dans le grand bief, une sorte de torrent où l'eau cascadait à travers les pierres, et où il allait être impossible de passer autrement qu'en portant nos embarcations. Notre guide demandait la permission de sauter à terre pour rechercher le passage le plus favorable. C'était d'usage en pareil cas.

« Nous accostons donc, rive gauche, dans l'île et le guide descend à terre suivi de ses esclaves. Pour une cause toute fortuite, je profite de l'accostage et je débarque également.

« A peine parvenu au sommet de la berge, je vois, sans trop de surprise, mais avec un intérêt poignant, mon guide et ses acolytes détaler à toutes jambes et gagner le seuil du rapide où les roches forment gué. Sur la rive droite où ils ne tardaient pas à arriver, une masse de Touareg armés en guerre se tenaient formée, dans un pli du terrain, à 100 mètres du seuil.

« Je saute immédiatement dans mon embarcation, rassemble à la hâte les huit pirogues où se trouvaient disséminés mes dix-sept laptots, et qui, déjà, s'éparpillaient à la recherche des passes. Je porte le tout sur la rive droite, où une découpure de la berge allait me permettre de ranger à terre mes vingt-cinq hommes armés, le dos à leurs pirogues, les deux ailes appuyées au courant de manière que nous ne puissions être attaqués ni de flanc, ni de dos. Chacun jette la pagaye pour saisir son arme, on ouvre les caisses à cartouches et on en met une réserve à portée des tireurs. Ces dispositions prises, ma petite troupe s'aligne sur un seul rang : les dix-sept laptots avec le mousqueton modèle 1892 [1], sept Dahoméens armés de fusils à piston, Sédira avec un fusil modèle 1886 [2]. A gauche et à droite, l'adjudant Doux et moi, avec nos fusils de chasse, nos deux boys prenaient nos revolvers et le cuisinier mon Winchester.

« Je n'avais pas encore commandé « fixe », que les Touareg étaient parvenus à cent pas de nous. Le fils de Boubakar, à qui j'avais donné un pagne une heure avant, les commandait.

« Leurs forces pouvaient être de deux compagnies [3]. Ils étaient appuyés par quatre-vingts ou cent cavaliers.

« Une grossière injure de leur chef à mon endroit [4], une halte de quelques instants, consacrée à des clameurs étourdissantes et à une danse sauvage, explosion d'enthousiasme à la vue de notre petit nombre : puis leur marche en avant reprend, scandée par des temps d'arrêt.

« A soixante pas se détachent les lanceurs de javelots;

---

1. Mousqueton à chargeur et à 4 coups.
2. Fusil Lebel.
3. Ils étaient formés en deux groupes, de la compacité et de l'importance d'une colonne de compagnie aux grandes manœuvres, leurs boucliers en cuir placés jointivement et formant muraille au premier rang. Une cinquantaine d'irréguliers, armés de javelots, se tenaient en dehors du rang, dansant, hurlant et faisant des sauts de carpes ou des sauts périlleux comme des saltimbanques.
4. Arrivant au galop, le chef touareg campa son cheval à environ 50 mètres de nous et cria : « Allah, illa Allah, Mohammed Rassoul Alla-Nassara..... » « Il n'y a de Dieu que Dieu. Mahomet est son prophète; Nazaréen, mon père a décidé qu'aujourd'hui tu reconnaîtrais le seul Dieu et que tu cesserais de vivre en chien et en kéfir. » Pendant qu'on me traduisait ce petit discours prononcé en peuhl, le chef, peu confiant dans le succès de son ambassade et de sa sommation, retournait à sa troupe.

leurs armes tombent à nos pieds sans avoir blessé personne.

« J'ouvre alors le feu. A la première décharge, tous se jettent à terre, se couvrant de leurs boucliers de cuir, avec l'ensemble d'une manœuvre concertée[1], puis ils cherchent à progresser dans cette attitude gênante. Obligés de se disposer, vu l'étroitesse du champ d'attaque, sur une grande profondeur, ils offrent un but très vulnérable. Au bout de cinq à six minutes, quelques forcenés se lèvent encore pour danser sur leurs boucliers : mais peu à peu, les chefs, les guerriers qui se signalent à courte portée pour entraîner les autres, tombent sous les coups des trois blancs, de Sédira surtout, que j'y employais spécialement. Enfin, après vingt minutes de tir, les plus avancés reculent et, dans une bousculade générale, tous les fantassins disparaissent. Quant aux cavaliers, l'étroitesse et l'âpreté du terrain ne leur permettaient d'agir qu'en colonne, le sort de leurs camarades ne devait pas laisser de les impressionner, aussi furent-ils beaucoup plus mous. Quelques-uns furent démontés, les autres prirent la fuite, à l'exception de leur chef, qui vint bravement, tout seul, à la fin, se faire tuer sur nous[2].

---

1. Les Touareg ne prennent pas la position du combattant couché de la même manière que nous. Au lieu de s'agenouiller, puis de s'accouder sur le sol, en allongeant tout le corps en avant, ils tombent brusquement à gauche en s'appuyant sur leur bouclier et le rabattent sur eux.

A la distance où nous étions (50 mètres), cette masse d'hommes tombant de côté, les jambes en l'air, nous donna l'impression que notre décharge les avait tous tués.

Cette illusion, pour imbécile qu'elle fût, car nous n'en avions pas touché quatre, fut pourtant ce qui nous sauva, car mes hommes rassurés par le prodigieux effet de leur première salve se mirent à tirer avec le plus grand sang-froid et la plus grande attention.

2. Ce fils de Boubakar était un joli garçon, blanc comme du lait, aux attaches très fines : son bracelet de poignard, que j'ai

« Le terrain déblayé, nous nous félicitons tous du heureux hasard qui nous avait fait découvrir l'embuscade avant d'être engagés dans les manœuvres de force nécessitées par le passage des roches. Nous avions évidemment obligé l'ennemi à nous attaquer plus tôt qu'il ne l'avait d'abord décidé et cette circonstance qui l'avait forcé à livrer combat dans des conditions de terrain si défavorables, devait encore lui causer d'autres déboires. Les Touareg avaient en effet armé des pirogues pour transporter nos bagages après notre capture. Les bateliers, ignorant l'issue du combat, et croyant encore arriver en temps utile, apparurent en aval, au moment où, disséminés sur la rive, nous ramassions des armes et des boucliers. Ces malheureux, qui faisaient force de rames pour arriver sur nos embarcations, offraient, au milieu du fleuve, un but si visible et si vulnérable, qu'au bout de deux minutes, ceux qui n'étaient pas morts cherchèrent leur salut en sautant dans l'eau. Ils n'en furent pas moins, presque en totalité, tués ou pris.

« Enfin, lorsque nous n'eûmes plus personne autour de nous, je fis remonter les pirogues pour franchir la chute. Après avoir disposé les chargements sur la rive, nous transportâmes les pirogues à bras dans le grand bief où nous étions rendus tous, sains et saufs, à une heure et demie. Le soir même, nous arrivions ici, où la nouvelle de notre engagement nous avait précédés, et avait produit une profonde impression[1].

ramassé après la lutte, est trop petit pour qu'un homme puisse y engager le poignet ; je n'ai trouvé que des femmes qui fussent capables d'y passer la main.

1. J'ai eu en rentrant en France la très rare bonne fortune de trouver ce qu'on ne rencontre presque jamais dans ces sortes d'engagement, c'est un compte rendu de l'attaque des Touareg, *version de l'ennemi*.

Le capitaine Destenave, venu par le Sénégal et le Soudan français jusqu'à Dori, se trouvait là dans l'intérieur des terres

« Quelques remarques s'imposent au sujet de cette rencontre. D'abord, il est certain que si les Touareg, au lieu de manifester à peu près sur place, s'étaient élancés sur nous, comme leur magnifique courage permettait à leur chef de le tenter, ils nous auraient tous tués ou pris, sans perdre plus d'une dizaine des leurs.

« Il ne faudrait donc pas craindre, dans une guerre d'Europe où des détachements de force aussi inégale se trouveraient en présence, de foncer sur l'ennemi.

« Il faut ensuite tenir compte du caractère spécial aux troupes noires que nous employons : les Sénégalais ne séparent point l'idée de combat de celle de capture. Ils ne combattent pas pour tuer, mais pour prendre. Aussi, lorsque la débandade des Touareg se produisit, la moitié de mes laptots s'élancèrent à leur poursuite. Cette folie spéciale qui porte dix hommes à courir isolé-

à cinq ou six jours de marche de Zinder. Il apprit qu'un parti de blancs remontait le Niger au nord de Saye, et persuadé faute de renseignements que ce ne pouvaient être que des Allemands, il demanda au roi de Dori de le renseigner sur leurs faits et gestes.

On lui amena le propre forgeron de Boubakar qui avait pris part à l'engagement et le lui raconta ainsi :

« Boubakar ayant envoyé des émissaires au blanc apprit par eux qu'il avait une quantité de bagages ou de marchandises et résolut de s'en emparer.

« Nous n'avions nullement l'intention de tuer le blanc, mais seulement de l'effrayer pour lui prendre ses bagages. Alors nous nous réunîmes un grand nombre de guerriers et de cavaliers près de l'endroit où il devait amener ses pirogues.

« Au lieu d'aller de l'autre côté du fleuve c'est justement sur notre rive qu'il débarqua. Alors nous nous avançâmes contre lui, bien décidés pourtant à ne pas lui faire de mal. Mais avec nos guerriers se trouvaient un certain nombre de jeunes gens, inconsidérés et qui obéissaient mal. Ceux-là n'écoutèrent rien et se mirent à jeter leurs javelots sur les hommes du blanc.

« Alors il se mit à tirer sur nous avec des fusils dont les balles nous ont poursuivis pendant cinq jours. — C'est ce qui t'explique qu'il a pu passer malgré nous. »

ment après deux cents autres, a déjà été la cause de la perte totale du détachement commandé par M. l'enseigne de vaisseau Aube.

« Il importe de prévenir le retour de semblables accidents, soit par des instructions, soit par une exacte discipline.

« J'ai pu, heureusement, retenir les quinze hommes qui étaient de mon côté, et, les faisant mettre à genoux, les déterminer ainsi à poursuivre l'ennemi avec leurs feux et non avec leurs jambes.

« Le tir continua donc, frappant dans le tas aussi bien les poursuivants que les fuyards. L'adjudant Doux se montra encore dans cette circonstance ce que je le connais depuis neuf ans. Se précipitant, avec toute la vigueur et l'agilité dont il dispose, en avant même des laptots mélangés aux Touareg et entraînés par leur fanatisme à une mort certaine, il leur fait face, frappe les uns, menace les autres et finit par les ramener à leur rang, restant ainsi pendant plusieurs minutes au milieu même de l'ennemi, et sous notre propre feu.

« Sa conduite pendant ces derniers jours, en dehors même du combat, mériterait d'être signalée. J'étais malade d'une dysenterie à accès qui, d'origine évidemment paludéenne, me prenait surtout le matin. L'adjudant devait alors me remplacer dans les palabres avec les Touareg. Certain, comme il l'était, que toutes leurs invitations n'étaient que des guets-apens, il n'y allait pas moins sans arme, ni escorte, et il a dû leur inspirer à tous cette salutaire pensée que, moi mort, ils trouveraient encore à qui parler.

« Tout le personnel s'est d'ailleurs, à part la fugue des laptots, très bien comporté. Sédira a été remarquable de sang-froid et de précision. Les Dahoméens sont toujours les admirables soldats qu'a révélés leur défense, au point de vue de la conduite, de la tenue, de la discipline, de l'endurance et du courage personnel.

« Le rapport que je vous en ai fait au sujet des rapides de Boussa a dû vous édifier à leur sujet.

« Armés d'un fusil ridicule pour notre temps, ils déchiraient la cartouche comme les grenadiers de l'an VIII, répétant à chaque décharge en guise de refrain : « Fusils français y a bon ça » ; ce qui est vrai, c'est que les tireurs valaient mieux que les fusils [1].

« J'ai trouvé ici l'organisation sociale dont j'ai déjà eu l'honneur de vous entretenir : le chef de Zinder est un Poullo dégénéré. Il est d'ailleurs sans autorité sur ses concitoyens sonnerayes, qui constituent la masse de la population.

« Tous nous apportent à l'envi des vivres de toute nature, et j'ai, dès maintenant, ce qui me serait nécessaire pour descendre sans tarder jusqu'à la côte. J'écris au commandant de Tombouctou pour l'informer de ce fait, lui faire connaître que je n'ai plus d'intérêt à remonter jusqu'à son poste, et que je me contente de poursuivre encore quelques jours pour accentuer l'effet moral produit par notre succès d'hier. Je l'informe en outre de la trahison de Boubakar.

« Bien que M. le colonel Joffre m'ait dit avoir reçu la soumission des gens de Gogo et que, par conséquent,

---

[1]. Les gros fusils à piston donnaient un tir fort lent, mais en revanche ils abattaient leur homme. Les 200 coups qui ont été tirés par les Dahoméens ont jeté bas plus de monde que les 3500 cartouches tirées par les laptots avec leurs armes perfectionnées.

La balle du dernier modèle, qui transperce tout ce qu'elle frappe, ne produit pas sur le combattant le même effet de commotion foudroyante que le gros projectile de la campagne de Crimée et d'Italie.

L'homme est blessé, blessé mortellement parfois, il n'en continue pas moins, pour peu qu'il ait de nerf, à combattre ou à marcher en avant ou en arrière.

Le relevé de ces effets du tir a été communiqué à M. le docteur Delorme, professeur de blessures de guerre au Val-de-Grâce.

il n'existe plus au-dessus d'ici de ville importante qui ne nous connaisse, j'estime qu'il m'est moralement impossible de commencer à redescendre le lendemain même du jour où j'ai rencontré les Touareg. Il est certain que ceux-ci se prévaudraient de mon mouvement de descente pour déclarer à tous qu'ils me l'ont imposé.

« Les gens de Boubakar vont et viennent autour de Zinder et entrent même en ville où ils sont réellement maîtres de tout et de tous [1].

[1]. Ces allées et venues de Touareg dans la ville n'étaient pas sans m'inquiéter.

Le soir de mon arrivée, accueilli en vainqueur et en libérateur, je pouvais faire à Zinder tout ce que je voulais, mais je commis la faute — ainsi que je le sus plus tard — de ne pas punir tout de suite ceux des gens de Zinder qui avaient assisté Boubakar dans son coup de main contre moi.

Cette impunité enhardit certains d'entre eux au point qu'on toléra petit à petit l'accès dans la ville de quelques Touareg.

Divers incidents me montrèrent quelles influences ils y avaient conservées.

Pendant la nuit qui suivit notre arrivée, le roi m'envoya dire de me bien garder, car il répondait de ses sujets et non des autres. Il avait donné l'ordre que personne ne passât par notre camp après le coucher du soleil et peu après que le crieur public eut fait connaître cet avis, j'étais prévenu que quiconque se présenterait serait un ennemi.

Vers minuit, un de mes factionnaires tira un coup de feu sur un homme qui, s'avançant le long de la berge, avait voulu s'introduire près de nos prisonniers.

A la pointe du jour on m'informait qu'on venait de retrouver le cadavre de ce noir. C'était un des enfants du roi.

Pendant que je courais chez ce dernier pour lui dire combien j'étais désolé, on apprenait que ce jeune homme, ignorant ou méprisant les instructions de son père, avait quitté la maison au milieu de la nuit pour un rendez-vous galant et, afin d'éviter d'être rencontré, avait pris par le terrain vague où nous étions campés. — Le roi me dit simplement : « Dieu me l'a donné, il me le reprend. C'est sa faute et non la tienne. »

Aussitôt rentré je réunis les laptots et leur exprimai mon mécontentement de cette méprise : sans doute il était prescrit de tirer sur quiconque voulait forcer le camp; mais il fallait

« Je continuerai donc à remonter jusqu'à ce que je n'en rencontre plus aucun et qu'il soit notoire pour tous, Touareg, Foulbés et Sonnerayes, que j'ai traversé le territoire soumis à Boubakar sans qu'il lui ait été possible de s'y opposer efficacement. Lorsque cette démonstration sera faite, et alors seulement, je commencerai à descendre, et me dirigerai sur Ouari, branche occidentale du delta du Niger.

« En vous notifiant dès maintenant par télégramme l'intention où je suis d'arriver à la mer par le rio Forcados, j'ai pour but de vous permettre d'envoyer au-devant de moi, le cas échéant, une embarcation ou un bâtiment battant notre pavillon. Il se peut en effet qu'à la suite d'incidents de toute nature (qui se reproduiront

être aveugle pour confondre avec un Touareg ce noir inoffensif. Ce n'était point parce que, la veille, nous avions dû tirer des coups de fusil, une raison pour massacrer les gens paisibles.

Cette semonce terminée, ils se dispersaient lorsqu'un nouvel et affligeant spectacle s'offrit à nous. Un beau mulet arrivait dans notre campement porteur d'une blessure horrible. Il était littéralement fendu d'un coup de sabre depuis l'épaule jusqu'à la queue. Pensant que c'était là un nouveau méfait de mes hommes, je les rappelle à la hâte et, leur reprochant amèrement une pareille brutalité, je leur donne cinq minutes pour m'en livrer l'auteur.

A leur mine déconfite et ahurie, je vis qu'ils n'y comprenaient goutte. Le délai n'était pas écoulé que Boubakar Mody venait à moi et d'un ton pénétré : « Commandant, c'est pas laptot qui faire ça ; n'a pas moyen laptot faire comme ça. » — En même temps un nommé El Hadj Ali, qui me servait d'interprète, et un Peuhl, factotum du roi, arrivaient près de moi et me racontaient l'incident suivant :

« Un Touareg vient de se présenter sur la place, il a dit qu'il n'était pas content de voir que nous te traitions en ami, et il a terminé son discours en donnant un grand coup de sabre à un mulet qui passait et en disant : « Voilà comme nous ferons à « Mandan et à tous ceux qui sont ses amis. »

« Et vous l'avez laissé partir?... — Sans doute, il était trop furieux et aurait fait mal à ceux qui l'auraient approché. »

De nombreux témoins me confirmèrent la scène, elle n'en resta

17.

tant que la Royal Niger n'aura pas été mise à la raison), les autorités qui la représentent entre Lokodja et la mer me reçoivent assez froidement.

« Je suis outillé pour me dispenser de leur concours : mais je serais humilié, et partie de cette humiliation retomberait sur mon pays, si, parvenu à la côte, j'étais obligé d'avoir recours à leurs bons offices pour gagner la haute mer.

« L'état d'esprit de la Compagnie sera d'ailleurs connu en France avant que je puisse le soupçonner. Cet état d'esprit dépendant de nos relations diplomatiques avec l'Angleterre, vous l'apprécierez bien mieux que je ne serai en état de le faire moi-même sur les lieux. Si les agents anglais jugent plus digne de faire contre mau-

---

pas moins inconcevable pour nous, et on ne peut guère s'imaginer un étranger venant sur une place publique, dans une grande ville, se livrer à une pareille boucherie, proférer de telles menaces à l'adresse des habitants et se retirant impuni.

Le soir du deuxième jour un autre incident se produisit. J'étais allé chez le roi demander un échange de pirogues, et je me trouvais depuis trois quarts d'heure tout seul chez lui avec Suleyman et El Hadj Ali, lorsque Suleyman qui regardait dans la cour me dit : « Commandant, il y a plus de cent cinquante hommes en armes dans la cour par où nous sommes entrés. » Comme, depuis notre arrivée, aucun Sonneraye ne se promenait plus avec sa lance, il ne fallait pas douter du caractère touareg et menaçant de cette manifestation.

M'adressant au roi, je lui reprochai sévèrement de permettre à des gens de son entourage de porter des modes touareg. Ainsi un jeune homme qui était parmi les assistants avait un poignard engagé dans son bracelet. « Est-ce un Sonneraye ou un Touareg ? Si c'est un Sonneraye — comme tu le dis, — ne sent-il pas qu'il me fait un affront en portant son arme comme le font des gens qui m'ont attaqué il y a trois jours ? Va donc, Suleyman, et enlève-lui son poignard, et si j'en rencontre d'autres en cette tenue, je ne me contenterai pas de leur enlever leur arme! »

Suleyman se rendait auprès du jeune courtisan, éperdu, et procédait à son désarmement : ce fut très long, car les poignards de bracelet sont ajustés très serrés. Pendant ce temps je continuais mes récriminations : « Croyez-vous que je tolérerai plus

vaise fortune bonne figure, et manifestent leur résignation en m'accueillant comme il convient, il n'y aura plus lieu de prendre la précaution dont je viens de parler.

« Veuillez agréer, etc. »

longtemps que vous restiez le visage voilé, comme les Touareg? Vous vous imaginez peut-être suivre la loi du Prophète. C'est tout le contraire. Il a voulu que la femme fût voilée parce qu'elle est la perdition du genre humain, mais l'homme doit parler à visage découvert; seuls les Touareg se cachent parce qu'ils veulent mentir et ont peur d'être reconnus. Osez-vous faire comme eux devant moi? »

On traduisait ces mots, lorsque, impatienté de la lenteur de Suleyman, je me levai brusquement, bousculai ceux qui me séparaient de l'homme au poignard et lui arrachai sans précaution son arme que je remis à Suleyman.

Quand je me retournai, tous les voiles étaient tombés, les hommes se tenaient devant moi, face nue.

Sédira accourait à ce moment, tout essoufflé, venant du camp : « Mon capitaine, il y a plus de quinze cents hommes armés dans les rues d'ici au camp. »

Il n'y avait pas un instant à perdre pour profiter de nos avantages. Me tournant vers le roi, je lui dis : « A présent que tu t'es montré à moi le visage découvert, viens m'accompagner à ma maison pour montrer à ton peuple que toi et tes serviteurs vous ne vous cachez plus comme des Touareg. »

Vingt minutes après nous étions tous de retour au camp : Nous n'avions pas rencontré, ni dans la cour du roi, ni dans les rues, un seul lancier.

CHAPITRE X

Descente du Niger. — De Farca à Kirotachi. Deuxième attaque des Touareg.

Les Touareg de Boubakar disparaissent. — Influence française au-dessus de Zinder. — Arrivée à Tibi-Farca. — Relations du pays avec Tombouctou. — Les basses eaux favorisent l'étude du fleuve. — Grande rapidité de la marche. — Échouages, sinuosités. — Forcement des passes défendues par Boubakar. — Boubakar rassemble tout son personnel. — La mission se prépare à forcer le passage. — Arrivée à Zinder, état des lieux et dispositions de l'ennemi. — Combat pied à pied. — Conduite du personnel. — Descente du fleuve en aval de Zinder. — Rapides insoupçonnés. — Conduite des Touareg. — Difficultés inattendues. — Prévisions pénibles, état moral du personnel. — Nos prisonniers. — Prestige de la mission à son retour.

Kirotachi, 17 juin 1895.

« Monsieur le Ministre,

« Ainsi que j'avais l'honneur de vous en rendre compte le 6 courant, j'ai cru nécessaire de remonter au delà de Zinder, pour manifester que ma rencontre avec Boubakar n'avait pu m'arrêter.

« Dès la soirée du premier jour de remontée, les cavaliers touareg, qui, du haut des dunes bordant la vallée, nous accompagnaient en nous épiant, avaient rebroussé chemin. Nous pûmes donc continuer notre route en amont sans en retrouver davantage.

« Déjà les Sonnerayes et les Foulbés de Zinder m'avaient parlé des Français de Tombouctou. Ils connaissent leurs luttes avec les Touareg qu'eux-mêmes détestent, tout en les supportant. Ils me demandaient à faire comme les gens de Gogo et environs, qui sont venus l'année dernière, faire leur soumission au colonel Joffre. Ne voulant pas moi-même aller à Tombouctou, incertain si les nouveaux protégés que j'y amènerais seraient bienvenus auprès des autorités du Soudan français, déjà plus encombrées de sujets que de crédits, je ne pouvais accueillir leur demande.

« Toutefois, je prenais acte avec plaisir de ces dispositions francophiles et j'augurais avec joie de rencontrer un état d'esprit analogue, sinon meilleur, chez les populations que j'avais au-dessus de moi.

« C'est ce qui se produisit en effet. Le 12, en particulier, les habitants de Tibi-Farca me firent un accueil excellent, me parlant du colonel comme de leur père, et me le dépeignant de telle façon que je ne pouvais douter qu'ils l'eussent vu. Ils me proposaient de m'accompagner auprès de lui.

« Parvenu en ce point où notre influence se faisait si visiblement sentir, je n'avais d'autre intérêt à aller à Tombouctou que la vaine satisfaction d'ajouter 200 kil. aux 4500 que j'aurai parcourus en rentrant [1].

[1]. Il me faut pour laisser subsister ces lignes la ferme volonté où je suis de livrer au lecteur le texte même de cette correspondance, avec les illusions et les erreurs du moment où elles furent écrites. Il suffit en effet de jeter les yeux sur la carte jointe à ce volume pour se rendre compte que j'avais plus de 200 kilomètres à remonter pour atteindre un poste français, mais je ne pouvais alors comprendre — et je ne m'explique pas encore — pourquoi la flottille du Niger ne circulait pas sur tout le bief de plain-pied qui s'étend de Toulimandio à Ansongo, j'ignorais en outre que le chef de Gogo eût une influence aussi

« En revanche, l'eau était déjà très basse, je me trouvais juste en mesure d'effectuer mon voyage de descente pendant les six semaines de basses eaux annuelles où se présentait l'occasion unique de voir sortir de l'eau et de relever tous les récifs dangereux aux eaux moyennes. Grâce aux provisions si facilement achetées à Zinder [1], j'allais pouvoir faire en un seul mois un travail plus utile que onze mois d'hydrographie à une autre époque de l'année [2]. Seulement, il fallait encore que l'eau me permît de naviguer. Je ne pouvais y compter qu'à condition de nager jour et nuit pour devancer le courant, et, par suite, la décrue des eaux : c'est ce que j'ai fait.

« C'est aussi ce qui explique que j'aie pu vous écrire de Kirotachi, aujourd'hui 17, après être parti de Tibi-Farca le 12. J'estime en effet que nous avons fait pendant ces cinq jours une moyenne de 65 à 70 kilomètres par vingt-quatre heures.

« Durant ce trajet, nous nous sommes maintes fois échoués, et nous aurions fait certainement le double de chemin si nous étions partis sept jours plus tôt, comme je l'aurais fait en rebroussant chemin à Zinder, si je

lointaine et, recevant hommage de ses gens, je me croyais bien plus proche de lui. Les gens de Zinder me parlaient de Dori (à gauche et en arrière de moi) comme d'un point où je pouvais diriger ma correspondance : je me sentais donc en plein milieu français. Enfin je ne pouvais corriger mon point astronomique avant d'avoir retrouvé, dans un milieu civilisé, la véritable date de mes observations. (Voir la note de la page 278.)

1. J'avais payé le grain 2 francs l'hectolitre.
2. Essayer de faire de l'hydrographie en temps de hautes eaux est peine perdue. Ainsi les frères Lander qui ont descendu avec la crue les rapides de Boussa se sont si peu doutés de leur existence qu'ils les ont placés presque entièrement au-dessus de Boussa.
Cela tient à ce qu'ils avaient remonté au-dessus de Boussa aux basses eaux, ils y avaient trouvé le cours du fleuve encombré de roches et de cascades : lorsqu'ils descendirent de Boussa à la mer, ils ne virent plus rien; il y avait 8 à 15 mètres d'eau partout.

n'avais tenu à franchir le terrain de parcours de Boubakar.

« C'est que, non seulement le courant moyen s'est affaibli et le fleuve n'offre plus qu'une série de cascades séparées par des biefs d'eau presque dormante, mais, même dans ces biefs, il nous faut suivre des sinuosités très accentuées pour trouver du fond.

« Force est donc de pousser, de pousser beaucoup, pour avancer, en somme, assez lentement. C'est une désillusion pour mon personnel, auquel, durant le rude travail de la montée, j'avais sans cesse promis les joies de la descente sur un fleuve rapide et profond.

« Profondeur et rapidité m'ont surtout fait défaut, lorsque j'ai dû franchir à nouveau, à l'issue de Zinder, les passes où m'attendait Boubakar.

« Que j'aie pu passer quand même vous démontrera, monsieur le Ministre, avec plus d'ampleur encore, la vérité de ce que je vous affirmais à mon départ, à savoir qu'une troupe un peu vigilante n'a rien à craindre d'ennemis mal armés lorsqu'elle circule sur un fleuve de l'importance du Niger.

« Je n'étais plus, en effet, comme en montant, susceptible d'être enlevé par trahison. Je savais, à n'en pas douter, que Boubakar ne pouvait me pardonner, ni la mort de son fils, ni la perte des guerriers qu'il avait chargés de son embuscade du 5.

« Il lui avait été loisible, de son côté, de rassembler pendant sept jours tout le personnel qui lui obéit. J'avais rencontré des cavaliers se rendant à son appel avec leur contingent de fantassins et formant de petits groupes échelonnés sur plus de 40 kilomètres.

« Lui était préparé, moi j'étais prévenu, chacun de nous deux allait donc pouvoir jouer serré en attendant le jour où l'on abattrait les cartes.

« Ma crainte était surtout d'être attaqué par des pirogues; la batellerie légère est en effet très développée dans toute la région et il était très facile à Boubakar de réunir cent cinquante embarcations. Entourés comme nous pouvions l'être par un essaim semblable, obligés de tirer tout en pagayant, nous n'aurions pu obtenir de notre feu aucun effet moral appréciable, et eussions certainement été enlevés.

« Pour me garantir de mon mieux contre ce danger, je fis faire à mon personnel une série d'exercices préparatoires consistant à amarrer nos huit pirogues deux par deux et trois par trois de front, de façon que je n'eusse, en dehors de mon embarcation, à commander qu'à deux patrons au lieu de sept.

« Ainsi jumelées, les pirogues n'avaient plus que de très faibles mouvements transversaux. Tandis qu'une pirogue isolée roule tellement qu'on peut à peine y tenir debout, la plate-forme constituée par trois embarcations était assez stable pour permettre de tirer. Un seul homme pouvait au besoin la diriger pendant que tous les autres devenaient disponibles pour combattre. Enfin, j'appris aux hommes à venir rapidement se grouper de façon que les huit pirogues ne formassent plus qu'un seul bloc.

« Nous fabriquions des cartouches pour les fusils à piston de nos Dahoméens et pour nos fusils de chasse. Je répartissais nos paquets de chargeurs [1] entre les tireurs de mousqueton; enfin, nous naviguions dans un ordre aussi serré que possible.

« Toutes ces dispositions avaient aussi leur valeur pour le cas où l'ennemi nous attaquerait sans se mettre à l'eau, du haut des rives encaissant ou divisant le fleuve.

« Ainsi préparés, nous arrivions à Zinder vers quatre heures du soir; la ville était littéralement bondée de Touareg en armes. Le roi m'envoyait dire cependant par son interprète et homme de confiance, qu'il m'of-

---

1. Un chargeur contient trois cartouches.

frait un abri chez lui, mais qu'il ne pouvait répondre de rien hors la ville.

« J'avais plus pressé à faire que de me rendre à son invitation : les rives étaient bordées de guerriers ; dans la campagne, les retardataires accouraient, toute une population se groupait au loin sur chaque éminence pour jouir du spectacle qui allait se dérouler sur le fleuve. En aval, des pirogues allaient, en va-et-vient, à des groupes d'îles couvertes d'hommes armés. Je fis prendre immédiatement les dispositions indiquées plus haut. Le Niger est, en cet endroit, divisé en un certain nombre de canaux, qui serpentent entre des îles et entre les rives, et dont les plus profonds n'ont, par places, que 50 à 60 mètres de large. C'est sur ces points que Boubakar avait entassé le plus gros de ses contingents. Leurs javelots pouvaient nous atteindre dans le défilé qui avait environ 1 kilomètre et demi de longueur.

« Prenant ma route par l'axe du fleuve, j'allais avoir à chasser de ces îlots les hommes qui les couvraient.

« Heureusement pour nous, à 60 mètres en amont du premier îlot occupé, se trouvait un groupe de rochers : j'y accostai vivement et y installai de mon mieux tous les tireurs disponibles, face à l'îlot d'aval. Les difficultés de l'accostage furent cause qu'il me fallut presque un quart d'heure pour avoir mes hommes à peu près alignés sur les pointes de rocher dont je disposais. Mais, dès que le tir fut commencé, les effets en furent tels que l'îlot d'aval se nettoya en quelques minutes. Ceux qui n'étaient pas tués sautèrent à l'eau.

« Je fis aussitôt et en grande hâte embarquer tout mon monde, et atterris au point où je venais de faire ainsi place nette. De cet îlot, je renouvelai contre l'îlot suivant la même opération. Mon personnel, mieux instruit par l'expérience précédente que par mes discours traduits en trois langues, apporta cette fois plus de rapidité dans l'exécution de cette manœuvre, où il finit par acquérir une véritable habileté.

« En procédant ainsi de proche en proche, nous arrivâmes, trois heures après avoir pris contact avec l'ennemi, et après deux heures de feu ininterrompu, au grand bief du fleuve en aval de Zinder, où nous reprîmes la navigation en eau libre. Il était nuit close. Nous avions alors 500 mètres d'eau à droite et à gauche et nous nous moquions dorénavant des Touareg.

« C'est de cet engagement que j'ai eu l'honneur de vous rendre compte par télégramme en vous disant que j'avais dû « forcer le passage en combattant pied à pied ».

« L'attitude de mes Sénégalais, au cours de cette rencontre, fut infiniment plus calme que lors du combat du 5. L'absence de toute surprise, les exercices préalables et aussi, peut-être, un commencement d'habitude, les rendaient plus froids et plus maniables. A part leur défaut d'intelligence, ils se sont comportés comme aurait pu le faire une troupe de blancs bien disciplinés.

« L'ennemi avait un peu plus d'archers que le 5, mais il eut la mauvaise idée, au lieu de les employer sur des flots rocheux, légèrement en surplomb, de les aligner sur les berges en pente douce, pour les faire entrer dans l'eau, et gagner ainsi du terrain. Leur marche dans l'eau était rendue très incertaine par la nature du fond, ils s'avançaient très péniblement : pour peu qu'ils rencontrassent de profondeur, leurs arcs se mouillaient ou leur tir était gêné.

« Le tir des mousquetons modèle 1892 étant destiné à nous ouvrir la route et dirigé tout entier sur les points où nous voulions aborder, j'avais réservé aux fusils de chasse et à piston le soin de faire face à des attaques accessoires. Les esclaves chargés des arcs, bien en vue sur le miroir des eaux, nous offraient des buts très faciles et ces malheureux furent promptement rebutés du métier qu'on leur demandait.

« Sédira restait toujours chargé, comme le premier jour, d'abattre ceux que je lui signalais comme des chef ou des braves; il s'en est très bien acquitté.

« L'adjudant Doux, qui dirigeait le tir des mousquetons, l'a fait avec son sang-froid et son à-propos habituels.

« Je n'ai pas pu aussi facilement que le 5, compter l'ennemi qui était réparti sur un nombre de points considérable. Mes hommes croient avoir lutté contre trois mille guerriers, mais je suis certain que beaucoup de ceux qui avaient lâché pied en amont se représentaient en aval, et je ne crois pas avoir eu devant moi plus de quinze cents hommes.

« Obligés de nous arrêter à l'abri d'un îlot, à cause d'un orage et de l'obscurité profonde qui ne nous permettait pas de circuler sans guide dans un fleuve encombré de récifs et de rapides, nous avons passé la nuit au milieu des hurlements des Touareg. Certains sont venus à la nage jusqu'à nos embarcations pour s'efforcer de les couler à coups de couteau. Ils sont, d'ailleurs, coutumiers de coups d'audace de ce genre. Lorsque nous campons sur la berge, nos factionnaires se gardent plus particulièrement — comme il est naturel — du côté de la terre. Il est arrivé deux fois qu'un nageur, traversant le fleuve, a pu atterrir de nuit dans notre camp lui-même et surprendre nos sentinelles. Nous avons ainsi perdu un fusil et un de nos prisonniers.

« Avec des ennemis pareils, on ne dort guère mieux quand on s'arrête que si l'on continuait à marcher. C'est ce dernier parti que j'ai pris.

« Nous avons donc poursuivi notre descente avec la vitesse moyenne que j'ai indiquée plus haut. Cela n'a pas empêché des Touareg montés de nous suivre et d'exercer à notre égard une surveillance des plus gênantes qui n'a cessé que la nuit dernière.

« Des petits groupes de cavaliers blancs se montraient de temps en temps, surtout aux endroits où une difficulté de navigation aurait pu nous causer un accident, mais je n'ai plus revu à bonne portée de ces masses compactes contre lesquelles le tir est si efficace. D'ailleurs, nous n'avons pas tiré un coup de fusil depuis Zinder. Nous nous abstenons de faire feu.

« A part mon désir de ménager nos munitions, je tenais en outre à ne pas tuer les Sonnerayes, dont les Touareg avaient soin de s'entourer. Partout, ceux-ci nous précédaient dans les villages sonnerayes, semant l'alarme, disant que nous venions pour tout prendre et tout tuer.

« Ils imposaient des mesures de guerre. Voici comment se traduit, en général, cette espèce de mobilisation, qui se pratique avec trop d'ordre et de régularité pour n'être pas habituelle chez les pauvres gens soumis aux Touareg.

« Je prends pour exemple le gros village de Malé, à un jour en aval de Zinder. Sept à huit cents cases, très propres et bien groupées, s'étagent sur une colline qui baigne ses pieds dans le fleuve. A notre arrivée, il n'y a pas âme qui vive dans la ville : ni habitants, ni moutons, ni poules; tout ce qui est sujet à capture a disparu.

« A 500 mètres en dehors de l'enceinte, se tient un bataillon de guerriers : je dis à dessein un bataillon, car ils ont exactement la formation de nos revues « par bataillons en masse », quatre compagnies déployées et serrées, à quelques pas l'une derrière l'autre : un chef à cheval en avant : le tout dans une immobilité très militaire.

« Un colloque s'engage en peuhl :

« Pourquoi n'êtes-vous pas dans vos champs? c'est le
« bon moment pour travailler la terre. Pourquoi vos
« femmes ne sont-elles pas dans vos maisons pour piler

« le mil et le maïs? Pourquoi êtes-vous rassemblés en
« armes? Êtes-vous des ennemis pour moi? — Non,
« nous ne sommes pas tes ennemis, mais Boubakar
« nous a dit que tu es méchant, que tu as pris ou tué
« ses gens à Zinder. Il veut que nous soyons en défense.
« — Je n'ai tué les enfants de Boubakar que quand ils
« m'ont attaqué. Quand je suis passé vous étiez sans
« défense, vous ai-je fait du mal? Aujourd'hui, après
« avoir vu mes frères du Nord, je m'en retourne d'où je
« viens : je ne marche pas sur votre village pour le
« piller, ni pour vous tuer. — Nous le savons bien,
« mais il a fallu sortir du village parce que Boubakar
« y aurait mis le feu. Passe donc ton chemin, librement :
« il ne nous dira rien, car il sait que nous, pauvres
« noirs, nous sommes impuissants à t'arrêter. Que Dieu
« te conserve, toi et tes enfants! »

« A peu près partout, à Malou, à Sansanné-Haoussa,
même mesure, même attitude, mêmes pourparlers.

« Droit au-dessous de ce village de Malé, nous avons
passé par une série de rapides rendue extrêmement difficile à cause de la baisse des eaux.

« Comme en montant, dix jours auparavant, nous
n'avions pas rencontré de difficultés, cette transformation me fait pressentir quelques traverses lorsque
nous arriverons à Boussa. Vingt fois en dix minutes, il
nous a fallu changer de direction à angle droit, lancés à
la vitesse d'un cheval au galop, sous peine d'être culbutés et brisés dans les rocs. Arrivés dans l'eau tranquille, nous nous comptions tout joyeux et croyant à
peine ce qui venait de se passer. Tant d'aventures en
quarante-huit heures avaient échauffé le moral de mes
noirs, et c'est ce moment que choisit mon second
maître Suleyman pour me confier : « Tu sais, comman-
« dant, je ne te l'ai jamais dit, mais, le jour de mon
« départ, j'ai acheté un grigri très cher, qui vaut mieux
« que tout ce que j'ai. Celui qui me l'a vendu m'a pré-

« venu : ce que tu vas faire est plus dur que tout ce que
« tu as vu et verras, mais tu en reviendras. »

« Je ne puis que dire *amen* aux paroles d'un prophète
si bien payé et si bien cru ; toutefois, si, malgré le grigri
de Suleyman, vous ne me voyez pas revenir, la présente
lettre qui vous parviendra par Arenberg servirait à
établir que nous avons été victimes du fleuve et non
des indigènes. Dès maintenant, en effet, nous n'avons
plus devant nous que des amis, la nouvelle de notre
retour inespéré, de notre passage au travers des
« méchants blancs du Nord », le récit qu'on fait des
prisonniers [1] que nous ramenons, tous ces bruits nous
précèdent et s'amplifient. Les populations qui consen-

---

1. Ces prisonniers qui étaient un cruel embarras pour nous ne menaient pas non plus une existence tissée d'or et de soie. Étroitement garrottés et jetés tout nus au fond de nos pirogues, ils y étaient piétinés à chaque instant par les hommes de manœuvre, et se consumaient en efforts impuissants pour s'échapper.

L'un d'eux ne manquait jamais quand nous passions près d'un village de crier en peuhl : « Nous laisserez-vous emmener ? Ils ne sont que vingt, vous n'avez qu'à vous baisser pour les prendre, etc. » Naturellement mes laptots, qui comprenaient tous le peulh, ne laissaient pas passer ces exhortations sans faire pleuvoir des horions sur l'imprudent.

Un jour qu'ils le corrigeaient plus rudement que d'habitude, il trouva moyen, d'un geste d'autorité surprenant, de les arrêter : il ajouta qu'il voulait parler au Blanc.

« Que me veut-il ? » — Voici la traduction de la réponse : « Lui dire : Si toi pas donner lui bon tabac, bon pipe, lui f... le camp de ta boîte. »

Aussitôt les coups de recommencer à tomber dru comme grêle sur les épaules du Targui : mais il s'était moqué de nous un moment : il était content.

C'est celui-là qu'un nageur parvint à délivrer au milieu de la nuit. — Lorsqu'au bout de quatre jours, nous eûmes quitté tout le terrain accessible aux Touareg, leur sort s'adoucit et même ce fut l'un d'eux, un nommé Bila, qui me sauva à la nage au-dessous de Boussa, un jour que le courant m'ayant roulé dans les roches, j'avais perdu le souffle.

taient à nous accorder leur bienveillance à la montée, se confondent en génuflexions et en offrandes à notre retour. Si ce beau feu continue, nous entrerons à Boussa sous des arcs de triomphe.

« Ces émotions d'origines diverses ont surexcité le moral, fouetté les estomacs paresseux, et l'état sanitaire est meilleur. Ma dysenterie s'est guérie dès la première attaque des Touareg. Les autres diarrhéiques se remettent aussi, et cela malgré les douches quotidiennes de la saison des pluies et les bains forcés que nous prenons dans le Niger.

« Le seul souci qui me reste est de trouver les rapides de Boussa transformés en cascades gigantesques, et de ne pouvoir arriver à la mer vers l'époque que je vous ai indiquée dans mon télégramme.

« Veuillez agréer, etc. »

CHAPITRE XI

Descente du Niger. — Les rapides de Boussa.

Défaite d'Ali-Bouri. — Gongoubélo brûlé. — Accueil empressé et respectueux. — Sévices de l'hivernage. — Les rapides de Boussa sont transformés en chutes. — Causes ordinaires des naufrages. — Exemple de naufrage par chavirement. — Un préfet pas rancunier. — Exemple de naufrage par plongeon. — Chutes de Garafiri. — Agents du roi de Boussa. — Première chute. — Deuxième chute. — Fautes de manœuvre, naufrage. — Situation difficile. — Empressement des habitants à nous secourir. — Aucune influence anglaise dans le pays.

Arenberg, le 13 juillet 1895.

« Monsieur le Ministre,

« Près d'un mois s'est écoulé depuis que le 17 juin, à Kirotachi, j'ai eu l'honneur de vous rendre compte des opérations de la mission. J'ai cru, en effet, que j'arriverais plus vite qu'un courrier; ce n'est que depuis dix jours que les rapides de Boussa, en me causant maint accident, ont ralenti ma marche et me font regretter de ne pas avoir envoyé d'exprès en avant de moi.

« De Kirotachi à Boussa, mon retour n'a présenté aucune difficulté et ne mériterait pas que je vous en rendisse compte, si je n'avais à vous annoncer la mort d'Ali-Bouri et la défaite des siens devant Kompa.

« Ali-Bouri, dont j'ai eu déjà l'occasion de vous entretenir, était un fléau pour la région et un ennemi irréconciliable pour les Français. Il serait certainement parvenu, à l'égal de Samory, à se rendre redoutable pour nous s'il avait eu le temps de grouper, grâce à son fanatisme et à sa valeur personnelle, un nombre important de sofas. A ce titre, sa disparition nous est un grand soulagement. Il me coûte un peu d'ajouter que je n'ai aucune gloire à tirer de sa défaite.

« J'ai en effet scrupuleusement suivi la ligne de conduite que je vous ai retracée dans ma lettre de Saye : ne livrer combat que si Ali-Bouri attaquait une ville où je me trouverais campé.

« *Gongoubélo brûlé*. — En passant à Gongoubélo, nous trouvâmes la ville complètement brûlée et abandonnée par ses habitants. Le malheureux chef du pays, qui nous avait si bien traités en montant, me fit constater ce désastre qui ne lui laissait plus que ses yeux pour pleurer. C'était mon tour de me montrer généreux, et je le fis d'autant plus facilement que nous étions, et sommes restés depuis, surchargés de provisions. « Ali-« Bouri a filé vers Kompa, nous dit le roi de Gongou-« bélo, peut-être arriveras-tu à temps. Je préviens nos « amis de Kompa. » Nous repartons. Mais nous ne pûmes apporter aux défenseurs que l'appui moral de notre intervention. Est-ce notre arrivée qui leur a donné, une fois entre mille, le courage de se défendre ? Est-ce la même action de présence qui a intimidé les Foutanis ? Peut-être ces deux causes réunies ont-elles contribué à renverser les rôles ; en tous les cas, les flèches des Komparis eurent raison des fusils à deux coups des Toucouleurs.

« Ceux-ci perdirent environ deux cents hommes et cent cinquante chevaux, dont soixante-dix restèrent entre les mains de leurs ennemis. Ali-Bouri était parmi les morts et Tidjani en fuite. La connaissance qu'avaient de ces aventuriers la plupart de mes laptots, plus ou moins parents ou alliés d'Ali-Bouri, ne laisse aucun doute sur l'identité des victimes.

« Bien entendu, cet événement n'a fait que grossir la prestigieuse réputation qui nous précédait, et notre retour jusqu'ici s'est fait au milieu des manifestations les plus chaudes.

« Nous avions besoin de cette sympathie, car vraiment l'hivernage qui sévit sur nous depuis le commencement de juin, nous a durement éprouvés. Il ne s'est pas passé de jour que nous n'ayons été trempés plusieurs fois, et obligés d'atterrir au plus vite dans les roseaux pour éviter d'être submergés par une tempête. Surpris par une tornade en plein fleuve, nous étions en effet tous perdus sans retour. Le coup de vent initial se déchaîne si brusquement qu'il faut une attention de tous les instants pour en guetter l'arrivée, un ordre de marche très strictement observé, pour qu'au premier signal, chaque embarcation gagne au plus vite la rive d'où vient le vent.

« Comme nos noirs sont incapables d'une pareille surveillance, je ne puis me reposer que sur l'adjudant Doux, et, comme tous deux nous sommes malades à tour de rôle, sinon simultanément, le court intervalle de temps que laisse la fièvre à chacun de nous ne peut guère être consacré au repos. Aussi sommes-nous assez fatigués. A présent que nous avons devant nous les eaux profondes et que nous ne sommes plus talonnés par la baisse du fleuve, descendu au plus bas, je vais pouvoir ralentir un peu et donner à mon personnel des nuits plus longues.

« Mais j'ai dû jusqu'ici exiger les plus grands efforts de la part de tous, afin de n'être pas complètement arrêté au-dessus de Boussa par la baisse qui s'accentuait.

« Ces efforts ne m'ont pas empêché toutefois d'arriver au sommet des rapides, au moment où ils étaient déjà transformés en chutes. Il est clair, en effet, que si des marches de 3 à 5 mètres de haut sont recouvertes par un matelas glissant de 8 à 9 mètres d'eau, on peut les franchir sans constater nettement le ressaut qu'elles présentent. Mais quand l'eau a baissé de 6 mètres, comme c'est le cas présent, il ne reste plus qu'une nappe de 2 à 3 mètres d'épaisseur.

« Alors la chute se présente sur une hauteur de 1 à 4 mètres, et pour être pleinement apparente, ne laisse pas d'être assez dangereuse pour nos embarcations.

« Aussi, ne faut-il pas s'étonner si, n'ayant eu dans tout le cours de notre voyage que six naufrages donnant une perte de cinq embarcations, nous avons eu en neuf jours, entre Boussa et Badjibo, huit autres naufrages et perdu sept embarcations. Ces accidents causent de grands retards : il faut procéder au sauvetage des hommes, puis des marchandises, enfin, il faut se procurer une embarcation pour remplacer celle qui a péri. J'ai pu souvent le faire en cédant les morceaux de l'embarcation naufragée au chef du pays qui, moyennant une forte soulte, me fournissait une pirogue en bon état. D'autres fois, nous avons pu réparer l'accident, en faisant une section franche à hauteur de la fracture de chaque bout et en les recousant ensemble suivant l'usage du pays. Enfin, j'ai pu aussi en acheter directement. Il suffit de lire la relation des frères Lander pour se rendre compte de la difficulté que présentent de pareilles acquisitions en pays noir. Sans l'intérêt et la sympathie particulièrement respectueuse qu'éveillaient les circonstances de mon retour, je n'aurais jamais abouti.

« Ces accidents ne présentaient pas en général de grands dangers pour le personnel.

« La cause la plus fréquente des naufrages était celle-ci : l'embarcation lancée au cours du rapide à toute vitesse allait donner contre un récif placé en aval qu'on ne pouvait découvrir ou éviter à temps. Culbutés dans une eau animée de la même vitesse que l'embarcation elle-même, les hommes n'éprouvaient de ce chef aucun choc. A peine dans l'eau, ils trouvaient à l'abri du récif, cause de l'accident, des remous ou des contre-courants, dans une eau relativement calme, ce qui permettait d'aborder le rocher par l'aval, sans trop de chocs ni d'efforts. Puis on entreprenait d'amener dans le même abri les épaves flottantes, tonnelets de vivres, ballots de toile, fragments de pirogues, avirons, agrès, etc. Dans ces conditions nous ne perdions guère à chaque accident qu'un dixième du matériel naufragé.

« Mais d'autres fois, nous étions naufragés par plongeon dans l'eau profonde, et cette circonstance, qui nous privait de tout point d'appui pour recueillir les hommes et le matériel, était beaucoup plus pénible.

« C'est un accident de cette dernière nature qui nous est arrivé aux rapides de Garafiri, les premiers qu'on rencontre au-dessous de Boussa [1]. Je me permets de vous

---

[1]. Pour donner aussi un exemple d'un naufrage par culbute sur un récif, voici le récit de notre passage du petit rapide de Zamaré. Ce passage n'a rien de redoutable, mais une maladresse commise à la montée nous a fait trouver très longues les heures que nous y avons passées en détresse.

Zamaré est un gros bourg, situé dans une île à une dizaine de kilomètres en aval de Yaouri.

Nous nous y étions arrêtés en montant le 24 avril et j'étais bien loin de me douter alors que trois mois plus tard la navigation y serait devenue si difficile.

Après nous être installés près de la cabane du douanier, je dis à Tarou d'envoyer un de ses hommes au village qui était situé à 1500 mètres du fleuve. Il devait, suivant l'usage, entrer en relations avec les autorités, présenter quelques cadeaux et provoquer de petites transactions pour l'achat des vivres.

A sept heures du soir le messager n'était pas revenu. Aucun indigène n'était sorti du village pour venir à nous, ce qui était anormal.

Tarou partit à son tour pour aller à Zamaré chercher son homme.

A neuf heures du soir, ni l'homme ni Tarou n'étaient revenus. La femme de Tarou passa une nuit effroyable, empêchant par

en donner tous les détails, parce qu'ils sont de nature à vous faire apprécier le genre des difficultés surmontées, ainsi que le zèle et le dévouement remarquables dont les riverains ont fait preuve à l'égard de la mission.

« Il y a de *Malali* à *Garafiri* deux chutes principales;

ses cris tout le monde de dormir. De mon côté je n'en eus guère envie.

Le jour venu, j'envoyai Mahmadou faire une sommation. Si Tarou et son compagnon n'étaient pas revenus à six heures et demie, je marcherais pour les délivrer.

A six heures et demie Ombasini et Tarou n'avaient pas reparu, non plus que Mahmadou, qui faisait entre les mains des gens de Zamaré un troisième prisonnier.

Je fis aussitôt sortir des bateaux tout ce qui pouvait porter une arme, et laptots, Dahoméens, Baribas, tous placés sur un seul rang, baïonnette au canon, à grand renfort de clairon, nous nous portâmes en avant.

Dans cet ordre majestueusement déployé, nous avions fourni une marche de 500 mètres environ, quand nous vîmes sortir de la ville une foule qui venait au-devant de nous.

Au premier rang je distinguai avec ma lorgnette Tarou et Mahmadou.

Halte : nous attendons ce cortège, et quand il est près de nous, je fais en avant de mes hommes dix pas pour le recevoir.

Le chef des Zamaréens était un grand diable qui portait en sautoir une superbe épée et tenait de la main droite une lance sur laquelle il s'appuyait en marchant avec noblesse, comme un évêque sur sa crosse.

J'interrogeai : « C'est le chef de Zamaré? — Oui, c'est lui qui commande au nom du roi de Yaouri, il n'est pas chef pour son compte, c'est un préfet. — Va pour préfet; et qu'est-ce qu'il dit pour s'excuser, ce préfet? pourquoi a-t-il gardé Tarou ? » — Après avoir traduit ma question et reçu la réponse, l'interprète me dit : « Tu vas te mettre en colère. — Dis toujours, j'y suis déjà. — Eh bien, il dit qu'il voulait absolument te renvoyer Ombasini et Tarou hier soir, mais que ce sont eux qui ont tenu à rester au village pour jouer aux cartes ! »

Pour le coup je n'y tins plus. Le préfet était à 50 centimètres de moi, attendant l'effet de sa réponse. Il me répugnait de le souffleter; le saisissant par le bras, je le fis pirouetter et dès qu'il eut le dos tourné je lui envoyai le plus formidable coup de pied que j'aie lancé de ma vie.

Il ne se retourna pas, et continua gravement de rentrer dans

celle d'aval, plus forte que l'autre, paraît due à une marche de 5 mètres de haut. Depuis environ trois semaines, et il en sera de même jusqu'à la fin du mois, la faible hauteur d'eau qui les recouvre y produit des cascades qui interrompent le mouvement ordinaire de la navigation. Aussi ne peut-on trouver, même chez les

sa ville, pesant fièrement sur la garde de son épée, s'appuyant de plus en plus noblement sur sa lance.

Un homme aventuré dans un village, retenu par un chef, nécessité de l'aller délivrer, une bourrade à son geôlier, c'était monnaie courante tout le long du voyage; aussi, trois jours après, j'avais oublié la façon cavalière dont j'avais traité M. le préfet de Zamaré.

Vint une époque où je devais m'en souvenir amèrement.

C'était lors de la descente, à la fin de juin. — Je remarquais avec stupeur qu'il n'y avait plus d'eau dans le chenal qui nous avait amenés de Zamaré à Yaouri; il fallait chercher un autre passage. Un guide s'offrit.

Vers huit heures du soir il nous dit : « Nous voici en face de Zamaré, il fait noir, un peu au-dessous sont des roches et du courant, on ne peut pas y passer la nuit; nous allons coucher ici. »

Coucher à Zamaré! Il n'y pensait pas. Et mon préfet! avec son coup de pied. Ce guide est un farceur ou un traître : nous savons bien qu'il n'y a pas de rapides, puisque nous y sommes déjà passés.

Marchons toujours. — Mais le guide s'était jeté à l'eau et avait disparu.

Vers huit heures et demie, j'entendis comme un bourdonnement de cascades. Comme je prêtais l'oreille, l'embarcation accéléra sa marche, Suleyman qui était à l'avant cria tout à coup : « Tiens bon! nager (cessez de ramer), y a des cailloux », et au même moment, nous étions chavirés, tous à l'eau.

Chacun était occupé à se raccrocher de son mieux, qui à la pirogue, qui au rocher sur lequel nous avions butté, lorsque la deuxième pirogue, celle de Bilali So, arriva comme une flèche, grimpa sur la nôtre et se cassa en deux morceaux. A 10 mètres derrière arrivait la pirogue d'Abdoulaye Sar, même allure, même succès.

Enfin nos cris parvenaient à arrêter les dernières pirogues avant qu'elles fussent emportées par le courant.

Pour un homme qui avait voulu éviter de passer la nuit près de Zamaré, c'était un triste résultat. Nous y étions en plein à

riverains, d'homme qui connaisse jour par jour l'état des chenaux et leur degré de navigabilité. Les pluies qui tombent sur place, sans faire varier le niveau moyen du mois, produisent en effet des variations diurnes de 50 centimètres à 1 mètre dans la hauteur des eaux, et ces variations donnent lieu à une grande diversité dans le régime des divers chenaux pratiqués. Tel orage sera favorable pour un canal où une crue légère suffit

Zamaré : on voyait les feux à 300 mètres : et nous étions naufragés, disséminés tous à vau-l'eau.

Accroupi sur une pointe de rocher, au milieu de l'eau bouillonnante, j'avais à quelques pas de moi Sédira juché sur un perchoir analogue. Au milieu du fracas des eaux je ne distinguais qu'une chose, c'est qu'il avait perdu son casque et qu'il s'en lamentait. — Doux, plus heureux que nous, était dans la vase. Çà et là quelques têtes de noirs nageant pour rattraper un baril.

Je passai la nuit ainsi, assis sur mes talons, le menton sur les genoux, les bras croisés sur les tibias, furieux de mon impuissance. Je jetais les yeux sur le rivage du côté de Zamaré : nombre de gens y circulaient, amenés par l'événement et venant avec des torches se rendre compte de notre situation. Elle était belle! — A une heure du matin, un orage épouvantable nous creva sur la tête. Je pensai que les eaux allaient grossir et nous emporter, je le désirais presque, plutôt que de tomber entre les mains de cet implacable préfet.

Enfin vers quatre heures et demie, n'y tenant plus de fatigue, je fermai les yeux et m'endormis dans des crampes et des cauchemars abominables.

Je fus réveillé par le disque rouge du soleil qui sortait de l'horizon et me frappait dans les yeux.

Subitement rappelé à la dure réalité, je me raidis et parvins à me mettre debout sur mon rocher. Une foule considérable était sur le bord. Au moment où je me dressai debout!... elle tomba à genoux.

Ils étaient tous là, ces braves Zamaréens, et le préfet et les sous-préfets et les douaniers, et chacun apportait du secours, qui des cordes pour nous déhaler, qui de l'étoupe pour réparer nos avaries, des herminettes, des pagayes, des vivres.

A neuf heures du matin, leurs charpentiers avaient tout radoubé, reficelé, calfaté, chacune de nos embarcations recevait un guide pour sortir de la passe difficile où nous étions, et à dix heures nous voguions en pleine eau.

à recouvrir toutes les aspérités du fond, et fâcheux pour un autre où la même crue détermine un courant plus violent contre des rochers encore offensifs. Il créera donc des passes praticables en certains endroits et en rendra dangereuses d'autres, qui la veille étaient les meilleures. On ne pourrait s'y hasarder avec connaissance de cause, que guidé par un pilote qui ferait chaque jour le trajet : or, je viens de dire que la navigation courante est suspendue.

« Le roi de Boussa nous avait donné deux hommes : l'un, récadère du roi, devait tenir la main à ce que les instructions données à l'avance aux communes riveraines pour nous assister de toutes les manières fussent strictement observées. L'autre était un pilote devant guider notre embarcation.

« Je dis tout de suite que je n'ai jamais vu de noir doué d'un esprit de commandement et de ressources pareil à celui du récadère, ni de batelier comparable au pilote. Ce dernier nous fit nous débarrasser, au départ de Malali, de tout ce qui ne nous était pas indispensable pour naviguer. Le récadère, de son côté, se chargea de faire transporter le tout par terre à Garafiri.

« Puis le pilote nous prévint que nous avions devant nous deux chutes dangereuses, mais qu'il ne pouvait savoir laquelle était la pire. « Car, du matin au soir, « en cette saison, disait-il, c'était à chacune son tour « d'avaler des pirogues. »

« Nous partons à trois heures.

« À quatre heures, nous abordons la première chute. Le ressaut qui la produit peut être de 4 mètres, la dénivellation de l'eau à la surface est de 3 mètres environ, mais, heureusement pour nous, elle ne formait pas ce jour-là de volute à sa rencontre avec les eaux d'aval. Cela tient à ce que les eaux d'aval, elles-mêmes, entraînées par des courants provenant de canaux latéraux, étaient animées de vitesses considérables. Le choc était amoindri d'autant, et la volute ne se produisait pas. Nous eûmes seulement à franchir des vagues de 1 mètre à 1 m. 50, dont nous ne reçûmes que des embruns.

« Ce premier succès nous donnait bon espoir pour la seconde chute, qui paraissait être du même ordre. Nous y arrivions vers cinq heures et demie.

« Averti à 1 kilomètre en amont par le bruit des eaux, je montai sur un échafaudage de caisses, au milieu de mon embarcation, pour mieux me rendre compte de l'aspect du rapide. A travers le nuage de poussière d'eau pulvérisée qui s'élevait du fleuve, on distinguait des éclairs blancs formés par des rejaillissements d'écume, et au-dessous, produisant comme un fond d'horizon teinté de blanc, les crêtes mousseuses des vagues produites en aval de la chute.

« Cette ligne de crêtes me parut former une surface continue et n'apercevant aucun ressaut menaçant, je donnai l'ordre « paré à sauter à l'eau et avant partout ». Mes hommes, débarrassés de toute surchage gênante pour nager, prenaient des pagayes et nous nous engagions dans l'axe du courant.

« Toutefois, pressentant un danger devenu déjà familier, j'ordonnais à l'adjudant Doux, marchant deuxième en tête des sept pirogues du convoi, de s'arrêter et de ne s'engager dans le courant qu'après avoir vu ce que nous devenions. Il accostait donc à un groupe de rochers.

« Cette précaution, d'ailleurs habituelle, allait se justifier. Nous marchions, sans le savoir, non pas vers une chute, mais vers deux chutes successives : la première sérieuse, la deuxième effrayante. La surface des vagues était loin d'être continue comme je l'avais cru, car j'avais été trompé par l'aspect des vagues de la seconde cascade qui avaient leurs sommets dans le prolongement du rayon visuel dirigé sur celles de la première.

« Entre les deux chutes s'étendait une nappe lisse et

rapide précédant d'une cinquantaine de mètres seulement le sommet de la seconde. Grâce à la vitesse du courant dans le bief intermédiaire, la première chute ne formait pas de volute, mais au-dessous de la deuxième le torrent, frappant les eaux relativement moins rapides du bief inférieur, formait une volute de 2 m. 50 de haut, suivie elle-même d'un champ de vagues très étendu.

« Il n'eût pas été téméraire d'essayer de franchir cette chute, si on avait pu auparavant la deviner et en déterminer l'ampleur. Il est certain, par exemple, que si nous étions arrivés sur la crête, tous groupés à l'arrière et poussant vigoureusement de manière à imprimer à l'embarcation une vitesse propre considérable, le bec d'avant se serait soulevé au passage et aurait abordé la volute beaucoup plus haut. Nous aurions peut-être évité ainsi d'être totalement submergés.

« Mais nous avons tous été victimes de l'erreur qui nous avait fait croire à l'existence d'une seule chute.

« Nous venions de franchir la première, et l'équipage éprouvait le mouvement de détente inévitable qui suit un grand effort, lorsque nous aperçûmes tout à coup la deuxième, et, au pied, se dressant comme une muraille blanche, la face postérieure de la volute. Au même instant, les rameurs stupéfaits s'arrêtèrent. En partie hypnotisés par l'obstacle élevé devant eux, ils n'écoutent pas l'ordre de reprendre la manœuvre; d'ailleurs le bruit de la chute est tel que je n'entends pas ma propre voix, et en cinq à six secondes, nous arrivons sur la pente, sans autre vitesse que celle du courant (10 à 12 nœuds). L'embarcation, se comportant comme un simple flotteur, épouse la surface de l'eau, et au pied de la chute, nous enfonçons dans la volute, submergés par 2 m. 50 d'eau.

« Vingt-cinq mètres plus loin, la pirogue revient à la surface, complètement débarrassée par les lames de tout ce qui la chargeait. Nous suivons l'épave à la nage. Au bout de 300 mètres environ, frappé sous l'aisselle gauche par une pointe de rocher, je perds un instant la respiration et coule à fond. Ressaisi[1] par mes laptots et ramené à la surface, je reprends connaissance et me dirige, rive droite, vers les branches d'un arbre près duquel le courant nous pousse. Je m'y cramponne et renvoie les laptots à la suite de leur pirogue. A la faveur du courant, ils parviennent à l'échouer (rive gauche).

« A ce moment, la situation était la suivante : en amont, l'adjudant avec sept pirogues dans un îlot ; en aval, *rive gauche*, l'embarcation principale avec dix laptots ; moi, *rive droite*, accroché à un arbre. Aucune communication orale n'était possible entre ces trois groupes, séparés par le rugissement du rapide. La nuit tombait.

« C'est donc dans une obscurité profonde que je grimpai sur la berge. Faisant quelques pas dans les broussailles pour me réchauffer, j'éprouvai tout à coup la surprise et la joie de rencontrer un sentier. A sa direction, je compris qu'il longeait le fleuve et qu'il ne pouvait conduire qu'à Garafiri. Je me mis donc à marcher dans cette direction, et vers onze heures du soir j'arrivais au village.

« Le chef et les notables, aussitôt réveillés, accoururent, me frottant avec des étoffes sèches, me gorgeant de bière chaude et de nourriture et me prodiguant les marques de leur compassion et de leur admiration. Ces manifestations amicales, auxquelles chaque nouvel arrivant se croyait obligé de procéder, durèrent toute la nuit. Vers trois heures, nous partîmes avec 200 bateliers munis de leurs pagayes.

« Au jour naissant, nous arrivions au rapide, où le reste de la mission n'avait guère ni mangé ni dormi depuis la veille. L'adjudant avait été prévenu par deux Baribas que j'avais croisés en chemin, de mon départ

---

1. Par Bila d'abord, puis par les laptots.

pour Garafiri. Voyant ce qui m'arrivait, il avait cherché, mais en vain, une voie meilleure. Il avait envoyé mes deux plus petites pirogues, complètement vidées de leur contenu, reconnaître des passages. Mais une reconnaissance est un travail qui surpasse l'entendement des Sénégalais. Arrivés au point critique, et voyant un gouffre devant eux, ils sautaient à l'eau pour se tirer d'affaire, et les pirogues, continuant leur route, venaient se briser sur les roches d'aval.

« Ces deux passages ainsi « reconnus », les gens de Garafiri n'hésitèrent pas à prendre celui où nous avions naufragé la veille. Après avoir complètement vidé les embarcations, fait leurs petites simagrées fétichistes, et bondé les pirogues de pagayeurs, ils abordèrent la chute comme nous aurions pu le faire la veille, avec cette différence que, sautant tous à l'eau pour soulager l'esquif, le soutenant d'une main et pagayant de l'autre, ils franchirent la volute sans recevoir autre chose que des embruns. Aussitôt après, ils regrimpaient à bord pour imprimer à la pirogue avec leurs pagayes les brusques changements de direction nécessités par les sinuosités du courant dans les rochers.

« A midi, tout mon monde sain et sauf, tous mes bateaux, dont deux représentés par quatre morceaux, étaient rendus à Garafiri. Tout le village, hommes et femmes, s'employait à nous remettre en état de naviguer : vingt-quatre heures après, nous repartions.

« Si vous avez eu la patience de lire dans ses principaux détails le récit d'un type d'accident qui s'est renouvelé quatre fois dans des conditions analogues, j'espère, monsieur le Ministre, que vous resterez convaincu qu'aucun de nous ne serait rentré à Arenberg si nous avions été, de la part des riverains, l'objet de la plus légère antipathie. Si la Royal Niger Company avait été, comme elle s'en flatte sans doute, en état d'exercer sur eux la moindre influence, si elle avait pu introduire chez ces braves gens un seul faux frère, je n'aurais pas l'occasion de vous rendre compte de nos dernières traverses.

« Ainsi que je vous le faisais prévoir dans ma lettre de Kirotachi, l'accueil que nous recevons en descendant est autrement chaud que celui que nous avons trouvé en montant.

« Procédant par ordre, et suivant notre marche descendante, je cite d'abord le roi de Gaya, grosse ville bien fortifiée de la rive gauche, qui m'a demandé à traiter et a arboré notre pavillon. Gaya est un pays indépendant, mi-partie fétichiste, mi-partie musulman, où nous avons pu renouveler nos provisions, entamées par nos libéralités de Gongoubélo. Le roi du pays est un vieillard à l'air ouvert et intelligent, qui a su placer ses fils à la tête de plusieurs bourgades ou villes importantes des deux rives, depuis Kompa jusqu'à Madicalé. Toutefois, ses fils n'ont, vis-à-vis de lui, en tant que souverains, aucun lien de subordination. Les pays qu'ils gouvernent restent en relations de bon voisinage, c'est tout et c'est déjà beaucoup.

« Aussi les ravages causés dans la région par Ali-Bouri ne laissaient personne indifférent, ni parmi ces roitelets, ni à Gaya même, et la mort du Yolof, tout autant que la présence de nos prisonniers d'Ultra-Saye, doit être pour beaucoup dans l'accueil qui nous a été fait.

« A Gomba, j'ai retrouvé nos infortunés marchands de sel qui, depuis le 1er mai, attendaient toujours, pour se rendre à Wourno, la fin des hostilités sévissant dans les pays situés entre Gomba et Gando. Ces malheureux seraient sans doute bien surpris d'apprendre que Gomba, Gando et Sokoto sont un seul et même pays, soumis à un seul chef.

« A Yaouri, le roi n'était pas revenu de la guerre où il était parti en avril, mais il avait envoyé de nombreux captifs, dont trois mille avaient trouvé acheteurs à notre arrivée. Les prix varient de 90 francs pour les hommes à 400 francs pour les femmes, valeur estimée à raison de 1000 cauris pour un franc.

A Boussa, le roi, prévenu de notre retour et de nos succès, nous a fait un accueil empressé. Grande fête à notre arrivée, carrousel de cavaliers, discours, libations, etc. Le roi veut voir nos prisonniers sahariens, les toucher, leur parler, on les amène. Il tient à traiter avec moi : « Depuis que tu es parti, j'ai pris mes ren-
« seignements, j'ai su que c'était toi et rien que toi
« qui as bombardé Dahomé (Abomé) et que c'est bien
« vrai que c'est ton frère à qui tu as donné Dahomé
« avec des soldats que tu lui as prêtés, et qui sont tes
« enfants comme ceux-ci (mes Sénégalais). C'est comme
« cela que les méchancetés des Dahoméens sont finies,
« et que nous pouvons dormir tranquilles, et aussi j'ai
« compris que ton frère n'était pas méchant.

« Je suis bien content que tu arrives en bonne santé
« (Sa Majesté n'est pas difficile [1]). Tu sais que mon frère
« de Ilo et le roi de Saye [2] m'avaient prévenu de ce qui
« t'arriverait. Je t'ai dit aussi qu'ils ne pouvaient rien
« faire contre les blancs du Nord et alors, malgré moi,
« tu as voulu aller chez eux. Leurs armées sont innom-
« brables, et quand on entre par là, c'est un pays affreux
« où il y a une quantité de blancs comme eux, et où les
« noirs sont tout de suite faits captifs. Je sais que tu

---

1. J'étais pour lui parler assis sur un coussin, appuyé sur un autre et soutenu par deux hommes qui m'empêchaient de tomber de faiblesse.

2. Il est vrai que le roi de Saye m'avait parfaitement prévenu que je trouverais à peu de distance en amont des blancs qui n'étaient pas mes frères du tout et ne manqueraient pas de capturer mes noirs pour les réduire à un esclavage intolérable. Mais j'étais si habitué depuis la côte à entendre tous les chefs de village me dépeindre leurs voisins comme d'affreux brigands que je ne fis pas attention aux conseils timorés d'Ahmadou. — D'ailleurs, je ne croyais pas que les Touareg fussent descendus si bas sur le Niger.

« les as bombardés et que tu es leur maître. Il paraît
« que là-haut le fleuve est tout petit et qu'ils ont voulu
« le remplir avec leurs corps pour t'empêcher de reve-
« nir. Mais tu en as tant tué qu'il ne reste plus que des
« femmes, et pas un de tes enfants n'a péri. Alors, que
« veux-tu que je fasse? Tu es maître au nord, maître
« au midi, maître des eaux et de la terre; je veux, moi
« aussi, être ton fils. Donne-moi donc ton drapeau et ton
« papier, que je puisse les montrer à mes ennemis.
« Alors, ils se cacheront; mais seul et sans ton appui,
« je suis à la merci de Yaouri et de Bedinka.

« Je sais que tu ne tourmentes pas ceux qui ont
« acheté des esclaves autrefois, mais que tu n'aimes pas
« qu'on fasse des captifs : aussi j'ai fait renvoyer dans ta
« maison (Arenberg) dix Dahoméens que j'avais achetés
« au roi de Cayoman. Car je sais que ceux-là sont tes
« enfants. »

« Je le remercie et lui dis qu'il n'avait pas besoin de
papier puisque j'en avais vu un dans son Coran et que
ce papier venait des blancs de Rabba, qui ne sont pas
mes frères.

« — Mais il n'y a pas de blancs à Rabba et ceux de
« Lokodja ne peuvent rien pour moi. Ils me l'ont dit.
« Ils sont marchands de sel. Ils m'ont donné un papier
« qui prouve qu'ils me doivent un tribut annuel de
« cinquante sacs de cauris, c'est pourquoi mes doua-
« niers laissent passer leur sel. Mais je n'ai jamais
« voulu être leur enfant, *car ils ne peuvent ni me com-*
« *mander, ni me défendre.* »

« Ces conversations avaient lieu le deuxième jour,
après les fêtes de la veille, et nous les continuâmes
après la signature du traité, car il me fallait attendre
trois jours pour que les riverains fussent tous prévenus,
par des envoyés spéciaux, d'avoir à me prêter assistance.

« Tu devrais rester ici trois semaines, me dit le roi;
« pendant ce temps, l'eau arriverait, et ton voyage ne

« serait que plaisir, tandis qu'aujourd'hui, personne ne
« passe plus dans les roches. — Et mes enfants de Bad-
« jibo? Il y a trop longtemps que je les ai quittés!
« Qui sait s'ils sont restés sages? s'ils ont encore à
« manger? — Oui, oui, je le sais; ils n'ont point fait
« de méchancetés et ne manquent de rien. Mais puisque
« tu veux partir, ce n'est pas moi qui peux t'arrêter.
« Puisses-tu continuer en bonne santé! »

« Jamais paroles ne furent plus sincères, si on en juge par les faits : c'est-à-dire par l'excellence du récadère et du guide mis à ma disposition par le roi, par la prévenance et le zèle incomparables apportés par ses sujets à nous servir pendant notre difficile voyage.

« Après Malali, après Garafiri, à Ouassa, à Kandji, à Ouro, tous se mettaient à ma disposition de tout leur corps et de toute leur âme. A Ouro, où la chute est beaucoup plus haute qu'à Garafiri, mais ne forme pas de volute, tout le village s'employa deux jours en fabrication d'amarres, manœuvres de force, mise à l'eau de poutres pour servir de tampons contre les rochers, et pourtant, la crue de l'Ouoli était attendue dans huit jours. Pour qui connaît la paresse des noirs, un tel effort fourni au lieu et place d'une simple attente de huit jours, témoigne de l'énergique impulsion venue d'en haut.

« A 7 ou 8 kilomètres en aval de Ouro, je retrouvai mon ami Byron-Macaulay. Cette fois, il ne songeait plus à me voler du sucre. Il était même persuadé que j'allais le voler lui-même; je me contentai de lui acheter un mouton, qu'il me fit payer 25 francs. Le soir, quand il vit que je ne manifestais pas vis-à-vis de lui la moindre intention de le faire pendre, il se ravisa et s'enhardit jusqu'à me demander encore cent sous « parce qu'il venait de s'apercevoir qu'il n'avait reçu que 25 francs au lieu de 30 ». — Comme je tenais à emporter le bélier à Arenberg, je me laissai voler d'un nouvel écu.

« Je suppose qu'en ce moment doivent se discuter à Londres ou à Paris les questions pendantes au sujet de la navigation du Niger, qui étaient déjà sur le tapis lors de mon départ. La dysenterie qui me mine depuis six semaines, et l'atrophie résultant d'une immobilité de cul-de-jatte prolongée pendant plus de cent jours, me font bien craindre de ne lire jamais les comptes rendus solennels où Leurs Excellences Joseph, ministre résident à Bida, et Byron-Macaulay, plénipotentiaire de la Reine près le roi de Boussa, seront gravement cités par le marquis d'Ava, et mis en parallèle avec le distingué M. Millet ou mon brillant ami Crozier, agents diplomatiques décorés du même titre.

« Du moins, ce m'est une certaine joie de penser que vous pourrez, une bonne fois, démasquer en temps utile toutes ces tartuferies, bourrées de puffisme, en révélant à vos collègues, ce que sont au juste ces Wilhem, ces Joseph, ces Byron et ces Macaulay — car je pense qu'on ne tardera pas à dédoubler une si haute personnalité en poussant Byron jusqu'à Yaouri, et en se contentant plus prosaïquement de Macaulay pour Boussa.

« A Liaba s'arrête l'autorité du roi de Boussa, qui y a installé ses douanes sous la direction de Chabi.

« Entre Liaba et Arenberg, la navigation ne présente aucune difficulté, et les braves Tapas de Yékédé nous ont d'ailleurs tout aussi bien reçus que les Baribas.

« Arrivé ici à trois heures, j'ai trouvé les femmes de Badjibo venues au marché sur la rive droite. Les notables de la ville sont venus m'y retrouver ensuite et me faire toutes leurs salutations, s'excusant, vu la rapidité inattendue de notre arrivée, de n'avoir pu, en temps utile, se rassembler pour nous accueillir à notre porte, comme ils l'avaient projeté.

« Mon premier soin a été de faire compter les cartouches du poste, et ma première satisfaction, de constater que pas une n'avait été tirée. Mes Sénégalais se sont donc abstenus de guerroyer.

« Le village et le poste sont très propres — j'en conplimente le sergent [1], — les cultures très développées, le maïs a été récolté et mis en magasin, le mil est en épis, les patates et les ignames sont formées, le troupeau s'est augmenté de son croît normal, aucun des habitants du village n'est mort, ce qui prouve que l'ensemble n'a été ni surmené, ni affamé ; quelques voyageurs se sont fixés, cinq femmes sont du nombre, le grand bateau destiné à évacuer le poste par eau, si j'en recevais l'ordre, est achevé.

« Il faut bien dire pourtant que j'ai éprouvé une déception en constatant que, depuis le 30 novembre, je n'avais reçu aucune nouvelle de ma famille, aucun avis du Gouvernement de mon pays. Les courriers que j'avais envoyés à Porto-Novo, avant de m'embarquer pour remonter dans le haut fleuve, sont cependant bien arrivés. Il en est même revenu un. Il rapporte le reçu de la poste, ce qui prouve qu'il s'est bien présenté au bureau. Il est donc certain que vous connaissez et mon arrivée ici, et le choix que j'ai fait de la situation d'Arenberg, pour y faire, suivant vos instructions, « acte d'occupation ». Il m'est agréable de ne pas recevoir de votre part d'objection à ce choix, qui, à parler franc, est extraordinairement heureux. Bien que, d'autre part, il me soit impossible de ne pas regretter le silence dans lequel je vis depuis huit mois et l'absence de toute nouvelle, de tout reconfort, pour moi comme pour ceux qui m'ont suivi, ayant avec moi confiance dans les promesses écrites du Gouvernement, vous ne croirez pas, j'en suis certain, monsieur le Ministre, que cet encouragement soit nécessaire pour soutenir le moral de la mission. Il s'est, au contraire,

[1]. Koléri.

et pour l'honneur du drapeau que je porte, grandi et fortifié au cours d'épreuves telles qu'aucun survivant n'en peut rappeler de pareilles, et ce n'est pas un contre-temps purement accidentel comme celui que je signale qui est susceptible de l'atteindre, en faisant préjuger témérairement de l'indifférence ou de l'abandon de la mère patrie.

« Tous m'ont demandé hier à prolonger le plus long-temps possible leurs services dans l'Afrique centrale, et j'ai dû, pour récompenser les meilleurs, les choisir pour les laisser ici.

« Il est probable, en effet, que ceux qui exécuteront avec moi la reconnaissance d'aval, et pousseront, en exécution de vos instructions, jusqu'à la mer, arriveront à la côte bien avant ceux qui resteront à Arenberg; ceux-ci devant revenir ultérieurement par terre.

« J'ai retrouvé ici le stock de médicaments que je n'avais pas emporté sur mon bateau. C'est le salut pour Suleyman et pour ceux de mes compagnons dont les plaies, privées de tout antiseptique depuis six semaines, prenaient une allure dangereuse, mais la bouteille de laudanum a été cassée.

« Épuisé par la maladie, et fatigué de cette longue lettre que j'ai mis, au milieu de préparatifs de toute sorte, deux jours à vous écrire, je ne puis prendre la peine de vous transcrire les instructions que je laisse à l'adjudant Doux. Il vous serait d'ailleurs facile, dans le cas où vous le désireriez, de les retrouver sur mon copie de lettres.

« Je compte partir demain avec une douzaine de lap-tots, et j'emporte cette lettre pour la confier à un bateau postal. Elle ne me précédera guère, sans doute, que d'une quinzaine de jours.

« Veuillez agréer, etc. »

CHAPITRE XII

Descente du Niger. — D'Arenberg à la mer. Résumé de l'hydrographie du Niger.

Nos bons amis de Géba, de Rabba, d'Igga. — MM. Nikolson, Watts, Lister et Wallace. — Les officiers anglais à Lokodja. — Le vapeur *la Française*. — A bord du *Boma*. — Sir Claude Macdonald et les tempérants anglais. — Le gouverneur de Lagos. — Profil en travers du Niger. — Profil en long. — Régime hydrologique du Niger. — Il a deux crues au lieu d'une. — La deuxième alimente très longtemps son débit navigable. — Erreur d'estimation commise à mon départ. — Réservoirs et barrage. — Sécurité des cultures.

J'étais arrivé à Arenberg épuisé, l'absence de quinine et de laudanum m'ayant causé des séries de crises dont chacune m'affaiblissait d'autant.

Mais l'air pur que je respirai sur la colline, dans un logis aéré, confortable et propre, les médicaments que je retrouvai dans la réserve de pharmacie du poste, tout contribua à améliorer mon état et, lorsque le 14 juillet, deux jours après mon arrivée, je me rembarquai pour continuer à descendre, j'étais déjà beaucoup plus dispos.

J'avais devant moi une navigation facile sur un fleuve profond et sans chutes, dans une embarcation spacieuse où je n'avais plus l'encombrement du matériel nécessaire pour une expédition à longue portée, où seuls douze rameurs, mon boy et quelques provisions de bouche constituaient tout le chargement. Je pouvais compter en quinze jours atteindre Cotonou, ou un paquebot, c'est-à-dire la France.

Dans ces conditions c'était presque une partie de plaisir : par le beau temps et dans une embarcation plus confortable, on y eût invité des dames. Malheureusement la saison des pluies est toujours pénible, et il était nécessaire d'être sans cesse aux aguets pour se mettre à l'abri d'une tornade, c'est-à-dire d'une catastrophe.

Le courant était vif sans être gênant, et le panorama superbe, se déroulait devant nous sans fatigue, assez vite pour exciter et soutenir l'intérêt.

Dès le 15 au matin, j'arrivais à Géba. J'y trouvais les dispositions des gens à mon égard bien changées. Les Anglais sont gens pratiques, qui ne s'insurgent pas devant le fait accompli et sont toujours prêts à le reconnaître. Wilhem à ce titre était bien Anglais, car au lieu des tracasseries qu'il avait cru devoir employer lors de ma première visite, il me fit une réception enthousiaste : friandises, boîtes de lait concentré, pain biscuité, tout son magasin fut mis à ma disposition. Il me donna en outre une dinde qui, tout à fait exotique pour la région, était une rareté. Je lui fis en revanche cadeau de plomb de chasse dont il était privé.

A Rabba, je passai une heure chez mon ami Thomas, autre noir qui tenait un dépôt de marchandises anglaises. Rabba a perdu, comme cité indigène, toute l'importance qu'elle avait autrefois. Ce n'est plus qu'un petit village encore assez bien fortifié, et dans une jolie position sur la rive gauche du fleuve.

Ni Wilhem, ni Thomas, n'avaient vu passer l'embarcation de MM. Targe et de Pas [1] et je devais rester encore quelque temps sans avoir de leurs nouvelles.

---

1. J'ai su plus tard que ces messieurs étaient passés de nuit à Géba et à Rabba. — Cette ignorance des deux prétendus agents

La navigation à vapeur n'avait pas encore repris à Rabba le 15 juillet, et bien que le fleuve fût en période de croissance presque continue, nous ne pouvions pas nous engager dans tous les bras indistinctement. Quelques-uns d'entre eux étaient encore presque à sec.

Deux jours après nous dépassâmes le confluent de l'Avon ou Cadouna, grosse rivière venant de la région de Bida, qui était déjà arrivée à la période des hautes eaux et versait dans le fleuve des masses énormes de liquide boueux et jaunâtre. Le courant du fleuve en était interrompu et même renversé en certaines places à plus de 2 kilomètres vers l'amont où le reflux de ces eaux impétueuses commençait déjà à se faire sentir

A partir de ce confluent, le Niger a désormais 2 mètres d'eau partout, et nous n'avions plus à faire appel aux connaissances de notre pilote.

La rivière d'Igga, grossie également, vint au bout de peu de temps augmenter encore ce volume d'eau.

C'est à Igga que je trouvai le premier Anglais établi sur le fleuve.

C'était un jeune homme nommé Nikolson qui me reçut courtoisement. Il me donna des nouvelles de MM. Targe et de Pas, qui, surpris par une tornade avant d'avoir pu s'abriter, avaient chaviré et perdu tout ce qu'ils emportaient. Leurs embarcations, leurs armes, leurs collections, tout avait disparu; le naufrage ayant eu lieu alors qu'il ne leur restait plus que quelques mètres à faire pour atteindre la rive, ils avaient pu se sauver à la nage.

M. Nikolson m'offrit l'hospitalité, des guides et des moyens de transport. Je n'en avais aucun besoin et le remerciai avec la même cordialité qu'il mettait dans ses offres prévenantes.

Deux jours après nous arrivions à Lokodja.

politiques de la Compagnie prouve assez clairement qu'aucun des riverains du fleuve ne leur rend compte de rien.

On n'attend pas de moi que je fasse du fleuve, dans cette région où M. le commandant Mattéi et ses employés ont autrefois séjourné plusieurs années, où le lieutenant de vaisseau Mizon et M. Maistre ont passé, une description qui serait une redite. Lokodja n'est pas plus à découvrir qu'à admirer.

Du plus loin que je l'aperçus, cette ville, que sa situation au confluent de la Benoué appelle à un avenir considérable, attira mon attention par les toitures d'aspect européen qui émergeaient des paillotes. Je comptai treize de ces maisons ou hangars.

C'était vraiment là une station européenne, et au sens où ce mot est employé à la côte, une factorerie.

De grands vapeurs peuvent y accoster : les agents blancs y ont des installations confortables.

Je sentis le ridicule que je courais en montrant le pavillon de mon pays sur une barque assurément glorieuse, mais incapable de lutter contre des steamers de 500 tonneaux. Je pouvais encore passer avec mon équipage, comme un révolté, comme un indépendant qui brave tout, mais non plus comme un maître.

Jusqu'ici j'avais été chez moi. A partir de Lokodja j'étais chez d'autres. — Il fallait bien reconnaître, au risque d'être taxé d'aveuglement ou de mauvaise foi, que si la Compagnie n'était pas maîtresse à Lokodja, du moins elle y avait des intérêts respectables, un établissement sérieux et une position supérieure à la nôtre.

J'allai donc rendre visite à M. Watts qui était l'agent de la Compagnie. Je trouvai près de lui M. William Lister, autre employé, et tous deux me reçurent comme je pouvais l'attendre d'hommes bien élevés, sympathiques malgré tout à l'effort que je venais de fournir, capables de quitter le terrain des récriminations ou des compétitions, pour demeurer sur celui de la courtoisie internationale, et de l'expansion réellement civilisatrice et humanitaire de la race blanche en Afrique.

Il ne fut pas question une seule fois, pendant tout mon séjour chez ces messieurs, des deux lettres que M. Watts m'avait écrites et de l'attitude agressive qu'il avait cru devoir prendre.

Le vapeur *la Française*, que M. Watts m'avait offert pour descendre à Ouari ou à Forcados, avait besoin d'une réparation urgente. J'attendis pendant que ce travail s'effectuait et eus le loisir de faire connaissance avec les officiers de Lokodja. Ces messieurs étaient installés dans une confortable maison, où j'eus toutes les peines du monde à refuser de m'installer. Trois d'entre eux, dont le capitaine Morgan, étaient à la chasse sur les plateaux qui dominent Lokodja.

Les deux sous-lieutenants, l'un de lanciers, l'autre d'artillerie, qui étaient restés pour garder la maison, m'en firent les honneurs avec une grâce et un tact parfaits et avec un luxe tout anglais.

Ces messieurs avaient des journaux. C'est là que j'appris que M. Casimir-Perier, au nom de qui j'avais conclu tous mes traités, n'était plus rien depuis six mois.

A bord de la *Française*, je montai seul avec mon équipage et un pilote que me donna M. Watts. M. Wallace, directeur de la Compagnie, était arrivé à Lokodja le matin de mon départ à bord du *Nupé*. Notre entrevue fut des plus courtoises. Il voulut m'approvisionner lui-même, sur ses réserves personnelles, des vivres qui m'allaient être nécessaires pendant nos deux ou trois jours de descente : il se conduisit en galant homme jusqu'au bout, et m'informa que je pourrais atteindre le *Boma*, en chargement dans le Forcados, avant son départ pour Lagos (c'est-à-dire Porto-Novo). Nous nous séparâmes sans autre souvenir pénible que celui des libations excessives auxquelles mon estomac délabré avait dû se livrer pour faire honneur à tant de fastueuses réceptions.

Sur le *Boma*, vapeur de la British and African C° que

j'atteignis avant son départ du rio Forcados, je liai connaissance avec sir Claude Macdonald, jeune chef de bataillon écossais [1] qui exerçait sur la côte les fonctions de résident du protectorat des Rivières d'huile.

Il s'en revenait avec sa femme, mandé par son gouvernement pour être consulté sur la suppression du commerce des spiritueux en Afrique.

Il ne tarissait pas sur l'étrange spectacle donné par les sociétés de tempérance européennes : ces gens qui vivent au milieu d'alcooliques invétérés et condamnés au delirium tremens, s'évertuent en toute conscience à empêcher de boire à leur fantaisie des populations dont ils ignorent le nom, les mœurs et surtout la résistance à la boisson. Ils mériteraient vraiment que tous les noirs fissent une croisade en Europe pour réprimer l'intempérance des blancs, plaie sociale autrement répandue et dangereuse chez nous que chez eux.

C'est un des points sur lesquels, Anglais ou Français, quiconque a fréquenté les noirs a la même opinion, et nous nous rencontrions volontiers sur ce terrain.

Lorsque je débarquai à Lagos, la première parole du gouverneur de cette grande colonie fut pour exprimer le même sentiment. Sir Gilbert Carter avait coutume de dire à l'évêque de Lagos : « Je ne vois qu'un seul moyen de sauver ces pauvres noirs de l'ivrognerie, c'est de les convertir à la foi musulmane ! » Ce n'est pas nous qui nous permettrions de demander à un ecclésiastique de pousser aussi loin la philanthropie.

Lagos, qui est une ville considérable (60 à 80 000 habitants), à huit heures seulement de Porto-Novo, sur la même lagune, présente une ligne de quais superbes parcourus par des voitures élégantes et très animés par un mouvement commercial intense.

---

[1]. Sir Claude vient d'être nommé ministre de la Reine à Pékin (mai 1896).

Malheureusement l'embouchure du fleuve de Lagos s'obstrue tous les jours davantage : la barre y est très dangereuse et pendant tout le mois que je restai à Cotonou, aucune chaloupe à vapeur ne put la franchir[1].

Il y a là une situation qui peut faire la fortune du warf de Cotonou, pour peu que les communications par la lagune deviennent plus fréquentes et mieux organisées.

Enfin, le 3 août à six heures du soir, je grimpais joyeusement les fondrières de la place Amiral-Cuverville et faisais ma rentrée à Porto-Novo.

Après quelques jours agréables consacrés, soit chez différents colons, soit autour de la table hospitalière du gouverneur, à la joie de retrouver des compatriotes, je partais pour Cotonou et m'embarquais à destination de Marseille.

RÉSUMÉ DE L'HYDROGRAPHIE DU NIGER

L'exploration du Niger dans la partie qui conduit du Sahara à la mer n'a pas eu seulement pour but de déterminer les contours du fleuve dans les parties de son cours où il était absolument inconnu, comme de Gomba à Saye, ni de les préciser dans les régions où il avait seulement été soupçonné, comme dans tout le parcours au nord de Rabba, mais d'examiner tous les caractères de navigabilité qu'on peut apprécier au cours d'un voyage, en suivant son thalweg deux fois, d'abord à l'époque des eaux moyennes, puis à celle des plus basses eaux.

Ces caractères de navigabilité dérivent de trois éléments : 1° le profil en travers du fleuve, qui donne la largeur et la profondeur du chenal offert à la batellerie ;

---

1. On me dit que la barre de Lagos ne s'est plus rouverte depuis mon passage (juillet 1896).

de là le navigateur conclut le tirant d'eau maximum des bateaux qu'il peut employer; 2° le profil en long qui donne l'inclinaison du fond et renseigne en partie sur les courants, les rapides, les chutes, et la nature de ce fond. Sur cette nature du fond le pilote a besoin d'être renseigné pour savoir s'il est mouvant et par suite incertain (sables) ou immuable, mais offensif (rocheux), s'il se prête ou non à l'ancrage.

Quand on a affaire à une batellerie rudimentaire qui emploie la perche ou le halage à la cordelle, on doit joindre au profil en long des renseignements sur les rives, qui peuvent être plates, découvertes, praticables, ou accidentées, boisées, marécageuses, inaccessibles par suite des joncs ou impraticables.

Le troisième élément est l'hydrologie, c'est-à-dire l'examen des quantités d'eau que reçoit le fleuve. Suivant cette quantité d'eau le niveau baissera ou montera dans la cuvette formée par le profil en travers, le courant se ralentira ou deviendra plus impétueux et modifiera, pour l'ensemble des eaux, la pente résultant pour le filet le plus bas du profil en long, la batellerie subira des retards ou même des empêchements. Dans les régions tropicales où s'établissent deux saisons, l'une de sécheresse absolue, l'autre de pluies torrentielles, l'influence hydrologique domine souvent celle des profils en travers ou en long, au point qu'on a pu dire qu'après la saison des pluies tous les cours d'eau sont navigables, et que cette crue passée, aucun d'eux ne l'est plus.

Nous verrons comment et pourquoi le Niger échappe à cette loi désastreuse et générale.

Profil en travers. — Le fleuve a pu presque partout prendre à l'aise la place nécessaire pour le débit de ses eaux. Nous n'avons relevé que trois étranglements : ceux de Géba, de Ouro et de Gongoubélo. — Un quatrième était déjà connu, c'est celui de Tosaye ou Boroum, au-dessous de Tombouctou.

A Géba l'étranglement n'est qu'une pittoresque apparence, un bras du fleuve s'engage entre deux colonnes de roches majestueuses : on pourrait craindre que la moindre variation du débit dans le canal étroit où le fleuve ne peut s'étendre, produise des courants d'une extraordinaire impétuosité. Il n'en est rien, un autre bras, beaucoup plus large et sur les rives duquel la rivière peut s'épanouir à son aise, contourne l'île de Géba par la gauche.

A Ouro le fleuve vient frapper contre une colline de granit qui limite l'expansion de sa rive gauche.

A droite il peut se décharger au travers de bancs rocheux qui donnent passage aux eaux au moment des grandes crues. Cet étranglement serait redoutable, même s'il n'y avait pas la pente qui fait de ces 800 mètres le passage le plus rapide et le plus dangereux de tout le Niger.

A Gongoubélo, le fleuve serpente entre des masses rocheuses qui ne lui laissent qu'un canal de 110 mètres de large. Si le niveau s'élève, le Niger ne gagne que peu de largeur en montant; mais il y a dans cette partie du fleuve si peu de pente générale que la vitesse du courant, entièrement due aux apports d'amont, ne peut jamais devenir torrentueuse comme c'est le cas à Ouro.

Enfin à Tosaye le fleuve se trouve également resserré, mais là aussi les pentes d'amont et d'aval sont très faibles, de sorte que la navigation ne peut rencontrer d'ostacle permanent.

En dehors de ces quatre passages, le Niger a généralement un lit dont les berges sont déterminées par le plein du fleuve aux eaux moyennes, novembre-mai, et le plafond se tient environ 10 mètres au-dessous du niveau de ces berges.

La largeur varie entre 300 et 4000 mètres.

Profil en long. — Le profil en long est beaucoup plus accentué que ne me l'avait fait pressentir la comparaison entre les altitudes respectives de Tombouctou et de Lokodja. Il est pour moi certain qu'il y a une plus grande différence d'altitude que celle qui était admise en 1894[1].

La pente est relativement douce et sans ressaut depuis la mer jusqu'à Géba.

Elle s'accentue depuis Géba jusqu'à 3 kilomètres au-dessus de Yékédé (15 kilomètres nord d'Arenberg).

Un premier ressaut d'environ 3 mètres a lieu à Yékédé. Cette différence de niveau, répartie sur environ 1800 mètres, donne lieu à de petits rapides qui ne présentent ni danger, ni difficulté sérieuse.

Puis la pente reprend sa régularité jusqu'au pied du rapide d'Ouro.

Là se dressent une série de marches d'escalier très rapprochées les unes des autres, au point de former une pente presque continue qui grimpe de 20 mètres environ en un court trajet de 800 mètres.

Le chenal en cet endroit est très profond, les berges assez praticables, et bien qu'il y ait des rochers aigus près des bords et que le rayon de la courbe décrite par le fleuve soit assez court, un navire calant 2 mètres pourrait peut-être sans folie, en s'aidant de la vapeur et des amarres, essayer de le remonter.

Entre les ressauts de Ouro, de Patachi et de Garafiri, le fleuve court dans des biefs assez réguliers, avec une vitesse comparable à celle du Rhône à Avignon.

Le relief de Patachi est moins accentué que celui de Ouro, il est réparti sur un trajet plus long, mais il

---

[1]. Cette différence d'altitude avait été déterminée au baromètre; comme c'est également le baromètre qui était mon seul instrument de mesure, il n'y a pas lieu de corriger l'une de ces observations par l'autre. Elles se vaudraient, quant à l'inexactitude. Mais la succession de hauteurs relevées suffit pour démontrer que cette différence de niveau est plus forte qu'on ne le croyait en 1894.

comprend trois marches de 2 à 3 mètres de haut chacune, qui produisent en trois endroits différents dès rapides tumultueux aux grandes eaux, des chutes aux basses eaux.

En revanche le chenal est rectiligne, profond, et lorsque les eaux sont hautes, un navire à vapeur n'a pas besoin de l'aide des amarres pour essayer de le franchir.

Le rapide de Garafir, présente à peu près le même genre de difficultés que celui de Patachi, mais les marches y sont de 3 à 4 mètres et le chenal n'est pas rectiligne, de sorte qu'il faudrait au marin qui cherchera à le remonter avec un vapeur, faire en canot une étude très soignée des courants et de l'aptitude de son navire à gouverner avant de le lancer dans l'effort de remonte.

Au-dessus de Boussa, on rencontre encore avant d'arriver à Ouara quelques brisants, mais ce sont plutôt des rochers isolés que des barrages proprement dits.

Depuis un point situé à 3 kilomètres nord de Boussa jusqu'à Tchakaki, on retrouve le Niger tel qu'il est entre Badjibo et Géba.

Enfin de Tchakaki à Lamordi (deux jours au nord de Saye), on traverse un grand bief d'eau tranquille où on ne rencontre pas d'autre difficulté que quelques bancs de roches situés au-dessous de Kirotachi.

Au-dessus de Lamordi et jusqu'à Tibi-Farca, le fleuve a partout un courant assez vif, analogue à celui qu'on rencontre entre Badjibo et Géba, mais la profondeur d'eau est beaucoup moindre en raison du grand épanouissement du fleuve qui circule dans une très large vallée.

On voit donc qu'au-dessus de Géba on trouve d'abord une pente douce (Géba-Yaouri) de 200 kilomètres, coupée en son milieu par trois marches d'escalier, — puis un palier de pente presque insensible qui va sur 400 kilomètres de Yaouri à Lamordi, puis une nouvelle pente.

Le fond est terreux et sableux sur le méplat qu'on vient d'indiquer et généralement rocheux dans les deux pentes, il y est parsemé de témoins granitiques qui constituent des écueils très offensifs. — Certains de ces témoins sont (à Ouro) tranchants comme une lame d'acier.

Hydrologie. — Mais c'est le régime hydrologique du bassin du Niger qui, plus que le profil en travers et le profil en long, influe sur la navigabilité de ses eaux et lui donne un caractère unique.

Chacun sait que le Niger, depuis sa source jusqu'à Rabba, décrit un vaste demi-cercle dont la convexité dirigée vers le nord circule au travers du Sahara méridional.

Cette particularité qui l'a fait comparer à un serpent qui se mord la queue, fait aussi qu'une goutte d'eau tombée dans le fleuve vers ses sources passe deux fois par la même latitude à quelques mois d'intervalle.

Ceci rappelé, il faut savoir aussi que le bassin du Niger est soumis à deux climats différents, le climat équatorial et le climat tropical.

Le premier, qui règne à peu près jusqu'au parallèle 8e, comporte quatre saisons par an, deux saisons sèches et deux saisons pluvieuses. Le deuxième, qui comprend à peu près une zone de dix degrés, ne comporte que deux saisons, une sèche et une pluvieuse, l'axe de cette aire météorologique est donnée par le 13e parallèle.

De juin à octobre, la pluie tombe presque tous les jours le long de ce 13e parallèle.

De sorte que le fleuve, qui reçoit en juillet, août et septembre, les eaux tombées aux environs de Saye, par exemple, grossit comme tous les cours d'eau tropicaux et a sa crue normale d'août à fin novembre.

Mais, en même temps que la pluie tombe à Saye, elle tombe aussi tout du long du même parallèle, vers Kankan, dans la branche supérieure du Niger.

Grâce à la faible pente du Niger supérieur, cette crue n'atteint son maximum à Tombouctou qu'à la fin de janvier de l'année suivante [1].

De plus, affaiblie et ralentie par ce long trajet, elle perd le caractère d'inondation brusque et se fait sentir progressivement dans le Niger moyen (au-dessous de Zinder), de manière qu'elle provoque seulement un exhaussement de 2 à 3 mètres suivant les localités, et maintient l'eau à un niveau moyen assez élevé pendant fort longtemps.

Pour préciser, voici ce qu'on constate à Badjibo, par exemple :

Au commencement de juillet les eaux sont au plus bas ;

Du 15 juillet au 15 août, elles montent progressivement de 6 à 8 mètres ;

Du 15 novembre au 1er janvier, elles descendent de 3 à 4 mètres ;

Du 1er janvier au 1er février se produit en pleine saison sèche une nouvelle crue inexpliquée pour les habitants du pays, et qui peut atteindre 2 mètres. (C'est la crue provoquée par les pluies de juin-juillet de l'année précédente dans le Niger supérieur.)

Cette dernière crue maintient le fleuve à peu près au même niveau (eaux moyennes) jusqu'à la fin de mai.

Ainsi on voit que, grâce à la double origine de ses crues et à la lenteur d'évolution de la deuxième crue, le Niger moyen conserve un niveau convenable pour la navigation depuis le 1er août jusqu'au 15 juin.

La batellerie ne connaît donc de morte-saison que pendant deux mois (juin et juillet) et je parle ici seule-

---

1. Observation de M. le lieutenant de vaisseau Jaime.

ment de la grosse batellerie, car c'est justement pendant ces deux mois qu'avec des bateaux calant 50 centimètres, j'ai navigué sur tout le Niger de Tibi-Farca à la mer.

Revenant à l'évolution de la seconde crue, je crois utile de dire quelques mots sur la cause de cette lenteur du mouvement ascensionnel des eaux, dont l'éloignement n'est pas la seule raison.

Les lacs de Debo, de Faguibine et autres que M. le colonel Joffre m'avait signalés avant son départ comme capables d'absorber dans le bief de Tombouctou une très forte partie de l'inondation du Niger, jouent en effet le rôle de réservoirs.

La porte d'écoulement de ces réservoirs, formée par l'étranglement de Tosaye, achève de modérer les variations du niveau.

Il est certain par exemple que si une quantité d'eau était capable d'élever de 10 mètres le niveau du fleuve dans un lit de 2 kilomètres, elle ne l'élèvera que de 50 centimètres au-dessus d'un lit épanoui sur 40 kilomètres de large. Si à cet épanouissement succède un étranglement de 1 kilomètre, conduisant à un lit moyen de 2 kilomètres, cette crue qui n'aura atteint que 50 centimètres dans l'étranglement, donnera seulement en s'épanouissant dans le lit moyen un exhaussement de 25 centimètres [1].

C'est ce qui explique comment de la succession de l'étranglement de Tosaye aux épanouissements des grands lacs de Tombouctou résulte pour le régime hydrologique de l'aval une si grande régularité.

Cela explique également que cette régularité n'est nullement due aux profils du fleuve en aval de Tosaye,

---

1. Toutes choses égales d'ailleurs. La profondeur et la vitesse, qui influencent également le débit, modifient les chiffres de ces conclusions, sans toutefois en changer le sens.

et une autre preuve en est donnée par le caractère de soudaineté et de violence de la crue produite par les eaux tombant directement dans le bassin d'aval.

Enfin on ne saurait trop insister sur les heureux effets que cette régularisation des eaux produit au point de vue agricole sur toute la région qui s'étend de Saye à Kindadgi (trois journées nord de Zinder) au moins.

Tout le long de cette belle et large vallée, le laboureur sait que tel point sera inondé et qu'il le sera de telle à telle époque, il peut donc en toute sécurité, et le plus souvent par simple tradition, approprier sa culture à ces conditions d'arrosage, et voit succéder sans mécompte les récoltes aux récoltes. Il serait trop heureux, si l'homme ne venait contrecarrer les vues de la nature, et si son existence n'était empoisonnée par la crainte perpétuelle des Touareg.

CONCLUSIONS

Utilisation possible du Niger moyen :
1° comme voie de communication;
2° comme région à coloniser.

Rendement considérable des transports par eau, même avec la batellerie actuelle. — Morte-saison de la batellerie réduite à deux mois par an. — Rapidité des évacuations par eau. — Économie. — Importance du fort d'Arenberg. — Peu de variété des éléments d'échange dans la vallée du Niger. — Absence de richesses minières. — Difficulté des entreprises coloniales : 1° pour les isolés; 2° pour des associés; 3° pour des sociétés anonymes. — Nécessité du recours aux compagnies brevetées. — Inutilité et danger de leur conférer des droits régaliens. — Conduite louche des Chartered anglaises. — Les Anglais n'ont aucun intérêt à nous disputer le Niger moyen. — Seule la Compagnie y a un intérêt inavouable.
Intérêt pour la France d'acquérir la ligne Ketou-Tchaki-Kitchi-Arenberg.

En ce qui concerne les relations de nos possessions soudanaises avec la mer, il est presque inutile d'insister sur l'importance de la voie de communication offerte par le moyen et le bas Niger.

Nous avons des agents à Dori, à hauteur de Zinder. Pour revenir à la côte par la voie du Sénégal, ces agents ne peuvent le faire à moins de quatre mois. — En voyageant avec toutes les facilités possibles, telles qu'on peut les offrir à un gouverneur, à un commandant supérieur, il faut trois mois pour revenir de Tombouctou à Saint-Louis.

Or dans ma descente de Tibi-Farca à la mer, juste au milieu de la période de chômage que j'ai signalée, retardé par quatorze naufrages, par la perte de douze embarcations, je n'ai mis que vingt-sept jours de navigation.

Il n'est nullement téméraire de penser qu'avec une hauteur d'eau moyenne, un courant soutenu, tel que celui que j'aurais trouvé à Tibi-Farca le 15 février par exemple, j'aurais pu descendre en quinze jours. Cette rapidité, c'est le salut pour les malades et les blessés qu'on peut évacuer.

Mais ce n'est pas seulement par la vitesse du déplacement, c'est par son rendement, ses commodités, son faible prix de revient que se recommande cette voie de communication.

Six Baribas dans trois barques grossières me transportaient deux cents charges, tenant ainsi lieu de deux cents porteurs, sans qu'il y eût ni escorte à fournir, ni encadrement à organiser, ni ravitaillement à prévoir, ni avaries résultant des manutentions de charges qu'on jette par terre et qu'on recharge dix fois par jour, sans nécessité de fractionner le chargement en paquets de 25 kilogrammes.

Voilà pour la montée.

Quant à la descente — pendant les six semaines où l'eau tombe en cascades, c'est évidemment un sport hydrographique assez dangereux; tout le reste de l'année, c'est une pure partie de plaisir si on la compare au pèlerinage de haute mortification qui attend un blanc suivi d'un demi-millier de porteurs.

Tous ces avantages sont interdits à qui ne possède pas au moins un point de relâche au-dessous des rapides de Boussa, et c'est pourquoi le gouvernement avait prescrit d'y fonder un poste, c'est pourquoi je l'y ai si fortement constitué.

Reste à examiner l'usage qui peut être fait de la vallée du Niger moyen comme région à coloniser.

Il est certain qu'une colonie qui comprendrait la vallée du Niger profiterait en toute première ligne des facilités d'accès et de transport qu'on vient de signaler.

Présenterait-elle un intérêt sérieux à la colonisation? C'est là une très grave question qu'on doit résoudre par l'affirmative, mais avec les réserves découlant de ce qui va suivre.

Si on y trouve des richesses minières, il n'y a pas à hésiter; mais je suis quant à moi tout à fait incapable d'en signaler : à part une carrière d'agate à Kirotachi, je n'ai rien vu qui puisse me permettre d'affirmer l'existence d'un minéral précieux. Je ne sais pas encore ce que donneront à l'analyse les échantillons que j'ai rapportés.

Je n'ai même pas pu constater, bien que je l'ai recherchée avec ardeur, la présence de la *pierre à chaux*.

En matière de richesses végétales croissant naturellement, on n'y exploite guère, pour le moment, que le carité, ou arbre à beurre, le palmier à huile (rare) et les pâturages formés par le célèbre bourgou, sorte de gigantesque chiendent sucré dont les animaux sont très friands.

En fait de produits de culture, on y trouve les quatre céréales (blé, maïs, mil et riz), ainsi que le coton et le chanvre, en grande quantité et à vil prix. Enfin pour semer et récolter ces productions de la surface, pour exploiter les végétations vierges, ou pour fouiller le sous-sol, si on découvre intérêt à le faire, il existe plusieurs noyaux de population dense, laborieuse et suffisamment organisée. On a déjà dit que cette présence de l'homme était la condition nécessaire de la réussite de toute entreprise coloniale en pays tropicaux.

Il n'est pas douteux qu'un pays où on trouve en abondance tout ce qui peut servir à donner à l'homme nourriture et vêtement, où vit une population suffisante pour récolter, extraire ou transformer ces produits, soit un pays utilisable.

Faut-il en conclure qu'on puisse dire aux individus : « Allez-y, vous ferez fortune », et à l'État : « Emparez-vous-en pour protéger l'afflux de vos nationaux » ?

Non !

Supposons un individu jeune, riche, vigoureux et intelligent. C'est une idée fausse de vieillard blasé — ceux de tous les humains qui en ont le plus — que de croire qu'il n'existe pas en France de jeunes gens riches, vigoureux et intelligents, désireux de s'expatrier pour acquérir dans une colonie l'espace, l'indépendance, les chances de réussite que limitent d'une façon trop rigide les cadres étroits de l'ordre social métropolitain. Il existe de tels jeunes gens, et beaucoup. Beaucoup à mon retour sont venus me trouver, me demandant s'ils devaient aller dans les pays d'où je viens. J'ai dû répondre en leur montrant les difficultés qui les y attendent, et qui dépassent de beaucoup celles qu'un homme isolé peut affronter.

Voici ces difficultés. D'abord la mortalité qui frappe les hommes ordinaires à raison de 33 pour 100 la première année, 50 pour 100 en deux ans, 60 pour 100 en trois ans.

La mort d'un isolé entraîne la ruine complète de son entreprise. D'abord ses frais de voyage, d'installation, d'apprentissage de la vie comptent pour zéro dans l'actif de sa succession. Personne n'ayant charge ou ne pouvant avoir souci dans un pays inorganisé de prendre la suite des affaires engagées, le principal intéressé a donc une chance sur trois de trouver dans son entreprise non seulement la mort, mais la ruine. Si cette entreprise nécessite deux, trois ans de séjour, c'est cinquante, soixante chances pour cent.

Eh bien, cette considération arrête fort peu de gens.

Telle est la difficulté que chacun éprouve ou croit éprouver à faire son chemin, que beaucoup sont prêts ou seraient prêts à courir de pareils risques, *s'ils avaient espoir dans la réussite finale.*

Un deuxième obstacle à cette réussite tient à ce que tous les colons connaissent sous le nom de « conspiration de l'indigène ». Cette conspiration existe partout : elle commence en France, où un Parisien perdu dans la campagne se voit appliquer les procédés réservés à « ceux de dehors ». Elle est plus grave en Algérie, où, pour l'Arabe, le colon, le roumi, est l'ennemi liturgique; en Tunisie, où avec moins de violence, mais avec un succès plus certain, l'élément levantin l'enlace et l'ahurit dans les mailles d'une législation élevée tout entière contre l'étranger; au Tonkin, où chaque article indigène a deux prix : l'un pour les naturels, l'autre, quatre, six, dix fois plus élevé, pour l'Européen; à la côte d'Afrique, où un noir se fait payer pour ne rien faire auprès d'un blanc, vingt fois le revenu annuel du chef de son village.

Sans doute l'homme qui arrivera dans un pays entièrement neuf, comme le moyen Niger, ne trouvera pas organisé contre lui le système de surpaiement dont je viens de parler.

Personne avant lui ne sera venu « gâter les prix ». Mais la conspiration de l'indigène ne se fera pas moins sentir sous une forme différente. Quelle habileté, quelle énergie, que d'empire sur soi-même seront nécessaires à notre compatriote pour entrer en relations avec des populations naturellement défiantes, et pour cause! — Considéré avec raison comme un être d'essence supérieure, comment va-t-il entrer en contact avec son nouvel entourage? Jusqu'à quel point doit-il risquer de déchoir pour chercher à les mettre en confiance? Surtout qu'en sa qualité de demi-dieu, il évite de manifester qu'il ait besoin de quelqu'un.

Si on s'aperçoit que ce besoin est sérieux, on lui marchandera aide ou assistance, mais on les lui refusera carrément, si ce besoin devient une nécessité urgente.

Il lui faudra donc non seulement apprendre la langue des indigènes, mais connaître le chemin de leur cœur. Il devra rechercher les moyens de les employer à son commerce ou à son industrie, chercher dans quelle branche économique, le minimum d'efforts dont ils sont susceptibles peut lui procurer des éléments commerciables, et quand il aura trouvé cette voie, faire l'éducation de tout un peuple pour lui enseigner le moyen de tirer partie des ressources locales, et d'en tirer parti à son avantage, à lui colon.

Il aura donc à travailler comme étudiant pour s'initier aux langues et aux mœurs; comme observateur, chercheur, inventeur pour créer une industrie même rudimentaire et des courants commerciaux; enfin, comme industriel et comme commerçant pour tirer parti de toute cette préparation.

C'est là une tâche surhumaine pour un seul homme; il sera mort, ou obligé de s'en revenir mourant, avant d'atteindre la troisième phase de ses efforts, celle de l'exploitation fructueuse, si tant est qu'il ait bien choisi son terrain, ses moyens et le genre d'affaires à traiter.

Et si par extraordinaire, par impossible, il est arrivé à créer une exploitation prospère, il verra venir presque aussitôt un imitateur qui, renseigné par son exemple, n'ayant pas à tâtonner comme lui, profitera de l'éducation industrielle et commerciale si péniblement donnée aux naturels, et jetant dans la lutte commerciale des réserves toutes fraîches en matériel, argent et santé, viendra le battre sur son propre terrain.

Conséquence : n'essayez de rien faire tout seul. *Væ soli!* Vous aurez déjà beaucoup moins de chances contre vous si vous avez un associé. Il pourra vous suppléer quand vous serez malade, vous représenter en

France pour les achats ou les ventes pendant que vous resterez sur place. Enfin à deux vous aurez plus de ressources contre l'ennui, plus de ressources en argent aussi, et peut-être verrez-vous arriver la période rémunératrice avant d'avoir atteint le fond de votre caisse. Les associations à deux réussissent le plus souvent dans les pays qui ne sont pas trop meurtriers, comme la Tunisie, mais le succès ne peut guère être garanti par une aussi faible coopération dans les pays à climat pernicieux comme l'Afrique tropicale.

Il faut atteindre la société en commandite à plusieurs têtes ou la société anonyme pour obtenir une surface de résistance et une longévité suffisantes pour affronter la colonisation d'exploitation dans les pays neufs.

Encore, et si puissante que soit la force colonisatrice qui fournira le premier effort, elle n'échappera pas à la loi de la concurrence faite par les tard-venus. Ceux-ci auront pour eux tous les avantages, sauf la différence de valeur qui existe toujours entre l'expérience des autres et la sienne propre.

De sorte que si par une suite d'efforts d'assimilation, d'investigation, d'*invention*, par des sacrifices d'hommes, de santé ou d'argent, vous êtes arrivé à créer une exploitation commerciale donnant par exemple annuellement 25 pour 100 du capital engagé, ceux qui viendront engager le même capital après votre période de gestation, sans apporter ni les mêmes efforts, ni les mêmes risques, ni le même mérite, en un mot, pourront en obtenir 40 pour 100, puisqu'ils n'auront rien dépensé inutilement, et non seulement ils pourront prendre une part imméritée dans vos bénéfices, mais, à force égale, ils pourront, en baissant leurs prix, vous évincer totalement.

Il semble que ce soit là pure phrase de philosophie commerciale et industrielle, on peut croire que de tout temps il en a été de même, et cependant plusieurs de

20.

ceux qui ont tenté fortune en pays neufs y ont réussi, y ont même édifié de colossales fortunes. Non, ce n'est pas de la philosophie, c'est de l'histoire contemporaine, c'est peut-être malheureusement l'histoire de demain pour les trop audacieux.

Sans doute les Swansea, les Régis et bien d'autres ont réussi en pays neufs! mais au temps où ils opéraient, ni la vapeur, ni le télégraphe, ni le service des renseignements commerciaux n'avaient atteint le développement qu'ils ont aujourd'hui.

Une maison qui prospérait sur la côte d'Afrique ne voyait pas comme aujourd'hui ses procédés étudiés et dévoilés par un touriste qui peut être, en six semaines, parti puis revenu, ni ses chargements, inventoriés par les statistiques des douanes, publiés et répandus aux quatre coins du monde par la presse maritime et commerciale, ni ses prix dévoilés par des mercuriales.

Après la période des déboires, des recherches, des dépenses infructueuses, quand arrivait la période de rendement, l'éloignement, la lenteur des communications, l'obscurité des renseignements recueillis, fournissaient à l'heureux colon un répit de dix, quinze, vingt ans pour jouir en paix du résultat de son opération. Ces conditions particulières de son établissement lui permettaient ainsi l'exploitation du véritable *brevet d'invention coloniale* qui devrait être acquis à quiconque fait acte de fondateur dans un pays neuf.

C'est un *inventeur* dans tous les sens du mot. Il lui a fallu la recherche avant la découverte, le flair ou le génie suivant l'importance de la chose découverte; il lui a fallu les longs efforts et les sacrifices d'argent qui sont le lot de l'inventeur, même du plus heureux.

Plus qu'aucun inventeur il a affronté les risques de mort, et en tout cas sacrifié délibérément sa santé.

Aussi, après avoir vu les individus isolés échouer,

les associés échouer, les sociétés en commandite et les sociétés anonymes échouer, on a dû recourir, après l'ère des découvertes qui s'est ouverte depuis 1875, comme après celles de l'Amérique et des Indes, à la création de sociétés plus fortes que toutes les autres, les sociétés privilégiées; on est arrivé aux compagnies à charte, aux compagnies souveraines, à droits régaliens.

Du coup on est allé trop loin.

Quand Stephenson a eu construit sa locomotive, on lui a donné un brevet et non un royaume; quand une compagnie de chemin de fer construit une ligne, on lui garantit qu'aucune autre ne sera autorisée à construire la même ligne à côté, mais on ne lui donne pas droit de haute et basse justice sur les cantons qu'elle traverse, ni même sur les voyageurs qu'elle transporte.

Qu'un prospecteur revenu d'une forêt tropicale examine avec anxiété les substances qu'il a recueillies, qu'il recherche à grand'peine les moyens d'en retirer du caoutchouc, de la gutta-percha, de l'huile, des textiles, des minéraux, de faire jaillir du néant quelque chose qui, sans lui, restait inconnu ou improductif, ce n'est point là une raison pour lui donner, suivant la formule de Colbert, « le droit de faire la paix, de déclarer la guerre, « battre monnaie, fondre boulets et canons », mais c'est pure justice de lui dire : Vos recherches ont porté sur tel pays où vous dites avoir inventé un commerce ou une industrie; vous avez les ressources nécessaires pour en exploiter telle surface : je vous donne permission d'essayer et vous garantis que pendant tant d'années personne ne viendra vous y faire concurrence. Voilà votre *brevet d'invention coloniale*.

C'est pure justice, et c'est aussi l'intérêt général, car qui donc oserait faire les dépenses nécessitées par l'ouverture d'une mine, par exemple, d'une exploitation commerciale quelconque, avec cette seule alternative, ou de se ruiner si ses essais sont infructueux, ou, si son entreprise prospère, d'avoir travaillé pour enrichir autrui, c'est-à-dire, encore, pour se ruiner.

Quant aux droits régaliens, un bon commerçant, un bon industriel, un bon colon n'en a que faire. Qu'il puisse faire chez lui une police restreinte comme celle du garde particulier dans un domaine ou des agents de chemin de fer sur leur réseau, c'est tout ce qu'il peut et doit désirer.

Sans vouloir faire ici le procès de personne, il faut reconnaître que les droits régaliens comportant des magistrats et des corps de troupe pour les faire respecter sont tellement onéreux que la concession de pareils droits cache toujours quelque secrète pensée, quelque projet inavoué, soit de la part de ceux qui les concèdent, soit de la part de ceux qui en acceptent l'aléatoire bénéfice.

On a dit par exemple que toutes les *Chartered* africaines créées par la Grande-Bretagne avaient pour but de former *rideau*[1] et de permettre sous le couvert de ces Compagnies des invasions commerciales de territoires, disponibles ou non, sans engager ni dépenses ni responsabilité pour le gouvernement de la Reine. En tout cas, si les chartes n'ont pas été concédées dans cette intention, le but n'en a pas moins été atteint, et supérieurement, et l'intérêt de l'État britannique a été bien servi par ce moyen détourné. Quant à l'intérêt que peuvent trouver les Compagnies à entretenir des troupes, on ne peut guère critiquer que je l'aie qualifié de peu avouable, si l'on songe au dernier et criminel usage qu'a fait de sa force armée la Chartered de l'Afrique du Sud.

De tels exemples ne sont pas faits pour nous séduire, et c'est par des concessions très limitées en dehors des droits industriels et commerciaux, que nous désirerions

---

1. Cette expression est de M. Leroy-Baulieu.

voir consacrer les droits du premier exploitant, de l'inventeur, dans les pays neufs d'où nous revenons.

Limités dans leurs prérogatives, les concessionnaires composant cette *société brevetée* devraient aussi éviter de sacrifier à la folie de l'étendue qui a fait périr plus d'établissements qu'elle n'en a enrichi.

Enfin si ce n'était point entrer à l'avance dans de trop grands détails, nous voudrions voir chacun des établissements coloniaux à créer sur le Niger occuper les deux rives et non pas être séparés par le cours d'eau. — Un fleuve, on le sait, forme toujours une très mauvaise frontière entre des États : c'est un lien, ce n'est pas un obstacle ; il en est pour ces districts coloniaux, qui entre eux auront quelques rivalités, quelque concurrence à exercer, comme des grands États. Ils voudront être chez eux et on n'est pas chez soi quand les voisins n'ont qu'à passer l'eau pour entrer chez vous.

Reste à examiner le rôle de l'État souverain. Il est certain que ce qu'il y aurait pour lui de plus simple et de moins coûteux serait d'aliéner ses droits à une Compagnie : mais nous avons vu que ces droits sont fort onéreux pour une Compagnie honnête et très dangereux entre les mains d'une Compagnie sans scrupule.

Du moins l'État doit-il chercher à simplifier son action et à restreindre ses sacrifices en se déchargeant dans la plus large limite possible des soins d'administration et de police intérieure des concessions. Restreinte à un rôle de surveillance générale et de haute moralité, son action n'en sera pas moins un bienfait pour le pays et pour les concessionnaires eux-mêmes à qui incomberont les frais de cette administration supérieure.

Quant à l'action extérieure, dont la principale, presque l'unique raison d'être, sera d'empêcher la capture d'esclaves, c'est l'État seul qui doit s'en charger. C'est en effet la répression des guerres de capture, devant amener très rapidement la suppression de la traite à l'intérieur, qui légitime à elle seule l'intervention d'une puissance civilisée. Le développement économique du pays justifie l'installation des particuliers, la suppression des chasses à l'esclave justifiera l'établissement des pouvoirs métropolitains.

Le commissaire du gouvernement dépositaire de ces pouvoirs, disposant d'une force coloniale même assez faible, sera toujours en état de faire face au mandat qu'il aura reçu comme protecteur de l'humanité. La circulation sur le Niger moyen est en effet assez facile et assez rapide pour permettre de porter rapidement d'un point à l'autre de son immense parcours telle force qu'on jugera nécessaire en une région déterminée, pour réprimer une guerre à captifs. Limité à ce rôle, un bataillon d'infanterie organisé en un point central, comme réserve toujours disponible, suffirait en portant rapidement une ou deux compagnies sur les points menacés pour rendre à jamais impossibles les dévastations et les boucheries humaines dont j'ai été le témoin.

Les peuples qui se partagent la vallée du Niger depuis Rabba jusqu'à Gogo sont d'ailleurs assez divers d'origine et assez divisés de tendances ou d'intérêt pour qu'on n'ait jamais à redouter de révolte d'ensemble, et pour qu'on soit certain de trouver chez les uns les éléments de recrutement de la force coloniale nécessaire pour tenir les autres en respect.

Sur quels territoires devrait porter cette organisation? Les sphères d'influence française, anglaise et allemande — dans le bassin du bas et du moyen Niger — sont en ce moment indécises ou remises en question. Une commission internationale s'est réunie à cet effet, m'a fait l'honneur de m'appeler devant elle, j'y ai fait valoir nos droits que je considère comme supérieurs et définitifs, nos compétiteurs en ont opposé d'autres qu'ils prétendent antérieurs et imprescriptibles. Je ne me crois pas autorisé à jeter dans le public cette discussion, où l'on risque toujours d'avancer des arguments trop désagréables à ses adversaires, mais il est permis de dire ce que je considère comme désirable, avantageux pour nous sans être dommageable pour autrui.

Il est certain que dans cette discussion nos voisins sont au fond tout disposés à faire bon marché de la cabane en terre où gîte Byron-Macaulay. J'ai dit qu'en dehors de ce nègre, ils ne possédaient ni intérêts ni représentant, blanc ou noir, au-dessus de Géba. D'ailleurs le moyen Niger ne conduit à rien d'anglais, de dévolu aux Anglais, ni d'avantageux pour les Anglais ; il n'est en aucune façon en territoire anglais et on peut tenir leurs prétentions au-dessus d'Igga pour de pures feintes de stratégie diplomatique.

Nous avons, au contraire, l'intérêt le plus puissant à nous réserver par le bas et le moyen Niger l'accès à nos immenses possessions soudaniennes dont le moindre défaut est d'être inabordables.

Pour que cette voie soit utilisable pour nous, il faut que nous disposions du fleuve avant le point où les rapides apportent un obstacle au moins momentané à la navigation des grosses embarcations de rivière. Il y aura longtemps au-dessous de Boussa — plus exactement au-dessous de Yékédé — un transbordement soit sur des navires plus légers, soit sur des véhicules destinés à cheminer par terre au-dessous de Boussa.

Si la puissance qui possède le fleuve au-dessus des rapides ne possède pas au-dessous un tronçon lui permettant de faire ce transbordement chez elle, il lui faudra renoncer pour jamais à s'en servir et les stipulations de l'acte de Berlin destinées à assurer la liberté de navigation du Niger fourniront un nouvel obstacle à l'exercice de cette navigation.

Voici comment : le passage de Boussa peut être, comme tous les passages difficiles, amélioré d'une façon notable, soit en faisant sauter quelques rochers, soit en construisant des écluses, soit en aménageant un chemin de halage, soit en construisant une voie ferrée latérale.

Or, d'après l'acte de navigation de Berlin (1885), tous les aménagements, voies latérales, écluses, chemins de halage, etc., établis sur le fleuve, sont à la disposition de tous les riverains tant en amont qu'en aval, sans qu'aucun tarif différentiel puisse être établi pour l'usage de ces améliorations.

Dans ces conditions, quel intérêt pourrait trouver l'Angleterre à améliorer le passage, du moment qu'il ne conduit que chez nous et ne sera jamais qu'à notre usage?

Ainsi, si on la laisse occuper les rives jusqu'au pied des rapides, nos bateaux viendront dans un cul-de-sac où ils ne pourront trouver un port de transbordement, et s'ils obtiennent par faveur grande une tolérance de déchargement, il faudra renoncer à voir jamais leur cargaison continuer la remonte par des moyens moins primitifs et sur des eaux moins dangereuses qu'aujourd'hui.

Nous avons donc un intérêt majeur à descendre notre zone d'occupation au-dessous des rapides, et l'Angleterre n'a aucun intérêt à nous en empêcher.

Mais si l'Angleterre n'a aucun intérêt à nous chicaner sur une question vitale pour notre empire soudanais et insignifiante pour ses propres domaines coloniaux, il n'en est pas de même de la Compagnie chartered à qui elle a, momentanément du moins, délégué ses droits sur le bas Niger. Il n'est pas de bon commerçant qui ne serait heureux de voir naître au travers des établissements qu'il possède un important trafic transitaire, mais de même que pour des motifs inconnus, sinon inavouables, la Chartered entretient à grands frais des troupes sur le Niger, de même, pour des motifs encore moins avouables, la Compagnie ne tolère non seulement aucun concurrent, mais aucun *témoin* dans les eaux qui traversent son territoire. Tous ses soins ont eu pour but, et jusqu'ici pour résultat, d'écarter, au mépris des stipulations les plus solennelles de l'acte de Berlin, quiconque pourrait, en usant de la liberté de navigation proclamée par cet acte, se rendre compte et rendre compte au public européen de ses pratiques politiques, administratives et commerciales.

Ainsi plus de 1000 kilomètres navigables d'un des plus grands fleuves du monde, proclamés ouverts à la navigation de tous les pavillons, sont depuis onze ans, non pas seulement semés d'obstacles douaniers ou commerciaux, mais pratiquement *interdits* à qui que ce soit, Anglais ou étranger, qui n'est pas de la Compagnie.

Il est inadmissible que pour prolonger une situation dont le seul intérêt est de prononcer le huis clos sur les opérations de la Compagnie, les diplomates de la Grande-Bretagne cherchent à contrecarrer les efforts de nos représentants ; il n'est pas davantage admissible que nous le tolérions.

Étant donné que nous pouvons espérer voir consacrer nos droits sur le Niger jusqu'au-dessous des rapides de Boussa, c'est-à-dire jusqu'aux environs du 9º degré, quelle est la ligne de communication que nous devons rechercher entre notre position sur le fleuve, supposée maintenue à Arenberg, et notre colonie du Dahomé ?

Cette ligne de communication est toute tracée par l'itinéraire du commerce qui, partant de Porto-Novo, se dirige par Kétou, Tchaki, Kitchi, sur Badjibo. On a là une ligne d'étapes jalonnées par des bourgs populeux, pleins de gens paisibles, industrieux et dévoués à notre cause.

Il est vrai que cette ligne traverse entre Kétou et Tchaki le méridien d'Adjarra pris comme limite provisoire d'influence entre Lagos et Dahomé ; mais elle atteint rapidement le 9° degré, autre limite provisoire, au-dessus duquel Kitchi ne peut nous être refusé.

Comme on ne peut se contenter d'une frontière tracée par un méridien dont l'incertitude atteint et dépasse souvent 50 kilomètres, comme un méridien, fût-il très exactement déterminé, tranche des zones de pays qui, géographiquement, politiquement et ethnographiquement, ne peuvent être divisées, on doit rechercher une autre limite.

On connaît notre répugnance à l'égard des limites formées par des cours d'eau. Les limites de partage des eaux des bassins sont autrement sérieuses et efficaces, et à ce titre la limite orientale du bassin de l'Ouemé et de ses affluents aurait pu être recherchée, mais cette ligne de crête est assez indécise et la véritable démarcation entre les deux colonies est formée par la ligne de crête qui borde du côté oriental l'itinéraire Kétou, Tchaki, Kitchi, en se tenant à environ 25 kilomètres de la ligne des villages.

C'est là ce que nous devons demander et ce que nous pouvons obtenir.

Nous aurons par là la ligne de communication la plus directe, la plus peuplée, la plus facile à suivre, la plus naturelle en un mot, et entièrement française, entre notre colonie du Dahomé et le Niger moyen.

Nous aboutirons ainsi au point où nos bateaux pourront eux-mêmes faire enfin escale en rivage français, et de là une ligne continue d'établissements français arrosés et desservis par le fleuve, échelonnés en ceinture autour de notre énorme et trop continentale possession de la boucle du Niger, formeront l'ensemble le mieux pourvu de tous les éléments de prospérité que nous ayons dans tout notre empire colonial africain.

Dans cette zone féconde et déjà bien peuplée, nous aurons l'honorable devoir d'amener et d'assurer la paix, nous aurons l'incontestable profit d'y attirer en retour une population peut-être décuple de celle qui y végète, qui nous devra l'ordre, la liberté et même la vie, et nous apportera, en échange, du travail, des consommateurs et des produits, c'est-à-dire tout ce qui fait une colonie grande, avantageuse et prospère.

TABLE DES MATIÈRES

INTRODUCTION

Objet de la mission. — Programme et instructions reçus par son chef. — Incertitude des opinions admises en 1894 sur le tracé du moyen Niger et sur les territoires voisins. — Hinterland dahoméen................................

CHAPITRE I

De Marseille à Cotonou sur l' « Isly ».

Dakar. — Le débarquement. — Présentation du personnel noir de la mission. — Suleyman et Diadéba. — Konakry — Sierra Léone. — Libéria. — Biribi et les Croumanes. — Grand-Bassam et l'expédition de Kong. — La barre....... 21.

CHAPITRE II

Arrivée à Cotonou. — Préparatifs pour la marche dans l'intérieur.

Cotonou. — Le warf. — Débarquement. — Voyage à Porto-Novo. — Le gouverneur Ballot. — Recrutement des porteurs. — Première connaissance avec la lagune, les pirogues et les moustiques. — L'*Ardent*. — Enrôlement des porteurs. — Les interprètes, les tirailleurs. — Revue et simulacre de départ. — Incohérence du personnel. — Insuffisance des moyens de transport et des cadres. — Disparition des pirogues. — Le commissaire de police et les galériens de Cotonou. — Le pays des folies moricaudes. — Désarroi de Togodo. — Comment vivre sur le pays?... 20

CHAPITRE III

Traversée du Dahomé.

Premier campement en pleine forêt. — Manque d'eau. — Torricada. — Les premiers malades. — Allada. — Ousso. — Le jour de l'an dans les marais de l'Alama. — Le premier musulman. — Cana, la ville sainte. — Abomé. — L'interprète Abul. — Le roi Abogliagbo. — Les fêtes de Gléglé. — Propreté dahoméenne. — Odyssée des Nagos. — Amadi So, chef de détachement. — La végétation équatoriale. — Zaganato, diminution de mes moyens de batellerie. — Échauffourée de Banamé. — Paouignan, entrée dans le pays de Cocagne. — Les Mahis, les monts Zoglobo, traversée de l'Ouémé. — Savé, le roi Achémou. — Mon intendance. — Audiences et conférences. — Le roi boit. — Mahmadou trouve les cochons trop laids pour en manger. — Suite d'ovations.. 55

CHAPITRE IV

De Tchaourou à Tchaki. — Les premiers Baribas.

Changement de régime. — Gens distingués et difficiles. — La mission est partagée en deux. — Les voleurs d'ignames. — Ombrageux Baribas. — Un coup d'harmattan. — Où tous les cheveux frisent. — Toujours sur le qui-vive. — Nos guides disparaissent. — Mainmise sur le prince de Gobo. — Un cortège menaçant. — Belle conduite de l'adjudant Doux. — Tout s'arrange. — Petite brouille cimente l'amitié. — L'incendie dans nos bagages. — Un Bariba revêtu d'une cotte d'écailles. — Un bourreau de chevaux. — La douane de Tchaki. — Entrée solennelle dans cette capitale. — Singulières antichambres du palais. — Le roi Ajani malade. — Ses conseillers, sa première femme. — Mon installation chez un grand du royaume. — Les troupeaux de bœufs, les femmes peuhles et le laitage. — Pasteur au Soudan. — Esclaves conquérants de leurs maîtres. — M. de Pas laissé comme résident à Tchaki. — Discussion du traité. — L'esclavage. — Condition tolérable de l'esclavage domestique. — Horreurs des guerres de capture. — Devoirs des peuples civilisés de mettre fin aux captures d'esclaves. — L'esclavage cause de dépopulation. — Critérium de l'influence européenne. — Traité. — Referendum. — Festin. — Procession. — Adieux.. 107

CHAPITRE V

De Tchaki au Niger.

Exode de population à la suite de la mission. — Papa. — Discrétion et empressement de bon aloi de nos hôtes. — Bombance continuelle. — Les Sénégalais réclament. — Ça va trop bien, on ne nous croira jamais. — Targe et Doux tombent malades. — Les espions baribas. — Kitchi. — Le roi Folaouigo. — Le traité, les fêtes. — Fureur des Dahoméens parce que je me déguise en noir. — Rentrée dans le pays bariba. — Singulier accueil. — L'allée du supplicié. — Le roi Kémoura, son trône et le mien. — Les trompettes d'*Aïda*, concours de fanfares. — Un Peuhl, habile imposteur. — Le bac à vapeur de Badjibo. — Un transatlantique à Boussa. — Tout le monde malade. — En reconnaissance jusqu'au Niger. — Le Niger. — Badjibo. — Pris au collet par un gouverneur et un évêque............ 169

CHAPITRE VI

Arrivée au Niger. — Création du poste d'Arenberg.
Préparatifs pour la navigation sur le fleuve.

Allégresse générale. — Rien qu'à se laisser couler pour rentrer à Paris. — Les travaux. — Construction du poste. — Construction du bateau. — Un charpentier qui réclame une scierie à vapeur. — Faire des planches sans scie, ni scieurs. — Les plantations. — Arrivée de M. de Pas. — Sa vice-royauté de Tchaki. — Reconnaissance sur Géba. — En dérive. — Un agent noir de la Royal Niger C°. — Difficultés de la remonte. — Théorie de la manœuvre de la perche. — Départ de MM. Targe et de Pas. — Abul envoyé en ambassade à Boussa. — Son retour. — Les rapides. — « Avant partout. »................................... 212

CHAPITRE VII

Navigation sur le Niger. — Les rapides de Boussa.

Préparatifs. — Les pirogues du roi de Boussa. — Un serpent vert chargé de rechercher les balles au fond des blessures. — Constitution du poste. — Exécution de la navigation de Badjibo à Boussa. — Passage des rapides. — Ruptures d'amarres. — Un vieux Bariba instructeur de batellerie. — Belle conduite du personnel. — Propositions pour l'avancement. — Situation politique. — Légende qu'ont su établir les Anglais. — Le noir Joseph, ministre de la Reine à Bida. — Le noir Byron-Macaulay, ministre dans le royaume de Boussa. — Il nous vole du sucre. — Rencontre du lieutenant de Karnap. — Nous le croyons étranglé par un os de poulet.................................. 240

CHAPITRE VIII

De Yaouri à Saye.

Yaouri, théâtre de la mort de Mungo-Park. — Savez-vous ce que c'est que faner? — État de guerre permanent. — De Gomba à Saye. — Le roi d'Ilo, ses guerriers. — Traité. — Kompa. — Le Yolof Ali-Bouri. — Ahmadou de Segou et Tidjani. — Une ville détruite par mois. — Ahmadou de Saye. — Un rhumatisant opportuniste. — Un jour qu'on ne retrouve plus... 267

CHAPITRE IX

De Saye à Faroa. — Les Touareg. — Zinder.

Les premiers Touareg. — Valeur de la vallée du Niger au nord de Saye. — Les terres légères de lord Salisbury. — Une petite Égypte. — Régularité des crues. — Densité de la population. — Production énorme de la vallée. — Boubakar, chef des Locmaten — Il fait fuir mes guides. — Navigabilité du fleuve. — Erreur de Barth. — « Pirogues comme ça, y a pas bon. » — L'embuscade éventée. — L'attaque des Touareg. — Leur manière de combattre. — La version de l'ennemi. — Ardeur indisciplinée des laptots. — « Fusils français y a bon ça. » — Prestige personnel des Touareg. — Obligé de remonter au-dessus de Zinder..... 280

CHAPITRE X

Descente du Niger. — De Faroa à Kirotachi.
Deuxième attaque des Touareg.

Les Touareg de Boubakar disparaissent. — Influence française au-dessus de Zinder. — Arrivée à Tibi-Farca. — Relations du pays avec Tombouctou. — Les basses eaux favorisent l'étude du fleuve. — Grande rapidité de la marche. — Échouages, sinuosités. — Forcement des passes défendues par Boubakar. — Boubakar rassemble tout son personnel. — La mission se prépare à forcer le passage. — Arrivée à Zinder, état des lieux et dispositions de l'ennemi. — Combat pied à pied. — Conduite du personnel. — Descente du fleuve en aval de Zinder. — Rapides insoupçonnés. — Conduite des Touareg. — Difficultés inattendues. — Prévisions pénibles, état moral du personnel. — Nos prisonniers. — Prestige de la mission à son retour. 300

CHAPITRE XI

Descente du Niger. — Les rapides de Boussa.

Défaite d'Ali-Bouri. — Gongoubélo brûlé. — Accueil empressé et respectueux. — Sévices de l'hivernage. — Les rapides de Boussa sont transformés en chutes. — Causes ordinaires des naufrages. — Exemple de naufrage par chavirement. — Un préfet pas rancunier. — Exemple de naufrage par plongeon. — Chutes de Garafiri. — Agents du roi de Boussa. — Première chute. — Deuxième chute. — Fautes de manœuvre, naufrage. — Situation difficile. — Empressement des habitants à nous secourir. — Aucune influence anglaise dans le pays.................. ... 311

CHAPITRE XII

Descente du Niger. — D'Arenberg à la mer. — Résumé de l'hydrographie du Niger.

Nos bons amis de Géba, de Rabba, d'Igga. — MM. Nikolson, Watts, Lister et Wallace. — Les officiers anglais à Lokodja. — Le vapeur *la Française*. — A bord du *Boma*. — Sir Claude Macdonald et les tempérants anglais. — Le gouverneur de Lagos. — Profil en travers du Niger. — Profil en long. — Régime hydrologique du Niger. — Il a deux crues au lieu d'une. — La deuxième alimente très longtemps son débit navigable. — Erreur d'estimation commise à mon départ. — Réservoirs et barrage. — Sécurité des cultures......... 331

CONCLUSIONS

Utilisation possible du Niger moyen : 1° comme voie de communication; 2° comme région à coloniser.

Rendement considérable des transports par eau, même avec la batellerie actuelle. — Morte-saison de la batellerie réduite à deux mois par an. — Rapidité des évacuations par eau. — Économie. — Importance du fort d'Arenberg. — Peu de variété des éléments d'échange dans la vallée du Niger. — Absence de richesses minières. — Difficulté des entreprises coloniales : 1° pour les isolés; 2° pour des associés; 3° pour des sociétés anonymes. — Nécessité du recours aux compagnies brevetées. — Inutilité et danger de leur conférer des droits régaliens. — Conduite louche des Chartered anglaises. — Les Anglais n'ont aucun intérêt à nous disputer le Niger moyen. — Seule la Compagnie y a un intérêt inavouable. — Intérêt pour la France d'acquérir la ligne Ketou-Tchaki-Kitchi-Arenberg............. 346

Coulommiers. — Imp. P. BRODARD.

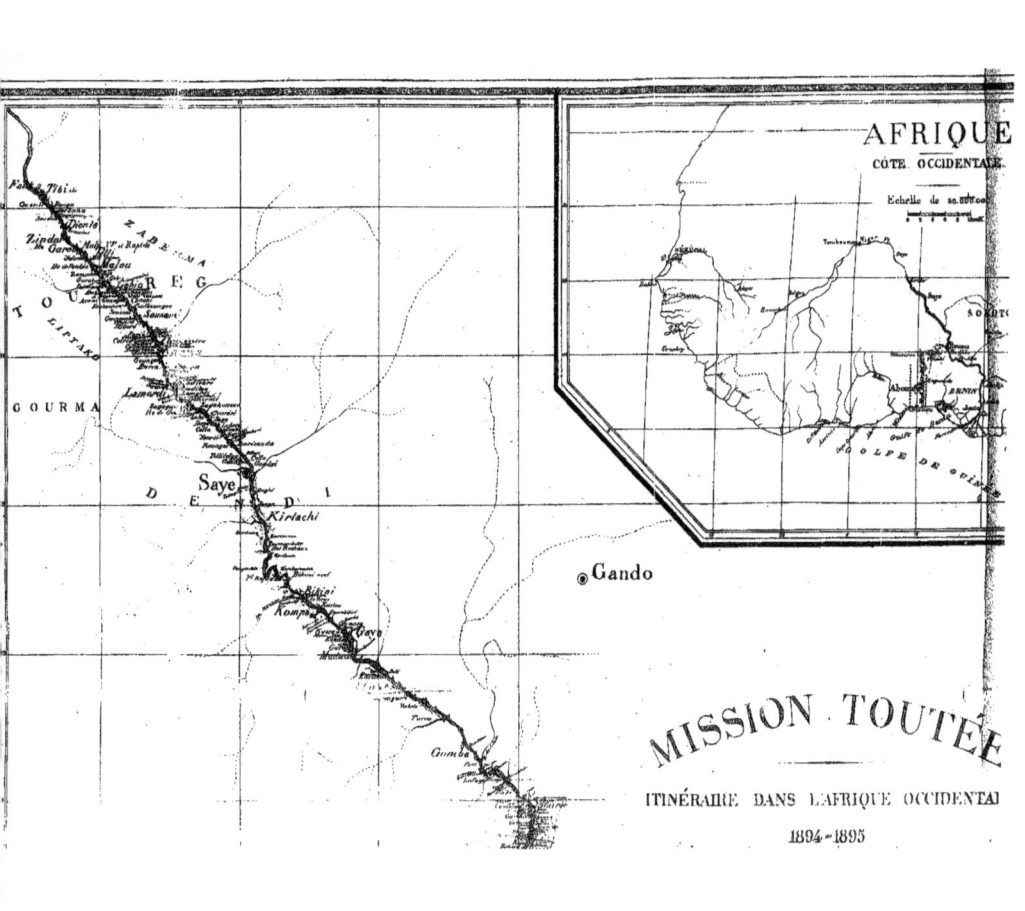

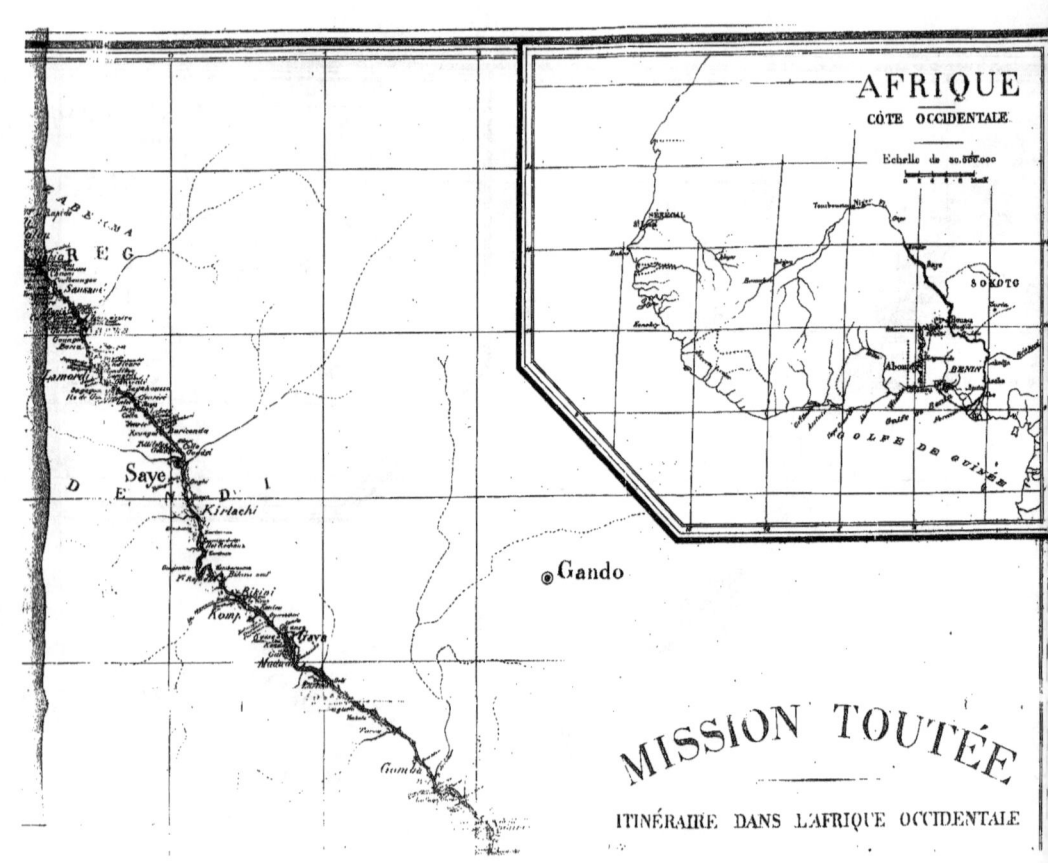

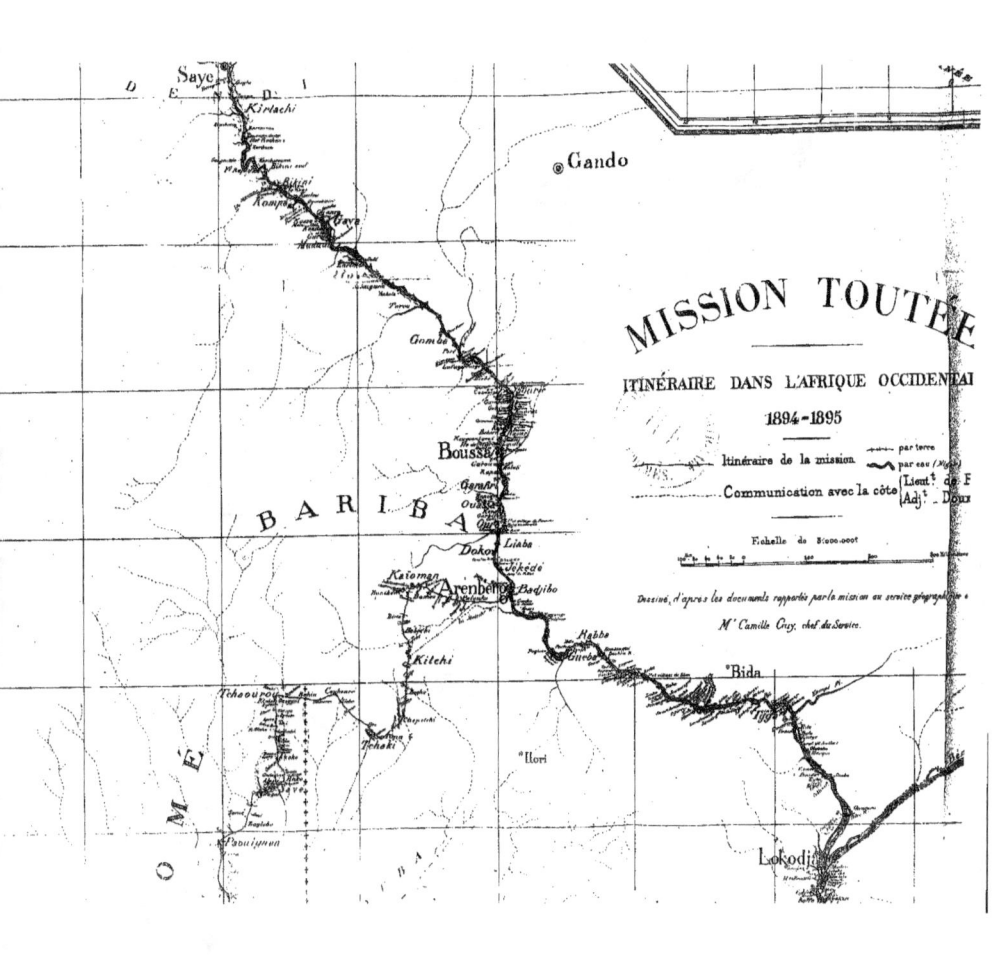

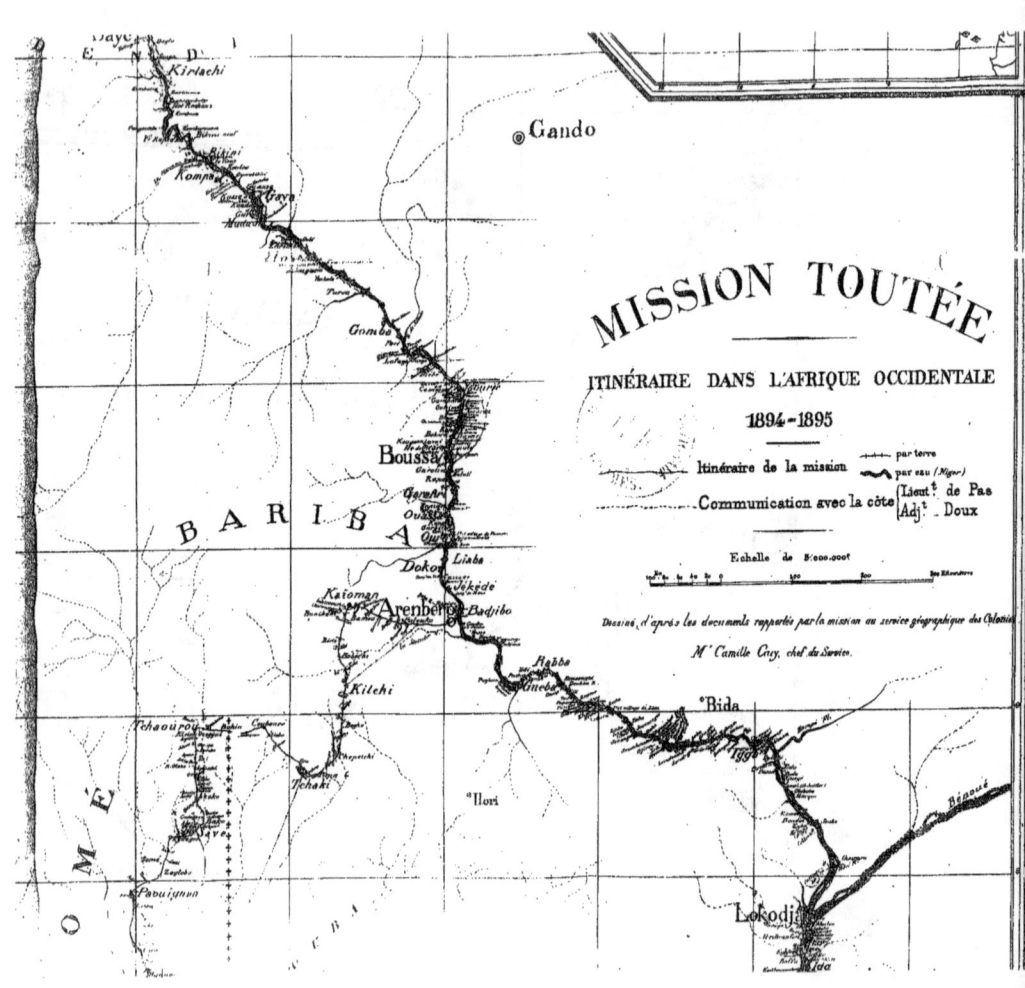

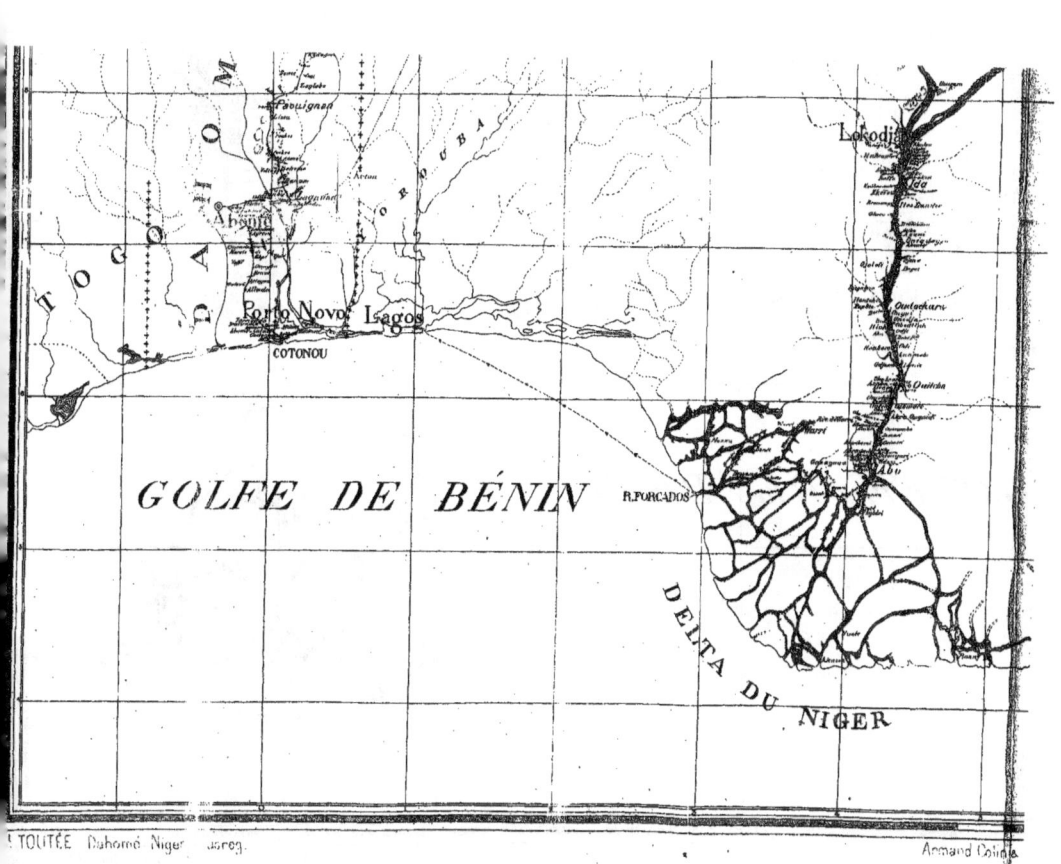

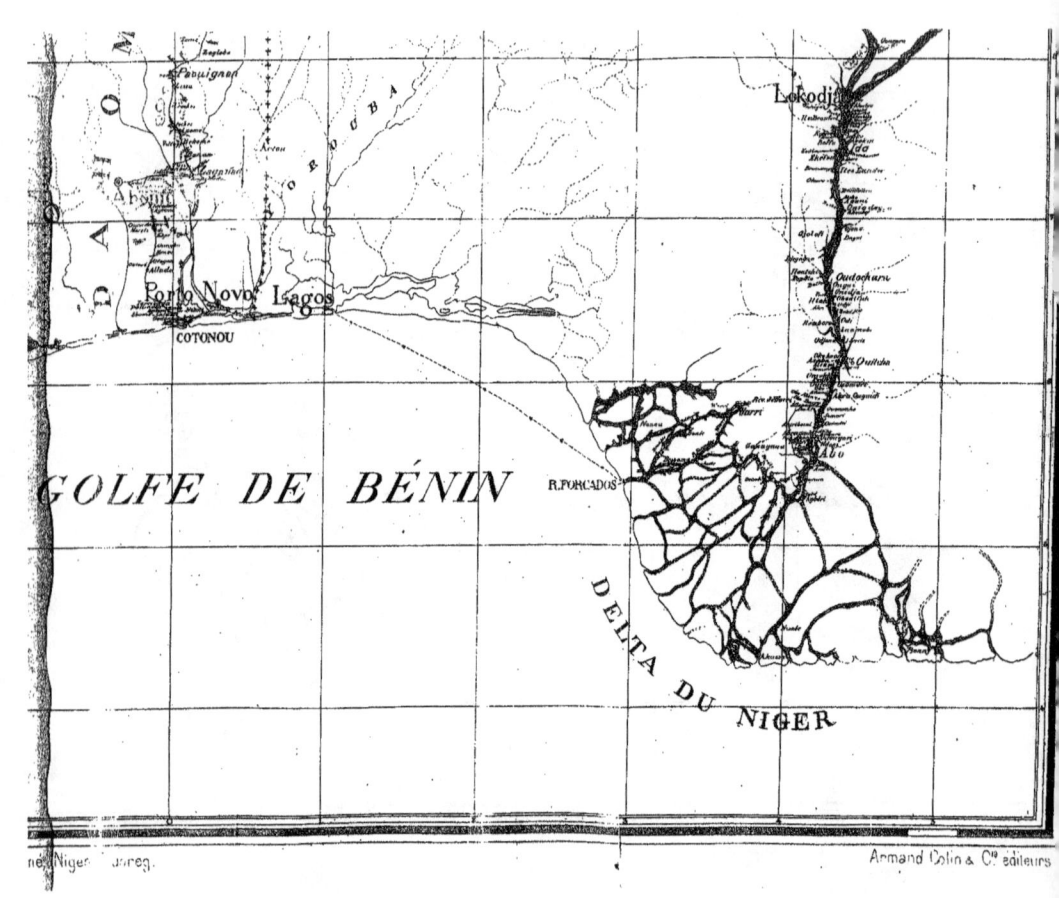

www.ingramcontent.com/pod-product-compliance
Lightning Source LLC
Chambersburg PA
CBHW050418170426
43201CB00008B/457